RASGOS FONÉTICOS DE LOS PRINCIPALES FONOS ESPAÑOLES

		p b ƀ t d ɖ k g ǥ f θ s č y x h l ĺ r r̃ m n ñ	i e a o u j w	
rasgos	[cons]	+ +	– – – – – – –	[cons]
generales	[sil]	– –	+ + + + + – –	[sil]
	[sont]	– – – – – – – – – – – – – – – – + + + + + + +	+ + + + + + +	[sont]
	[nas]	– + + +	– – – – – – –	[nas]
modo de	[son]	– + + – + + – + + – – – – + – – + + + + + + +	+ + + + + + +	[son]
articulación	[cont]	– – + – – + – ʔ + + + + – – + + + – – – – –		[cont]
	[estr]	– – – – – – – – – + – + + – + – – – – – – –		[estr]
	[ten]	+ – – + – – + – – – – + + – – – – – + – – –		[ten]
	[lat]	– – – – – – – – – – – – – – – – + + – – – – –		[lat]
	[vibr]	– – – – – – – – – – – – – – – – – + + – – –		[vibr]
punto de	[cor]	– – – + + + – – – – – + + + + – – + + + + – + +		[cor]
articulación	[adel]	+ + + + + + – – – + + + – – – – + – + + + + –		[adel]
	[alt]	– – – – – – + + + – – – + + + – + – – – – +	– – – + + +	[alt]
	[baj]	– – – – – – – – – – – – – – – + – – – – – – –	– – + – – –	[baj]
	[glot]	– – – – – – – – – – – – – – – + – – – – –		[glot]
	[red]	– –	– – – + – +	[red]

INTRODUCCIÓN A LA LINGÜÍSTICA ESPAÑOLA

Milton M. Azevedo
University of California, Berkeley

Prentice Hall, Englewood Cliffs, New Jersey 07632

Library of Congress Cataloging-in-Publication Data

Azevedo, Milton Mariano
      Introducción a la lingüística española / Milton M. Azevedo.
         p.   cm.
      Includes bibliographical reference and index.
      ISBN 0-13-484031-3
        1. Spanish language.   2. Linguistics.   I Title.
    PC4073.A96   1992
    460—dc20   91-14590
                                        CIP

> *A Carol y a Graciela,*
> *con cariño*

Acquisitions Editor: *Steve Debow*
Editorial Assistant: *María García*
Editorial/Production and Interior Design: *José A. Blanco, Pedro Urbina-Martin*
Cover Design: *Marianne Frasco*
Prepress Buyer: *Herb Klein*
Manufacturing Buyer: *Patrice Fraccio*

©1992 by Prentice Hall, Inc.
A Simon & Schuster Company
Englewood Cliffs, New Jersey 07632

Printed in the United States of America

10 9 8 7 6 5

ISBN 0-13-484031-3

Prentice-Hall International (UK) Limited, *London*
Prentice-Hall of Australia Pty. Limited, *Sydney*
Prentice-Hall Canada Inc., *Toronto*
Prentice-Hall Hispanoamericana, S.A., *Mexico*
Prentice-Hall of India Private Limited, *New Delhi*
Prentice-Hall of Japan, Inc., *Tokyo*
Simon & Shuster Asia Pte. Ltd., *Singapore*
Editora Prentice-Hall do Brasil, Ltda., *Rio de Janeiro*

Índice

Prefacio

Este manual, que tiene su origen en los apuntes para los cursos introductorios de lingüística española dictados por el autor, va dirigido específicamente a estudiantes de las universidades norteamericanas. Por estar escrito enteramente en castellano, presupone el grado de familiaridad con la lengua que se debe adquirir después de cuatro o cinco semestres de estudio a nivel universitario. Por otra parte, no presupone conocimientos previos de lingüística, ya que su objeto es la presentación ordenada de información sobre las áreas fundamentales de aquella disciplina, enfocando específicamente la lengua española.

Se ha tratado de organizar pedagógicamente cierta información básica, pero de ninguna manera exhaustiva, en capítulos dedicados a la fonética, a la morfología, a la sintaxis, a la semántica, al cambio lingüístico y a la variación lingüística; hay además un capítulo introductorio y otro sobre el español en los Estados Unidos. Se ha seguido el modelo de los manuales de introducción a la lingüística norteamericanos, particularmente *An Introduction to Language*, de Victoria Fromkin y Robert Rodman (4ª edición; Nueva York: Holt Rinehart & Winston, 1988), *Language Files*, de Carollyn McManis, Deborah Stollenwerk y Xhang Zheng-Sheng (4ª edición; Reynoldsburg, Ohio: Advocate Publishing Group) y *Contemporary Linguistics. An Introduction*, de William O'Grady, Michael Dobroolsky y Mark Aronoff (New York; St. Martin's Press, 1989).

El carácter introductorio de la obra ha determinado limitaciones en el contenido y en las referencias bibliográficas (menos numerosas de lo que serían si se tratara de una obra de investigación destinada a los especialistas), y el acercamiento teórico es más bien ecléctico. En fonología y sintaxis, por ejemplo, se ha seguido los fundamentos de la gramática generativa, sin atenerse a los detalles que requieren bastante más tiempo de lo disponible en un curso semestral, ni tampoco a la comparación de los análisis divergentes propuestos por diversos autores.

Además del texto y las **Notas**, cada capítulo incluye las siguientes secciones:

- **Principales fuentes consultadas:** una lista de las obras citadas o mencionadas en el texto;

- **Sugerencias de lecturas:** algunos títulos que pueden proporcionar mayor información sobre los temas tratados;

- **Práctica:** ejercicios sobre la materia tratada o actividades para desarrollar temas de interés.

Es un placer hacer constar mi gratitud a diversas personas cuya contribución ha hecho posible este libro. Cabe destacar a mis colegas y amigos Jerry R. Craddock y Charles B. Faulhaber *(University of California, Berkeley)* que además de usar secciones del manuscrito en sus clases, proporcionaron inestimables comentarios y sugerencias, animándome a llevar a cabo el proyecto, y Celso Alvarez Cáccamo (Universidad de La Coruña, Galicia, España), quien leyó el manuscrito en su fase final e hizo muy pertinentes comentarios sobre la obra en su conjunto.

Agradezco también a los siguientes colegas, profesores de lingüística española, que leyeron partes del manuscrito a pedido de Prentice Hall e hicieron útiles comentarios y sugerencias: John B. Dalbor, *Pennsylvania State University;* Rosa M. Fernández, *University of New México;* David W. Foster, *Arizona State University;* Marta Gallo, *University of California, Santa Barbara;* John B. Jensen, *Florida International University;* Paul M. Lloyd, *University of Pennsylvania;* Anthony G. Lozano, *University of Colorado;* Hildebrando Ruiz, *University of Georgia;* Mario Saltarelli, *University of Southern California;* Roslyn Smith, *Texas Tech University;* Bill Van Patten, *University of Illinois at Urbana-Champaign* e Irene Wherritt, *University of Iowa.*

Quisiera asimismo expresar mi reconocimiento a José Blanco, a Pedro Urbina-Martin y a Bob Hemmer, de Hispanex, responsables por la parte editorial, quienes desde el trabajo de *copy-editing* hasta la corrección de las pruebas, me asistieron con exquisita cortesía y dedicación. Y finalmente, me complazco en dedicar una especial palabra de gratitud a Steve Debow, *Senior Editor* de Prentice Hall, por el interés, apoyo y paciencia que me brindó desde el inicio del proyecto, sin lo cual éste no hubiera llegado a su término. A cada uno de estos colaboradores, colegas y amigos le toca una buena parte del mérito que tenga la obra; huelga decir que la responsabilidad de las imperfecciones que quedan le toca solamente al autor.

M. M. A.

Créditos

Se agradece la autorización para incluir en este libro los siguientes materiales:

El extracto de "El djudeo-español —ainda bivo?," de Moshe Shaul, originalmente publicado en *ABC/Sábado Cultural,* 10/agosto/1985, pág. X, por autorización de Prensa Española, S.A. y de *ABC.*

Los extractos del Génesis 11:9, de la *Biblia medieval romanceada judio-crisitana,* edición del P. José Llamas, O.S.A. (Madrid 1950, pág. 26) y del *Manual de pronunciación española,* de Tomás Navarro Tomás, 18ª edición, pág. 210; por autorización del Consejo Superior de Investigaciones Científicas (Madrid, España).

El extracto de "Noticiero Miler," de *La vida es un special,* de Roberto Fernández (Miami, 1981, pág. 77), por autorización del autor.

Los extractos de "El impacto de la realidad socio-económica en las comunidades hispanoparlantes de los Estados Unidos: reto a la teoría y metodología lingüística," de Ana Celia Zentella, originalmente publicado en *Spanish in the United States: sociolinguistic Issues,* organizado por John Bergen (Washington, D.C., 1990, págs. 158 y 163), por autorización de Georgetown University Press.

El extracto de *El castellano de España y el castellano de América: unidad y diferenciación,* de Angel Rosenblat (págs. 6-8), por autorización del Instituto de Filología "Andrés Bello," de la Universidad Central de Venezuela.

Los extractos de *Chicano Discourse. Socio-historic perspectives,* de Rosaura Sánchez (Rowley, MA: Newbury House, 1983, págs. 129-130), por autorización de Heinle & Heinle Publishers.

Los extractos de la *Gramática de lengua castellana,* de Antonio de Nebrija, edición de Ignacio González-Llubera (Oxford, 1926, págs. 19, 79, 86 y 115). por autorización de Oxford University Press.

Los extractos del poema en judeoespañol, "A la ocazyon de la primera reunion d'el Club Djudeo-Espanyol" (3 de febrero de 1985), por autorización de la autora, Rachel Amado Bortnick.

El diálogo "En un café en Floresta," por autorización de la autora, Laura Marcela Carcagno.

El diálogo "En un café en San Juan," por autorización de la autora, Yolanda Martínez San-Miguel.

El diálogo "En un café en Lima," por autorización del autor, Eduardo González Viaña.

1

Lenguaje, lengua y lingüística

*...la lengua, la cual nos aparta de todos los otros animales y es propria
del ombre, y en orden la primera despues dela contemplacion,
que es oficio proprio del entendimiento,*

Nebrija[1]

Desde la mañana hasta la noche, usamos el lenguaje para expresar alegría
(**¡Estupendo!**), sorpresa (**¡No me digas!**), admiración (**¡Bravo!**), desconfianza
(**¡Ojo!**), indignación (**¡No hay derecho!**), amenaza (**¡Ya me las pagarás!**),
solidaridad (**Mi más sentido pésame...**) y otros sentimientos más. Sin fijarnos
demasiado en ello, hasta le atribuimos propiedades sobrenaturales, mediante
expresiones como **vaya con Dios, que Dios te ayude, si Dios quiere, que
Dios nos guarde, por todos los santos, que en paz descanse** además de otras
menos piadosas —**vete al Diablo, mal rayo te parta**— que tienen un regusto
de viejas creencias o invocaciones mágicas.

Pero sobre todo, nos valemos del lenguaje para organizar y transmitir ideas,
para pedir y dar información, para dudar, clarificar, expresar acuerdo y
desacuerdo —en una palabra, para comunicar. Es una función fundamental,
puesto que en cualquier sociedad humana sólo puede haber cultura mediante la

actuación del lenguaje, que le sirve de base, facilita su elaboración y permite que los miembros de la sociedad la compartan, no sólo directamente, sino también a través del espacio y del tiempo.

Mitos sobre el lenguaje y las lenguas

Ciertos mitos sobre el lenguaje y las lenguas se hallan tan arraigados en nuestra tradición cultural que apenas nos damos cuenta de ellos. Algunos interfieren con el uso eficaz del lenguaje; otros generan prejuicios en contra de los hablantes de una u otra lengua o dialecto.[2]

1. La escritura es superior al habla.

2. El idioma de Cronopia es mejor/más correcto/más elegante que el de Famandia.

3. El habla popular es menos lógica que la lengua literaria.

4. Los hablantes de los dialectos populares o rurales son menos inteligentes que los hablantes de las variantes urbanas.

5. Una ortografía fija y la corrección ortográfica impide que la lengua cambie con el paso del tiempo.

6. Los dialectos son resultado de la corrupción de la lengua.

7. Las palabras que no se encuentran en el diccionario no existen en la lengua y por lo tanto no se deben usar.

8. El español es una lengua más romántica que el inglés o el alemán.

9. Los hispánicos étnicos tienen una aptitud natural para aprender el castellano.

10. Es imposible hablar un idioma correctamente sin haber estudiado formalmente su gramática.

11. Hablar correctamente significa pronunciar las palabras como se escriben.

12. Ciertas palabras, como **bondad** o **alegría**, son intrínsecamente más bellas que otras, como **asesinato** o **bastardo**.

13. Las palabrotas y blasfemias son intrínsecamente indecentes y su uso degrada el idioma.

14. Saber deletrear correctamente las palabras es señal de una capacidad de raciocinio desarrollada.

Es fácil ver cómo nuestra vida puede ser afectada por estos mitos, aunque la lingüística demuestra que ninguno de ellos tiene una justificación real. Se perpetran bajo con el pretexto de una supuesta pureza del lenguaje, y mucha gente se ve discriminada por hablar con un acento regional o social, o por no dominar el idioma oficial de su país, o por no saber deletrear correctamente, o por usar palabras que otros consideran de mal gusto, o porque su lengua materna es distinta de la oficial. El estudio de la estructura del lenguaje y de su papel en la sociedad nos ayuda, si no a superar, por lo menos a comprender los prejuicios lingüísticos que forman la base de aquéllos y otros mitos. Considerando la importancia del lenguaje en nuestras vidas, quizás baste esto para justificar esta clase de estudios.

Características del lenguaje

Desde Aristóteles hasta nuestros contemporáneos, numerosos filósofos, gramáticos, filólogos y lingüistas han reflexionado sobre las lenguas y el lenguaje. Sin embargo, pese a las múltiples —y a veces contradictorias— explicaciones formuladas, la naturaleza íntima del lenguaje se nos escapa. Esto no quiere decir que nuestros conocimientos sean despreciables, sino que el lenguaje tiene más facetas que las que hemos podido captar hasta ahora.

Una de las dificultades procede de que la capacidad humana del lenguaje es algo abstracto, que sólo se puede observar indirectamente, mediante sus manifestaciones, que son las lenguas o idiomas. Se calcula que hay en el mundo entre tres mil y cinco mil lenguas y dialectos. El recuento se hace difícil debido a que la distinción entre lengua y dialecto, de la que se habla más adelante, es imprecisa. Sólo una minoría de aquellas hablas ha sido analizada y, en muchos casos, con escasa profundidad.

Este botón de muestra nos da la impresión de que los idiomas difieren enormemente los unos de los otros. Hay una gran variedad de *fonos* (es decir los sonidos del habla), de combinaciones de fonos, de procesos de formación de palabras, de maneras de organizar las frases, de expresar con palabras las ideas, objetos y acciones que constituyen el mundo extralingüístico. Sin embargo, enmascarados por la diversidad de las manifestaciones idiomáticas, se hallan rasgos compartidos por todas las lenguas. Esa base común nos permite considerar a todos los idiomas como manifestaciones de un mismo fenómeno, el lenguaje. Éste puede caracterizarse como *una forma de comportamiento social humano, que permite la comunicación mediante el empleo creativo de un sistema ordenado de símbolos orales arbitrarios.* Comentemos los elementos esenciales de esta definición.

Carácter humano y social

El lenguaje tiene características únicas, no compartidas, hasta donde se sabe, con la comunicación entre miembros de otras especies animales.[3] Como forma de comportamiento, el lenguaje presupone la interacción de dos o más personas que comparten recursos semejantes para crear un significado, codificarlo en un *enunciado*, transmitirlo a otro ser humano, y comprender, es decir descodificar aquel significado. Se realiza plenamente en el ámbito social, puesto que la comunicación sólo es posible porque los interlocutores comparten la mayoría de las reglas que forman la competencia lingüística de cada uno.

El lenguaje permite intercambiar información, transmitir ideas, manifestar sentimientos, deseos y emociones, elaborar conceptos abstractos, recrear el pasado, inventar el futuro —en suma, todos los aspectos de la interacción verbal. El ámbito de su empleo comunicativo es prácticamente ilimitado, puesto que puede operar a distancia, a través de la escritura o de los medios de comunicación. El lenguaje actúa incluso a través del tiempo, ya sea mediante la escritura o las grabaciones sonoras, ya sea por el método milenario de la trasmisión oral del saber de los mayores a los más jóvenes, recurso éste empleado tanto en las sociedades analfabetas como en las más avanzadas.

Oralidad

Es incontestable que el lenguaje tiene algunas manifestaciones no verbales. Por ejemplo, los hablantes de ciertas lenguas indígenas de México y los habitantes de la isla de Gomera (archipiélago de las Canarias) pueden comunicarse por medio de un complejo sistema de silbidos.[4] En otros sistemas comunicativos, como los usados por los sordomudos, se emplean señales manuales, ya sea para representar letras (que a su vez representan fonos), ya sea para representar directamente los significados, dispensando así cualquier referencia a los fonos. Pero se trata de casos condicionados por circunstancias como el medio ambiente o las particularidades fisiológicas que impiden la comunicación oral. Por lo general, el lenguaje es fundamentalmente oral y se manifiesta en el habla mediante un número finito de fonos articulados.

Admitir la primacía del habla no implica menospreciar la importancia de la escritura, fundamental en ciertas sociedades en las que sólo tienen valor los contratos escritos y los analfabetos no pueden acceder a muchas profesiones, ni siquiera ejercer sus derechos civiles, puesto que no se les permite votar. A lo largo de la historia el acceso a la alfabetización —y a la instrucción en general— ha sido manipulado como instrumento de dominación, y hay buenas razones para creer que las sociedades subdesarrolladas no podrán superar su condición si no vencen la barrera del analfabetismo.

Sin embargo, el prestigio de la escritura no debe llevarnos a confundirla con el lenguaje. El habla simboliza referentes extralingüísticos —objetos, conceptos, acciones— mediante palabras formadas por combinaciones de fonos. La escritura, en cambio, es una representación convencional de los fonos por medio de señales gráficos como las letras de los diversos alfabetos en uso actualmente (como el arábico, el griego, el cirílico o el hebraico). Por lo tanto, la escritura es una simbolización secundaria de aquellos referentes.

Hay razones biológicas para la primacía del habla. Exceptuadas las personas afectadas por ciertas condiciones sicológicas, como la afasia, los seres humanos normales que crecen en sociedad aprenden a hablar aproximadamente en la misma fase de su desarrollo físico. En cambio, la escritura es una invención reciente que, según los expertos, no tendrá más que unos cinco o seis mil años de existencia, mientras que se calcula que el lenguaje oral articulado existe desde hace más de cien mil años. La mayoría de las lenguas no tiene representación escrita, pero no por eso dejan de ser instrumentos de comunicación perfectamente aptos en el ámbito de sus comunidades. Es decir que, pese a su importancia, la escritura no es esencial para la vida en sociedad. La mayoría de las culturas de las que se tiene conocimiento no la han empleado, y una buena parte de la humanidad no sabe leer ni escribir. Pero no se tiene noticia de ninguna cultura que haya jamás prescindido del habla.

Hay que considerar también que es la escritura la que se basa en el habla y no al revés. Esto resulta evidente en la escritura alfabética, que simboliza —aproximadamente— los fonos: el valor fonético de cada letra es relativamente constante en cada sistema ortográfico, el orden de las letras representa el de la producción de los fonos, y la secuencia de las palabras escritas, la de su producción oral.

Creatividad

El lenguaje le permite al hablante crear un sinnúmero de oraciones nuevas, jamás pronunciadas por nadie. Aunque empleemos frases hechas (**buenos días, usted que es tan amable, hágame el favor, faltaría más**), la mayoría de los enunciados no se repiten de memoria sino que se crean en el acto. Este aspecto creativo del lenguaje nos permite improvisar e interpretar un número teóricamente infinito de frases nuevas, mediante un sistema finito de reglas sintácticas y un vocabulario que, por más rico que sea, también es finito. Es poco probable que la frase **La coherencia de las consignas políticamente correctas confiere una dimensión regeneradora al discurso académico** se haya dicho o escrito alguna vez; sin embargo su interpretación resulta posible a los hispanohablantes, porque conocemos el significado de las palabras y las reglas que permiten organizarlas en una oración.

Dos aspectos importantes de la creatividad son la **coordinación** y la **subordinación** sintácticas. La coordinación permite agregar (en teoría, indefinidamente) nuevos elementos a una serie, sea de palabras, sea de oraciones: **Pablo y Juan y María y Pedro...** o **Fuimos al cine y luego salimos a paseo y más tarde llegamos a casa y después...**, y así en adelante.

La subordinación permite insertar (en teoría, también indefinidamente) una oración dentro de otra, mediante pronombres relativos como **que, quien, el cual**, etc.:

La chica que manejaba el coche que atropelló a la vieja que compró la casa que construyó el arquitecto que vivía en el pueblo que fue inundado...

Arbitrariedad del simbolismo lingüístico

Las secuencias de fonos constituyen elementos simbólicos, o **signos**. La relación entre los signos y sus **referentes** (es decir, las cosas, o ideas que representan) es arbitraria, puesto que no hay una conexión directa entre ambos. Por ejemplo, no hay ninguna relación lógica entre el objeto *silla* y la palabra **silla**, ni entre una acción bélica y el vocablo **guerra**, ni entre el complejo sentimiento llamado *amor* y la voz **amor**. El mismo objeto puede ser descrito por secuencias de fonos totalmente diversas en el mismo idioma (**magnetofón/grabadora**) o en idiomas distintos: las palabras esp. **perro**, ing. *dog*, al. *Hund*, fr. *chien* y ptg. *cachorro* tienen todas el mismo referente. Una excepción marginal a esta norma se halla en las *onomatopeyas*, secuencias de fonos que imitan los sonidos de las cosas que significan, como las voces de ciertos animales (**guau, miau**), el ruido del agua al correr (**gluglú**), y otras más. Pero aún así, además de constituir un aspecto muy limitado, casi marginal, de la lengua, las onomatopeyas son convencionales, puesto que varían de un idioma a otro. Esto ocurre en la representación de las voces de los animales, como por ejemplo el gallo: esp. **quiquiriquí**, ptg. *cocoricó*, ing. *cock-a-doodle-doo*. Por lo tanto, no se puede decir que haya una relación lógica entre esas onomatopeyas y lo que representan.

Comportamiento

Además de ser un sistema comunicativo y expresivo, el lenguaje constituye una forma de comportamiento, a la vez individual y colectivo, que se manifiesta en un contexto social. Mediante el lenguaje no sólo expresamos nuestras ideas y emociones, sino que también influimos en la manera de ser y de actuar de los demás.

Las órdenes y peticiones son sólo la manera más obvia de ejercer tal influencia, que en la comunicación diaria se manifiesta a cada paso. Cuando le digo a un compañero: "Necesito verte," no solamente le informo, sino que formulo una petición o mandato indirecto. Al emplear demostrativos como **este**, **ese, aquel**, o adverbios como **aquí, allí, allá**, defino un espacio compartido con mis interlocutores.

El lenguaje ejerce cierto control sobre el contexto comunicativo. Al decir **"En esta reunión quisiera hablar del tema tal,"** intento encauzar la interacción verbal hacia ciertos temas, y delimitar el vocabulario que se empleará, y las posibles consecuencias prácticas de esa conversación.

Sistematicidad

Aunque la relación entre signo y referente es arbitraria, el lenguaje es sistemático. Su sistematicidad se debe a reglas que determinan la forma de los signos y la organización de los enunciados. Por eso se dice que el lenguaje es un *sistema ordenado*.

Hay sistemas específicos de reglas que organizan los fonos en palabras, las palabras en frases, y las frases en discursos más complejos.

Reglas lingüísticas

Hay que tener en cuenta una diferencia fundamental entre las *reglas descriptivas* que representan la sistematicidad del lenguaje y las *reglas prescriptivas* (de pronunciación, sintaxis o vocabulario) que se encuentran en los manuales de enseñanza de idiomas. Las reglas prescriptivas sirven —si se toman con cautela— para ayudar a los estudiantes a aprender a pronunciar palabras, a usar el subjuntivo, y a organizar más o menos bien las oraciones. Las reglas lingüísticas, en cambio, funcionan como un modelo teórico de la estructura del idioma.

Los fonos constituyen sistemas definidos mediante el valor distintivo de sus miembros. Por ejemplo, en castellano contrastan los fonos representados por las letras **r** y **rr**, ya que cada uno permite señalar un significado distinto, según se nota en contrastes como **caro : carro** o **pero : perro**.

Las secuencias de fonos constituyen *morfemas*, o unidades de significado con las cuales se forman las palabras (Capítulo 3). Como ejemplos se pueden citar los sufijos como **-ble**, que significa 'digno de'[5]: **despreciable** 'digno de desprecio', o 'que tiene determinado atributo', como **culpable** 'con culpa', **temible** 'que inspira temor', **preferible** 'que se debe preferir.' Otros ejemplos son los prefijos como **in-, im-** o **i-** 'negación' (**imposible, indigno, ilegible**), y las terminaciones verbales como **-mos**, 'primera persona del plural' (**hablamos, comemos, partimos**).

Ciertas reglas describen las secuencias posibles de fonos y palabras. Por ejemplo, mientras que en inglés la secuencia **s** + consonante puede empezar palabras (*stress, spleen, standard, squash*), en español hay una regla que no permite dichas secuencias. Esto explica por qué, al ser adaptadas al castellano, estas palabras se pronuncien con una **e-** inicial, la cual puede incorporarse a la ortografía común (**estrés, estándar**).

Al nivel de la organización interna de las palabras, hay una regla que requiere que el plural venga al final de la palabra (*libros, libritos*), lo cual quiere decir que una secuencia como **librsito* está malformada, es decir, no es gramatical.[6]

Al nivel de la organización de la frase, hay en español una regla según la cual el artículo debe venir antes del sustantivo y, por tanto, aceptamos una secuencia como **el soldado** pero no **soldado el*. Pero esa regla no es universal: en rumano y vasco, por ejemplo, el artículo definido sigue al sustantivo, ligado a éste como un sufijo: rum. *un om* 'un hombre' vs. *omul* 'el hombre'; vas. *gizon* 'hombre' vs. *gizona* 'el hombre.'

Otras reglas, también específicas de cada idioma, tienen que ver con las relaciones funcionales entre las palabras. Por ejemplo, en castellano hay una regla de *concordancia nominal,* según la cual los artículos y adjetivos van en plural si el sustantivo al que acompañan está en plural. En otros idiomas, en cambio, no es necesariamente así. En inglés el artículo y el adjetivo no concuerdan en número con el sustantivo; en el portugués brasileño estándar la regla funciona como en castellano, pero en la variedad popular el artículo va en plural, mientras el sustantivo y el adjetivo quedan en singular (Figura 1.1).

Figura 1.1

CONCORDANCIA Y NO CONCORDANCIA DEL ARTÍCULO Y DEL ADJETIVO CON EL SUSTANTIVO

español	portugués brasileño		inglés
	estándar	*popular*	
la casa verde	a casa verde	a casa verde	the green house
las casas verdes	as casas verdes	as casa verde	the green houses
el carro grande	o carro grande	o carro grande	the big car
los carros grandes	os carros grandes	os carro grande	the big cars

---

Ciertas reglas del castellano rigen la variación de las formas verbales según la persona gramatical a la que se refiere el sujeto (*yo hablo, nosotros hablamos*), pero esa regla no es universal. En ciertas hablas, como el portugués brasileño popular, la concordancia es reducida; en papiamento (hablado en las Antillas Holandesas) el verbo es invariable; y en inglés sólo hay variación en la tercera persona singular del presente (Figura 1.2).

La manera de señalar la función gramatical de las palabras también varía de un idioma a otro. En lenguas como el latín o el ruso, por ejemplo, la terminación del sustantivo y del adjetivo señala la función. Así, en la frase latina

> **magistra discipulam amat**
> 'la maestra quiere a la alumna'

la terminación *-a* señala el sujeto (**magistra**), mientras que el complemento directo (**discipulam**) viene marcado por la terminación *-am*. En cambio, en

> **magistram discipula amat**
> 'la alumna quiere a la maestra'

el complemento directo singular (**magistram**) queda señalado por la terminación *-am*, y la terminación *-a* (**discipula**) señala el sujeto.

Figura 1.2

SISTEMAS VERBALES CON Y SIN CONCORDANCIA VERBAL

español	portugués brasileño		inglés	papiamento
	estándar	*popular*		
yo hablo	eu falo	falo	I talk	mi ta parla
tú hablas	você fala	fala	you talk	bo ta parla
él habla	ele fala	fala	he talks	e ta parla
nosotros hablamos	nós falamos	fala	we talk	nos ta parla
vosotros habláis	vocês falam	fala	you talk	boso ta parla
ellos hablan	eles falam	fala	they talk	nan ta parla

---

o descriptivas

Las reglas lingüísticas también describen los procesos, como la *coordinación* y la *subordinación*, que permiten combinar oraciones. La coordinación consiste en conectar dos o más oraciones con una conjunción: **El lingüista empezó a hablar y la gente se puso a dormir.** La subordinación, a su vez, consiste en insertar una oración en otra. Por ejemplo, dadas las oraciones **el lingüista dio la conferencia, te perdiste la conferencia** y **el lingüista es un pesado,** es posible combinarlas en una sola: **El lingüista que dio la conferencia que te perdiste es un pesado.**

Este último ejemplo ilustra la posibilidad de cambiar ciertos elementos de la oración por un término substitutivo: tanto **el lingüista** como **la conferencia** son reemplazados por el mismo pronombre **que.** Éste no tiene un significado propio, sino que adquiere el del término reemplazado.

Un aspecto fundamental de la sistematicidad del lenguaje incluye la *sintaxis* (Capítulo 4), es decir, el conjunto de reglas que permiten formar frases con ciertas secuencias gramaticales de palabras a la vez que excluyen las secuencias agramaticales. Una misma regla sintáctica puede o no ser compartida por dos idiomas. Por ejemplo, tanto el castellano como el inglés tiene una regla que permite que a oraciones *activas* como

> Juanita presentó la propuesta al director
> ***Juanita handed the proposal to the director***

corresponda una variante (llamada *pasiva*) en la que el complemento directo (**propuesta**/*proposal*) aparece como sujeto:

> La propuesta le fue presentada al director por Juanita
> ***The proposal was handed to the director by Juanita***

Pero mientras que en inglés se puede formar una construcción pasiva en la que el sujeto es el complemento indirecto de la oración activa (es decir la persona que recibe la propuesta), en español esa construcción no es posible, por lo que la segunda oración es agramatical:

> ***Mary was given the gift***
> *María fue dada el regalo

Al nivel de la organización del significado, las palabras de cualquier idioma pueden analizarse mediante sistemas de *rasgos semánticos* como *masculino, femenino, humano, no humano, animado, no animado* y otros más. Además, las lenguas poseen recursos para señalar significados que abarcan el ámbito de toda una frase, como los de *afirmación, interrogación, mandato, negación y exclamación.* En castellano, el contraste entre la afirmación y la interrogación se hace fundamentalmente variando la entonación (es decir la curva melódica de la frase): **Habla francés.** (entonación descendente) vs. **¿Habla francés?** (entonación ascendente). En cambio, en inglés se combinan con la entonación, el orden de las palabras *(You are there.* vs. *Are you there?)* y el uso de una palabra interrogativa como *do* (**You speak English.** vs. *Do you speak English?).*

Competencia y actuación

Los conceptos de *competencia y actuación,* divulgados a partir de las obras del lingüista norteamericano Noam Chomsky, son fundamentales en la lingüística contemporánea. Ciertas personas, habiendo aprendido formalmente la estructura de un idioma, tienen conciencia de las características de aquella estructura, y hasta logran explicarla en términos técnicos. La gran mayoría de los hablantes nativos, sin embargo, son incapaces de esto, y conocen aquella estructura sólo de una manera inconsciente o intuitiva. Sin embargo, incluso estos hablantes tienen el conocimiento suficiente para utilizar el lenguaje como medio de comunicación.

Se entiende por *competencia lingüística* el conocimiento intuitivo que tiene el hablante nativo de cómo funciona su idioma. Dicho conocimiento se desarrolla mientras el hablante adquiere su lengua nativa. Se supone que este proceso tiene lugar debido a una *facultad de lenguaje* inherente a la especie humana que nos permite organizar un modelo de lenguaje, basándonos en el *input* lingüístico que escuchamos alrededor, en nuestra comunidad lingüística.

El desarrollo de la competencia lingüística conduce al manejo automático e intuitivo de los elementos de la lengua —los fonos, sílabas, palabras, significados— y asimismo las reglas que especifican cómo se organizan estos elementos para formar enunciados comunicativos.

Pese a ciertas divergencias teóricas, hay acuerdo en que se pueden analizar dichos elementos como parte de subsistemas o como componentes que rigen aspectos fundamentales del lenguaje, a saber:

1. *Componente fonológico:* la producción de los fonos, sus combinaciones e interpretación. Este aspecto de la competencia lingüística nos hace saber que ciertas secuencias de fonos son posibles en español pero otras no (*lsf, *mrb, *tgf).

2. *Componente morfológico:* la formación de palabras, es decir secuencias de fonos dotadas de significado. Este componente permite ciertas formas pero no otras. Por ejemplo, un gerundio puede pluralizarse al usarse como sustantivo (los graduandos, los doctorandos), pero no como verbo (**están *cantandos, estamos *hablandos**).

3. *Componente sintáctico:* la organización de las oraciones, es decir secuencias de palabras que trasmiten un mensaje. Ciertas secuencias de palabras son gramaticales (**Me dio un libro**) pero otras son agramaticales (***Fui dado un libro**).

4. *Componente semántico:* las reglas que permiten asignar un significado a las palabras y oraciones, y asimismo interpretar dicho significado y saber cuando un enunciado es redundante (**círculo redondo**) o anómalo (***círculo triangular**).

La competencia lingüística se complementa por la *competencia comunicativa*, que representa la capacidad de utilizar el lenguaje para comunicarse con otras personas. Entre otros aspectos, se encuadra en la competencia comunicativa el *componente pragmático* (que algunos autores prefieren considerar como parte del componente semántico), el cual incluye las reglas que rigen la adecuación de los enunciados al contexto comunicativo. El componente pragmático nos permite elegir la forma lingüística (palabra, expresión, oración) apropiada a la situación. Por ejemplo, **Hola, Paco** y **Buenos días, señor Partearroyo** son dos maneras de saludar a la misma persona, y la elección entre ellas depende de quién habla y del contexto comunicativo en el que se encuentran los interlocutores. Además, permite asociar el significado de oraciones distintas, decidir si la situación requiere respuestas breves o detalladas, interpretar si el interlocutor habla en serio o en broma, y si lo que dice debe tomarse literal o figuradamente.

Gramática

Cabe clarificar las diversas acepciones del término *gramática* en el estudio del lenguaje. En el uso común, *gramática* tiene varios significados, a saber:

1. El conjunto de reglas prescriptivas que se enseñan en las clases de idiomas.

2. El libro que contiene una formulación de aquellas reglas. En esta acepción, cabe distinguir entre las *gramáticas de referencia*, empleadas para resolver dudas, y las *gramáticas pedagógicas*, utilizadas como manuales de aprendizaje. Ambas son *normativas* o *prescriptivas*, es decir presentan reglas que suelen basarse en el uso literario del idioma.

3. En contraste con la gramática prescriptiva, una gramática *descriptiva* se limita a describir cómo efectivamente se usa el idioma, sin tener en cuenta criterios valorativos ni prescribir esta o aquella forma como más o menos correcta o apropiada.

4. En un sentido más técnico, el término *gramática* corresponde a la competencia lingüística de los hablantes. Se trata de un sistema de reglas abstractas que cada uno de nosotros desarrolla para sí mismo durante el proceso de adquisición de la lengua materna. (Se hablará de la forma de estas reglas en el Capítulo 5.)

Los lingüistas se ocupan de los aspectos descriptivo y explicativo del estudio del lenguaje. Esto no quiere decir que no puedan interesarse en temas pedagógicos que tengan que ver, en mayor o menor grado, con la cuestión de lo que es correcto o incorrecto en el uso de un idioma. Incluso en ese caso la perspectiva lingüística no es prescriptiva; es decir, no se trata de dictar reglas sobre cómo *debe* ser el lenguaje, sino de explicar cómo *es*. Pero la tarea más importante de los lingüistas consiste en elaborar modelos teóricos que expliquen los sistemas de reglas abstractas que definen aquellos componentes del lenguaje. Eso se hace mediante el análisis de la actuación lingüística, que es la manifestación del lenguaje en el habla. //

Lengua, dialecto e idiolecto

¿Es el habla de cierta región un "dialecto de la lengua" o "la lengua propiamente dicha?" Algunos piensan que hablan "la lengua," y que los que la usan de modo algo distinto —en pronunciación, vocabulario, sintaxis— hablan "dialectos." Pero, ¿qué es un dialecto? ¿Y qué diferencia hay entre lengua y dialecto? He aquí unas preguntas cuya respuesta, como la cuestión de cuántas lenguas hay en el mundo, depende de cómo se definan los conceptos de lengua y dialecto. Ambos se refieren a un conjunto de características comunes manifestadas en el habla de una comunidad. Pero en la práctica la diferencia resulta a veces algo borrosa.

En el lenguaje común y corriente, *dialecto* suele tener unas connotaciones indeseables para sus hablantes. Dichas connotaciones han sido aprovechadas, en muchas ocasiones, para fines represivos. En España, por ejemplo, el régimen dictatorial (1939-1975) que siguió a la Guerra Civil (1936-1939), en el afán de suprimir las lenguas regionales, como el catalán o el gallego, difundió la equivocada idea de que se trataba de dialectos regionales del castellano, no aptos para usos culturales. Esa noción, totalmente carente de valor científico, se basaba en una jerarquía artificiosa entre una variante prestigiosa del idioma ("lengua") y otras de menos prestigio ("dialectos"). Pero tal uso impropio de la terminología no refleja una realidad lingüística, sino una motivación ideológica y política.

Los lingüistas usan el término "dialecto" para referirse a las variantes (a menudo definidas geográficamente), de una entidad lingüística más amplia, que recibe el nombre de "lengua." Hay que enfatizar que *dialecto* es un término técnico sin ninguna connotación valorativa. Significa —con un poco más de precisión— lo mismo que "variante o modalidad idiomática." Por otra parte, *lengua* es un término más general: hablamos de dialectos cuando queremos diferenciar entre dos o más variantes de lo que se considera la misma lengua. Por lo tanto, al hablar del español de España, nos referimos al conjunto de dialectos (o variantes) peninsulares, contrastándolo con el conjunto de dialectos (o variantes) hispanoamericanos; dentro del marco peninsular distinguimos entre los (sub)dialectos castellano, andaluz, extremeño o murciano y refiriéndonos al español hispanoamericano, hablamos de los (sub)dialectos argentino, peruano o mexicano. A su vez, el porteño sería un subdialecto del dialecto argentino; el sonorense, un subdialecto del dialecto mexicano, y así en adelante.

El término *macrodialecto*, en cambio, designa el conjunto de dialectos o variantes lingüísticas de una región. Por ejemplo, los dialectos cubano, dominicano y puertorriqueño son (sub)dialectos del (macro)dialecto caribeño.

Bien miradas las cosas, queda claro que la lengua es una abstracción y que todos hablamos un dialecto u otro. Para los lingüistas, una lengua está formada por un conjunto de variantes —regionales, étnicas, sociales—, cada una de las cuales tiene unos rasgos específicos mediante los cuales contrasta con los demás.

En un sentido estricto, cualquier referencia a un dialecto debería acompañarse de una definición clara de los rasgos adoptados para caracterizarlo. En cambio, el término *variante* es más flexible y resulta útil cuando queremos referirnos, sin demasiada precisión, al habla de una región: la variante limeña del español peruano, la variante brasileña del portugués, etc.

No dejaba de tener cierta razón el que dijo que "una lengua es un dialecto respaldado por un ejército," puesto que en la cuestión intervienen a menudo criterios no lingüísticos. Un criterio comúnmente empleado por los no lingüistas es la nacionalidad de los hablantes. El llamado "chino," por ejemplo, se habla de maneras distintas según la región, y hay suficientes diferencias entre algunas de sus variantes —como el mandarín y el cantonés (ambos macrodialectos), por ejemplo— para que los hablantes de una no comprendan a los de la otra. Pero como tienen una escritura uniforme y se hallan además dentro de las fronteras del mismo estado soberano, tradicionalmente se las ha considerado variantes del mismo idioma y no lenguas distintas, como se podría hacer, si se tomara la inteligibilidad recíproca como criterio clasificatorio.

En cambio, el holandés y el flamenco, aunque se hablen en países distintos (Holanda y Bélgica, respectivamente) y tengan algunos rasgos distintos, se consideran variantes del mismo idioma. Algo parecido pasa con el catalán (el nombre deriva de **Cataluña**, al nordeste de España, en donde se originó), cuyas variantes regionales se conocen por nombres como **valenciano** en Valencia y **mallorquín** en Mallorca, entre otros. Pese a pequeñas diferencias de pronunciación, morfología, sintaxis y vocabulario, se trata de la misma lengua, aunque haya quienes, por razones políticas, digan que se trata de lenguas distintas.

El criterio de la comprensión mutua es relativo, puesto que ésta no tiene lugar entre sistemas lingüísticos, sino entre individuos. Es muy probable que un brasileño y un colombiano de rango social y grado de instrucción similares, se entiendan casi perfectamente hablando cada cual su idioma, pero no por eso se diría que el portugués y el español son variantes de la misma lengua. La comprensión es un fenómeno personal en el que influyen el tema, vocabulario y estilo del habla, el grado de instrucción de los interlocutores, el grado de familiaridad que puedan tener unos con otros.

A medida que se delimita el número de hablantes que queremos tener en cuenta, se achica el ámbito de una lengua/dialecto. ¿Cuántas personas tiene que haber en una comunidad lingüística? Como mínimo dos, pero eso depende de las circunstancias. El término pierde algo de su utilidad si las dos personas forman parte de una comunidad más grande: dos enamorados, ambos hablantes del mismo idioma, pueden compartir en exclusiva unas cuantas palabras y expresiones, pero se trata de una situación de limitado interés dialectológico. Por otra parte, si hablan idiomas distintos, o dialectos muy divergentes, entonces es posible que se desarrolle entre ellos una mezcla de ambos dialectos/idiomas, lo cual sí puede tener algún interés lingüístico. Asimismo, dos náufragos que pasen algunas décadas en una isla desierta podrán desarrollar un dialecto particular.

Lo que caracteriza un dialecto (o una lengua) es el conjunto de los elementos lingüísticos —fonos, vocabulario, construcciones gramaticales, modismos, etc.— compartidos por una comunidad lingüística. Los rasgos que forman la peculiaridad lingüística de un individuo, constituyen su *idiolecto*.

Puede que las rosas oliesen igual de bien si las llamásemos otra cosa, pero el nombre de los idiomas a menudo suscita enconadas polémicas, como en el caso de la cuestión, ya mencionada, de las designaciones regionales del catalán. Por tener sus orígenes en Castilla, la lengua de que trata este libro ha sido tradicionalmente conocida por el nombre de *castellano*. Y como, por razones históricas, llegó a ser la lengua oficial de España, vino a llamarse también *español*.

La cuestión de cuál debería ser nombre —fascinante como todas las disputas terminológicas— no ha sido resuelta de modo a contentar a todos: mientras que unos consideran *castellano* demasiado limitado, otros rechazan *español* por creer que las otras lenguas de España (como el catalán, el vasco o el gallego) también son "lenguas españolas."[7]   Hoy día, en España y en diversos países hispanoamericanos, hay preferencia por el término *castellano*, en otros por *español*, y en otros más se usan ambos nombres. En este libro se emplean los términos español/castellano como sinónimos, reservándose la expresión referencia especificándose las referencias al habla de la región de Castilla mediante términos como "dialecto (variante) castellano" o "español norteño."

Variación lingüística

El hecho de referirnos a *la lengua* en singular, refuerza la imagen popular de algo uniforme, casi hecho de una sola pieza. Pero basta fijarnos en cómo habla la gente —nosotros y los demás— para darnos cuenta de que nuestro idioma varía enormemente.

Y no sólo el nuestro: la variación es una de las características fundamentales del mismo lenguaje. Todos los idiomas naturales presentan variación en el tiempo, de una región a otra, y entre los distintos grupos sociales de una misma comunidad. Dentro de un mismo grupo social, los jóvenes no hablan como los ancianos, ni los hombres como las mujeres.

Cambio lingüístico

Con el paso del tiempo, cambian todos los aspectos del idioma. La pronunciación de los fonos se modifica; unas palabras y expresiones cambian de significado o dejan de usarse, a la vez que se crean otras nuevas, que se incorporan a la lengua, que está en continuo fluir. Debido al cambio lingüístico se generan los dialectos, es decir las variantes geográficas o sociales del idioma. Una muestra de la literatura hispánica de los últimos cuatro siglos revela que sólo figuradamente se puede decir que hablamos "el idioma de Cervantes," porque la lengua española actual difiere mucho de la que conoció el autor del *Quijote* (1547-1616).

En este sentido, es ilustrativa la historia de la representación ortográfica del topónimo *México* y sus derivados (**mexicano, mexicanismo**).

En el siglo quince la letra **x** representaba un fono parecido al de **sh** en inglés (*ship, shot*): **dixo, mexilla,** o **Quixote,** modernamente **dijo, mejilla, Quijote.**[8] El sonido de la **x** contrastaba con el de la **j** de **hijo** o **mujer,** pronunciada más o menos como a la **z** inglesa de *azure.* Pero a partir del siglo dieciséis empezó a cambiar la pronunciación de ambos fonos, que acabaron confundiéndose en uno solo, representado hoy día por la **g** ante **e, i** (**gente, ginebra**) y la **j** (**jamás**).

La capital azteca tenía en náhuatl (el idioma local) el nombre de **Me-shik-ko,** que los españoles transcribieron en castellano como **México.** A principios del siglo diecinueve, cuando el cambio de pronunciación de la **x** y de la **j** ya se hallaba consolidado, la Real Academia Española cambió a **j** la ortografía de las palabras en cuestión: **dijo, mejilla, Quijote, Méjico.** Pero en México, después de la independencia (1821) y tras un breve período de adhesión a la nueva norma ortográfica, una motivación nacionalista determinó el retorno a la ortografía antigua para el nombre del país y sus derivados. Sin embargo, se adoptó la norma académica para topónimos como **Xalapa, Guadalaxara, Xalisco,** que pasaron a escribirse **Jalapa, Guadalajara, Jalisco.** Por solidaridad con México, luego se hizo lo mismo en las demás repúblicas hispanoamericanas, mientras que la grafía con **j** (**mejicano, mejicanismo**) ha seguido usándose en España, donde actualmente alterna con la forma con **x.**

Con el paso del tiempo cambian también las reglas gramaticales. Por ejemplo, en castellano antiguo los posesivos podían ser precedidos del artículo (ant. **los sus ojos** = mod. **sus ojos**), práctica ésa que ha desaparecido de la lengua moderna. El pronombre **cuyo** se empleó en otros tiempos como interrogativo, significando **¿de quién?,** pero ese uso tampoco existe hoy día. (Compárese con el uso de *whose* en inglés: *Whose is this?* con el español antiguo **¿Cúyo es esto?,** equivalente al moderno **¿De quién es esto?**)

El vocabulario cambia a medida que las palabras se arcaízan y dejan de emplearse. Miremos la Figura 1.3. ¿Quién, además de los especialistas, se da cuenta del significado de aquellos arcaísmos? ¿Y cómo podríamos dispensar aquellos neologismos? A cada momento se añaden neologismos al léxico del idioma: **estalinismo** (política de Stalin), **castrismo** (ideario político de Fidel Castro), **ovni** (objeto volador no identificado), y tantas más, creadas o tomadas como préstamo de otros idiomas (como **fax** o **estrés** < ing. *stress*) como respuesta a nuevas necesidades expresivas.

Figura 1.3

EJEMPLOS DE ARCAÍSMOS Y NEOLOGISMOS

arcaísmos		neologismos
(español medieval)		*(siglo veinte)*
cras	'mañana'	procesador de textos
catar	'mirar'	informática
cuita	'sufrimiento'	magnetofón
sen	'juicio'	electrodoméstico
maguer	'a pesar'	astronauta

Los cambios sufridos por un idioma a lo largo del tiempo constituyen el objeto de la lingüística *diacrónica* (del griego *dia* 'diferente' y *khronos* 'tiempo'). Una visión completa debe incluir, además del desarrollo de las formas lingüísticas, información sobre su historia externa, es decir las circunstancias históricas y el contexto cultural del cambio lingüístico.

Variación geográfica

El lenguaje presenta dos clases de variación —geográfica y social— que dependen fundamentalmente del cambio lingüístico. Un factor que contribuye a la semejanza en la manera de hablar es la frecuencia de comunicación. Por ejemplo, es natural que los vecinos de un pueblo de alta montaña compartan más rasgos lingüísticos entre sí que con los miembros de otras comunidades lingüísticas con las que tienen poco o ningún contacto. Una *comunidad lingüística* es un grupo social que comparte la misma lengua (como todos los hablantes de español), mientras que una *comunidad de habla* es un grupo social que interactúa frecuentemente mediante una variante lingüística común.[9]

La relativa uniformidad de la comunidad lingüística se transparenta en el uso de topónimos y gentilicios para designar la manera de hablar de cierta región: el habla de Villena, el dialecto de Madrid, el andaluz, el extremeño, el español chicano, el castellano uruguayo o el español andino. Desde luego, no son designaciones exactas, pero permiten una indispensable ubicación inicial.

Variación social

La complejidad de la organización de una sociedad contribuye a la variación lingüística, que tiende a aumentar en las grandes ciudades, donde amplios sectores de la población tienen relativamente poco contacto lingüístico los unos con los otros.

Cuanto más estratificada sea una comunidad lingüística, tanto más natural es que haya más comunicación entre los miembros del mismo grupo social que entre un grupo y otro. La variación social está definida por aquellos rasgos no compartidos (o compartidos en proporciones variables) por los distintos grupos. Esa variación, que puede afectar cualquier aspecto del lenguaje —la pronunciación, el vocabulario, la sintaxis, la semántica o la pragmática— permite definir las comunidades lingüísticas *sociales*.

Éstas pueden hallarse en el mismo espacio geográfico —los barrios ricos de una gran ciudad, por ejemplo— o repartirse por regiones no contiguas. Un caso típico es el de la pronunciación estándar del inglés británico (la llamada *received pronunciation*). Esa modalidad del inglés, tradicionalmente empleada en las escuelas privadas (las llamadas *public schools*) y en universidades como las de Cambridge y Oxford, se derivó históricamente del dialecto del sudeste de Inglaterra, donde se halla Londres (Middlesex), y se impuso como norma debido al prestigio social, económico y político de sus hablantes.

En el caso del español, se consideró como estándar de la comunidad hispanoparlante, durante varios siglos, la norma culta derivada históricamente del habla de Castilla y codificada por la Real Academia Española. Hoy día, sin embargo, está bastante difundida la noción de que cada región hispanoparlante tiene un estándar culto, representado por el uso de las personas instruidas en contextos más o menos formales.

En las manifestaciones de la lengua española en su conjunto, se nota mucha más uniformidad en la escritura que en el habla. En ésta, aumenta la uniformidad en proporción directa al grado de formalidad del contexto comunicativo. En un congreso internacional, por ejemplo, los profesionales hispanohablantes de diversas nacionalidades emplean en sus ponencias un español mucho más uniforme que el que usan en la conversación en los pasillos.

Otros factores

Otros factores individuales relacionados con la variación lingüística son la edad
y el sexo de los hablantes. Algunas diferencias tienen causas biológicas, como la
conformación del aparato fonador, que corresponde a notables contrastes entre
el habla masculina y la femenina. En ambos sexos, la voz de los niños suele ser
más aguda que la de los adultos, y entre éstos, la de los varones es más grave y
la de las mujeres, más aguda.

Otras diferencias son el resultado de condicionamientos culturales. En
términos generales, la entonación femenina varía más, es decir tiene más subidas
y bajadas que la masculina, que es más estable. Pero esa diferencia es relativa:
tomadas en su conjunto, ciertas modalidades de la lengua tienen patrones
entonativos que presentan más variación que otras modalidades. Como dijo el
lingüista español Samuel Gili Gaya, "con frecuencia se dice que los habitantes
de determinadas comarcas *cantan* cuando hablan. En realidad, todos cantamos,
aunque sólo por contraste nos damos cuenta del canto peculiar de nuestra
comunidad parlante."[10]

Sobre todo en culturas tradicionales, donde las mujeres tienen relativamente
pocos contactos fuera del hogar, y por lo tanto, se hallan menos expuestas a
innovaciones lingüísticas, el habla femenina tiende a ser más conservadora y a
atenerse más a las reglas de corrección gramatical que el habla masculino. En
parte eso se debe a la noción de que las mujeres deben mantener ciertas normas
de conducta de las que están exentos los varones. El varón habla más "duro,"
emplea menos fórmulas de cortesía; usa palabrotas libremente, sobre todo en la
conversación informal entre amigos del mismo rango social; y, desde luego, se
acepta que hable de cualquier tema, aunque de ciertos asuntos, sólo con otros
varones. En cambio, es virtualmente universal la norma de decoro que excluye
de las conversaciones entre hombres y mujeres no sólo las palabras soeces sino
una serie de temas (y el correspondiente vocabulario), como la vida sexual, la
política y los deportes violentos, entre otros. Ciertas formas lingüísticas son, si
no típicas, por lo menos más frecuentes en el habla femenina, como los
diminutivos. Una frase como **Está muy guapa la chica** la podría usar tanto un
hombre como una mujer, pero una frase como ¡**Que guapecita está mi reina!**
es típicamente femenina.

A medida que se debilitan esas limitaciones, particularmente si la mujer se
incorpora a actividades antes reservadas a los varones —policía, fuerzas armadas,
construcción, negocios— por lo menos parte de aquel vocabulario se incorpora
al habla femenina. Por supuesto, cualquier persona que se dedique a la mecánica
de motos, a cocinar, a la informática, o a cuidar a los niños, tiene que aprender
el vocabulario correspondiente.

En los años sesenta, marcados por una serie de transformaciones sociales
—como la revolución sexual, las manifestaciones políticas y las revueltas

estudiantiles en virtualmente todos los países occidentales— se puso de moda —y hay mucho en el lenguaje que es cuestión de moda— que las universitarias adoptaran ciertos patrones de comportamiento lingüístico típicamente masculino, como el usar palabrotas y hablar "duro," dispensando ciertas fórmulas de cortesía tradicionalmente asociadas al habla femenina. Sin embargo, aunque aquellos cambios han dejado su huella, quedan muchas diferencias entre el habla masculina y la femenina.

La distinta valoración social de los sexos y la posición tradicionalmente subordinada de la mujer se reflejan en una serie de expresiones en las que el término masculino es positivo y el femenino, negativo (particularmente si se aplica a un varón). Así, **cosa de hombres** significa algo difícil, importante, que requiere valor, etc., mientras que **cosa de mujeres** señala algo sin importancia o despreciable; decirle a un chico que **ya es un hombrecito**, supone un alago, pero **eres una mujercita** se entiende como un insulto.

La lengua no crea las diferencias y prejuicios sociales, pero sí los refleja; lo que es peor, el uso de expresiones discriminatorias los refuerza y perpetúa. Si las sociedades humanas se organizan en términos de poder, el lenguaje valora positivamente los términos asociados a éste. Asimismo, en una sociedad que no acepte determinado comportamiento —social, religioso, o sexual— los términos referentes a él serán negativos.

Un ejemplo de ello son los términos que reflejan los prejuicios religiosos. En la Edad Media se llamaban **cristianos nuevos** a los judíos y musulmanes convertidos al cristianismo, y **cristianos viejos** a las personas de antepasados cristianos. Para gozar de ciertos privilegios, uno tenía que hacer prueba documental de su **limpieza de sangre**, es decir, probar que no tenía antepasados no cristianos, con lo cual se equiparaba las demás religiones a la suciedad. La Inquisición vigilaba a los cristianos nuevos de **prácticas judaizantes**, es decir, cualesquier actividades indicativas de que todavía compartían las creencias judaicas. El prejuicio antisemita se revela en palabras como **judiada**, definida como "acción propia de judíos. *Fig.* y *fam.* crueldad; ganancia excesiva; usura," por el *Pequeño Larousse Ilustrado* (edición de 1964).

El lenguaje de cada día revela nuestras preferencias sociales, religiosas y políticas. En ciertos países hispanoamericanos, las clases altas se autodenominan **gente decente**, lo cual implica que los demás no lo son. En la época de la Inquisición —que existió en España hasta 1834— lo peor que se podía decir de alguien es que fuera **hereje**; como en nuestra sociedad secularizada la herejía ha pasado de moda, preferimos —dependiendo de quienes estén en el poder— decir que uno es **derechista**, o **izquierdista**, o si no se trata de política, que no tiene **conducta profesional** —términos todos vagos pero, quizás por eso, aún más peyorativos.

La oposición positivo vs. negativo se manifiesta también en la elección del término con que describimos un mismo fenómeno. Nuestra **fe** es el **fanatismo** de los otros, nuestras **creencias**, sus **supersticiones**. Los que se pasan al bando adversario son **traidores**, los que vienen al nuestro, **conversos**. Quienes se oponen a los cambios que proponemos son unos **reaccionarios** apegados a unas **costumbres arcaicas**, pero si no queremos que las cosas cambien, es porque respetamos nuestras **sagradas tradiciones**. Si otros dicen lo que piensan, son **groseros e irrespetuosos**, pero si lo hacemos nosotros, es porque somos **francos**; Los que no nos permiten hablar de ciertos temas o usar ciertas palabras son **censores** o **fascistas**, pero si se lo prohibimos nosotros, es porque somos **políticamente correctos**.

Estilos

También contribuyen a la variación los diversos *estilos* del lenguaje. Podría pensarse que, al ser el estilo algo muy personal, esa clase de variación actuara sólo en el ámbito individual. Pero aparte de los estilos literarios, bastante más creativos, el estilo en el uso normal del lenguaje depende del consenso de los hablantes.

Una variable estilística importante tiene que ver con el grado de formalidad del contexto comunicativo. En un almuerzo en el campo, le puedo decir a un compañero de excursión: **Oye, pásame el paté**, pero en una cena formal, a la desconocida a mi lado a lo mejor le pido: **Por favor, ¿podría pasarme el paté?** Si me toca decirles a los demás que no deben fumar, tengo varias opciones: **Se ruega no fumar** es una frase hecha, formal e impersonal; **Debo informarles que no se puede fumar** es cortés, algo más personal (uso la primera persona y me dirijo a los demás directamente); **Lo siento, chicos, pero no podemos fumar aquí** es informal y más personal (por lo que me incluyo en el número, incluso si no soy fumador); **¡No fumar!** si soy un sargento dirigiéndome a los reclutas.

Universales lingüísticos *Imp* (Sumario)

El cambio temporal y la variación lingüística subrayan el hecho de que hay mucha diversidad en la organización interna de los idiomas. Más allá de esa variedad, sin embargo, todos los idiomas naturales comparten ciertas propiedades generales que, según la teoría propuesta por Chomsky,[11] reflejan una *gramática universal* que nos permite abstraer de la realidad individual de cada idioma particular y hablar del lenguaje como un fenómeno unitario. He aquí algunas de esas características universales del lenguaje:

1. Todos los idiomas utilizan un número limitado de fonos cuya articulación puede describirse mediante los mismos rasgos generales.

2. En todo idioma hay dos clases de fonos, las vocales y las consonantes.

3. Los fonos, que no tienen significado en sí mismos, se combinan según reglas específicas, formando así las palabras.

4. La relación entre las palabras y sus significados es fundamentalmente arbitraria.

5. El significado de las palabras puede analizarse mediante rasgos universales, como *masculino, femenino, humano, animado,* etc.

6. Las palabras se combinan según normas sintácticas bien definidas, originando oraciones aseverativas, interrogativas o negativas.

7. Todos los idiomas tienen un conjunto finito de reglas específicas que permiten generar un número finito de clases de oraciones. El conjunto total de las oraciones que pueden ser generadas es infinito.

8. Todos los idiomas disponen de recursos para referirse al tiempo cronológico, distinguiendo entre eventos pasados y no pasados.

9. Todas las lenguas cambian a medida que pasa el tiempo.

Funciones del lenguaje

Todos sabemos que el lenguaje nos permite expresar ideas y trasmitir información. Esa propiedad refleja su función *informativa* (o *cognitiva*), que abarca desde la comunicación cotidiana hasta la transmisión de ideas bastante complejas. Pero como forma de comportamiento, el lenguaje tiene otras funciones, aptas a otras formas de interacción social.

La función *directiva* nos permite influir directamente en el comportamiento de otras personas mediante mandatos (**¡Ven acá!**), peticiones (**Por favor, lléveme a la Plaza Mayor**), o invitaciones (**¿No quieres sentarte?**). Esa influencia también se ejerce indirectamente, mediante preguntas casuales (**¿No te parecen sabrosas esas legumbres?**), comentarios banales (**¡Mira qué legumbres tan bonitas te ha puesto la mamá!**) o preguntas retóricas (**¿Sabes qué te va a pasar si no comes esas legumbres?**).

La función *fática* expresa actitudes de solidaridad mediante fórmulas de cortesía (**por favor, tenga la bondad, usted que es tan amable**) o de saludos (**hola, ¿qué tal?, ¿qué hay de nuevo?, ¿qué hubo?**). A veces una expresión fática queda en el lenguaje después de perder su significado original, como **adiós** (de la frase **a Dios seas**).[12] Es una función típica de los diálogos informales como los comentarios acerca del tiempo, que no comprometen a nada pero permiten que cada interlocutor saque conclusiones sobre la condición social, el grado de instrucción o estado de ánimo del otro. Una conversación rápida en el pasillo, aunque no añada gran cosa a los conocimientos de los participantes, refuerza sus relaciones de amistad y les asegura que todo va bien entre ellos.

La función *expresiva* revela emociones y sentimientos, directa o indirectamente, mediante la elección de palabras con connotaciones específicas o sutiles variaciones de la entonación. Una oración como **¿Ya vas a salir?** puede señalar las más variadas actitudes y sentimientos, dependiendo de cambios en la entonación, y otros rasgos que apenas pueden representarse en la escritura. Se incluyen en la función expresiva la mayor parte de las interjecciones, exclamaciones, palabrotas y blasfemias.

Es también muy importante la *función factitiva*, mediante la cual el mismo acto del habla constituye una acción. Cuando el sacerdote les dice a los novios: **"Los declaro marido y mujer,"** o el juez al reo: **"Este tribunal lo condena a diez años de prisión,"** o el policía a un ciudadano: **"Queda usted arrestado,"** no se trata de explicaciones, ni de informaciones, sino de frases que ejecutan la acción a la vez que la expresan.

Esas funciones no se manifiestan aisladamente, sino que se combinan, incluso en el mismo enunciado. Por ejemplo, si un ajedrecista le dice a su contrincante menos experimentado algo como **¡Te equivocaste!**, su intención puede ser sólo informativa, pero puede ser también directiva, si hay intención de hacer que aquél se disculpe por el error, o expresiva, si denota enfado o alegría por el error del otro.

Areas de la lingüística

Pero, ¿cómo abordan los lingüistas su objeto de estudio? Tanto el lenguaje como cada idioma en particular tienen muchas facetas y por lo tanto pueden analizarse desde distintos puntos de vista. Cualesquiera que sean éstos, se trata de emplear una metodología objetiva, buscando unos resultados tan científicos como sea posible. Además de ese acercamiento científico, hay otros, como el filosófico y el estético, que pese a su interés, tienen otros presupuestos y objetivos, y siguen líneas de investigación distintas que las de la lingüística.

Aún dentro de la lingüística encontramos una variedad de presupuestos teóricos que conllevan métodos de análisis no siempre compatibles. Sin embargo, el trabajo de los lingüistas consiste en describir y explicar cómo se hallan estructuradas las relaciones entre los signos y sus significados. Esa estructura no es algo evidente, así como la estructura de la materia tampoco no se puede observar directamente. Al igual que los físicos y químicos, lo que hacen los lingüistas es postular explicaciones mediante unos modelos teóricos que suelen ser bastante abstractos. Al elaborar dichos modelos, los lingüistas emplean un *metalenguaje* —es decir un vocabulario especializado— cuya función es definir y describir los conceptos postulados en la teoría. Aunque pueda parecer complejo a primera vista, ese metalenguaje no lo es, intrínsecamente, ni más, ni menos, que el empleado en otras disciplinas académicas. Podemos hacernos una idea de la disciplina mediante una mirada somera a sus subdisciplinas:

1. La *fonética* analiza los *fonos*, su articulación y propiedades físicas y acústicas.

2. La *fonología* estudia las relaciones entre los fonos como elementos de un sistema.

3. La *morfología* analiza cómo los fonos se juntan para formar secuencias dotadas de significado, como los *morfemas* y las palabras.

4. La *sintaxis* se ocupa de la estructura de las frases.

5. La *semántica* estudia el significado, tanto de las palabras como de las frases.

6. La *sociolingüística* analiza el uso de las lenguas en relación a la estructura social; entre otras cosas, cómo las lenguas reflejan las características de los grupos sociales que las emplean.

7. La *dialectología* estudia la variación geográfica de las lenguas.

8. La *psicolingüística* y la *neurolingüística* analizan la adquisición del lenguaje materno por los niños y el aprendizaje de otros.

Además de aquellas áreas especializadas, hay ciertos enfoques generales que dictan la perspectiva adoptada por los lingüistas. La *lingüística general* o *teórica* se ocupa (a) de las características del lenguaje en oposición a los rasgos específicos de cada lengua en particular y (b) de las características que debe tener la propia teoría lingüística, las clases de problemas que debe tratar, la metodología que debe usar, etc.

La lingüística *diacrónica* estudia el desarrollo de las lenguas en el tiempo. Un aspecto específico de los estudios diacrónicos es la *filología*, que utiliza información obtenida en el análisis de documentos escritos. En cambio, la lingüística *sincrónica* analiza la estructura de los idiomas sin tener en cuenta ni la variación temporal, ni la evolución cronológica. La lingüística *comparativa* trata de determinar las semejanzas y diferencias entre ellos. En estos tres acercamientos —sincrónico, diacrónico y comparativo— se consideran el lenguaje y las lenguas como sistemas abstractos.

La lingüística *aplicada*, a su vez, investiga las posibles aplicaciones de los resultados alcanzados en aquellas disciplinas. Una de las áreas más desarrolladas de aplicación de la lingüística (hoy día en Europa más que en los Estados Unidos) es la enseñanza de idiomas. Pero la lingüística aplicada se extiende a otras áreas, como la lexicografía (es decir, la organización de diccionarios), la inteligencia artificial, la traducción automática por ordenadores, el empleo de métodos lingüísticos en el análisis de textos, y la planificación lingüística, que incluye el diseño de sistemas ortográficos y decisiones acerca de cuál variante del idioma se debe usar en la enseñanza, en los medios de comunicación, etc.

Además de la interpenetración que hay entre las diversas disciplinas de la lingüística, ciertas etiquetas académicas dejan claro que hay áreas de convergencia entre ésta y otras disciplinas: filosofía del lenguaje, sociología del lenguaje, etnolingüística, lingüística antropológica, lingüística computacional, lingüística matemática y otras.

Figura 1.4

Resumen de las disciplinas y especializaciones de la lingüística

Disciplinas:	Especializaciones:
fonética	sociolingüística
fonología	psicolingüística
morfología	lingüística sincrónica
sintaxis	lingüística diacrónica
semántica	filología
pragmática	lingüística comparada
	lingüística aplicada
	enseñanza de idiomas
	análisis de textos
	traducción
	lexicografía
	planificación lingüística

También se dan nombres específicos al estudio de las familias de idiomas, o de las lenguas particulares. La lingüística *románica* se ocupa de las lenguas derivadas del latín. La lingüística *hispánica*, estudia las lenguas románicas de la Península Ibérica, que incluyen el castellano, el catalán, el gallego y el portugués. Además de éstas, hay el asturiano y el aragonés, de ámbito geográfico muy limitado y bastante influidos por el castellano. Al no ser un idioma románico, el vasco o euskara queda fuera de la lingüística hispánica.

En este libro nos interesa particularmente la lingüística española, que trata de las variantes del español en la Península Ibérica y otras regiones, como las Islas Canarias, Hispanoamérica y los Estados Unidos. Los Capítulos 2 a 6 proporcionan una visión sincrónica de la fonética, la fonología, la morfología, la sintaxis y la semántica. Los ejemplos han sido verificados por hablantes nativos y se ha tratado de que reflejaran preferentemente el habla informal. Esta perspectiva adopta unos parámetros más flexibles que los usualmente adoptados en los manuales de gramática, que reflejan el lenguaje formal y literario.

Los aspectos dinámicos del lenguaje son el tema del Capítulo 7, que trata de los cambios del idioma a través del tiempo, y del Capítulo 8, que considera la variación lingüística en el espacio geográfico y en el contexto social. El Capítulo 9 trata de la lengua española en los Estados Unidos.

SUMARIO

El lenguaje es una forma de comportamiento social humano, que permite la comunicación mediante el empleo creativo de un sistema ordenado de símbolos orales arbitrarios. Las reglas lingüísticas funcionan como un modelo teórico que permite generar formas lingüísticas (fonos, palabras y oraciones).

Siendo esencialmente oral, el lenguaje se manifiesta a través del habla. Cada lengua (o idioma) tiene una estructura definida que la distingue de las demás; un dialecto (o variante) es una manifestación específica de un idioma, usualmente definida en términos geográficos. Todos los idiomas cambian con el tiempo y presentan algún grado de variación regional y social.

La lengua se estructura alrededor de cinco componentes: los componentes fonológico, morfológico, sintáctico y semántico, y corresponden a la competencia que tiene el hablante nativo de producir oraciones correctas. Además, el componente pragmático corresponde a su capacidad de producir oraciones apropiadas a cada contexto comunicativo.

Como medio expresivo, el lenguaje tiene diversas funciones (informativa, directiva, fática, expresiva y factitiva). La lingüística estudia objetivamente el lenguaje y se compone de diversas áreas específicas (fonética, fonología, morfología, sintaxis, semántica y pragmática). Según el punto de vista adoptado, la lingüística se clasifica como general o teórica (teoria del lenguaje), histórica o diacrónica (evolución temporal del lenguaje), psicolingüística (adquisición del lenguaje, aprendizaje de idiomas extranjeros), sociolingüística (relaciones entre las formas del lenguaje y la estructura social) y lingüística aplicada, que investiga las posibles aplicaciones de los resultados alcanzados en aquellas disciplinas a la enseñanza de idiomas, a la traducción, a las comunicaciones y a otras actividades en las que interviene el lenguaje.

Práctica

A. *Imagine situaciones en que cada uno de los enunciados siguientes pueda usarse con función (i) directiva o (ii) fática.*
 1. Me parece que va a llover. *[anotación manuscrita: Va a llover d]*
 2. Veo que te gustan los animales.
 3. ¿Trabajas o estudias?
 4. ¿Qué estás leyendo? *[anotación manuscrita: ¿Estás leyendo? d ¡Estás leyendo! f]*
 5. ¿Tienes fósforos?

B. *¿A qué se debe la doble grafía de palabras como **México/Méjico, mexicano/ mejicano**?*

C. *Elabore una hipótesis para explicar por qué se ha mantenido la **x** en palabras como **México** y **mexicano**, pero no en otras como **Guadalajara** o **Jalisco**.*

D. *¿Por qué se dice que el lenguaje es fundamentalmente oral?*
[anotación manuscrita: se manifiesta a través del habla]

E. *Cierto pájaro se llama **ànec** en catalán, **canard** en francés, **duck** en inglés y **pato** en castellano. ¿Qué relación hay entre esos cuatro significantes y su significado?*

F. *Si el simbolismo del lenguaje es arbitrario, ¿cómo se explica que la gente se entienda?*

G. *¿Qué diferencia hay entre las funciones informativa y factitiva del lenguaje? Dé ejemplos de cada una.*

H. *¿Son las lenguas superiores a los dialectos? Explique su respuesta.*

I. *¿Qué es más importante para el desarrollo de una civilización, el habla o la escritura? Justifique su respuesta.*

J. *¿Cómo explica usted el hecho de que un hablante nativo analfabeto se expresa con fluidez en su idioma, mientras que un extranjero que lo ha estudiado varios años lo habla con dificultad?* *[anotación manuscrita: Porque el p. se aprende desde niño a la misma vez q el desarrollo física - se]*

K. *El mismo extranjero puede explicar diversas reglas de la gramática del idioma, pero al hablar no siempre las utiliza correctamente. ¿Cómo se explica esa situación?*

[anotación manuscrita: convierto en proto "natural" nuestra]

PRINCIPALES FUENTES CONSULTADAS

Temas generales: Akmajian, Demers, Farmer y Harnish 1990, McManis, Stollenwerk y Zheng-Sheng 1987, Falk 1978, Fromkin y Rodman 1988, Lyons 1968, O'Grady, Dobrovolsky y Aronoff 1989; *la x de México y otras cuestiones ortográficas,* Rosenblat 1963; *el nombre de la lengua,* Berschin 1982.

SUGERENCIAS DE LECTURAS

Una breve pero informativa introducción a la lingüística es Elgin 1979; sobre temas generales del lenguaje se recomiendan manuales introductorios como Akmajian, Demers, Farmer y Harnish 1990, McManis Stollenwerk y Zheng-Sheng 1987, Fromkin y Rodman 1988 o O'Grady, Dobrovolsky y Aronoff 1989; sobre comunicación animal: Gardner, y Gardner 1969, Terrace, 1981, Greenfield y Rumbaugh 1990. Sobre la variación lingüística en español, Rosenblat 1962, Vigara Tauste 1980.

NOTAS

[1] Nebrija 1926:6.

[2] La lista se inspira parcialmente en McManis et al., 1987:2-3.

[3] Sigue sin solución positiva la cuestión de si los antropoides, como los chimpancés, tienen la capacidad de desarrollar un lenguaje. Véase Gardner y Gardner 1969, Terrace 1981, y Greenfield y Savage-Rumbaugh 1990.

[4] Véase Bolinger 1975:75 y Trujillo 1978.

[5] Es convención poner entre comillas sencillas los significados de las formas citadas.

[6] Es convención señalar con un asterisco las formas agramaticales o malformadas.

[7] Sobre la cuestión del nombre de la lengua, véase Berschin 1982.

[8] La pronunciación antigua de la x como sh se mantiene en algunos idiomas: port. *Quixote,* *México,* fr. *Quichotte.* Para detalles sobre la cuestión de la x, véase Rosenblat 1963.

[9] Véase Gumperz 1968 y Hymes 1967.

[10] Gili Gaya 1971:57-58.

[11] Véase Chomsky 1965 y 1966.

[12] Moliner 1983:56, vol. 1.

2

Fonética:
los sonidos del habla

*De manera que no es otra cosa la letra, sino figura por la cual se
representa la boz; ni la boz es otra cosa sino el aire que
respiramos, espessado enlos pulmones, y herido despues enel aspera
arteria, que llaman gargavero, y de alli començado a
determinarse por la campanilla, lengua, paladar, dientes y beços.
Assi que las letras representan las bozes, y las bozes significan,
como dize Aristoteles, los pensamientos que tenemos enel anima.*

Nebrija[1]

Si le pedimos a alguien que no haya estudiado lingüística que describa los fonos
de su idioma, lo más probable es que no sepa dar más que unas explicaciones
vagas e imprecisas. La razón es que su competencia lingüística —el conocimiento intuitivo de su propia lengua, que le permite producir los fonos, formando
palabras y frases— no conlleva una comprensión técnica de cómo se articulan.
Para ello, hace falta tener algunos conocimientos de *fonética*, que es el análisis
científico de los fonos.

Según su objeto específico, la fonética se clasifica en tres modalidades, a saber:

fonética acústica: se ocupa de las características físicas de los fonos, como altura, intensidad, duración y timbre;

fonética auditiva: analiza la fisiología de su percepción por el oído;

fonética articulatoria: trata de la formación de los fonos por los órganos del aparato fonador (Figura 2.1). Esta última modalidad, la fonética articulatoria, constituye el tema de los apartados siguientes.

Transcripción fonética

La escritura común permite registrar palabras y frases, archivándolas para cualquier uso posterior. Los alfabetos comunes no representan todos los fonos del habla, y ni siquiera los de un solo idioma. La ortografía castellana, que usa el alfabeto latino, es (como la de otros idiomas) algo ambigua al representar la pronunciación. Considérense los siguientes aspectos:

—el mismo fono se representa por letras distintas (*gente*, *jaleo*);

—una misma letra señala fonos distintos (*casa*, *aceite*, *gato*, *gitano*) o una secuencia de dos fonos, como la **x** de **examen**, pronunciada **ks**: ek-sa-men o s e-sa-men;

—los *dígrafos* (combinaciones de dos letras) **ch**, **rr** y **ll** representan cada uno un solo fono (**chancho**, **carro**, **hallo**);

—hay letras "mudas" que no representan ningún fono por sí solas, como la **h** (**hombre**, **ahí**) o la **p** inicial ante **s** (**pseudo**, **psicología**).

Además, hay fonos sin representación precisa. Por ejemplo, la ortografía no distingue la **n** de **ánfora**, **informa**, articulada con los incisivos superiores tocando el labio inferior, de la **n** de **angustia**, **áncora**, parecida al sonido inglés *ng* (*sing*, *song*), en la que la parte posterior de la lengua toca el velo del paladar.

Por si todo eso fuera poco, las variaciones regionales de pronunciación aumentan la discrepancia entre la ortografía y el habla. Por ejemplo, la **z** (**caza**, **zapato**) se pronuncia con la punta de la lengua entre los dientes en el norte de España y de otras maneras en el sur o en Hispanoamérica; asimismo, el dígrafo **ll** representa pronunciaciones que varían de una región a otra.

Para remediar esa situación se utiliza la *transcripción fonética*, que permite representar cada fono por un solo signo (Figura 2.1a). El más usado es el *Alfabeto Fonético Internacional*, desarrollado a partir de 1888 bajo los auspicios de la Asociación Fonética Internacional, con sede en París. Aunque la intención original era que todos los lingüistas emplearan el AFI, tanto en países de habla española como en los Estados Unidos se han desarrollado variantes notacionales.

Figura 2.1

APARATO FONADOR

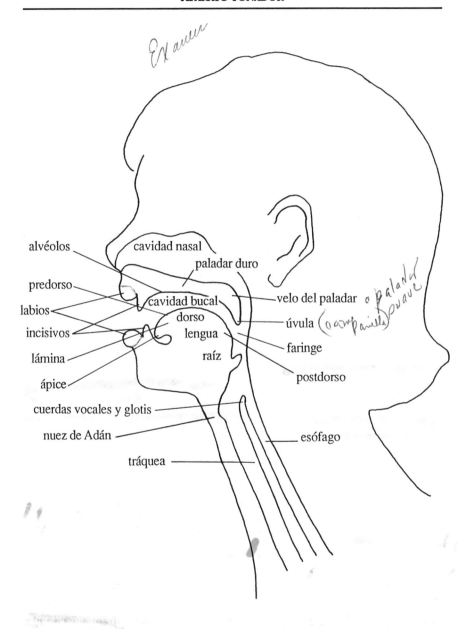

alvéolos

cavidad nasal

paladar duro

predorso

cavidad bucal

labios

dorso

velo del paladar

incisivos

lengua

úvula

lámina

raíz

faringe

ápice

postdorso

cuerdas vocales y glotis

nuez de Adán

esófago

tráquea

Figura 2.1a

EJEMPLOS DE TRANSCRIPCIÓN FONÉTICA

casa	[kása]	cara	[kára]
gato	[gáto]	carro	[kár̄o]
soy	[sój]	hay	[áj]
fue	[fwé]	pseudo	[séwḍo]

En este libro se adoptan los signos fonéticos más utilizados en las publicaciones norteamericanas de lingüística.

La transcripción fonética (ejemplos en la Figura 2.1a) se escribe entre corchetes [ ] y el acento ['] sobre la vocal que señala la sílaba *tónica*, pronunciada más fuerte que las demás: *campo* [kámpo], *hola* [óla]. Algunos fonetistas prefieren poner el acento antes de la sílaba tónica: **casa** ['kasa], **hola** ['ola]. Por razones pedagógicas, podemos señalar la separación silábica con un guión, pero esto no es indispensable: [ká-sa], [ó-la]. La forma de cada signo es invariable y por eso se prescinde totalmente de las convenciones ortográficas ordinarias de puntuación, acentuación y uso de mayúsculas o minúsculas, incluso en los nombres propios. Así, tanto el sustantivo común **flor** como el nombre de mujer **Flor** se transcriben [flór] con [f].

La transcripción fonética puede ser *estrecha*, si incluye todos los detalles articulatorios que se puedan transcribir, o *amplia*, si incluye solamente los detalles relevantes para el análisis que se quiera hacer. En este libro se empleará una transcripción amplia, que incluirá solo los aspectos articulatorios pertinentes a nuestra presentación.

El aparato fonador

Los órganos de la fonación no se especializan en el habla, sino que tienen otras funciones principales, como la respiración y la ingestión de alimentos. La respiración juega un papel importante en la articulación de los fonos, puesto que éstos se propagan a través del aire. Consiste en dos movimientos cíclicos, la *inspiración* y la *espiración*. Durante el primero, el aire entra por la nariz o por la boca, pasa por la *faringe*, la *laringe*, la *tráquea* y los *bronquios*, llegando por fin a los *pulmones*. Luego de la contracción de los pulmones empieza la espiración, o sea la salida del aire por el trayecto inverso. Todos los idiomas utilizan fonos producidos durante la espiración, aunque algunos los articulan también durante la inspiración. Los fonos españoles se articulan sólo con el aire espirado.

La laringe tiene la forma de un tubo al cual se hallan ligados, a la altura de la nuez de Adán, unos tendones musculares que forman las *cuerdas vocales* (Figura 2.2). Al encontrarse separadas, éstas forman una abertura triangular, la *glotis*, por la cual el aire espirado pasa a la faringe, otra estructura tubular conectada con las cavidades bucal[2] y nasal. Al juntarse las cuerdas vocales (cuando nos esforzamos en alzar un objeto pesado, por ejemplo) la glotis se cierra, interrumpiendo momentáneamente el flujo del aire.

La vibración de las cuerdas vocales crea un efecto llamado *sonoridad*. Dicha vibración se propaga por el aire encerrado en la laringe y las cavidades bucal y nasal, sonorizándolo, es decir haciéndolo vibrar armónicamente. Ese proceso amplifica los fonos, más o menos como las vibraciones de las cuerdas de una guitarra al propagarse a través del aire contenido en la caja de resonancia. De inflamarse la laringe (*laringitis*), las cuerdas vocales ya no pueden vibrar; en ese caso la voz, privada de sonoridad, se reduce a un susurro.

Figura 2.2

LAS CUERDAS VOCALES

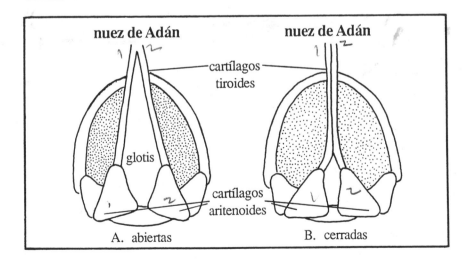

nuez de Adán   nuez de Adán

cartílagos tiroides

glotis

cartílagos aritenoides

A. abiertas   B. cerradas

Los labios, los incisivos superiores y la protuberancia alveolar funcionan como áreas de contacto con la lengua. Por detrás de los alvéolos, el techo de la cavidad bucal se encorva, formando la *bóveda palatina*. Hay en ésta una estructura ósea, el *paladar*, seguida de otra muscular, el *velo*, en la extremidad posterior del cual se halla un apéndice muscular flexible, la *úvula* o *campanilla*.

La variación de forma y tamaño de la cavidad bucal, influye en la articulación de los fonos. Los labios pueden asumir diversas posiciones, desde muy redondeados hasta muy alargados. La mandíbula inferior se desplaza verticalmente, ampliando o estrechando la cavidad bucal. La lengua se adelanta o se retrae, se alza o se baja, llegando a tocar los dientes, los alvéolos y otras regiones de la boca.

La lengua es el principal órgano articulador, y participa en la formación de la mayoría de los fonos. Se divide para fines descriptivos en las regiones señaladas en la Figura 2.1. La *lámina* se halla detrás del *ápice* (o punta) y por debajo de los alvéolos. A continuación, debajo del paladar, viene el *predorso*, seguido del *dorso* y del *postdorso*, ubicado debajo del velo; finalmente, delante de la parte posterior de la laringe, se encuentra la *raíz*.

Rasgos fonéticos

Los fonos se clasifican según la posición de los órganos fonadores y mediante *rasgos fonéticos*, que permiten que el análisis se fije en sus características esenciales. Tres rasgos generales, aplicables a todos los fonos, son *sonoro, nasal* y *silábico*. Los rasgos fonéticos son binarios, es decir, tienen valencia positiva (+) o negativa (−), que señalan respectivamente la presencia o ausencia de cierto rasgo en un fono.

El rasgo *sonoro* [son] (es convención escribir los rasgos fonéticos entre corchetes) corresponde a la sonoridad del fono, efecto acústico causado al vibrar las cuerdas vocales a razón de aproximadamente 100 a 500 Hz por segundo. Notamos que las cuerdas vocales vibran, al tocar la nuez de Adán con los dedos, mientras pronunciamos las vocales **i e a o u**. (Se recomienda usar esa técnica en el análisis de los fonos tratados en este capítulo.) Las vocales españolas son sonoras (abreviadamente, [+son]) en la pronunciación de la mayoría de las modalidades de la lengua. También tienen el rasgo [+son] las consonantes **b, d** y **g**, iniciales de **boca** [bóka], **gato** [gáto] y **día** [día]; en cambio, las consonantes **p, t** y **c** de **petaca** [petáka] se articulan sin aquella vibración y por lo tanto son sordas, o sea [−son].

El rasgo *nasal* [nas] depende de la posición del velo del paladar. Si éste se encuentra caído, parte del aire sonorizado por la vibración de las cuerdas vocales pasa de la faringe a la cavidad nasal, donde tiene lugar una resonancia llamada *nasalidad* (del latín **nasum** 'nariz'). Son [+nas] las consonantes representadas por

n, m y **ñ: nada** [n], **mi** [m], **ñame** [ñ]. Si el velo se mantiene alzado, bloqueando la entrada a la cavidad nasal, el aire sale por la boca y el fono es [-nas] u *oral* (término derivado del radical latino *or-*, 'boca').

Una *sílaba* consiste en uno o más fonos pronunciados juntos. Si hay más de dos fonos, uno es el *núcleo:* y *lo, ca-so, trán-si-to.* La capacidad de constituir núcleo de sílaba corresponde al rasgo *silábico.* En castellano las vocales (**a, e, i, o, u**) son [+sil] y todos los demás fonos, como las consonantes [b], [d], [g], son [-sil].[3]

Vocales

Se entiende por vocal un fono articulado sin obstáculo a la salida del aire espirado. La posición de la lengua y los labios causa variación en el timbre, es decir la cualidad sonora específica del fono. Podemos verificar eso al pronunciar sin interrupción las vocales **i - e - a - o - u**, haciendo que la lengua se desplace

---

Figura 2.3

CLASIFICACIÓN ARTICULATORIA DE LAS VOCALES ESPAÑOLAS

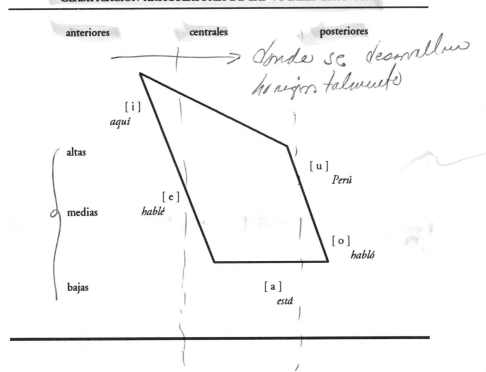

lentamente desde arriba hacia abajo y desde delante hacia atrás. Se produce así un fono continuo, de timbre cambiante, que cubre una amplia gama vocálica. Para identificar las vocales de un idioma particular en aquel continuo sonoro, se toma como referencia un diagrama trapezoide (Figura 2.3) cuyos vértices corresponden esquemáticamente a las posiciones extremas de la lengua en la cavidad bucal.

Al clasificar las vocales tenemos en cuenta, además de la posición de los labios (*alargadas* o *redondeadas*), el grado de elevación de la lengua (*altas, medias* y *bajas*) y su grado de desplazamiento horizontal (*anteriores, centrales* y *posteriores*). Esas características articulatorias permiten clasificar cada vocal según una matriz de rasgos fonéticos binarios (Figura 2.4).

Figura 2.4

RASGOS FONÉTICOS DE LAS VOCALES ESPAÑOLAS

	[·i	e	a	o	u]
[anterior]	+	+	–	–	–
[posterior]	–	–	–	+	+
[alto]	+	–	–	–	+
[bajo]	–	–	+	–	–
[redondeado]	–	–	–	+	+

Desde luego, las oposiciones alto/bajo y anterior/posterior denotan valores graduales y no discretos, es decir que no señalan puntos absolutos, sino la posición relativa de cada vocal con respecto a las demás. La elevación de la lengua es relativa a su posición neutral, que en español es aproximadamente aquella en donde se articula la vocal [e] (**dé**).[4] Si la lengua se halla arriba de esa posición, como [i] (**sí**) o [u] (**tú**), la vocal es alta; si está abajo, como [a] (**cá**), es baja. Se clasifican como medias las vocales que no son ni altas ni bajas, como [e] (**dé**) y [o] (**lo**).

La posición del dorso varía al adelantarse la lengua para articular las vocales *anteriores* [i] y [e], o al retraerse para formar las *posteriores* [u] y [o]. Las vocales articuladas en una posición intermedia, como la [a], son *centrales*.[5]

La [i] es la vocal anterior más alta; si la lengua se desplaza más hacia adelante o más hacia arriba, se forma en la región palatal una constricción suficiente para producir otra clase de fono, llamado *consonante*. Asimismo, la [u] es la vocal posterior más alta; si la lengua se mueve más hacia atrás o más hacia arriba, se forma en la región velar una constricción consonántica. Nótese que la [i] se articula con la lengua en posición relativamente más elevada que la [u].

Los labios se ponen *redondeados* para articular las vocales posteriores [u] y [o], y se alargan al articular las vocales [i e a]. En castellano las vocales posteriores son redondeadas [+red] y las no posteriores son [-red], pero no es así en todos los idiomas. En francés, por ejemplo, el contraste entre las palabras *si* 'si' y *su* 'sabido' se basa en que la vocal de la primera es alta, anterior y alargada [i], mientras que la de la segunda es alta, anterior (con la lengua como para pronunciar [i]) y redondeada (con los labios como para pronunciar [u]).

Figura 2.5

DIPTONGOS DECRECIENTES (VOCAL + DESLIZADA)

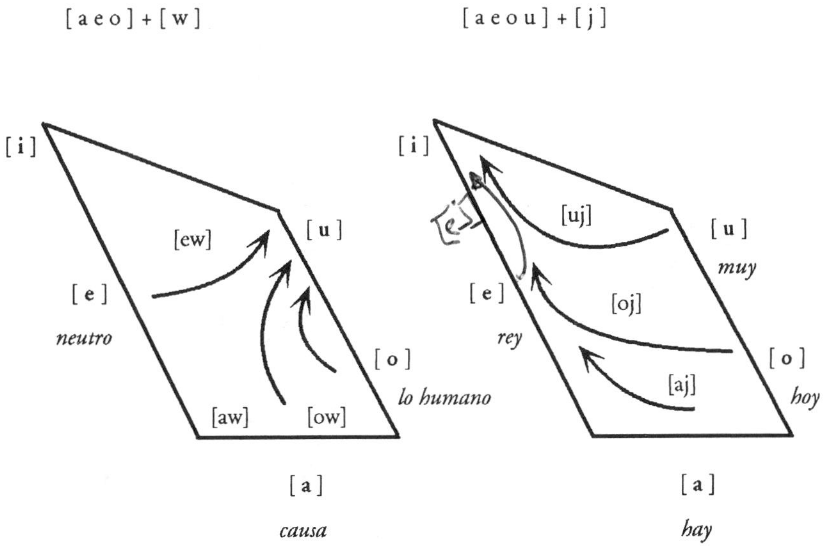

[a e o] + [w]   [a e o u] + [j]

* [ow] sólo ocurre entre palabras, en préstamos de otros idiomas, como *bou* (catalán) y en siglas como *COU*, Curso de Orientación Universitaria.

Deslizadas, diptongos y triptongos

Se llaman *deslizadas*[6] ciertos fonos articulados mientras la lengua se desplaza desde la posición de una vocal hacia la de [i] o [u]. En el primer diagrama de la Figura 2.5, las flechas representan el movimiento de la lengua desde la posición de una de las vocales [a e o], hacia la región del velo donde se produce la [u]. De ese movimiento resulta la deslizada posterior [w], con la cual se combina la vocal, formando uno de los *diptongos decrecientes* [aw ew ow], como en **causa** [káwsa], **neutro** [néwtro], o **bou** [bów] (un tipo de embarcación de pesca).

En el segundo diagrama de la Figura 2.5 la flecha representa el desplazamiento de la lengua hacia la región palatal donde se articula la [i], formándose la deslizada anterior [j]. Combinándose con ésta, las vocales [a e o] producen uno de los diptongos decrecientes [aj ej oj], como en **hay** [aj], **rey** [r̄ej], **voy** [boj].

Figura 2.6

DIPTONGOS CRECIENTES (DESLIZADA + VOCAL)

[w] + [i e a o]   [j] + [e a o u]

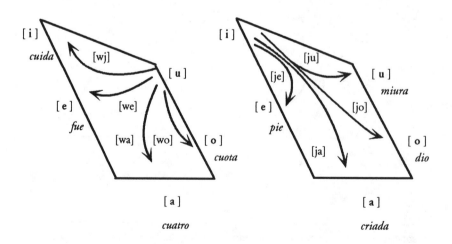

Algunos dialectos tienen [uj] por [wi], p. ej., **cuida** [kújđa] por [kwíđa], y [ju] por [iw], p. ej., **ciudad** [θiwđáđ] / [siwđáđ] por [θjuđáđ] / [sjuđáđ].

La Figura 2.6 muestra el movimiento inverso, es decir, la parte más elevada de la lengua se desplaza desde la región de [i] o [u], hacia la posición de articulación de una de las vocales [a], [e], [o]. El resultado es un diptongo *creciente*, formado por deslizada + vocal: [ja je jo wa we wo]. Si el movimiento empieza en la región palatal, se forma la deslizada anterior [j]: **Asia** [ásja], **fiel** [fjél]), **dio** [djó]; si empieza en la región velar, se articula la deslizada palatal [w] y los diptongos [wa we wo]: **cuatro** [kwátro], **fue** [fwé] y **cuota** [kwóta].[7]

Una vocal entre dos deslizadas forma un triptongo [jej wej waj]: **limpiáis** [limpjájs], **buey** [bwéj], **Uruguay** [uruɣwáj]. En la pronunciación rápida es normal la formación de triptongos entre palabras (Figura 2.7).

Figura 2.7

DIPTONGOS Y TRIPTONGOS

Diptongos crecientes

1. [ja] pianola   mi‿amor
2. [je] ciego   mi‿error
3. [io] odio   mi‿honor
4. [wa] cuarto   su‿amor
5. [we] puede   su‿error
6. [wo] cuota   su‿horario
7. [wi] cuidado   su‿hijito

Diptongos decrecientes

1. [aj] hay   la‿iguana
2. [ej] ley   le‿importa
3. [oj] soy   lo‿idiota
4. [aw] causa   la‿humanidad
5. [ew] seudo   le‿hundió
6. [ow] bou   lo‿humano
7. [ui] muy   su‿intento

Triptongos

1. [jaj]   estudiáis, estudia‿irlandés
2. [jaw]   inopia‿humana
3. [jej]   estudiéis, estudie‿irlandés
4. [jew]   pie‿ulceroso
5. [joj]   salió‿irritado
6. [jow]   salió‿humillado
7. [waj]   Uruguay, antigua‿instalación
8. [waw]   guau, antigua‿unión
9. [wej]   buey, fue‿imposible
10. [wew]   fue‿humilde
11. [woj]   antiguo‿impulso
12. [wow]   antiguo‿ultraje

Por articularse durante el desplazamiento de la lengua, las deslizadas son *fonos de transición*, que, al contrario de las vocales, no pueden prolongarse indefinidamente. Tampoco las deslizadas pueden constituir núcleo silábico, y por eso son [–sil].

Consonantes

Las consonantes son fonos articulados con constricción suficiente para bloquear momentáneamente el aire espirado o producir un ruido audible durante su salida. Corresponde a esa articulación el rasgo *consonántico* [+cons]. En el análisis de las consonantes se consideran tres elementos, a saber:

(a) si hay vibración de las cuerdas vocales, causando *sonoridad*;

(b) el *modo de articulación*; y

(c) el *punto (o área) de articulación*.

Modo de articulación

Este criterio tiene en cuenta (a) el tipo de obstáculo formado por los órganos articuladores, (b) las modificaciones del sistema articulatorio y (c) la nasalidad (figura 2.8).

Figura 2.8

NASALES		
[+son] [m]	[n]	[ñ]
cama	cana	caña
[káma]	[kána]	[káña]

Oclusivas

Las consonantes oclusivas empiezan a articularse con una oclusión (o cerrazón) total, como por ejemplo, los labios cerrados. Al deshacerse aquella cerrazón, el aire acumulado detrás del obstáculo escapa con un efecto similar a una pequeña explosión. Es el caso de la consonantes [p] y [b], iniciales de **pino** [píno], **vino** [bíno]. Son también oclusivas la [t] **tía** [tía], la [d] **día** [día], la [k] **cata** [káta], y la [g] **gata** [gáta].

Figura 2.9

OCLUSIVAS

[−son]	[p]	[t]	[k]
	papa	tata	coca
	[pápa]	[táta]	[kóka]
[+son]	[b]	[d]	[g]
	bata	damos	gas
	[báta]	[dámos]	[gás]

Repitiendo en voz alta pares de palabras como **pino/vino**, **tía/día**, **cata/gata**, nos damos cuenta de que las oclusivas de cada pareja contrastan por la sonoridad, es decir, [p], [t] y [k] son [−son], mientras que [b], [d] y [g] son [+son]. Por lo demás los miembros de cada pareja son consonantes *homorgánicas*, es decir, que tienen el mismo punto de articulación.

Fricativas

En la articulación de las consonantes fricativas (Figura 2.10) el aire espirado produce fricción audible al frotar los articuladores. Si la apertura por la que sale el aire tiene forma de una hendidura estrecha y alargada, la fricativa es *alargada* (o *hendida*). Es el caso de la [f] de **fuera** [fwéra], la [y] de **haya** [áya] o la [θ], que representa el sonido de la **c** ante **e**, **i** y la **z** en el castellano del norte de España: **zapato** [θapáto] **ceniza** [θeníθa]. Es también alargada la fricativa [x], representada por la **g** ante **i**, **e** (**gema** [xéma], **gitano** [xitáno]) y por la **j** (**jauja** [xáwxa], **ginete** [xinéte]). Si aquella apertura tiene la forma de una abertura redondeada, en forma de canal, la fricativa es *redondeada* o *acanalada*, como la [s] de **soy** [soj].[8]

Africadas

La articulación de las africadas combina aspectos de las oclusivas y de las fricativas. Por ejemplo, la africada sorda [č], representada por el dígrafo **ch**, **cha-cha-chá** [čačačá], empieza con un obstáculo total: el ápice se apoya en los incisivos inferiores mientras la lámina y el predorso hacen contacto con los alvéolos. Al deshacerse parcialmente aquel obstáculo, el aire sale por una apertura estrecha, formada por el predorso en la región palatal, produciéndose la fricción típica de las fricativas. Tiene articulación parecida, pero sonora, el sonido representado por la **y** ortográfica en posición inicial, como en ¿**yo?** [ŷo], o postnasal como en **inyectar** [iɲŷektár]. En algunas variantes, sin embargo, la [y] fricativa reemplaza a la [ŷ] en aquellas posiciones.

Figura 2.10

FRICATIVAS

[-son]	[f]	[θ]	[s]	[x]	[h]*	[ƀ]	[đ]	[ǥ]
	fofo	cenicero	saber	caja	caja	haba	hada	haga
	[fófo]	[θeniθéro]	[sabér]	[káxa]	[káha]	[áƀa]	[ađa]	[áǥa]

[+son]	[y]
	reyes
	[r̄éyes]

---

* [h] ocurre en lugar de [x] en algunas variantes de la lengua.

Figura 2.11

AFRICADAS

[+son]	[ŷ]	
	yate	inyectar
	[ŷáte]	[iɲŷektár]

[-son]	[č]	
	chucho	charco
	[čúčo]	[čárko]

Líquidas 5

Las consonantes líquidas comprenden dos subclases, *laterales* y *vibrantes*. Estos términos describen claramente la articulación de que se trata.

En la lateral alveolar [l] (**lata** [láta], **calmo** [kálmo]), el aire escapa, sin causar fricción, por los lados de un obstáculo parcial formado por el contacto del ápice con los alvéolos.

En las consonantes vistas hasta ahora, el obstáculo o bien se deshace totalmente (oclusivas) o bien se mantiene parcialmente durante la articulación del fono (fricativas, africadas, nasales y laterales). En las vibrantes, el obstáculo se forma debido a una vibración del articulador. Las vibrantes pueden ser *simples* o *múltiples*. En la *vibrante simple* [r], medial de **cara** [kára], el ápice vibra una sola vez, tocando brevemente los alvéolos; en cambio, de tres a cinco vibraciones sucesivas articulan la *vibrante múltiple* [r̄], inicial de **rato** [r̄áto] o medial de **carro** [kár̄o].

Figura 2.12			
LÍQUIDAS			
laterales	[l]		[l̃]
[+son]			
	loco	fiel	llama	sello
	[lóko]	[fjél]	[l̃áma]	[sél̃o]
vibrantes	[r]		[r̄]
[+son]			
	cara	curar	roca	barro
	[kára]	[kurár]	[r̄óka]	[bár̄o]

Punto de articulación

Este criterio tiene en cuenta (a) el área en donde se forma el obstáculo y (b) los articuladores que lo forman.

Labiales

Las oclusivas [p], [b] y la nasal [m] son *bilabiales* por formarse el obstáculo por el contacto de los labios. La fricativa *labiodental* hendida sorda [f] (**fama** [fáma]) se articula por el contacto de los incisivos superiores con el labio inferior. Tiene

Figura 2.13

LABIALES

	bilabiales			labiodentales
[–son]	[p]			[f]
	papa			fue
	papá			fwé
[+son]	[b]	[ƀ]	[m]	[m̩]
	vino	cabo	mamá	anfora
	[bíno]	[káƀo]	[mamá]	[ám̩fora]

la misma articulación, pero sonora, el fono [v], que ocurre en inglés (*vet* [vet], *cave* [kéjv]) y en portugués (*vaca* [váka], *ave* [ávi]), pero no en la pronunciación española estándar, aunque sí ocurre en algunos dialectos.

Dentales

Al articular una consonante dental, hay contacto entre la lengua y los incisivos. Si el ápice toca la cara posterior de los incisivos superiores, se articula una *apicodental,* como la oclusiva sorda [t] **tata** [táta], la oclusiva sonora [d] **doy** [dój] o la fricativa sonora [đ] **hada** [áđa]. El ápice se coloca entre los incisivos, tocando ligeramente el borde de los superiores, formando un obstáculo parcial; se forma así la fricativa *interdental* hendida sorda [θ], típica del español norteño: **célebre** [θéleƀre], **ciclo** [θíklo], **zapato** [θapáto]. En otras variantes, la **c** ante **e**, **i** y la **z** representan el mismo sonido que la **s**.

Figura 2.14

DENTALES

	apicodentales			interdentales
[-son]	[t]			θ
	tata			cenicero
	[táta]			[θeniθero]
[+son]	[d]	[ɖ]	[ŋ]	
	sueldo	todo	canto	
	[swéldo]	[tóɖo]	[káŋto]	

Alveolares

Las consonantes alveolares se articulan con el ápice o la lámina en los alvéolos, como la lateral [l] de **lado** [láɖo] o la nasal [n] de **nota** [nóta]. La letra **s** representa fricativas alveolares cuya articulación varía regionalmente (además de otros fonos, mencionados más adelante).

Figura 2.15

ALVEOLARES

	apicoalveolar				laminoalveolar
[-son]	[ṡ]				[s]
	soso				soso
	[ṡóṡo]				[sóso]
[+son]	[l]	[n]	[r]	[r̄]	
	lateral	no	oral	rato	
	[laterál]	[no]	[orál]	[r̄áto]	

En el castellano del norte de España ocurre la fricativa *apicoalveolar* [ś]: el ápice se alza hacia los alvéolos superiores, la lengua asume una posición cóncava y la salida del aire produce un efecto sibilante. En otras regiones de España e Hispanoamérica, ocurre la fricativa *(dorso)alveolar* [s], formada con el predorso apoyándose en los alvéolos mientras el ápice toca levemente los incisivos inferiores.[9] Son también alveolares la líquida [l] (**lana** [lána]) y las vibrantes [r] (**moro** [móro]) y [ř] (**morro** [móřo]) (Figura 2.15).

Palatales

Se caracterizan por el contacto de la lengua con el paladar. La africada sorda [č] de **chapa** [čápa] se articula con el predorso de la lengua en los alvéolos y el paladar. En rigor, esa articulación es alveopalatal, pero como el rasgo *palatal* es predominante, incluimos la [č] entre las palatales.

Los demás fonos de la Figura 2.16 tienen una articulación claramente palatal: son la nasal [ñ] de **caña** [káña], y la lateral sonora [l̃] típica del castellano del norte de España, ortográficamente **ll** (**llamar** [l̃amár], **calle** [kál̃e]).

Figura 2.16

PALATALES

	alveopalatal	dorsopalatales			
[−son]	[č] cuchara [kučára]				
[+son]		[y] haya [áya]	[ŷ] yema [ŷéma]	[l̃] llama [l̃áma]	[ñ] caña [káña]

Las palatales incluyen, además, la fricativa [y] y la africada sonora [ŷ], ambas sonoras y hendidas, articuladas con el ápice tocando los incisivos inferiores y el dorso alzado hacia el paladar. En la pronunciación del norte de

España ambas corresponden a la **y** ortográfica. En cambio, en la pronunciación del sur de España y parte de Hispanoamérica, estas dos consonantes corresponden también al dígrafo **ll** (2.10): **calle** [káye], **¡Llámalo!** [ŷámalo], **al llamarla** [alŷamárla], **un llanero** [uṅŷanéro].

Velares

En la articulación de las velares el postdorso se alza hacia el velo del paladar. Se forma así la oclusiva sonora [g] (**gato** [gáto]) y su homorgánica sorda [k] (**cama** [káma]). Es también velar la fricativa alargada sorda [x], correspondiente a las letras **g** ante **e**, **i** (**género** [xénero], **giro** [xíro]) o **j** (**jaleo** [xaléo]), articulada entre el postdorso y el velo.

Figura 2.17

VELARES

---

velares

[−son]	[k]	[x]
	casa	jaleo
	[kása]	[xaléo]
[+son]	[g]	[g̶]
	gato	hago
	[gáto]	[ág̶o]

Faríngeas y uvulares

Las consonantes faríngeas o glóticas se caracterizan por una fricción articulada en la región de la faringe, arriba de la glotis. Un ejemplo muy común es la fricativa sorda [h], que reemplaza a [x] (**jarabe** [hárabe]) y la [s] posvocálica (**disco** [díhko]) en el sur de España y buena parte de Hispanoamérica, sobre todo en regiones caribeñas y centroamericanas. Esta articulación es parecida, aunque no idéntica, a la fricativa sorda inicial del ing. *home, history.*

Figura 2.18

FARÍNGEAS Y UVULARES

	faríngeas	uvulares
[-son]	[h]	[R̥]
	ajo	carro
	[áho]	[káR̥o]
[+son]		[R]
		carro
		[káRo]

Los fonos uvulares se articulan mediante una vibración de la úvula, el apéndice muscular flexible que se halla en la extremidad del velo. Es el caso de la [R] del francés parisiense (*français, rare*) y del portugués del área de Río de Janeiro (*rio* [Ríu]). En el español puertorriqueño es común tanto la [R] sonora como la [R̥] sorda (**carro** [káRo], [káR̥o], **rueda** [Rwéđa], [R̥wéđa].

Coarticulación

Se dice que hay coarticulación cuando dos fonos contiguos comparten rasgos articulatorios. Compárese la articulación de las oclusivas [p b t d k g] en dos entornos fonéticos. Ante las vocales alargadas [i e a] o la deslizada [j], como en **pato / bala / tío / dedo / quiere / guitarra**, la oclusiva se forma con los labios alargados. En cambio, ante las vocales redondeadas [o, u] o la deslizada [w], los labios asumen una posición redondeada al prepararse para formar aquellas vocales, como en **puro / bueno / todo / duro / cosa / gula**.

Ante la deslizada posterior [w], la [b] puede perder parte de su carácter bilabial y adquirir una coarticulación velar. La razón de ello es que, siendo [w] posterior, el dorso de la lengua empieza a alzarse hacia el velo para articularla mientras se pronuncia la [b]. El resultado es una [g] o [g̶] *labializada*, es decir, articulada con los labios redondeados (se representa esta articulaciòn con una [w] elevada): **buey** [gwéj], **bueno** [gwéno], **abuelo** [ag̶wélo]. Esa pronunciación es común en el habla popular del sur de España. También se da el fenómeno inverso, o sea, la [g] o [g̶] ante [u] pierde su articulación velar y adquiere una articulación labializada, semejante a una [b̟]: **aguja** [a-b̟ú-ha] (pronunciación común en el español del suroeste los de Estados Unidos).

Al hacer que dos fonos se parezcan, la coarticulación contribuye a la *asimilación*, que se analizará en el Capítulo 3.

Clases naturales

Aunque solemos referirnos a los fonos como entidades unitarias, como "la consonante [b]" o "la vocal [a]," también es posible describirlos como *matrices de rasgos fonéticos*. Éstas nos permiten identificar los miembros de una misma *clase natural*, es decir un conjunto de fonos que comparten uno o más rasgos en común. Las nasales, palatales, vocales, y deslizadas son ejemplos de clases naturales.

Es posible agrupar los fonos castellanos en cuatro clases naturales mediante los rasgos generales *consonántico, sonante* y *silábico* (Figura 2.19).[10]

Figura 2.19

CUATRO CLASES NATURALES DE FONOS

	vocales	deslizadas	obstruyentes	sonantes
			(oclusivas, fricativas y africadas)	(laterales, vibrantes y nasales)
[cons]	–	–	+	+
[sont]	+	+	–	+
[sil]	+	–	–	–

Son sonantes [+sont] los fonos articulados sin ningún obstáculo (vocales y deslizadas), o con un obstáculo insuficiente para causar fricción (laterales, vibrantes y nasales). Los fonos no sonantes [–sont] se articulan con una obstrucción total (oclusivas) o por lo menos suficiente para causar fricción (fricativas y africadas), y por eso se llaman *obstruyentes*.

Las deslizadas son [–cons] por no tener una cerrazón suficientemente estrecha para producir fricción, y además son [–sil] porque no pueden ser núcleo de sílaba.

Rasgos adicionales

Otros rasgos relativos al punto de articulación contribuyen a una clasificación más detallada de los fonos (Figura 2.20).

Figura 2.20

SUMARIO DE RASGOS FONÉTICOS ADICIONALES

rasgo		criterio de referencia
adelantado	[adel]	articulación en los alvéolos o más adelante
coronal	[cor]	ápice alzado forma obstáculo en la región anterior de la boca
continuo	[cont]	aire escapa por la cavidad bucal
estridente	[estr]	turbulencia acústica del aire espirado
tenso	[tns]	tensión muscular
largo	[larg]	duración

Adelantado y coronal

Los rasgos *adelantado* [adel] y *coronal* [cor] tienen como punto de referencia los alvéolos. Un fono adelantado [+adel] se articula en la región alveolar o delante de ésta, es decir, en los incisivos superiores o en los labios. Por lo tanto, son [+adel] los fonos labiales, dentales y alveolares y [–adel] los demás.

El rasgo *coronal* corresponde a un alzamiento del ápice o de la lámina, formando un obstáculo en la parte delantera de la cavidad oral. Son [+cor] las dentales, alveolares y palatales. Si la lengua se mantiene en posición de descanso, como en la formación de las labiales [p b m f], o si la parte elevada es otra, como en las velares [k g x], el fono es [–cor].

Continuo y estridente

Los rasgos *continuo* [cont] y *estridente* [estr] corresponden a diversas características de la espiración. Un fono es continuo [+cont] si el aire escapa por la cavidad bucal sin encontrar obstáculo, como en las vocales, deslizadas, laterales y fricativas.[11] En los fonos [–cont], se interrumpe el flujo del aire, como en las oclusivas, vibrantes y nasales. El rasgo *estridente* se refiere a la intensidad de turbulencia causada por el aire espirado. Es un rasgo relativo, puesto que depende de una apertura variable. Se consideran [+estr] las africadas [č] y [ŷ], y las fricativas [x], [s] y [f]; en cambio, la fricativa [θ] se considera [–estr], al producirse con menos turbulencia acústica, gracias a lo cual el aire escapa por una apertura más ancha que en aquellos fonos.

Figura 2.21

DISTRIBUCIÓN DE LOS RASGOS [ADELANTADO] Y [CORONAL]

	labiales	dentales	alveolares	palatales	velares
	[p b m f t d θ	n s r̄ l	č y ŷ l ñ	k g x]	
[adel]	+	+	+	–	–
[cor]	–	+	+	+	–

Tenso

El rasgo *tenso* [tns] depende de la tensión muscular de los articuladores. Como unos fonos requieren más tensión que otros, se trata de un rasgo relativo, pero útil para distinguir entre fonos como la vibrante sencilla [r], que es [–tens], y la múltiple [r̄], que es [+tens].

Largo

Medida en centésimas de segundos, la *duración* de un fono permite distinguir entre fonos *largos* [+larg] y no largos o *breves* [–larg]. En algunos idiomas, como el italiano, hay contraste entre consonantes largas y breves (el signo [:] señala un fono [+larg] en la transcripción):

> *fatto* [t:] 'hecho' vs. *fato* [t] 'hado'
> *penna* [n:] 'pluma' vs. *pena* [n] 'castigo'

La escasa variación de duración entre las vocales en castellano se debe a su posición. Por ejemplo, la [a] tónica tiene duración máxima en posición final (*pa-pá, es-tá*), intermedia en sílaba no final abierta, es decir, terminada en vocal

Figura 2.22

RASGOS FONÉTICOS DE LOS PRINCIPALES FONOS ESPAÑOLES

```
                      [  p  b  ʙ  t  d  ɖ  k  g  ɡ  f  θ  s  č  ǯ  y  x  h  l  ļ  ĩ  r  ř  m  n  ñ  i  e  a  o  u  j  w  ]
rasgos      [cons]       +  +  +  +  +  +  +  +  +  +  +  +  +  +  +  +  +  +  +  +  +  +  +  +  +  -  -  -  -  -  -  -   [cons]
generales   [sil]        -  -  -  -  -  -  -  -  -  -  -  -  -  -  -  -  -  -  -  -  -  -  -  -  -  +  +  +  +  +  -  -   [sil]
            [sont]       -  -  -  -  -  -  -  -  -  -  -  -  -  -  -  -  -  +  +  +  +  +  +  +  +  +  +  +  +  +  +  +   [sont]
            [nas]        -  -  -  -  -  -  -  -  -  -  -  -  -  -  -  -  -  -  -  -  -  -  +  +  +  -  -  -  -  -  -  -   [nas]

modo de     [son]        -  +  +  -  +  +  -  +  +  -  -  -  -  +  +  -  -  +  +  +  +  +  +  +  +  +  +  +  +  +  +  +   [son]
articulación[cont]       -  -  +  -  -  +  -  -  +  +  +  +  -  -  +  +  +  -  -  -  -  -  -  -  -  +  +  +  +  +  +  +   [cont]
            [estr]       -  -  -  -  -  -  -  -  -  +  -  +  +  +  -  -  -  -  -  -  -  -  -  -  -  -  -  -  -  -  -  -   [estr]
            [ten]        +  -  -  +  -  -  +  -  -  +  +  +  +  -  -  +  -  -  -  -  -  -  -  -  -  -  -  -  -  -  -  -   [ten]
            [lat]        -  -  -  -  -  -  -  -  -  -  -  -  -  -  -  -  -  +  +  -  -  -  -  -  -  -  -  -  -  -  -  -   [lat]
            [vibr]       -  -  -  -  -  -  -  -  -  -  -  -  -  -  -  -  -  -  -  -  +  +  -  -  -  -  -  -  -  -  -  -   [vibr]

punto de    [cor]        -  -  -  +  +  +  -  -  -  -  +  +  +  +  +  -  -  +  +  +  +  +  -  +  +  -  -  -  -  -  -  -   [cor]
articulación[adel]       +  +  +  +  +  +  -  -  -  +  +  +  -  -  -  -  -  +  -  -  +  +  +  +  -  -  -  -  -  -  -  -   [adel]
            [retr]       -  -  -  -  -  -  +  +  +  -  -  -  -  -  -  +  -  -  -  -  -  -  -  -  -  -  -  -  +  +  -  +   [retr]
            [alt]        -  -  -  -  -  -  +  +  +  -  -  -  +  +  +  +  -  -  +  +  -  -  -  -  +  +  -  -  -  +  +  +   [alt]
            [baj]        -  -  -  -  -  -  -  -  -  -  -  -  -  -  -  -  +  -  -  -  -  -  -  -  -  -  -  +  -  -  -  -   [baj]
            [glot]       -  -  -  -  -  -  -  -  -  -  -  -  -  -  -  -  +  -  -  -  -  -  -  -  -  -  -  -  -  -  -  -   [glot]
            [red]        -  -  -  -  -  -  -  -  -  -  -  -  -  -  -  -  -  -  -  -  -  -  -  -  -  -  -  -  +  +  -  +   [red]
```

(*pá-so*, *ó-tro*) y mínima en sílaba trabada por consonante (*hár-to*, *cál-do*).
Como la diferencia de duración no señala diferencias de significado en
castellano, sólo hace falta incluirla en la transcripción cuando se quiera señalar
específicamente un fono más largo, como al contrastar dos pronunciaciones
posibles de palabras como **alcohol** o **Sahara**, a saber [al-ko-ól], [sa-á-ra], con
dos vocales en sílabas contiguas, o [alkó:l], [sá:ra] con una vocal larga.

La Figura 2.22 da la distribución de las valencias de los rasgos fonéticos
para los fonos españoles más importantes.

Sumario

La fonética estudia los fonos y según su enfoque específico se clasifica en *acústica*
(características físicas de los fonos), *auditiva* (fisiología de su percepción) y
articulatoria (formación de los fonos por el *aparato fonador*). Para representar los
fonos de una manera precisa, se emplea la *transcripción fonética*.

Los fonos pueden describirse mediante *rasgos fonéticos* binarios, de valencia
positiva [+] o negativa [–]. Los principales rasgos fonéticos son *consonántico*,
silábico, sonoro, nasal y *sonante*. La clasificación más general de los fonos incluye
tres clases, las *vocales*, las *deslizadas* y las *consonantes*.

Otros rasgos importantes son la *sonoridad* (vibración de las cuerdas vocales),
que divide los fonos en sonoros [+son] o sordos [–son]; y la *nasalidad*, que
depende de la posición del velo (fonos *nasales* [+nas] y orales [–nas]).

Las vocales son silábicas [+sil] porque pueden constituir núcleo de sílaba,
y se clasifican según la altura de la lengua en la boca en *altas, medias* y *bajas*, y
según su desplazamiento horizontal, en *anteriores, centrales* y *posteriores*.

Las deslizadas son [–sil] y [–cons], y junto con las vocales, forman *diptongos*
(crecientes o decrecientes) y *triptongos*. El rasgo consonántico [cons] se
caracteriza por la presencia de una obstrucción a la salida del aire; todas las
consonantes son [+cons].

Las consonantes se clasifican según su modo de articulación (*oclusivas,
fricativas, africadas, nasales* y *líquidas* (*laterales* y *vibrantes*). Según el punto de
articulación, pueden ser *bilabiales, labiodentales, dentales, alveolares, palatales,
velares, uvulares* y *glóticas* o *faríngeas*). Fonos contiguos que comparten rasgos
articulatorios tienen *coarticulación*.

Los fonos pueden describirse por matrices de rasgos fonéticos, que permiten
identificar *clases naturales*, o sea fonos que comparten uno o más rasgos en
común. Otros rasgos adicionales son *adelantado, coronal, continuo, estridente,
tenso* y *largo*.

Práctica

A. *Transcriba fonéticamente los fonos consonánticos representados por las letras negritas y dé su clasificación articulatoria.*

		modo de articulación	punto de articulación	función de las cuerdas vocales
1. casa	[k]	oclusiva	velar	sorda
2. chaval	[t͡ʃ]	africada	palatal	sorda
3. caña	[ɲ]	nasal	palatal	sonora
4. sabe	[b]	oclusiva	bilabial	"
5. hago	[g]	oclusiva	velar	sonora
6. lado	[ð]	oclusiva	labiodental	"
7. sueldo	[d]	oclusiva	" dental	"
8. rueda	[ɾ]	lig. vib. múltiple	alveolar	sonora
9. cinco	[n]	nasal	alveolar	sonora
10. nada	[n]	nasal	alveolar	sonora

B. *Transcriba fonéticamente los fonos consonánticos representados por las letras negritas y dé su clasificación articulatoria.*

		altura de la lengua	desplazamiento de la lengua	posición de los labios
1. casa	[ ]	baja	central	neutro
2. era	[ ]	media	anterior	neutro
3. listo	[ ]	alta	"	"
4. loma	[ ]	media	post.	red.
5. gusto	[ ]	alta	post.	red.

C. *Transcriba fonéticamente los diptongos representados por las letras negritas.*

1. miedo	[ ]	6. estáis	[ ]	11. reuma	[ ]
2. cuota	[ ]	7. cuarto	[ ]	12. gradual	[ ]
3. miasma	[ ]	8. acción	[ ]	13. nacional	[ ]
4. hoy	[ ]	9. reino	[ ]	14. grueso	[ ]
5. fuerte	[ ]	10. áureo	[ ]	15. patria	[ ]

Completo antes de 2/1 y horas de nuevo

D. *Transcriba fonéticamente los fonos representados por las letras negritas y dé su clasificación articulatoria.*

1. hablas   [s]   Alveolar, fricativa, sorda
2. salen   [n]   "   nasal   sonora
3. atrás   [s]   "   "   sorda
4. caro   [r̃]   "   sonora ~~total~~ líquida vibrante
5. pedal   [ʎ]   Palatal, líquida lateral sonora
★ 6. ciudad   [d]   dental
7. estudiéis   [ð]   media, anterior
8. fue   [f]   labio dental, fricativa
9. Paraguay   [ ] [waj]
10. cara   [k]   velar, oclusiva

E. *Dé el símbolo fonético correspondiente a cada descripción articulatoria y escriba una palabra con ese fono en posición inicial.*

     modo
     ~~ptk~~
     bdg (sonoro)

   KgX
1. oclusiva (velar) sonora [+son] [g]   galán
2. fricativa interdental sorda [-son] [θ]   zorro
3. nasal bilabial sonora [+son] [m]   madre   (m y ñ)
4. fricativa (velar) sorda [-son] [ ]   Xiomara   Kg x
5. lateral palatal sonora [+son] [ʎ]   labio   ʎ λ
6. vibrante múltiple sonora [+son] [r̃]   Razón, Roto
7. lateral alveolar sonora [l]   Pengual, lenteja   ens r̃ñ
8. nasal palatal sonora [ñ]   ñanigo   m n ñ
9. fricativa labiodental sorda [-son] [f]   faraón,   f s θ Y x
(10.) africada dorsopalatal sonora [ ] _____

F. *Transcriba fonéticamente:*

1. poco	[poko]	9. hay	[aj]
2. todo	[todo]	10. buey	[bwej]
3. vaca	[baka]	11. cuota	[kwota]
4. hago	[ago]	12. deuda	[dewda]
5. rabo	[r̃aβo]	13. radio	[r̃adjo]
6. caro	[karo]	14. cuatro	[kwatr]
7. ánfora	_____	15. siete	[sjete]
8. mucho	_____	16. bou	[bow]

G. *Escriba la valencia positiva (+) o negativa (–) de los rasgos.*

    1.   [p d r g l ǵ m]

      [sont]
      [nas]

    2.   [a m e đ j]

      [sil]
      [cons]

    3.   [m l n r ñ]

      [nas]
      [lat]
      [liq]
      [vibr]

    4.   [đ t k ǵ d ƀ p]

      [fric]
      [ocl]
      [son]

    5.   [b č s θ p y]

      [afric]
      [fric]
      [ocl]
      [son]

H. *Complete la matriz, escribiendo las valencias (+) o (–) de cada rasgo. ¿Qué generalización permite sacar el rasgo [coronal]? ¿Y el rasgo [adelantado]?*

        [t s n ñ y b f k g]

[dental]
[alveolar]
[palatal]
[labial]
[velar]
[coronal]
[adelantado]

I. Explique la relación articulatoria entre los fonos de cada serie:

1.   [b d g]   y   [ƀ ɗ ǥ]
2.   [b d g]   y   [p t k]
3.   [m n ɱ]   y   [b d f]

J. Los fonos de cada serie comparten varios rasgos, pero hay en cada serie un fono que tiene por lo menos un rasgo sólo suyo. Identifique (1) los rasgos comunes a cada clase y (2) el rasgo que sólo lo tiene uno de los fonos.

1.   [p], [g], [k], [t]

2.   [f], [s], [θ], [x]

3.   [m], [ŋ], [k], [g]

4.   [d], [θ], [s], [f], [č]

5.   [p], [f], [k], [s], [n]

6.   [w], [a], [j], [p], [m]

7.   [t], [č], [d], [n], [ř]

8.   [p], [x], [g], [f], [s]

PRINCIPALES FUENTES CONSULTADAS

Fonética articulatoria en general: Abercrombie 1967, Connor 1973, Jones 1956, Sloat, Taylor y Hoard 1978, Ladefoged 1975; *fonética española:* Gili Gaya 1971, Navarro Tomás 1974, Quilis y Fernández 1975, Stockwell y Bowen 1965, Zamora Munné y Guitart 1982. El alfabeto fonético comúnmente usado en las publicaciones españolas se encuentra en la *Revista de Filología Española* 2:15, (enero–marzo 1915), 374-376.

SUGERENCIAS DE LECTURAS

El *Manual de pronunciación española*, de Tomás Navarro Tomás (Navarro 1974) es una obra fundamental, que debe ser complementada con obras que contrasten los fonos del español con los del inglés, y que incluyan ejercicios de pronunciación y transcripción, como Dalbor 1980, Barrutia y Terrell 1982, Quilis y Fernández 1975 o Stockwell y Bowen 1965.

NOTAS

[1] Nebrija 1926:19.

[2] No se confunda **vocal** (de **voz**) con **bucal** (de **boca**).

[3] Un análisis radicalmente distinto de la sílaba se encuentra en Harris 1983, 1990. Véase también Craddock 1984.

[4] En inglés la posición neutral corresponde a la vocal central media representada por el símbolo [ə], llamado *shwa*.

[5] Las vocales anteriores y posteriores son llamadas respectivamente *palatales* o *velares*, por articularse en la región del paladar o del velo. Se usan también los términos *agudas* y *graves*, por ser [i] y [e] relativamente más agudas que [u] y [o].

[6] El término *deslizada*, empleado por Zamora Munné y Guitart (1982:69), corresponde al vocablo inglés *glide*.

[7] Debido a ciertos detalles fonéticos, las deslizadas prevocálicas se clasifican como semiconsonantes, transcritas [j w], y las posvocálicas, como semivocales [i̯ u̯]. Puesto que lo que nos interesa es su participación en la formación de diptongos y triptongos, prescindiremos de aquella distinción.

[8] Los términos *alargada* y *redondeada*, empleados por Navarro Tomás (1974:19) en la descripción de las fricativas, corresponden respectivamente a *hendida* y *acanalada* (Zamora Munné y Guitart 1982:36), que tienen la ventaja de no confundirse con los rasgos *alargado* y *redondeado*, empleados para describir la posición de los labios.

[9] La pronunciación de la [ś] apicoalveolar se halla a medio camino entre la [s] dorsoalveolar y la [š] fricativa palatal del ing. *shoe*, por lo que los estudiantes de español como lengua extranjera a veces la exageran, pronunciándola casi como *sh*.

[10] Algunos autores clasifican las nasales [m n ñ] como [-sont], debido a la presencia de un obstáclo en la cavidad oral, idéntico al que se forma en la articulación de las homorgánicas [b d g]. Pero como el aire sale libremente por la nariz, otros prefieren clasificarlas como sonantes [+sont].

[11] También se usa el rasgo [interrumpido], opuesto a [continuo]: [+int] = [-cont], y viceversa.

3

Fonología:
los sistemas de fonemas

Entre los lugares de una misma comarca, una de las primeras noticias que el forastero suele recoger en cada pueblo es precisamente la que se refiere, en forma casi siempre irónica, al tonillo o acento especial con que hablan los de tal o cual pueblo vecino.

Navarro Tomás[1]

Además de describir los principales fonos españoles, como se hizo en el Capítulo 2, nos interesa determinar su papel como miembros del sistema fonológico de la lengua. Este estudio recibe el nombre de *fonología*.[2]

La diferencia entre *fonética* y *fonología* es fundamental. La fonética analiza los fonos según criterios articulatorios, acústicos, o fisiológicos. La fonología estudia las relaciones entre los fonos dentro de un sistema. El ejemplo siguiente ilustra esos dos puntos de vista.

Lo que hace que **cama** [káma], **cana** [kána] y **caña** [káɲa] sean secuencias distintas de fonos es la *diferencia fonética* entre las consonantes nasales [m], [n] y [ñ], respectivamente bilabial, alveolar y palatal. Pero el que dichas secuencias tengan significados distintos se debe al *contraste fonológico* entre los fonos.

Los contrastes fonológicos son específicos de cada idioma. Por eso, dos fonos pueden contrastar en una lengua pero no en otra. Por ejemplo, en portugués las secuencias de fonos que forman las palabras **alho** [áĺu], **ajo** [ážu], **acho** [ášu] tienen distintos significados porque entre [ĺ], [š] y [ž] hay un *contraste fonológico*. Pero en español, entre los fonos [ĺ], [š] y [ž] hay sólo una *diferencia fonética*, de modo que las pronunciaciones [áĺo], [ášo] y [ážo] no pasan de variantes regionales de la misma palabra, **hallo** (Figura 3.1).

Figura 3.1

FONOS CONTRASTIVOS Y NO CONTRASTIVOS

Español:

3 pronunciaciones	[áĺo]	[ášo]	[ážo]
1 palabra, 1 significado		hallo	
3 fonos no contrastivos	[ĺ]	[š]	[ž]
1 fonema	/ĺ/		

Portugués:

3 pronunciaciones	[áĺu]	[ášu]	[ážu]
3 palabras, 3 significados	*alho* 'ajo'	*acho* 'hallo'	*ajo* 'actúo'
3 fonos contrastivos	[ĺ]	[š]	[ž]
3 fonemas	/ĺ/	/š/	/ž/

Fonemas y alófonos

Palabras como **cama/cana, cama/caña,** o **cana/caña** forman *parejas mínimas*, es decir secuencias de fonos que contrastan por sólo uno de éstos. Se dice entonces que los fonos en oposición, en este caso [m], [n] y [ñ], representan los *fonemas sistemáticos* /m/, /n/, /ñ/. (Nótese que en la transcripción de los fonemas se usan barras oblicuas //.)

El fonema es un concepto abstracto, que representa un punto de contraste en el sistema fonológico. Cada fonema se manifiesta mediante uno o más fonos, llamados *alófonos.* En nuestro ejemplo, los alófonos de /m/, /n/ y /ñ/ son respectivamente [m], [n] y [ñ].

Según el modelo teórico adoptado en este libro, cada palabra tiene una *representación fonológica* (o *subyacente*) formada por una secuencia de fonemas, como /káña/, /gáto/, o /tángo/. A partir de la representación fonológica (= fonemas) se genera la representación fonética (= alófonos), que incluye los detalles relevantes de la pronunciación. La generación de los alófonos a partir de los fonemas sistemáticos se representa mediante *reglas fonológicas* que siguen la siguiente fórmula general:

(1) A → B / _____

Esta fórmula significa que lo que viene a la izquierda de la flecha (A) es reemplazado por lo que viene a su derecha (B). Los elementos situados después de la barra (/) describen el entorno fonológico en el que opera la regla, y la raya (_____) representa la posición del fonema en cuestión. Por ejemplo, la regla

(2) /m/ → [m]

es una manera abreviada de decir que "el fonema /m/ se realiza por su alófono, la consonante nasal bilabial sonora [m]." Como no se especifica el entorno, se sobrentiende que el fonema /m/ tiene sólo un alófono, [m]. Otros fonemas tienen dos o más alófonos. Por ejemplo, /n/ tiene el alófono velar [ŋ] delante de consonante velar (**tango** /tángo/ [táŋgo], **manco** /mánko/ → [máŋko]) y el alófono alveolar [n] delante de vocal (**un amigo** /un amígo/ [unamígo]). Esa distribución puede representarse por la regla simplificada (3) (la llave { señala alternativas):

$$(3) \ /n/ \rightarrow \begin{cases} [\eta] \ / \ \underline{\quad\quad} \ [+\text{cons}] \\ \phantom{[\eta] \ / \ \underline{\quad\quad}} \ [+\text{velar}] \\ \\ [n] \ / \ \underline{\quad\quad} \ [+\text{sil}] \end{cases}$$

Hay contraste significativo, y por lo tanto fonológico, entre las consonantes iniciales de parejas mínimas como **pala : tala : cala : bala : dala : gala**, es decir [p t k b d g]. Este contraste permite postular los fonemas /p/, /t/, /k/, /b/, /d/, /g/.

Ahora bien, podría pensarse que la diferencia fonética entre palabras como **haba : ata : hada : haca : haga** fuese suficiente para considerar fonemas a las fricativas [b], [d], [g], al igual que /p t k/. Pero mientras que los fonos [b], [d], [g], [p], [t], [k] contrastan en el mismo entorno fonológico, los fonos de cada uno de los pares [b] : [b], [d] : [d], [g] : [g] se encuentran en *distribución complementaria*, es decir son alófonos del mismo fonema que vienen en entornos fonológicos distintos y nunca señalan contrastes de significado. Los alófonos oclusivos [b], [d], [g] ocurren en posición inicial (después de pausa o silencio) y después de nasal; además, [d] viene también después de [l]. Los alófonos fricativos [b̵], [d̵], [g̵] ocurren en los demás entornos fonológicos (Figura 3.2). En algunas variantes, las oclusivas [b], [d], [g] y las fricativas [b̵], [d̵],[g̵] se hallan en variación libre en algunos entornos.

Figura 3.2

ALÓFONOS DE /b d g/

fonema	alófono	ejemplo	transcripción		entorno fonético
			fonológica	*fonética*	
/b/	[b]	bar	/bár/	[bar]	inicial
		ambos	/ámbos/	[ámbos]	postnasal
	[b̵]	cabo	/kábo/	[káb̵o]	otros
/d/	[d]	dos	/dós/	[dós]	inicial
		anda	/ánda/	[áṇda]*	postnasal
		saldo	/sáldo/	[sál̪do]**	después de /l/
	[d̵]	cada	/káda/	[kád̵a]	otros
/g/	[g]	gato	/gáto/	[gáto]	inicial
		fango	/fángo/	[fáŋgo]***	postnasal
	[g̵]	hago	/ágo/	[ág̵o]	otros

* [ṇ] = nasal dental, homorgánica de [d].
** [l̪] = lateral dental, homorgánica de [d].
*** [ŋ] = nasal velar, homorgánica de [g].

También se hallan en distribución complementaria en muchas variantes del español las fricativas (dorso)alveolares [s] y [z], alófonos de /s/.[3] Es decir, la fricativa sonora [z] ocurre ante consonante sonora (**los dos** /los dós/ [lozd̵ós], **desde** /désde/ [dézd̵e]), mientras que la fricativa sorda [s] viene en los demás entornos (**los tres** /los trés/ [lostrés], **diste** /díste/ [díste]). Pero para muchos hablantes, tanto [z] como [s] pueden venir ante consonante sonora, (es decir, /désde/ → [dézde] o [désde]). Se dice entonces que esos alófonos están en *variación libre.*

Otro ejemplo de variación libre son las fricativas palatales [š] y [ž], que se hallan en variación libre en la variante rioplatense (Uruguay y Argentina): **llave** [šáḇe] / [žáḇe], **calle** [káše] / [káže].[4]

Por esos ejemplos se infiere que el inventario *fonético* del español (como el de cualquier idioma) incluye más elementos que su inventario *fonológico*, que sólo contiene los fonemas sistemáticos. Como los alófonos son predecibles según el entorno de los fonemas sistemáticos correspondientes, la transcripción fonológica no precisa incluir tantos detalles como la transcripción fonética.

$$/b/ = |b| \text{ y } |ɓ|$$
$$/d/ = |d| \text{ y } |ɗ|$$

Fonemas españoles

La realización fonética de diversos fonemas consonánticos, e incluso el número de éstos, varía ligeramente según la modalidad del idioma que se considere. La Figura 3.3 da la clasificación articulatoria de los fonemas sistemáticos (consonantes, deslizadas y vocales). Se toma como marco de referencia el castellano del norte de España,[5] que incluye las cinco vocales /a e i o u/, las dos deslizadas /j w/ y las dieciocho consonantes /p b t d k g f θ s x č m n ñ l ĺ r r̄/.

Vocales y deslizadas

En todas las modalidades de la lengua española hay cinco fonemas vocálicos, /a/, /e/, /i/, /o/ y /u/, de realización fonética bastante uniforme y estable. Hay también dos deslizadas, /j/ y /w/, cuya interpretación fonológica requiere un comentario más detallado, puesto que afecta la interpretación de las consonantes palatales [y] y [ŷ].

El análisis adoptado aquí considera los fonos [j], [w], en algunos casos, alófonos de los fonemas deslizados /j/, /w/, y en otros casos, alófonos de los fonemas vocálicos /i/, /u/.

La /j/ se realiza como [j] cuando se encuentra al lado de una vocal y en posición pre- o post-consonántica (**reina** /r̄éjna/ → [r̄éjna], **bien** /bjén/ → [bjén]) o al final de palabra (**soy** /sój/ → [sój], **ley** /léj/ → [léj]).

Pero en posición inicial de palabra o intervocálica, la /j/ puede formarse con un refuerzo de tensión articulatoria, generando una palatal fricativa [y] o africada [ŷ]: **yo** /jo/ → [yo], [ŷo]; **reyes** /r̄éjes/ → [r̄éyes]. (Por eso algunos autores la llaman "/j/ consonántica," para diferenciarla de su valor de deslizada.)

Figura 3.3

CLASIFICACIÓN ARTICULATORIA DE LOS FONEMAS SISTEMÁTICOS ESPAÑOLES

modo de articulación	punto de articulación → sonoridad	labial $\begin{bmatrix} -cor \\ +adel \end{bmatrix}$	interdental $\begin{bmatrix} +cor \\ +adel \end{bmatrix}$	dental $\begin{bmatrix} +cor \\ +adel \end{bmatrix}$	alveolar $\begin{bmatrix} +cor \\ +adel \end{bmatrix}$	palatal $\begin{bmatrix} +cor \\ -adel \end{bmatrix}$	velar $\begin{bmatrix} -cor \\ -adel \end{bmatrix}$	faríngea $\begin{bmatrix} -cor \\ -adel \end{bmatrix}$
oclusivas $\begin{bmatrix} -sont \\ -cont \end{bmatrix}$	[-son]	p		t			k	
	[+son]	b		d			g	
fricativas $\begin{bmatrix} -sont \\ +cont \end{bmatrix}$	[-son]	f	θ [-estrid]		s [+estrid]		x	h*
	[son]							
africadas	[-son]					č		
nasales [+nas]	[+son]	m			n	ñ		
líquidas [+lateral]	[+son]				l	l̃		

[−lateral] vibrantes	anteriores (palatales)	central	posteriores (velares)
sencilla [+son]			r
multiple [+son]			r̄
vocales [+sil]			
[+son]			
altas	i		u
medias	e		o
bajas		a	
deslizadas [+son] $\begin{bmatrix} -cons \\ -sil \end{bmatrix}$	j $\begin{bmatrix} +ant \\ +alt \end{bmatrix}$		w $\begin{bmatrix} -ant \\ +alt \end{bmatrix}$

* /x/ y /h/ no ocurren como fonemas distintos en el mismo dialecto

En ciertos entornos fonéticos es habitual la alternancia de [i] con [j] o de [u] con [w]. Por eso, el encuentro de una vocal alta en posición átona junto a otra vocal, como en /mi amór/ o /su amór/, puede tener dos resultados fonéticos distintos, a saber:

(4) La /i/ o /u/ conserva el rasgo [+sil], realizándose como una vocal. El resultado es un *hiato*, es decir, dos vocales contiguas en sílabas distintas:

/i/ → [i]: **mi amor** /mi amór/ → [mi-a-mór]
/u/ → [u]: **su amor** /su a-mór/ → [su-a-mór]

(5) La vocal alta pasa de [+sil] a [−sil], realizándose como una deslizada, la cual forma diptongo con la vocal contigua:

/i/ → [j]: **mi amor** /mi amór/ → [mja-mór]
/u/ → [w]: **su amor** /su amór/ → [swa-mór]

En los ejemplos anteriores, cada deslizada es la realización superficial de una vocal subyacente. En cambio, si hay una deslizada en la representación fonológica, la única posibilidad fonética es también una deslizada. Es el caso de palabras como **bueno** /bwéno/ → [bwé-no] y no *[bu-é-no], o **bien** → /bjén/ y no *[bi-én]. (Recuérdese que el asterisco señala una secuencia fonética mal formada.)

El status fonológico de las palatales [y], [ŷ] se relaciona con el de la deslizada anterior [j]. Los hechos fonéticos relativos a aquellas palatales son bien conocidos. En la modalidad del norte de España, la africada [ŷ] suele ocurrir en posición inicial (**¿Yo?** /jó/ → [ŷó]) y después de nasal (**un yugo** /un yúgo/ → [uɲŷúǥo]), y la fricativa [y], en las demás posiciones: **leyes** /léjes/ [léyes]. Sin embargo, en ciertas modalidades aquella distribución es al revés, y en otras los dos fonos se hallan en variación libre.

Un análisis tradicional considera [y], [ŷ] alófonos del fonema palatal /y/, mientras que un análisis alternativo prescinde de este fonema y considera [y], [ŷ] alófonos de la deslizada /j/. El proceso fonológico operante es un refuerzo articulatorio de la deslizada, que le imparte características consonánticas.[6] Ambas interpretaciones se ejemplifican en la Figura 3.4.

La interpretación tradicional requiere una representación fonológica para el singular y otra para el plural de palabras como **rey** o **ley**:

(6) /r̄ej/ → [r̄ej]
/r̄eyes/ → [r̄é-yes], [r̄é-ŷes]
/lej/ → [lej]
/leyes/ → [lé-yes], [lé-ŷes]

Figura 3.4

INTERPRETACIONES FONOLÓGICAS DE [j], [y], [ŷ]

C = *consonante*   V = *vocal*

Tradicional	Alternativa	Realización fonética
/y/ es un fonema distinto de /j/	Prescinde del fonema /y/	

yodo	/yodo/	/jódo/	[ŷó-đo]
inyecta	/inyekta/	/injekta/	[iñ-ŷék-ta]
haya	/aya/	/aja/	[a-ya]
ley	/lej/	/lej/	[lej]
	/leyes/	/lejes/	[le-yes]

Alternancia de deslizadas y vocales:

C__C	iban y vienen	/í-ba-ni-bjé-nen/	[í-ba-ni-ƀjé-nen]
C__V	ibas y hablabas	/í-bas-i-a-blá-bas/	[í-ƀa-sja-ƀlá-ƀas]
V__C	compra y vende	/kóm-pra-i-bén-de/	[kóm-praj-ƀéṇ-de]
V__V	trabaja y estudia	/tra-ba-xa-i-es-tu-dja/	[tra-ƀá-xa-yes-tú-đja]

por la unidad /por la unidad/ → $\begin{cases} \text{[por-la-u-ni-đáđ]} \\ \text{[por-law-ni-đáđ]} \end{cases}$

El análisis alternativo, en cambio, explica la alternancia de [j] y [y] en parejas como **ley** [léj] vs. **leyes** [lé-yes], [lé-ŷes] a partir de la misma representación fonológica /lej/:

(7) /rej/ → [ř̄ej]
    /rejes/ → [ř̄é-yes], [ř̄é-ŷes]
    /lej/ → [lej]
    /lejes/ → [lé-yes], [lé-ŷes]

También la /w/ intervocálica o inicial puede recibir un refuerzo de la tensión articulatoria, realizándose como una consonante velar, fricativa o oclusiva:

$$\text{ahuecas } /\text{a–wé–kas}/ \rightarrow \left\{ \begin{array}{l} \text{[a–wé–kas]} \\ \text{[a–ǵwé–kas]} \end{array} \right.$$

$$(8) \quad /\text{w}/ \rightarrow \left\{ \begin{array}{l} \text{[g]} \\ \text{[ǵ]} \\ \text{[w]} \end{array} \right. \qquad \text{¿Huelga? } /\text{wél–ga}/ \rightarrow \left\{ \begin{array}{l} \text{[wél–ǵa]} \\ \text{[gwél–ǵa]} \end{array} \right.$$

$$\text{un hueso } /\text{un–wé–so}/ \rightarrow \left\{ \begin{array}{l} \text{[un–wé–so]} \\ \text{[uŋ–gwé–so]} \end{array} \right.$$

La secuencia fonológica /wi/, habitualmente realizada como [wi], suele articularse como [uj] en ciertas variantes: **muy** /mwi/ → [mwi] o [muj]. De los triptongos, sólo [jaj], [jej], [waj] y [wej] aparecen en interior de palabra: **enviáis, enviéis, Uruguay, buey.** Algo marginalmente, [jaw] y [waw] se hallan en voces onomatopéyicas, como **guau** y **miau.**

Distinción vs. seseo

Algunas diferencias regionales importantes se deben a la ausencia de ciertos fonemas incluidos en la Figura 3.3.

Figura 3.5

DISTINCIÓN VS. SESEO

Distinción			Seseo		
Castellano norteño			*Otras variantes*		
/θ/ : /s/			/s/		
cazar	/kaθár/	[kaθár]	cazar		
casar	/kasár/	[kasár]	casar	/kasár/	[kasár]
cocido	/koθído/	[koθído]	cocido		
cosido	/kosído/	[kosído]	cosido	/kosído/	[kosído]

La distinción entre /θ/ y /s/ es responsable de parejas mínimas como **cazar** /kaθár/ → [kaθár] : **casar** /kasár/ → [kasár] (Figura 3.5). La distinción existe en el castellano norteño, pero no en las variantes del sur de España, Canarias e Hispanoamérica. Para la mayoría de los hispanohablantes, las palabras de aquellas parejas son *homónimas*, es decir, se pronuncian de la misma manera: **cazar, casar** = /kasár/ → [kasár]. La ausencia de /θ/ en el inventario fonológico, y la consecuente pronunciación de **z** y **c**ᵉˑⁱ como [s] se llama *seseo*.

Lleísmo vs. yeísmo

Una característica del castellano norteño es el *lleísmo* [leísmo], o sea la presencia del fonema palatal lateral /ĺ/, fonéticamente [ĺ] y ortográficamente **ll**. Su alófono [ĺ] contrasta con [y] en parejas como **calló** /kaĺó/ → [kaĺó] : **cayó** /kajó/ → [kayó]. Fonológicamente, se trata de un contraste entre los fonemas /ĺ/ y /j/ (o, como quedó dicho, /y/ en la clasificación tradicional).[7]

La ausencia del fonema /ĺ/ caracteriza el *yeísmo* [yeízmo], que resulta en la igualación de la pronunciación de **y** y **ll** ortográficas. La mayoría de las modalidades de la lengua son yeístas, es decir que aquellas parejas tienen la misma representación fonológica (Figura 3.6).

Figura 3.6

LLEÍSMO VS. YEÍSMO

Lleísmo	Yeísmo
/ĺ/ : /j/	sólo /j/
llanta /ĺanta/ → [ĺáṇta]	*yanta* /yanta/ → { [yáṇta] [ẏáṇta] }
halla /aĺa/ → [áĺa] *haya* /aja/ → [áya]	*halla* *haya* } /aja/ → [áya]

La ortografía española se desarrolló considerando la distinción (/θ/ : /s/) y el lleísmo (/ĺ/ : /j/), que se reflejan en contrastes ortográficos como **sela/cela** o

cayes/calles. Esto favorece a los hablantes de modalidades que incluyen dichas características. En cambio, los hablantes de las variantes seseantes o yeístas, tienen que aprender de memoria la ortografía de las palabras que difieren en **s/z** **c^{e,i}** o **ll/y**.

Distribución de los fonemas

No todos los fonemas consonánticos ocurren con la misma frecuencia en cada posición. En inicio de palabra, pueden venir todos excepto /r/, pero algunos son poco habituales. Por ejemplo, /ñ/ es inicial sólo en algunas docenas de voces, en

---

Figura 3.7

DISTRIBUCIÓN DE LAS VOCALES ESPAÑOLAS

(T = *posición tónica*; A = *posición átona*)

		inicial	final de sílaba libre	final de palabra	sílaba trabada
/a/	T	áspero	llama	allá	campo
	A	anillo	llamar	habla	castigo
/e/	T	era	lema	hallé	cesta
	A	está	remar	halle	sentado
/i/	T	ida	rima	allí	cinco
	A	ilegal	rimar	mapamundi	sistema
/o/	T	hola	toma	habló	monje
	A	ojal	tomar	hablo	hostal
/u/	T	urna	suma	urubú	muslo
	A	urbano	sumar	tribu	hurtado

su mayoría préstamos de idiomas amerindios como **ñame, ñandú, ñandubay.** Asimismo, /ĺ/ viene inicialmente en pocas (pero frecuentes) palabras, como **lluvia, llave, llorar, llegar.** Otro fonema poco común en posición inicial es /j/, cuya frecuencia en posición medial aumenta al reemplazar a /ĺ/ en las variantes yeístas.

En principio de sílaba no final, cuando la sílaba anterior es abierta (es decir, termina en vocal), pueden venir todas las consonantes, incluso /r/, que en esa posición contrasta con /r̄/ (**caro** /káro/ : **ca-ro** /ká-ro/). En posición final de palabra se hallan /θ d s n l r/, y algo marginalmente, /k/ y /x/ (**anorak, carcaj**). Otras, como /p t b g f m/, vienen en contadas voces, por lo general préstamos de otros idiomas: **salep, mamut, club, zigzag, rosbif, álbum, zigurat.**[8]

Parejas mínimas como **papa : pepa : pipa : popa : pupa** demuestran el contraste entre los cinco fonemas vocálicos /a e i o u/, que pueden venir en cualquier posición (Figura 3.7), aunque son poco frecuentes los casos de /i/ o /u/ final. Estos contrastes existen en todas las variantes del idioma y se conservan en todos los entornos fonéticos, aunque puede haber variaciones de timbre, sobre todo en sílabas trabadas por consonante. Por ejemplo, para muchos hablantes la pronunciación de /e/ u /o/ en sílaba trabada se realiza con un alófono más bajo, de timbre más abierto, representado respectivamente por [ę] y [ǫ]: **hablé** [aßlé]: **papel** [papęl] y la de /o/ en **habló** [aßló] : **sol** [sǫl].

Rasgos distintivos

Al igual que los fonos, los fonemas se representan mediante matrices de rasgos binarios (Figura 3.8). La diferencia es que mientras que la matriz fonética puede incluir todos los rasgos aplicables al fono, la matriz fonológica debe incorporar sólo los rasgos *distintivos*, es decir, necesarios y suficientes para distinguir cada fonema de los demás.

Algunos rasgos se excluyen mutuamente: un fonema [+cons] es también [-sil], y por lo tanto este rasgo es *redundante* en las consonantes. En cambio, las deslizadas se caracterizan por tener ambos rasgos [-cons] y [-sil]. Asimismo, /m n ñ/ se distinguen de las demás consonantes por el rasgo [+nas], y por lo tanto, el rasgo [sonante] es redundante para las nasales.

Hay rasgos de aplicación limitada. Por ejemplo, [sonoro] sólo es distintivo para las oclusivas, [estridente] sólo contrasta las fricativas /θ/ y /s/, y [tenso] sólo distingue entre /r/ y /r̄/. Sin embargo, [tenso] es un rasgo útil en el análisis de la variación dialectal.[9] Un rasgo claramente redundante en español es [redondeado], cuya valencia coincide siempre con la de [posterior]. Esta circunstancia limita los contrastes vocálicos a los rasgos [anterior], [posterior] y [alto].

Figura 3.8

RASGOS DISTINTIVOS DE LOS FONEMAS SISTEMÁTICOS ESPAÑOLES

	p	b	t	d	k	g	č	f	θ	s	x	h*	r	ř	l	ĺ	m	n	ñ	i	e	a	o	u	j	w
[consonántico]	+	+	+	+	+	+	+	+	+	+	+	+	+	+	+	+	+	+	+	−	−	−	−	−	−	−
[silábico]																				+	+	+	+	+	−	−
[sonante]	−	−	−	−	−	−	−	−	−	−	−	−	+	+	+	+	+	+	+							
[anterior]																				+	+	−	−	−	+	−
[posterior]																				−	−	−	+	+		
[alto]																				+	−	−	−	+		
[nasal]	−	−	−	−	−	−	−	−	−	−	−	−	−	−	−	−	+	+	+							
[continuo]	−	−	−	−	−	−	−	+	+	+	+	+														
[adelantado]	+	+	+	+	−	−	−	+	+	+	−	−	+	−	+	−										
[lateral]													−	−	+	+										
[coronal]	−	−	+	+	−	−	+	−	+	+	−	−					−	+								
[tenso]													−	+												
[estridente]								−	+																	
[sonoro]	−	+	−	+	−	+																				

* /h/ y /x/ no existen como fonemas distintos en el mismo dialecto.

La Figura 3.9 clasifica los fonemas consonánticos españoles mediante rasgos distintivos binarios. La primera gran división es entre sonantes [+sont] y no sonantes [−sont]. A su vez, los fonemas [+sont] se subdividen en [+nas] y [−nas].

Las consonantes nasales se diferencian por el rasgo [adelantado]: [+adel] corresponde a la articulación en los alvéolos o delante de éstos, y [−adel] a la articulación en la región posterior a los alvéolos (es decir, las palatales y velares). El único fonema nasal [−adel] es /ñ/. En cambio, /m/ y /n/, ambos [+adel], contrastan por el rasgo [coronal]: /n/ es [+cor] porque el ápice o la lámina de la lengua se alza para formar un obstáculo, mientras que /m/ es [−cor] porque la lengua no se alza.

Las consonantes [+sont, −nas] (líquidas) se subdividen en laterales [+lat], /l/ y /ĺ/, y no laterales [−lat], /ř/ y /r/ (vibrantes). Las laterales contrastan por ser /l/ [+adel] y /ĺ/ [−adel]. Las vibrantes contrastan por el rasgo [tenso]: /r/ es

[–tens] y se articula con una sola vibración de la lengua, mientras que /r̄/ se considera [+tens] por requerir más tensión para articular las múltiples vibraciones que permiten que el aire escape intermitentemente.[10]

Figura 3.9

CLASIFICACIÓN BINARIA DE LOS RASGOS DISTINTIVOS DE LOS FONEMAS CONSONÁNTICOS ESPAÑOLES

Las consonantes no sonantes [–sont] se subdividen en continuas [+cont], si no hay una cerrazón completa de la cavidad bucal, y no continuas [–cont], si hay dicha cerrazón. Tanto las continuas como las no continuas se subdividen mediante los rasgos [adelantado] y [coronal]. El rasgo [estridente] determina el contraste entre /s/ y /θ/; su característica articulatoria es la cantidad de turbulencia causada por el aire al escapar por una estrecha abertura localizada en el centro de la cavidad bucal.[11] Como quedó dicho, el rasgo [sonoro] sólo es distintivo para las parejas /d/:/t/, /b/:/p/ y /g/:/k/.

Procesos fonológicos

Entendemos por procesos fonológicos la aplicación regular de las mismas reglas a fonemas distintos, generando alófonos con características similares. Los procesos fonológicos pueden afectar todos los aspectos articulatorios, como el punto de articulación, la manera de articulación, o la sonoridad. Consideraremos a continuación algunos de los procesos más frecuentes.

Asimilación

Ilustra la *asimilación* el ejemplo de velarización de la regla (3) dada anteriormente, es decir,

$$/n/ \rightarrow [ŋ] \ / \begin{bmatrix} +cons \\ +vel \end{bmatrix}$$

Mediante este proceso, muy frecuente en español, un fonema adquiere uno o más rasgos de otro fonema, por lo general contiguo, aumentando la semejanza entre ambos. La asimilación es *regresiva* cuando el fonema condicionante viene después del fonema modificado. Es el caso de la /g/ velar, que condiciona la generación de la [ŋ] en **sin gusto** /sin gústo/ [siŋ gústo]. En cambio, hay asimilación *progresiva* si el fonema condicionante viene antes del fonema modificado. Por ejemplo, la nasal bilabial /m/, articulada con los labios formando una oclusión completa, es [–cont]; en una secuencia como **un buey** /un bwej/, este rasgo hace que la /b/ se realice como un alófono [–cont]: [umbwéj].

La asimilación de las nasales tiene un ámbito amplio, puesto que en posición final de sílaba, suelen desarrollar una articulación homorgánica a la consonante siguiente (Figura 3.10).

Describe la asimilación de nasales la regla simplificada (9), donde el símbolo [r.a.] representa el punto de articulación, y la letra griega α (alfa), la valencia positiva (+) o negativa (–) de ese rasgo:

$$(9) \ [+cons] \rightarrow [α \ r.a.] \ / \ \underline{\hspace{2cm}} \begin{bmatrix} +cons \\ +nas \\ α \ r.a. \end{bmatrix}$$

Figura 3.10

ASIMILACIÓN DE NASALES

sinvergüenza, un vaso	/n/ →	[m]	[simbergwénθa], [umbáso]
ánfora, un faro	/n/ →	[ɱ]	[áɱfora], [uɱfáro]
donde, un día	/n/ →	[n̪]	[dón̪de], [un̪día]
mensual, un sol	/n/ →	[n]	[menswál], [unsǫ́l]
connota, un nido		[n]	[konnóta], [unní do]
			[konóta], [uní do]
enlevo, un lago		[n]	[enléƀo], [unláɣo]
honra, un rato		[n]	[ónr̄a], [unr̄áto]
ancho, un chancho	/n/ →	[ɲ̆]	[áɲ̆čo], [uɲ̆čaɲ̆čo]¹
conllevo, un llamado,	/n/ →	[ñ]	[koñĺeƀa], [uñĺamá do]
un ñame			[uñɲáme]
cónyuge, un yugo	/n/ →	[ñ]	[kóñyuxe], [uñ ͡yúg/o]
ancla, un gato	/n/ →	[ŋ]	[áŋkla], [uŋ gáto]

¹ El signo [ɲ̆] representa una ligera palatalización, en todo caso menor que en [ñ].

Figura 3.11

ASIMILACIÓN DE /l/

dentalización

/l/ → [l̪] / ___ /t/ culto /kúlto/ → [kúl̪to]

/d/ caldo /káldo/ → [kál̪do]

palatalización

/l/ → [ĺ] / ___ /č/ Elche /élče/ → [élče]
el chal /elčál/ → [elĺčál]

El fonema lateral /l/ sufre un proceso de asimilación similar al de las nasales, adquiriendo el punto de articulación de la consonante dental [l̪] o palatal [l̃] siguiente. En los demás entornos, /l/ se realiza como alveolar [l]. La asimilación de las nasales y laterales es un proceso automático que tiene lugar tanto en el interior de una palabra como entre palabras: **don Carlos** /don kárlos/ [doŋ kárlos], **al día** /al día/ [al̪ día]. Pero la aplicación de la regla puede neutralizarse en una pronunciación lenta: [donkárlos], [aldía] (Figura 3.11).

Velarización

En los ejemplos de la regla (3), el fonema /n/ se asimila a la consonante velar siguiente, realizándose como [ŋ]: **un caso** /un káso/ [uŋ káso], **un gato** /un gáto/ [uŋ gáto], **un jaleo** /un xaléo/ [uŋ xaléo]). Pero no todos los casos de velarización son de tipo asimilatorio. Por ejemplo, en algunas modalidades del español caribeño, el fonema /n/ se velariza regularmente en posición final de palabra, ya sea ante pausa (**traigo pan** /trájgo pan/ → [trájɣopaŋ]), ya sea ante la vocal inicial de la palabra siguiente (**un amigo** /un amígo/ → [uŋamíɣo]). Este proceso se representa por la regla simplificada (10):

$$(10) \quad /n/ \rightarrow [+vel] / \underline{\quad\quad} \left\{ \begin{array}{l} \underline{\quad\quad}\# \\ \underline{\quad\quad}\# \ [+sil] \end{array} \right.$$

Fricativización

El proceso de fricativización consiste en la generación de un fono [+cont] a partir de un fonema [−cont]. Los fonemas /b d g/ se realizan como alófonos fricativos u oclusivos según se aplique o no este proceso. Por lo tanto, mientras que [b d g] son [−cont], sus homorgánicos [β ð ɣ] son [+cont] (Figura 3.12).

Según la regla fonológica simplificada (11), un fonema consonántico, no sonante, no continuo y sonoro, se realiza como [+cont] excepto (a) en posición inicial, (b) después de nasal y, (c) si es coronal, también después de un fonema lateral.

$$(11) \quad \begin{bmatrix} +cons \\ -sont \\ -cont \\ +son \end{bmatrix} \rightarrow [+cont] / \text{ excepto } \left\{ \begin{array}{l} \# \ \underline{\quad\quad} \\ [+nas] \ \underline{\quad\quad} \\ \begin{bmatrix} [+lat] \ \underline{\quad\quad} \\ (si \ [+cor]) \end{bmatrix} \end{array} \right\}$$

Figura 3.12

OCLUSIVAS SONORAS Y SUS HOMORGÁNICAS FRICATIVAS

[b] [d] [g]   [b̞] [d̞] [g̞]

$$\begin{bmatrix} +\text{cons} \\ -\text{sont} \\ -\text{cont} \\ +\text{son} \end{bmatrix} \qquad \begin{bmatrix} +\text{cons} \\ -\text{sont} \\ +\text{cont} \\ +\text{son} \end{bmatrix}$$

Sonorización y ensordecimiento

Hay *sonorización* cuando un fonema pasa de [−son] a [+son]. Por ejemplo, en palabras como **desde** o **mismo**, las cuerdas vocales empiezan a vibrar todavía durante el final de la articulación de la /s/, preparándose para formar el fonema sonoro siguiente. Dicha vibración anticipatoria hace que la /s/, pasando de [−son] a [+son], se realice como [z], como en **rasgo** /rásgo/ → [rázɣo] pero no en **rasco** /rásko/ → [rásko]. Ese proceso se representa esquemáticamente en la regla (12):

(12)   /s/ → [z] /_____ [+cons]
                              [+son]

El *ensordecimiento* es el proceso inverso, o sea [+son] → [−son]. Por ejemplo, el fonema /b/ ante una oclusiva sorda puede realizarse como la oclusiva bilabial sorda [p]: **subteniente** /subtenjente/ → [suptenjéŋte].

Respecto al modo de articulación, es habitual que una nasal implosiva, es decir, posvocálica y final de sílaba, afecte a la vocal precedente, que pasa de [−nas] a [+nas]. Mientras se pronuncia la vocal, el velo se baja, preparándose para articular la nasal. Ese movimiento permite que parte del aire escape por la cavidad nasal, impartiendo a la vocal un timbre algo nasalizado: **campo** /kampo/ [kãm-po]. La regla correspondiente sería (13), en la cual el símbolo $ representa la posición final de sílaba.

(13)   [+voc] → [+nas] / _____ [+nas] $

Tipos de reglas

Hemos representado la fricativización y la asimilación de las nasales y palatales a la consonante siguiente como reglas *categóricas*, que teóricamente se aplican siempre que se verifican las condiciones descritas. Pero en la lengua real la aplicación de muchas reglas suele ser variable, y por lo tanto debe entenderse en términos estadísticos, y no absolutos: una regla categórica tiene una probabilidad de ocurrencia muy próxima al 100%. En cambio, una regla *optativa* puede o no aplicarse.

La regla de sonorización del fonema /s/ ante consonante sonora ilustra ambos casos. Es categórica para algunos hablantes, y en ese caso, [s] y [z] se hallan en distribución complementaria; para otros es optativa, y entonces [z] y [s] están en variación libre. La variabilidad de una regla puede hallarse condicionada por diversos factores: el contexto de la comunicación (formal vs. informal), características de los hablantes (edad, sexo, nivel de instrucción o condición social). Las relaciones entre la variación lingüística y los factores sociales se estudia en el ámbito de la *sociolingüística*.

Una regla es *general* cuando su ámbito de aplicación comprende, en un principio, todas las variantes del idioma, como la velarización de la /n/ ante consonante velar. En cambio, una regla *dialectal* se limita a determinada variante del idioma. Un ejemplo es la velarización de la /n/ final en el español caribeño, ya mencionada, o la sonorización de la /s/ intervocálica, descrita por la regla /s/ → [z] / [+sil] _____ [+sil], p. ej., **los otros** /los ótros/ [lozótros], que ocurre en las tierras altas del Ecuador.[12]

Sinalefa y diptongación

Algunos procesos fonológicos afectan la división silábica. Dos vocales contiguas en sílabas distintas constituyen un *hiato*: **sea** /sea/ → [sé-a], **loa** /loa/ [ló-a], **loor** [lo-ór]. Si son idénticas, como en **alcohol** /alkoól/, el hiato puede conservarse, [al-ko-ól], o fundirse en una sola vocal algo más larga, [al-kó:l], o reducirse a una sola vocal, [al-kól]. Si son distintas y una de ellas es [+alt] y átona, puede formarse un diptongo: **la hijita** /la ixíta/ [laj-xí-ta], **lo humano** /lo umáno/ [low-má-no].

En la pronunciación rápida, al hallarse contiguas a una vocal [-alt] (es decir, [a e o]) y distinta, la /e/ y la /o/ átonas pueden relajarse, perdiendo el rasgo [+sil] pero conservando su timbre de vocal media. En ese proceso, llamado *sinalefa* (representada por el signo ⌒ debajo de la vocal en cuestión), [e̯] y [o̯] pasan a integrar la misma sílaba que la vocal contigua: **teatro** /teátro/ → [te-á-tro] (hiato) o [te̯á-tro] (sinalefa).

Las vocales medias pueden también elevarse, es decir, pasar de [-alt] a [+alt]. Como resultado de ese proceso, /e/ y /o/ pasan a articularse respectivamente como [i] y [u]. Esta vocales altas, al encontrarse en la misma sílaba con otra vocal, se realizan fonéticamente como deslizadas, o sea, [i] → [j] y

[u] → [w], formándose así un diptongo. La Figura 3.13 ejemplifica la sinalefa, la elevación y la subsiguiente diptongación de /e/ y /o/.

Figura 3.13

SINALEFA, ELEVACIÓN Y DIPTONGACIÓN DE /e/, /o/

representación subyacente	hiato	sinalefa	elevación y diptongación
		/e/ → [e̯]	/e/→[i]→ [j]
		/o/ → [o̯]	/o/→[u]→ [w]
/teátro/	[te-á-tro]	[te̯á-tro]	[tjá-tro]
/se áman/	[se-á-man]	[se̯á-man]	[sjá-man]
/poéta/	[po-é-ta]	[po̯é-ta]	[pwé-ta]
/lo éra/	[lo-é-ra]	[lo̯é-ra]	[lwé-ra]
/toála/	[to-á-ḻa]	[to̯á-ḻa]	[twá-ḻa]
/lo ámo/	[lo-á-mo]	[lo̯á-mo]	[lwá-mo]

Otros procesos fonológicos

Otro proceso fonológico común es el *relajamiento*, o disminución de la tensión articulatoria, que contribuye a la pérdida de rasgos articulatorios e incluso de fonemas enteros. Por ejemplo, en ciertas regiones (sur de España, Ciudad de México) la africada /č/ pierde la oclusión inicial y se realiza como la fricativa [š]: **muchacho** /mučáčo/ → [mušášo]. Virtualmente en todo el dominio de la lengua, la articulación de la /d/ en posición final absoluta o intervocálica (sobre todo en sílaba final postónica) tiende a debilitarse hasta eliminarse fonéticamente (Figura 3.14).

El relajamiento articulatorio se relaciona con la llamada aspiración de la /s/. Además de la fricativa apicoalveolar [ṣ] y la fricativa alveolar [s], ya mencionadas, la /s/ final de sílaba implosiva puede realizarse como una [h] fricativa faríngea (o glótica). Se trata de la llamada "*s aspirada*," de articulación semejante al fono que corresponde a la **h** inglesa *home*, *hat*.

Figura 3.14

RELAJAMIENTO

$$/d/ \rightarrow \begin{cases} [d] \\ /\varnothing \end{cases} \quad \textbf{hablado} \ /abládo/ \rightarrow \begin{cases} [abla^d o] \\ [abláo] \end{cases}$$

$$/s/ \rightarrow \begin{cases} [s] & \textbf{las ostras} & /las óstras/ & \rightarrow & [lasóstras] \\ & \textbf{estos hombres} & /éstos ómbres/ & \rightarrow & [éstosómbres] \\ [h] & \textbf{las ostras} & /las óstras/ & \rightarrow & [lahóhtrah] \\ & \textbf{estos hombres} & /éstos ómbres/ & \rightarrow & [ehtohómbreh] \end{cases}$$

Metátesis, eliminación y añadidura de fonemas

Los procesos fonológicos también pueden actuar sobre segmentos enteros. La *metátesis*, común en el habla popular, cambia la posición de dos fonemas (Figura 3.15).[13]

Figura 3.15

METÁTESIS

prelado	→	perlado
aeroplano	→	areoplano
apoplejía	→	aplopejía
dentífrico	→	dentrífico
pared	→	pader

También son muy productivos los procesos de eliminación (Figura 3.16) y adición (Figura 3.17) de fonemas. La *aféresis*, que los elimina en posición inicial, es común en la pronunciación rápida, típica de la conversación coloquial.

La *síncopa* elimina fonemas en el interior de una palabra. Es común la debilitación y subsecuente eliminación de /d/ intervocálica, sobre todo en los

participios: **hablado** /abládo/ → [aβláᵈo] → [aβláo], **comido** /komído/ →
[komíᵈo] → [komío].

La eliminación de fonema final, o *apócope*, afecta comúnmente las
consonantes finales no nasales, particularmente la /d/: **Madrid** /madríd/ →
[madrí]. La eliminación de la /s/ posvocálica aspirada es un fenómeno muy
difundido: **este** /éste/ → [éhte] → [éte]. En ciertas variantes del español
desaparece la /n/ final de sílaba después de haber nasalizado la vocal anterior:
cansado /kansádo/ → [kãsáᵈo].[14]

Figura 3.16

ELIMINACIÓN DE FONEMAS

(a) **Aféresis** *(posición inicial)*

V → /Ø #___ enhorabuena	/enorabwéna/	→ [noraβwéna]
V → /Ø #___ enhoramala	/enoramála/	→ [noramála]
V → /Ø #___ usted viene	/usted bjéne/	→ [teβjéne]

(b) **Síncopa** *(posición intervocálica)*

V → /Ø V__V asado	/asádo/ → [asáᵈo]	→ [asáo]
V → /Ø V__V marido	/marído/ → [maríᵈo]	→ [marío]
V → /Ø V__V migaja	/migáxa/ → [miǥáxa]	→ [miáxa]
V → /Ø V__V agua	/ágwa/ → [áǥwa]	→ [áwa]

(c) **Apócope** *(posición final)*

/d/ → Ø / ___# salud	/salúd/	→ [salú]
/t/ → Ø / ___# vermut	/bermút/	→ [bermú]
/k/ → Ø / ___# Nueva York	/nwebajór/	→ [nweβayór̠]
/x/ → Ø / ___# reloj	/r̄elóx/	→ [r̄eló]
/n/ → Ø / ___# cajón	/kaxón/	→ [kaxõ]

La *prótesis* es la adición de un fonema en posición inicial (Figura 3.17). Es el caso de la inserción de /g/ o /b/ ante /w/ inicial en palabras como **hueso** /wéso/ → [gwé-so] o [bwé-so], **huevo** /wébo/ → [gwé-ƀo]. Al recibir un refuerzo articulatorio, la /w/ puede favorecer la coarticulación de una [g] protética; o al contrario, por formarse la [w] con los labios redondeados, también puede condicionar la inserción de la bilabial [b].

Figura 3.17

ADICIÓN DE FONEMAS

(a) **Prótesis:**

hueso	/wéso/	→ [bwéso],	[gwéso]
ahuecar	/awekár/	→ [aƀwekár],	[aǥwekár]
hueco	/wéko/	→ [bwéko],	[gwéko]
huevo	/wéƀo/	→ [gwéƀo],	[bwéƀo]

(b) **Epéntesis:**

lloriquear	/ʎorikeár/	→ [ʎoriskeár]
tropezar	/tropeθár/	→ [trompeθár]

(c) **Paragoge:**

hablastes	/abláste/	→ [ablástes]
comistes	/kómiste/	→ [komístes]
siéntensen	/sjéntense/	→ [sjéntensen]
díganlen	/digánle/	→ [díǥanlen]
cállensen	/kájense/	→ [kájensen]

La *epéntesis*, o adición de un fonema en posición interior es responsable por formas populares como **llorisquear** (de **lloriquear**) o **trompezar** (de **tropezar**).

Finalmente, la *paragoge* añade un fonema al final de una palabra. Es frecuente en la pronunciación popular la adición de /s/ a la desinencia -ste del pretérito: **hablastes, comistes, vivistes**. También es común añadir una /n/ al pronombre átono pospuesto al verbo: **siéntensen, díganlen, cállensen**.

Neutralización fonológica

Por neutralización se entiende la pérdida del contraste entre dos fonemas. En posición final de sílaba y antes de consonante, el contraste entre /m/ y /n/ se neutraliza, al asimilarse la nasal a la consonante siguiente: tanto **con padre** /kon pádre/ como **compadre** /kompádre/ son fonéticamente [kompádre]. En el español de Puerto Rico y de otras regiones caribeñas, el contraste entre las líquidas /r/ : /l/ se conserva ante vocal (**para : pala**), pero tiende a neutralizarse en posición posvocálica. Debido a esa neutralización puede haber *lambdacismo*, es decir, la pronunciación de la /r/ subyacente como [l], o *rotacismo*, o sea la pronunciación de la /l/ subyacente como [r] (Figura 3.18).

Figura 3.18

NEUTRALIZACIÓN DEL CONTRASTE /r/ : /l/

/r/ → [l]	/l/ → [r]
puerta /puér-ta/ → [puél-ta]	colmo /kól-mo/ → [kór-mo]
calma /kál-ma/ → [kár-ma]	puerco /pwér-ko/ → [pwél-ko]

Estructura silábica

En todo idioma hay un número finito de secuencias de fonemas, definidas por reglas *fonotácticas*. Ningún hispanohablante nativo tendría dificultad en pronunciar secuencias como las de la serie (a) en la Figura 3.19), pero las secuencias de la serie (b) le resultarían extrañas. La razón es que sólo la serie (a) incluye grupos consonánticos de acuerdo con las reglas fonotácticas del español, y representan por lo tanto palabras inexistentes, pero posibles. En cambio, secuencias como /fd/, /pf/, /stf/, /bjs/, al no obedecer las reglas fonotácticas de la lengua, no pueden generar secuencias pronunciables de fonos.

Figura 3.19

SECUENCIAS DE FONEMAS ESPAÑOLES

(a)	(b)
Secuencias posibles	**Secuencias imposibles**
/góm-bra/	*/dló-kar/
/ploj/	*/pyor-ní-o/
/ka-flí-de-ta/	*/stfér-ga/
/θas-gru-r̃e-de-a-dó-res/	*/om-bjsá-rno/

Debido a las reglas fonotáticas, las palabras extranjeras se adaptan a la pronunciación española al incorporarse al idioma. Por ejemplo, en español hay una restricción fonotática que impide las sílabas iniciales formadas por /s/ + consonante. En consecuencia, las palabras extranjeras con /s/ + [+cons] inicial adquieren una /e/ protética (Figura 3.20).

Figura 3.20

LA /e/ PROTÉTICA

ing.	**stress**	→	estrés	/estrés/	[estrés]
	standard	→	estándar	/estándar/	[estándar]
ital.	**spaghetti**	→	espagueti	/espagéti/	[espagéti]
rus.	**sputnik**	→	sputnik	/espútnik/	[espútnik]
al.	**stock**	→	estoque	/estók/	[estók], /estóke/ [estóke]

La sílaba es una unidad fonológica formada por uno o más fonemas, uno de los cuales es el *núcleo*. En español el núcleo tiene que ser una vocal puesto que sólo las vocales son [+sil]. Además del núcleo, puede haber en la sílaba secuencias de hasta cuatro consonantes, limitadas a combinaciones específicas (Figura 3.21).

Figura 3.21

TIPOS SILÁBICOS

V = *núcleo silábico*; C = *consonante*
(los números señalan consonantes distintas)

V	o
VC	en
CV	de
CVC	los
C^1C^2V	pre
C^1C^2VC	cruz
CVC^1C^2	**cons**tante
$C^1C^2VC^3C^4$	**trans**porte

Figura 3.22

GRUPOS CONSONÁNTICOS

/pr/	prisa	/pl/	plata
/br/	brisa	/bl/	blusa
/tr/	tres	/tl/	atlántico*
/dr/	draga	---	
/kr/	cruz	/kl/	cloro
/gr/	gran	/gl/	glosa
/fr/	franco	/fl/	flor

---

* /tl/ ocurre inicialmente en palabras de origen náhuatl: ***tlapa, tlacoyo***. Medialmente, /t/ y /l/ pueden formar un grupo o separarse: **atlántico** [a-tláṇ-ti-ko] o [at-láṇ-ti-ko]. Es común que la /t/ se sonorice: /t/ → [d̪]: [ad̪-láṇ-ti-ko].

La secuencia consonante + núcleo silábico constituye una sílaba, tanto en la misma palabra como en palabras contiguas: **en Almería** [e-nal-me-ría], **los otros amigos** [lo-so-tro-sa-mí-ǵos]. Dos consonantes contiguas en la misma sílaba constituyen un *grupo consonántico*, formado por una de las oclusivas /p t k b g/ o la fricativa /f/ seguidas por una de las líquidas /l r/. Sin embargo, la oclusiva /d/ no puede agruparse con la /l/: **adleriano** [ađ-le-rjá-no], **hacedla** [a-θéd-la] (Figura 3.22).

Otras consonantes contiguas no forman grupos consonánticos, sino que pertenecen a sílabas distintas (Figura 3.23).

Figura 3.23

SECUENCIAS DE CONSONANTES DISTINTAS

/dl/ adleriano	/ad-le-rjá-no/	[ađ-le-rjá-no]
/atl/ atlántico	/at-lán-ti-ko/	[ađ-láŋ-ti-ko]
/db/ advento	/ad-bén-to/	[ađ-b́éŋ-to]
/sk/ mosca	/mós-ka/	[mós-ka]
/nt/ canto	/kán-to/	[káŋ-to]
/rd/ cordial	/kor-djál/	[kor-djál]
/ls/ balsa	/bál-sa/	[bál-sa]
/rs/ curso	/kúr-so/	[kúr-so]
/rr̄/ andar rápido	/an-dar-r̄á-pi-do/	[an-dar-r̄á-pi-đo]
		[an-da-r̄á-pi-đo]

Las secuencias de dos consonantes idénticas, en la misma palabra o en palabras contiguas, suele reducirse a una consonante, que puede ser larga [:] en la pronunciación cuidada (Figura 3.24).

Prosodia

Lo que caracteriza el habla es no sólo la pronunciación de los fonos, sino otras particularidades como los modos de hablar lentos o rápidos, maneras de prolongar o acortar los fonos y otros ruidos orales difíciles de transcribir y describir sistemáticamente, como los gimoteos, gritos, susurros, falsetes y chillidos. Por supuesto, esos fenómenos juegan un papel en la comunicación, y algunos pueden servir para caracterizar individuos o identificar grupos sociales o étnicos.[15] Pero como su contribución se siente más en el significado afectivo o estilístico, algunos autores los consideran fenómenos *paralingüísticos*, excluyéndolos así del ámbito de la lingüística.[16]

Figura 3.24

SECUENCIAS DE CONSONANTES IDÉNTICAS

/n–n/	connotación	/kon–no–ta–θjón/ →	[kon–no–ta–θjón] [ko–n:o–ta–θjón] [ko–no–ta–θjón]
	sin nada	/sin–náda/ →	[sin–ná–da] [si–n:á–da] [si–ná–da]
/b–b/	obvio	/ób–bio/ →	[ób̶–b̶jo] [ó–b̶:jo] [ó–b̶jo]
/s–s/	los sé	/los–sé/ →	[los–sé] [lo–s:é] [lo–sé]
/d–d/	usted dirá	/us–téd–di–rá/ →	[us–téd–di–rá] [us–té–d:i–rá] [us–té–di–rá]
/θ–θ/	paz cercana	/paθ–θer–ká–na/ →	[páθ–θer–ká–na] [pá–θ:er–ká–na] [pá–θer–ká–na]

Otros efectos sonoros, llamados *rasgos suprasegmentales* o *prosódicos*, incluyen variaciones de tono, ritmo y melodía del habla. Son causados por cambios en la presión del aire espirado, o variaciones en la vibración de las cuerdas vocales. Esos fenómenos, que se estudian bajo la rúbrica de *prosodia*, incluyen el *ritmo*, el *acento intensivo* (o *prosódico*), el *acento de grupo* y la *entonación*.

Acento intensivo

En el habla cotidiana, llamamos *acento* la manera típica de hablar de una persona o de una región. Pero en fonética, *acento* (o mejor dicho, *acento intensivo* o *acento prosódico*) se refiere a la intensidad articulatoria que acompaña la producción de un fono. Dicha intensidad varía entre una sílaba y otra, pero en cualquier palabra de más de una sílaba hay siempre una más fuerte que las demás: **casa, cerebro, técnica**. Aquella sílaba más fuerte es la *tónica* y las demás son *átonas*.

La posición de la sílaba tónica es fija en ciertas lenguas, como el checo y el húngaro (en la primera sílaba de la palabra) o el polaco (en la penúltima). En español, cada palabra tiene el acento en una sílaba específica, que viene señalada como tónica en la representación fonológica: **coche** /kóče/.[17] Esa circunstancia permite que el contraste *sílaba tónica* vs. *sílaba átona* señale diferencias de significado. Por ejemplo, **hablo / habló**, o **hacia / hacía**, son parejas mínimas que contrastan por la posición del acento. Eso quiere decir que la posición del acento tiene valor fonológico.

Según la posición del acento, las palabras españolas son *agudas* u *oxítonas* si el acento intensivo viene en la última sílaba (**aquí, hablad**); *llanas* o *paroxítonas* si viene en la penúltima (**habla, rueda**); y *esdrújulas* o *proparoxítonas* si cae en la antepenúltima (**técnica, tarántula**). Ciertas secuencias formadas por un verbo y dos o tres pronombres átonos, con el acento tónico en la cuarta o quinta sílaba a contar de la última, se llaman *sobresdrújulas*: **cómpremelo, dígasemele, regalársenoslo, comprándosenoslo**.[18]

Ritmo

El ritmo del idioma español tiene la sílaba como unidad fundamental y es bastante regular. Puede acelerarse o retardarse, pero se basa siempre en una secuencia de sílabas de duración bastante pareja. Esa característica imparte al idioma una cadencia uniforme. Contrasta en eso con el ritmo del inglés, basado en una sucesión de acentos fuertes y débiles.

Entonación

El *tono*, o *altura musical* de un fono, varía con la vibración de las cuerdas vocales. Cuánto más rápido vibran éstas, tanto más alto será el tono, aunque la proporción no es directa.[19] A lo largo de un enunciado, la variación tonal crea una curva melódica continua que constituye la *entonación*.

En aquella curva melódica pueden identificarse *tonos relativos*, es decir, niveles tonales definidos en relación los unos con los otros, y no en términos absolutos. Los fonos comprendidos en una misma curva melódica constituyen un *grupo fónico*.

Es natural que, por depender de la frecuencia de vibración de las cuerdas vocálicas, la entonación tienda a variar de un hablante a otro. Las voces femeninas e infantiles alcanzan tonos bastante más altos que las de los varones adultos, y aun entre individuos de mismo sexo y edad se encuentran diferencias absolutas de altura musical. Sin embargo, hay en la entonación típica de cada modalidad del idioma homogeneidad suficiente como para constituir uno de sus rasgos más característicos.

En el análisis de la entonación española normal se consideran tres niveles relativos de altura musical (*bajo, medio* y *alto*), representados en los diagramas, respectivamente, por los números 1, 2 y 3. (Los niveles arriba de 3 se consideran enfáticos.) Se toma en cuenta también la dirección (ascendente, plana o descendente) de la curva melódica, señalada por flechas (↑ ↓ →). En las oraciones *enunciativas* (también llamadas *aseverativas*), la curva melódica empieza en el nivel 1 y sube hasta llegar a la primera sílaba acentuada, que se halla en el nivel 2. De allí en adelante, la curva se mantiene más o menos plana hasta alcanzar la última sílaba tónica, y entonces cae hacia el nivel 1. Si la primera sílaba es tónica, la curva melódica empieza directamente en el tono 2 (b).

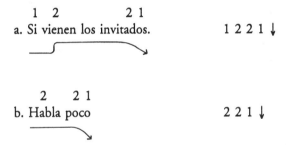

    1 2   2 1
a. Si vienen los invitados.   1 2 2 1 ↓

    2   2 1
b. Habla poco   2 2 1 ↓

Siguen ese patrón entonativo las preguntas que empiezan por una palabra interrogativa (**qué, cómo, cuándo, por qué**, etc.):

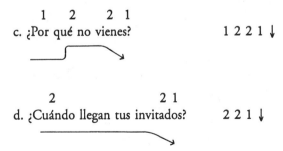

    1 2   2 1
c. ¿Por qué no vienes?   1 2 2 1 ↓

    2   2 1
d. ¿Cuándo llegan tus invitados?   2 2 1 ↓

En las preguntas del tipo **sí / no** la curva melódica o bien puede mantenerse en el nivel mediano en la última sílaba tónica, ascendiendo ligeramente al final(e), o bien sube hacia el nivel alto, descendiendo en seguida hacia el nivel bajo, donde se mantiene plana (f):

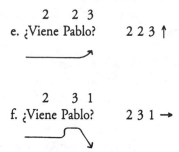

$$2 \quad 2 \ 3$$
e. ¿Viene Pablo?   2 2 3 ↑

$$2 \quad 3 \ 1$$
f. ¿Viene Pablo?   2 3 1 →

En cambio, si la pregunta es enfática o contrastiva, la curva melódica sube en la sílaba enfatizada hacia el nivel alto (3), para luego bajar hacia el nivel bajo (1):

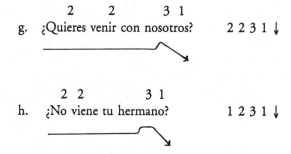

$$2 \quad 2 \quad 3 \ 1$$
g. ¿Quieres venir con nosotros?   2 2 3 1 ↓

$$2 \ 2 \quad 3 \ 1$$
h. ¿No viene tu hermano?   1 2 3 1 ↓

En una oración enunciativa compuesta de dos o más grupos fónicos, la curva melódica ligeramente ascendente al final de cada grupo señala la continuación del enunciado; al llegar al último grupo, un contorno final descendente señala el término de la elocución:

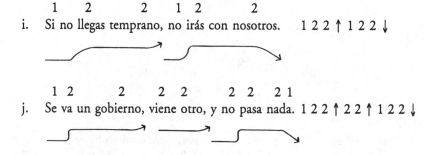

$$1 \quad 2 \quad 2 \quad 1 \ 2 \quad 2$$
i. Si no llegas temprano, no irás con nosotros.   1 2 2 ↑ 1 2 2 ↓

$$1 \ 2 \quad 2 \quad 2 \ 2 \quad 2 \ 2 \quad 2 \ 1$$
j. Se va un gobierno, viene otro, y no pasa nada. 1 2 2 ↑ 2 2 ↑ 1 2 2 ↓

Una enumeración típica consta de una sucesión de *grupos fónicos*. Por lo general, la curva melódica de cada uno de éstos tiene una parte final descendente, hasta llegar al penúltimo, cuya dirección ascendente señala que el grupo siguiente será el último. Éste, a su vez, tiene un descenso más bajo que los demás, con lo que se señala el final de la frase.

    2   2   1 2   1 2   1   1
k. Necesito libros, cuadernos, bolígrafos y papel. 1 2 2 → 1 2 → 1 2 ↑ 1 1 ↓

SUMARIO

La fonología estudia los *fonemas sistemáticos*, es decir, fonos que funcionan como elementos de un *sistema fonológico*. Los fonemas se definen por contrastes específicos de cada idioma y se manifiestan mediante *alófonos*. La generación de éstos se representa por *reglas fonológicas* que siguen la fórmula básica A → B / _____ . Cada palabra tiene una *representación fonológica* o *subyacente* (= fonemas) a partir de la cual se genera la representación fonética (= alófonos) de la pronunciación. Los alófonos de un mismo fonema pueden estar en *distribución complementaria* o *variación libre*.

Los fonemas sistemáticos del español incluyen las cinco vocales /a e i o u/, las dos deslizadas /j w/ y por lo menos dieciséis consonantes, /p b t d k g f s x č m n ñ l r r̄/; algunas variantes, como el español norteño, tienen también a /θ/ y /ĺ/ . Se llama *distinción* el contraste /θ/: /s/, típico del español norteño; su ausencia caracteriza el *seseo*. Se llama *lleísmo* la realización del fonema /ĺ/ como la lateral palatal [ĺ], ortográficamente ll; las variantes que no incluyen ese fonema son *yeístas*.

Los fonemas se clasifican por *rasgos distintivos* binarios, es decir positivos (+) o negativos (–), necesarios y suficientes para distinguir cada fonema de los demás.

Los *procesos fonológicos* actúan sobre los fonemas para generar fonos con rasgos específicos. Incluyen la fricativización, la velarización, la sonorización, el ensordecimiento, la sinalefa, la diptongación y el relajamiento. Los procesos fonológicos implican asimilación si en la generación de un fono éste adquiere algún rasgo de otro, por lo general contiguo. Los procesos fonológicos se describen por reglas categóricas (se aplican siempre que se den las condiciones requeridas) o optativas (pueden o no aplicarse, a veces dependiendo de factores extralingüísticos).

Los procesos que actúan sobre segmentos enteros incluyen la metátesis, la eliminación de fonemas (*aféresis, síncopa* y *apócope*) y la adición de fonemas (*prótesis, epéntesis* y *paragoge*).

Los contrastes entre los fonemas pueden neutralizarse, como el contraste entre las líquidas /r/ : /l/ en posición posvocálica. Esa neutralización hace que tanto la /r/ como la /l/ subyacentes se realicen como [l] o [r].

Las restricciones fonotácticas de cada idioma determinan las secuencias posibles de fonemas.

Los elementos prosódicos del habla incluyen el *ritmo*, el *acento intensivo* (o *prosódico*), el *acento de grupo* y la *entonación*.

Práctica ▬▬▬▬▬▬▬▬▬▬▬▬▬▬▬▬▬▬▬▬▬▬▬▬▬▬

A. *Transcriba fonéticamente y fonológicamente:*

1. caldera
2. romería
3. los mismos
4. aguado
5. obelisco
6. confuso
7. cangrejo
8. ancho
9. corriente
10. península

B. *Cada una de las palabras siguientes tiene por lo menos dos representaciones subyacentes. ¿Cuáles son? ¿Cómo explica usted la diferencia? ¿Cuál es el resultado fonético de cada representación subyacente?*

1. calle
2. acequia
3. ciprés
4. llanta
5. juego

C. *En cierto escrito se encontraron palabras escritas como las que se ven abajo en negritas. Suponiendo que esa manera de escribir sea sistemática, ¿qué hipótesis se puede formular acerca de la pronunciación de sus autores?*

1. a. ...un hombre **yamado** Fernández...
    b. ...le robaron unas **yantas** de auto...
    c. ...es un dulce hecho con **llema** de huevo...
    d. ...el **llacaré** o caimán es un reptil...

2. a. ...los **casadores** trajeron muchos animales...
    b. ...en la pelea, le pegaron unos **sapatasos**...
    c. ...se **cazó** con una chica del pueblo **vesino**...

3. a. ...el mendigo encontró la **muelte** al caerse en el lago
    b. ...en esas cosas hay que **tenel** mucha **carma**...

D. *Explique qué es lo que señala la diferencia de significado entre parejas como* **hacia/hacía**, **paso/pasó** *o* **calle/callé**.

E. *¿Qué diferencia hay entre* **seseo** *y* **distinción**?

F. *¿En qué consiste el* **yeísmo**?

G. *¿Cuándo están dos fonos en distribución complementaria? ¿Y en variación libre?*

H. *Suponiendo que las muestras que se dan a continuación sean representativas, ¿qué hipótesis pueden plantearse acerca del status fonológicos de los fonos distintos?*

1. **Portugués**   **Español**

    selha 'conča'   [sél̄ə]   silla   [síl̄a]
    seja 'sea'   [séžə]   silla   [síža]
    ceia 'cena'   [séjə]   silla   [síja]

2. **Portugués**   **Español**

    louça [lówsə]   desde   [désde]
    lousa [lówzə]   desde   [dézde]

3. **Español**
    (*Norte de España*)   (*Hispanoamérica*)
    casa [kása]   casa [kása]
    seda [séda]   seda [séda]
    caza [káθa]   caza [kása]
    ceda [θéda]   ceda [séda]

I. **Proyecto 1.** *Pida a varios hispanohablantes (de preferencia, de distintos países) que lean las frases siguientes en ritmo normal. Grabe la lectura con un magnetofón, transcriba fonéticamente cada frase y compare la pronunciación de los sonidos correspondientes a las letras* c *(ante* e,i*),* z, y, ll, g *(ante* e,i*), y* j. *¿Qué diferencias y semejanzas hay entre los informantes? ¿Y entre la pronunciación de ellos y la suya?*

1. ¿Quieres que yo te lleve las llaves allá?
2. Un llanto triste llenaba la llanura yerma.
3. La cena de los zoólogos es a las cinco.
4. Había poca gente en el jubileo de los gitanos de la calle Jamaica.
5. El día de Reyes no es en mayo.

J. **Proyecto 2.** *Pida a varios hispanohablantes (de preferencia, de distintos países) que lean las frases siguientes en ritmo normal. Grabe la lectura con un magnetofón, transcriba cada frase en ortografía normal y dibuje la curva melódica correspondiente a cada una. Luego, pida a otras personas que repitan el experimento y compare las curvas melódicas. Si hay diferencias, ¿cómo se explican?*

1. Salieron los tres.
2. Tomamos tapas con cerveza.
3. ¿A qué hora sale el tren?
4. ¿Cómo es que no quieres venir?
5. Quiero chocolate caliente, pan con mantequilla y jalea.

K. *Diga en voz alta las frases siguientes y dibuje la curva melódica correspondiente a cada una.*

1. ¿Qué hay para comer hoy, mamá?
2. ¿Qué hay para comer hoy, pescado?

Ahora diga la primera frase con la entonación de la segunda y viceversa. ¿De qué manera cambia el significado de cada una?

L. *Identifique las parejas mínimas y los fonos que permiten postular fonemas sistemáticos (datos del portugués brasileño).*

1. namoro [namǫru] 'yo flirteo'
2. avô [avó] 'abuelo'
3. mala [málə] 'maleta'
4. dó [dǫ́] 'pena, lástima'

5. namoro [namóru] 'flirteo ' (*n.*)
6. rola [r̄ǫ́lə] 'se vuelca'
7. pela [pélə] 'por la'
8. cala [kálə] 'calla' (*v.*)
9. malha [mál̄ə] 'jersey'
10. pela [pęlə] 'pela' (*v.*)
11. rola [rólə] 'paloma'
12 avó [avǫ́] 'abuela'
13. calha [kál̄ə] 'canal (de los tejados)'
14. do [dó] 'do (nota musical)'

M. *Señale las secuencias de fonemas que no pueden constituir palabras españolas, y explique la razón.*

1. /fargóna/
2. /ronáda/
3. /aljntona/
4. /profljánθa/
5. /angfnagónico/
6. /retcánte/
7. /miludár/
8. /elgnónte/

PRINCIPALES FUENTES CONSULTADAS

La información sobre fonología española suele encontrarse en obras que también tratan de fonética. He aquí las principales obras consultadas: Barrutia y Terrell 1982, Contreras y Lleó 1982, Crystal 1969, Dalbor 1980, Harmer y Norton 1969, Navarro Tomás 1974, Quilis y Fernández 1975, Sloat, Taylor y Hoard 1978, Stockwell y Bowen 1965, Whitley 1986, Zamora Munné y Guitart 1982, Robinson 1979.

SUGERENCIAS DE LECTURA

Una visión general de la fonología española debe incluir la lectura de Navarro Tomás 1974. Sobre el análisis fonológico estructuralista, consúltense: Alarcos Llorach 1950; Dalbor 1980; Quilis y Fernández 1964, 1975; Stockwell y Bowen 1965. Estudios más recientes de interés son Barrutia y Terrell 1982, Cressey 1990,

Whitley 1986, Zamora Munné y Guitart 1982, Guitart y Roy 1980. A un nivel más avanzado, consúltese Cressey 1978 y Harris 1969; sobre el análisis de la estructura silábica (no tratado en este libro), consúltese Harris 1983, 1990 y también Craddock 1984.

NOTAS

[1] Navarro Tomás (1974:210).

[2] Esta presentación de la fonología castellana sigue las líneas básicas de la fonología generativa.

[3] Las fricativas homorgánicas [š] y [ž] apicoalveolares (articuladas con el ápice tocando los alvéolos) son típicas del castellano del norte de España. En los ejemplos utilizaremos las fricativas homorgánicas dorsoalveolares [s] y [z], comunes a la mayoría de las modalidades del idioma.

[4] La articulación de [š] y [ž] es parecida respectivamente a la de *sh* en ing. **ship** y *z* en ing. **azure.**

[5] Se trata de la variante descrita por Tomás Navarro Tomás (1974).

[6] Whitley 1988:39-40.

[7] Aunque con distintas manifestaciones fonéticas, aquel contraste fonológico se encuentra también en algunas regiones de Hispanoamérica (como el Paraguay y Bolivia y altiplano de Colombia, Ecuador y Perú).

[8] Para el estudio de las frecuencias de fonemas en posición final se utilizan dicionarios inversos, como Stahl y Scavnicky 1973. Como ejemplo de aplicación práctica, véase Teschner y Russell 1984.

[9] Cf. D'Introno et al. 1988:110.

[10] Aunque la nomenclatura tradicional sugiere que una vibrante *múltiple* es una secuencia de vibraciones *simples,* algunos autores afirman que hay diferencias articulatorias considerables que justifican considerar la vibrante múltiple /r̄/ [+tens] y la vibrante simple /r/ [-tens]. Véase Catford 1977:130-131.

[11] Es la solución presentada por algunos autores (Sloat et al. 1978:87, D'Introno et al. 1988:111). Otros (Cressey 1978:36) prefieren un análisis distinto.

[12] Véase, por ejemplo, Robinson 1979.

[13] Esta presentación postula representaciones subyacentes como /aeropláno/, /preládo/, /dentífriko/, /paréd/, /apoplexía/, que permiten explicar la derivación tanto de las formas "normales" como la de las formas con metátesis de la Figura 3.15. Sin embargo, no se excluye la posibilidad de que la representaciones subyacentes sean /areopláno/, /perládo/, /dentrífiko/, /padér/, /aplopexía/ para aquellos hablantes cuyo dialecto incluye sólo las formas con metátesis.

[14] Jiménez Sabater 1975:42.

[15] Abercrombie 1967:95.

[16] Sobre la diferencia entre fenómenos prosódicos y paralingüísticos, consúltese Crystal y Quirk 1964 y Crystal 1969:128ff.

[17] Las pocas palabras que admiten variación en la posición de la tónica, como **policíaco/policiaco** o **siquíatra/siquiatra**, tienen representaciones fonológicas alternativas: /po-li-θí-a-ko/, /po-li-θjá-ko/.

[18] Harmer y Norton 1969:102.

[19] Consúltese Crystal 1969:108ff sobre la relación entre altura y frecuencia de vibración.

4

Morfología:
la forma de las palabras

*Senzillo nombre se llama aquel que no se compone de partes que
signifiquen aquello que significa el entero. Como 'padre', aunque
se componga de 'pa', 'dre', ninguna destas partes significa por si
cosa alguna delo que significa el entero.*

Nebrija[1]

¿Qué es exactamente una palabra? Desde luego, las secuencias de letras separadas por espacios, no son sino su representación convencional. Consideramos palabras **aguardiente** o **camposanto**, pero en cada una se identifican otras palabras componentes: **agua** y **ardiente**, **campo** y **santo**. En **pordiosero**, si **por** y **dios** son palabras, ¿qué es **ero**? ¿Es **correveidile** una palabra o cinco: **corre**, **ve**, **i** (= **y**), **di**, **le**? ¿Será **dámelo** una palabra, o tres como **me lo da**?

Aunque el concepto de palabra es difícil de definir, hay entre los hablantes, un consenso intuitivo de lo que es —o no es— una palabra. La morfología (del griego *morphe*, 'forma') trata de explicar dicho consenso, mediante el estudio de la estructura de las formas lingüísticas.

Morfemas y alomorfos

Podemos definir la palabra como una *forma mínima libre,* es decir, una secuencia significativa de fonemas que puede ocurrir aisladamente. Por ejemplo, **faroles** llena esta condición, puesto que puede constituir todo un enunciado:

—¿Qué venden aquí?
—Faroles.

Otra característica definitoria de una forma mínima libre es que puede ocurrir en distintas posiciones en el enunciado, como **faroles** en (2a-2c):

a. Vendemos faroles.
b. Faroles es lo que vendemos.
c. Se venden faroles.

En cambio, la forma **-ito**, pese a tener un significado (que distingue **farolero** de **farolito**, por ejemplo), no es libre, sino *ligada,* porque nunca ocurre aislada. Aun siendo una forma mínima libre, la palabra no es la unidad más elemental del significado. Cada uno de los vocablos **padres, lápices, faroles** está formado de dos formas distintas (Figura 4.1): una que se refiere a un objeto extralingüístico y otra que contiene la noción de pluralidad. Cada forma, libre o ligada, que tenga un significado específico, representa un *morfema*: {padre}, {lápiz}, {farol}, que no pueden dividirse (**pa-dre, lá-piz, fa-rol**) sin perder aquel significado.[2]

Figura 4.1

EJEMPLOS DE MORFEMAS

padres	= {padre} 'genitor'	+ {es} 'plural'
lápices	= {lápiz} 'instrumento para escribir'	+ {es} 'plural'
faroles	= {farol} 'instrumento para iluminar'	+ {es} 'plural'

Se dice que un morfema es una unidad mínima de significado porque no puede subdividirse sin perder aquel significado. Así, actualizando las palabras de Nebrija citadas en epígrafe, diríamos que **pa** y **dre** carecen de significado por no tener el status de morfema que sí lo tiene **padre**.

El número de fonemas o sílabas de un morfema es irrelevante: **yo, para, durante** y **Valladolid** son morfemas de una, dos, tres y cuatro sílabas. En las palabras formadas por dos o más morfemas (Figura 4.2), uno de éstos (llamado el *radical*) contiene el significado fundamental, que viene modificado por los demás. El radical es un morfema al cual se añaden otros para formar una nueva palabra.

Figura 4.2

PALABRAS FORMADAS POR UNO O MÁS MORFEMAS

1	2	3	4 o más
farol	farol–es	farol–it–o	farol–it–o–s
buen	buen–a	buen–a–mente	re–que–te–buen–a–mente
nación	nacion–al	nacion–al–ista	anti–nacion–al–ista–s

Un morfema es un concepto abstracto que se realiza por los alomorfos. El morfema {plural}, por ejemplo, tiene el alomorfo –s /s/ después de vocal (**casas**) y –es /es/ después de consonante (**papeles**). Un morfema que significa 'negación' (Figura 4.3) tiene tres alomorfos, **in-**, **im-** e **i-**, cuya distribución se halla condicionada fonológicamente: **im-** viene ante consonante bilabial (/p, b/), **i-** ante líquida (/l/ o /r/) e **in-** ante otros fonemas. *f8 dn /n demm contextos*

Figura 4.3

ALGUNOS ALOMORFOS DEL MORFEMA {NEGACIÓN}

indirecto	imposible	ilegal	irresponsable
inhóspito	impuro	iletrado	irreducible
infeliz	imborrable	ilícito	irregular

Los morfemas y las palabras se clasifican (Figura 4.4) en *léxicos* cuando su referente es extralingüístico, y en *gramaticales* cuando señalan categorías o relaciones internas del lenguaje. Por ejemplo, en **bellos** y **bellas**, además del radical, el morfema léxico {bell-}, se identifican los morfemas gramaticales {plural} y {género}. Éste se manifiesta por los alófonos {o} 'masculino' y {a} 'femenino.' Palabras como **Madrid, Juan, vivir** o **Montevideo** tienen referente extralingüístico y están compuestas por un morfema léxico por lo menos. En cambio, las preposiciones, que señalan relaciones sintácticas (*se fue por el café*) o las conjunciones, que conectan oraciones (*Juan saldrá cuando tú llegues*), son *gramaticales.*

Figura 4.4

CLASIFICACIÓN DE LOS MORFEMAS Y PALABRAS

		léxicos		**gramaticales**	
l		*sustantivos*	casa	*artículos*	el
i	**morfemas**	*adjetivos*	triste	*demostrativos*	este
b	**y**	*pronombres*	yo	*preposiciones*	para
r	**palabras**	*verbos*	correr	*conjunciones*	y
e		*adverbios*	bien		
s					

1 *infijo* (no currew en español o inglés)

l					
i		2 *prefijos:*	in 'negativo'	ingrato	
g			ex 'ya no'	exmarido	
a	**morfemas**	**afijos**			
d					
o		3 *sufijos:*	-it 'diminutivo'	casita	
s			-s, -es 'plural'	libros, papeles	

Los morfemas gramaticales —tanto *libres* como *ligados*— y las palabras gramaticales forman *conjuntos cerrados* a los que raramente se añade o se quita algún miembro. Es el caso de los artículos, demostrativos, pronombres, posesivos, preposiciones y conjunciones. En cambio, los morfemas y palabras léxicos (sustantivos, adjetivos, verbos y adverbios) constituyen *conjuntos abiertos*, a los que pueden añadirse elementos nuevos, según las necesidades expresivas de los hablantes. Un morfema o palabra se vuelve *arcaico* cuando deja de usarse por innecesario, como **asaz** 'bastante,' **aína** 'pronto,' **maguer** 'aunque,' o el sufijo **-ez** 'hijo de' (Fernando + -ez → Fernández).

Son *libres* los morfemas que pueden constituir palabras (**yo, para, José**) y *ligados* los que no pueden venir solos, como los alomorfos de {plural} o las desinencias verbales (**-mos** 'primera persona plural,' **-áis** 'segunda persona plural'). Desde luego, *libre* y *ligado* son términos relativos: en rigor, sólo las palabras léxicas tienen significado suficientemente autónomo como para constituir un enunciado completo (como en las exclamaciones: ¡María!, ¡Magnífico!). Hay palabras ligadas, como los artículos y adjetivos demostrativos, que acompañan a un sustantivo (**el libro, esa chica**), de las preposiciones, que conectan dos palabras (**casa de piedra**) o frases **Se lo entregó para que lo corrigiera**), y de los pronombres personales átonos (**me, te, se, nos, os**), que acompañan una forma verbal. En cambio, los pronombres demostrativos (**Quiero ésa**) son libres. *porque esta en función de sustantivo*

Los morfemas ligados que participan en la formación de las palabras son los *afijos* (Figura 4.5), que incluyen los *prefijos*, que preceden el radical (*in-digno*), y los *sufijos* (*dign-idad*), que lo siguen. Entre los sufijos se hallan las terminaciones de género, las de número y las desinencias verbales.

El radical puede contener un solo morfema, como **papel** en **papel + es**, o varios. El radical **profes-** es la base de **profesional, profesar** y **profesor**. En **antiprofesionalmente, profesional** es el radical, al cual se añade el prefijo **anti-**, formando **antiprofesional**, que, a su vez, sirve de radical a **antiprofesionalmente**.

La estructura de las palabras puede representarse separando los morfemas por guioncillos:

papel-es	extra-ordin-ari-a
profes-ion-al-mente	in-mejor-a-ble
anti-profes-ion-al-mente	des-tap-a-r

Esta representación obscurece ciertos detalles, como la diferencia morfológica entre **profesionalmente** (**profesional + mente**) y **antiprofesionalmente** (**antiprofesional + mente**). Una representación más precisa, aunque no muy fácil de leer, emplea corchetes señalados por etiquetas como N = sustantivo, Af = afijo, Pref = prefijo, Suf = sufijo, Adj = adjetivo, Adv = adverbio

papeles: $[[papel]_N es]_N$ o $[[papel]_N es]_{Af}$
callejera: $[[[calle]_N jer]_{Adj} a]_{Adj}$ o $[[[calle]_N jer]_{Af} a]_{Af}$
profesionalmente: $[[[[profes]_N ion]_N al]_{Adj} mente]_{Adv}$
antiprofesionalmente: $[_{Adj}[anti[[[profes]_N ion]_N al]_{Adj} mente]_{Adv}]$

Otra representación son los diagramas arbóreos (Figura 4.5), que revelan claramente la distribución de los morfemas:

Figura 4.5

REPRESENTACIÓN DE LA ESTRUCTURA MORFOLÓGICA (DIAGRAMAS ARBÓREOS)

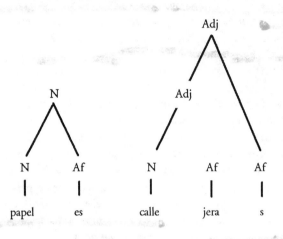

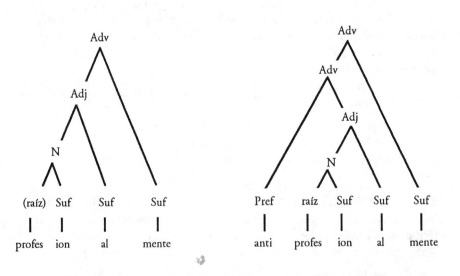

Tres procesos morfológicos muy productivos son la *flexión,* que modifica palabras mediante sufijos gramaticales, la *derivación,* que crea nuevas palabras con afijos derivativos y la *composición,* que junta dos o más palabras para formar otra nueva. Otros procesos son la *formación sintética,* la *reducción* (o abreviación) y la lexicalización de las *siglas.*

Flexión

Los sufijos flexionales no crean palabras nuevas, sino que modifican alguna característica gramatical del radical, como el número (**hombre** + **-s** → **hombres**) o el género (**bell-** + **-a** → **bella**). La flexión afecta a los sustantivos, adjetivos, algunos pronombres y sobre todo a los verbos. Las desinencias verbales (*hablamos, coméis, saldremos, llegaría*) son sufijos flexionales que expresan nociones gramaticales de tiempo, aspecto, persona y número, de las que se hablará más adelante. La palabra formada por flexión pertenece a la misma clase gramatical que la palabra que le sirve de radical.

Se llama *paradigma* una serie de formas flexionadas como **hablé / hablaste / habló / hablamos / hablasteis / hablaron**, o **bonito / bonitos / bonita / bonitas**, en la cual la flexión varía la parte gramatical sin afectar el significado del radical.

Número

El número en español es una categoría morfológica definida por la oposición entre la unidad (singular) y más de uno (plural). Marginalmente, se manifiesta un plural dual en **ambos** 'los dos.' En **sendos** 'uno/una para cada cual' se nota un plural distributivo. El singular es el caso *inmarcado*, o genérico, al cual se añade el morfema {plural}. Este es un ejemplo de *regla morfológica*. Estas reglas son regulares, pero las clases morfológicas carecen de homogeneidad total e incluyen subgrupos regidos por reglas especiales. Además, hay formas de plural irregular, como **déficit** y **plácet**, tomadas como préstamos directamente del latín, o las palabras de origen foráneo, como las terminadas en /b/ o /k/ (**club, querub, frac, bistec**), que tienen peculiaridades en la formación del plural.

Por lo general, el morfema {plural} se manifiesta por el alomorfo /-s/ en los sustantivos terminados en vocal átona (**tigre** + **s**, **serie** + **s**), /é/ tónica (**café** + **s**). El alomorfo /-es/ ocurre en los sustantivos terminados en una consonante distinta de /s/: **red** + **es**, **col** + **es**, **ciudad** + **es**, **limón** + **es**, **lápiz** + **es** (fonológicamente /lápiθ/ en el español norteño), los agudos terminados en /s/ (**entremés** + **es**) o en /á í ú/ (**rubí** + **es**) y los monosílabos en /s/ (**mes** + **es**). Las excepciones afectan a pequeñas subclases: algunos sustantivos agudos en /á í ó ú/ tienen ambas formas (**tabú, tabúes; rubís/rubíes**), y otros sólo una (**papás/mamás**). Además, algunos de los terminados en /í/ tónica tienen una flexión plural no estándar en –**ses: ajises, manises**.[3]

Los sustantivos llanos no monosilábicos terminados en /s/ son invariables (**el/los lunes, la/las crisis**). Sin embargo, en las variantes seseantes del idioma, los sustantivos llanos terminados en /s/ representada por una -**z** ortográfica, forman el plural en -**es: alférez** → **alféreces, lápiz** → **lápices**. Se trata de un caso de condicionamiento morfológico. Algunos lingüistas postulan para las formas invariables el alomorfo plural cero (Ø), sin representación fonológica. Por ejemplo, **lunes** + {plural} sería representado como /lúnes/ + Ø.

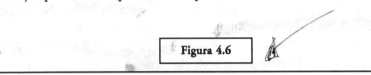

Figura 4.6

FLEXIÓN DE NÚMERO

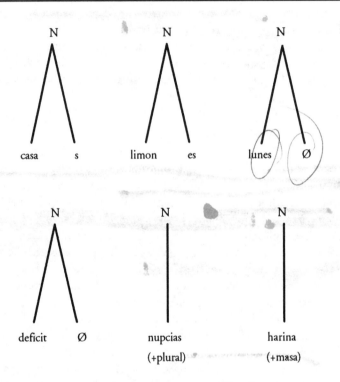

+ Las reglas morfológicas se aplican a la representación fonológica de la palabra, no a su forma escrita. Así, ciertas palabras de origen extranjero terminadas en consonante ortográfica muda forman el plural por la regla común: cabaret /kabáré/ + /s/ → **cabarés**, **lord** /lor + /es/→ **lores**. Algunos vocablos en los que aquella consonante final se pronuncia, añaden /-s/ (**kindergarten** → **kindergartens**), otros –**es** (**gol** → **goles**), otros permiten ambas soluciones (**film** → **films/filmes**, **club** → **clubs** ([klúps] o [klús]) / **clubes**) y otros más no tienen plural: **el déficit** → **los déficit** (es decir, /déficit/ + Ø).

* es decir si no suena, bien) se modifica;
(fonológicamente)
no siguiendo así reglas morfológicas per se

Forman una subclase los sustantivos sin forma singular, especificados morfológicamente como [+plural]: **nupcias, anales, gafas, tinieblas, esponsales; heces** es sólo plural con el significado de 'excremento,' pero hay también el singular **hez** 'asiento de un licor.' Otra subclase permite ambas formas sin variación de significado: **pantalón/pantalones, tijera/tijeras, alicate/alicates.**

Los sustantivos de otra subclase tienen como referente conceptos abstractos o cosas no se cuentan normalmente por unidades naturales, como **tristeza, justicia, alegría, leche, arena, harina.** Al pluralizarse, dichas palabras se entienden más bien como un colectivo: **Me dio muchas alegrías y muchas tristezas** = 'ocasiones de tristeza o alegría' o **Allí se venden unos tabacos exquisitos** = 'tipos de tabaco.'

Los adjetivos se pluralizan por la misma regla general que los sustantivos, añadiéndose /-s/ a los terminados en vocal átona (**guapa + s**) y /-es/ a los acabados en consonante o vocal tónica (**comilón + es, israelí + es**). Los diagramas de la Figura 4.6 representan los distintos casos de flexión de número.

Género

El género en español es una categoría morfológica obligatoria que clasifica los sustantivos en masculinos o femeninos. La mayoría de los sustantivos no lleva ninguna señal morfológica de género. Las generalizaciones basadas en la terminación de los sustantivos tienen carácter estadístico y aun así hay muchas excepciones[4] (Figura 4.7). El género de los sustantivos de referentes inanimados es idiosincrásico, y por eso el mismo referente puede ser designado por sustantivos de ambos géneros: **el magnetofón/la grabadora, el ordenador/la computadora, el despacho/la oficina** o **el bolillo/la baqueta.**

En los sustantivos referentes a los seres animados, y en particular a los humanos, la dicotomía masculino/femenino coincide parcialmente con la división biológica entre machos y hembras. Por ejemplo, **hombre, padre, yerno** son masculinos y **mujer, madre** y **nuera,** sus homólogos femeninos, pero no se trata de flexión, sino de morfemas distintos. En una subclase de sustantivos comunes a ambos géneros, el contraste masculino/femenino depende del artículo: **el/la artista, pianista, hereje, estudiante, mártir, testigo, orate.** En otros, la variación de género no corresponde a una diferenciación sexual: el referente de **el/la centinela** puede ser igualmente varón o mujer. Otros no permiten la variación de artículo y tienen un sólo género, independientemente del sexo del referente: **la víctima, la persona, el individuo.**

Un planteamiento reciente[5] divide los sustantivos en dos grupos regulares y uno irregular, según la clase del sufijo *designador de palabra.* El primer grupo regular incluye los masculinos en **-o** (**caso, paro**) y los femeninos en **-a** (**carta, cara**); en el segundo vienen los terminados en **-e** o consonante (**parte, par**); los demás forman un grupo irregular (**mano, día, síntesis, tribu, oboe**). Cuando la terminación **-o/-a** del primer grupo coincide con el género (masculino/femenino), los sustantivos forman un paradigma y la terminación funciona virtualmente como una flexión de género: **chico = chic- + -o; chica = chic- + -a.**

Figura 4.7

GÉNERO EN CASTELLANO

---

siempre femeninos:

-ción, -sión
explicación, excavación
profesión, división

generalmente femeninos:

-a y *-d*	*pero:*
la casa	el brigada
la calidad	el ataúd

generalmente masculinos:

-o, -l, -r, -e	*pero:*
el caso	la mano
el papel	la miel
el calor	la labor
el bote	la nave

tienden a ser femeninos:

-n y *-z*	*pero:*
la razón	el limón
la vez	el lápiz

tienden a ser masculinos:

-s	*pero:*
el viernes	la facies
el quepis	la tesis

ambos géneros:

la mar	el mar
la dote	el dote

Asimismo, los sustantivos de referente animado cuyo morfema léxico termina en **-or** (**señor, instructor, monitor**) o **-n** (**campeón, capitán**) forman el femenino añadiendo **-a**: **señora, instructora, monitora, campeona, capitana.** Otras terminaciones, como **-isa, -esa** y **-triz**, son morfológicamente condicionadas, es decir, se combinan sólo con sustantivos específicos: **poeta** → **poetisa**, **barón** → **baronesa**, **duque** → **duquesa**, **emperador** → **emperatriz**, **actor** → **actriz**, pero **embalador** → **embaladora** y no ***embalatriz.**

Los sustantivos que designan quehacer o condición típicos de uno u otro sexo tienen sólo un género: **la parturiente/parturienta, la menstruante, la arpía, la meretriz, la hetaira, el cura, el eunuco, el castrado.**

El femenino de los sustantivos que designan a individuos de ambos sexos, presenta varias soluciones. La tradicional consiste en señalar el género mediante variación del artículo: **el/la presidente, el/la ingeniero, el/la abogado, el/la modista.** Hay casos en los que la flexión de género toma por base el femenino, pero esa regla sólo se aplica a sustantivos específicos: **la modista** → **el modisto**, **la enfermera** → **el enfermero**, pero normalmente no **la azafata** → **el *azafato.** Sin embargo, tienden a generalizarse, aunque con cierta variación regional o individual,[6] las formas en **-a** para los sustantivos de masculino en **-o** (**la ingeniera, la abogada, la presidenta**), y algo menos, la flexión femenina para los sustantivos en **-e**: **la intérpreta**, al lado de **la intérprete.**

Hay hablantes que prefieren la forma masculina en **-o**, o la genérica en **-e** o **-nte**, para evitar confusión con el homónimo, como en los siguientes casos:

> **el/la gramático** 'persona especializada en estudios gramaticales'
> vs. **la gramática** 'libro de gramática';
> **el/la soldado** 'militar' vs. **la soldada** 'sueldo';
> **el/la asistente** 'persona que asiste' vs. **la asistenta** 'sirvienta';
> **el/la gobernante** 'persona que gobierna' vs. **la gobernanta**
> 'ama de llaves';
> **el/la músico** 'persona que toca un instrumento' vs. **la música**
> 'arte musical.'

Sin embargo, hay quienes prefieran la forma femenina: **la química, la física**, en vez de **la químico, la físico.**

El género de los adjetivos sólo refleja el de los sustantivos o pronombres, mediante la *concordancia*. Se trata de un proceso que modifica la forma de las palabras en función de las relaciones entre éstas. Ese género reflejado se manifiesta morfológicamente por el sufijo femenino **-a** en los adjetivos, de masculino en **-o, -án, -ín, -ón, -tor** y **-dor**:

bello	→ bella	dormilón	→ dormilona
holgazán	→ holgazana	cantor	→ cantora
parlanchín	→ parlanchina	hablador	→ habladora.

Hacen también el femenino en **-a** los gentilicios terminados en consonante: **español → española, barcelonés → barcelonesa, andaluz → andaluza**. Esa característica se mantiene cuando el adjetivo funciona como sustantivo: **un francés grosero, una francesa grosera**. Los demás adjetivos tienen una sola forma: **un hábito/una tradición belga, el chico/la chica amable**.

¿Ahora bien, cómo se explica que en una frase como **el profesor debe respetar al alumno** se entienda en general como una referencia a los profesores y alumnos de ambos sexos? ¿Por qué el plural masculino puede referirse ya sea sólo a los varones, sea a un colectivo de personas de ambos sexos, de modo que una frase como **Los camareros deben lavarse las manos al salir** se aplique tanto a 'camareros varones' como a 'camareros y camareras'?

La razón es que el sustantivo masculino, tanto en singular como en plural, puede representar a todos los referentes de una misma clase. Es como si hubiera un tercer género, morfológicamente indiferenciado del masculino, pero caracterizado por el rasgo [+genérico]. En frases como **Todo poeta es visionario** o **Los alumnos deben llevar jersey gris**, el sustantivo genérico se refiere a toda una clase de individuos, independientemente del sexo biológico de cada uno. La forma femenina, en cambio, es *marcada*, es decir, especifica el género; por esa razón, una oración como **Las alumnas deben llevar jersey gris** excluye a los referentes masculinos.

Nótese que los sustantivos de género invariable son igualmente genéricos tanto en singular como en plural: **La parturienta no debe fumar = Las parturientas no deben fumar**. Ciertos sustantivos son ambiguos en el plural: **padres, tíos, padrinos, abuelos** pueden significar la pareja (**el padre y la madre**) o sólo el varón.

Hay hablantes que prefieren especificar redundantemente ambos géneros, diciendo **los tíos y tías** por **los tíos, el estudiante o la estudiante** en vez de sólo **el estudiante**. Otros, quizás la mayoría, consideran innecesarias y estilísticamente incómodas dichas construcciones, pero es natural que la lengua se adapte a los cambios sociales, aunque las novedades rara vez contenten a todos, por lo menos en un principio.

Determinantes

En esta clase de palabras gramaticales se hallan los artículos y también los demostrativos y posesivos en algunas de sus funciones. La morfología de los artículos y demostrativos (Figura 4.8) incluye los morfemas radicales **el-, l-, un-, est-, es-, aquel- / aquell-**, y las desinencias del morfema {plural} y de género: femenino **-a**, masculino singular **-e**, Ø (en **el**) y **-o**. La desinencia masculina **-o** aparece en el artículo **lo** (tradicional pero impropiamente llamado 'neutro')[7], que *nominaliza* el adjetivo y el adverbio, transformándolos en sustantivo: **lo bueno de sus palabras, lo tarde de su decisión.** La mayoría de los adjetivos son descriptivos, es decir, designan alguna característica del referente del sustantivo modificado: **cuadro hermoso, tía ligona, perra triste.**

| | | **Figura 4.8** | | | | |

DETERMINANTES

		artículos		demostrativos		
		def.	*indef.*			
sg.	masc.	el	un	este	ese	aquel
	fem.	la	una	esta	esa	aquella
	neut.	lo		esto	eso	aquello
pl.	masc.	los	unos	estos	esos	aquellos
	fem.	las	unas	estas	esas	aquellas

En cambio, los *determinantes* (que algunos autores incluyen entre los adjetivos) relacionan el sustantivo con el contexto extralingüístico, al ubicar los objetos en relación a los participantes de la comunicación: **este árbol** señala el que está cerca del hablante; **aquel coche,** el que está relativamente lejos tanto del hablante como del oyente. Los determinantes localizan también los objetos en relación al contexto lingüístico: en **ayer llegaron Pablo y Juan, éste mucho más temprano que aquél,** los demostrativos ubican los sustantivos dentro del mismo discurso. Tienen, por lo tanto, una función deíctica o señaladora (del griego *deiktikos* 'el que señala'), o sea, indican a alguien o algo mencionado o implícito en el contexto.

Los artículos definidos (**el, la, los, las**) señalan a un individuo u objeto conocido: **Quiere verte el chico** presupone que **chico** representa información conocida, mientras que en **Quiere verte un chico,** el artículo indefinido **un** introduce información nueva. (Esa diferencia puede representarse por el rasgo [+nuevo] o [–nuevo].) El artículo definido, singular o plural, y asimismo el indefinido singular (un), pueden señalar que el sustantivo es [+genérico]: en **La /una chica debe querer a su abuelita** o **Los hijos deben obedecer a sus padres,** el sustantivo se refiere a todos los miembros de la categoría.

Pronombres

Los pronombres personales de primera (P1) y de segunda (P2) persona del singular tienen referentes intrínsecos que son respectivamente el hablante (**yo**) y el oyente (**tú**, **usted** y, regionalmente, **vos**). En el plural, los de primera (P4) y segunda (P5) son ambiguos: **nosotros** incluye al hablante, pero no necesariamente al oyente; **vosotros** y **ustedes** se refieren al oyente y a otro(s) referente(s) que requieren identificación contextual.

Figura 4.9

PERSONAS DEL DISCURSO Y PRONOMBRES PERSONALES

personas		sujeto	complemento		
			preposicional	directo	indirecto
P1	'el hablante'	yo	mí	me	
P2	'el oyente'	tú	ti	te	
P4	'el hablante y alguien más, incluyendo o no al oyente'	nosotros (*m.*) nosotras (*f.*)		nos	
P5	'el oyente y alguien más, excluyendo al hablante'	vosotros (*m.*) vosotras (*f.*)		os	
P3	(ni el hablante ni el oyente)	él (*m.*) ella (*f.*)		lo (*m.*) la (*f.*)	le
P2	(el oyente) (formal, singular)	usted			
P6	(ni el hablante ni el oyente)	ellos (*m.*) ellas (*f.*)		los (*m.*) las (*f.*)	les
P2	(el oyente) formal, plural)	ustedes			
P3, P6	reflexivo		si	se	

Los pronombres de tercera singular (P3) **él/ella** y plural (P6) **ellos/ellas** carecen de referente intrínseco y también tienen función deíctica.[8] También tiene función deíctica el pronombre **ello** (llamado "neutro", pero morfológicamente masculino) cuyo referente suele ser una idea o frase mencionados en el contexto: **Dijo que no vendría, y ello** (=el hecho de que no vendría) **me parece muy raro.**[9] El referente de **usted/ustedes** es, desde luego, el oyente (P2), pero morfológicamente procede de **vuestra(s) merced(es),** formas de tratamiento respetuoso en tercera persona, y por lo tanto llevan el verbo en tercera persona. Lo mismo se puede decir de otras formas de tratamiento formales (**vuestra excelencia, vuestra señoría**) o regionales (**su mercé, su mercesita**).

Hay flexión de género y número en P3 y P6 (**él/ella, ellos/ellas**), y de género en P4 y P5 (**nosotros/as, vosotros/as**). Además, hay alomorfos pronominales que se alternan en distintas funciones gramaticales (Figura 4.9).

Los pronombres de complemento directo e indirecto forman dos subsistemas. Las formas átonas de P1, P2, P4 y P5, **me, te, nos, os,** son morfemas ligados (llamados *clíticos)* que siempre acompañan a un verbo. Después de una preposición, P1 y P2 se representan por sus alomorfos tónicos **mí, ti,** y P4 y P5, por **nosotros y vosotros.** Las formas **conmigo, contigo, consigo** se lexicalizaron a partir de la preposición **con** y las formas arcaicas **migo, -tigo, -sigo.**[10] Nótese que **consigo** tiene valor reflexivo; en otros casos se utiliza **con + él / usted,** etc.: **Pablo hablaba consigo (mismo) / Marta hablaba con él.**

Para la tercera persona, además de los reflexivos **se, sí** (este último preposicional), hay las formas **le,**[11] **lo** y **la,** de función variable según el dialecto considerado. La norma literaria de la Real Academia Española prescribe **lo(s), la(s)** para el complemento directo y **le(s)** para el indirecto, pero existen otros usos, conocidos por nombres especiales: *leísmo,* empleo de **le(s)** como complemento directo: **Le vi a usted ayer, don Pablo;** *laísmo,* o uso de **la(s)** como complemento indirecto femenino: **Yo no la dije nada;** y *loísmo,* o uso de **lo(s)** como complemento indirecto masculino: **Los regaló unas frutas a los chicos** (Figura 4.10).

Verbos

Pese a su complejidad, el sistema verbal castellano es bastante regular, y la mayor parte de las excepciones forman unos subsistemas bien definidos. La morfología verbal puede caracterizarse mediante la fórmula general siguiente, en la cual cada formante representa un morfema.

radical + vocal temática + tiempo/aspecto + persona/número

Figura 4.10

Subsistemas de pronombres átonos de tercera persona

	compl. directo		compl. indirecto	
	masc.	*fem.*	*masc.*	*fem.*
norma literaria (R. A. E.)	lo(s)	la(s)	le(s)	
norma aceptada por la R. A. E.	le(s) personas	la(s)	le(s)	
	lo(s) cosas			
norma leísta	le(s)			
norma laísta				la(s)
norma loísta			lo(s)	

Ejemplos:

norma de la R.A.E.	Yo lo vi	(a él)
	Yo la vi	(a ella)
	Yo lo compré	(el coche)
	Yo la compré	(la casa)
	Yo le di el libro	(a él/ella)
leísmo (objeto directo)	Yo le vi	(a él)
	Yo la vi	(a ella)
	Yo lo compré	(el coche)
	Yo la compré	(la casa)
laísmo (objeto indirecto)	Yo la di el libro	(a ella)
	Yo las di los libros	(a ellas)
loísmo (objeto indirecto)	Yo lo di el libro	(a él)
	Yo los di el libro	(a ellos)

Los constituyentes de esa fórmula se revelan claramente en los paradigmas del futuro y del condicional (Figura 4.11), mientras que otros paradigmas incluyen sólo algunos de aquellos formantes. El radical (**tom-** en **tomar**, **com-** en **comer**, **part-** en **partir**) contiene el significado léxico y los demás morfemas son gramaticales. La vocal temática (**-a**, **-e**, **-i**) permite clasificar los verbos en tres clases morfológicas, y con el morfema de tiempo **-r**, designa las tres conjugaciones: **-ar**, **-er** e **-ir**. Ese morfema tiene alomorfos temporales (**-ré**, **-ría**) y otros que, como el imperfecto (**-ba**, **-ía**) señalan contrastes de aspecto. El último constituyente señala persona y número (**-mos**).

Figura 4.11

FLEXIÓN VERBAL

raíz + vocal temática + tiempo/aspecto + persona/número

futuro	tom	a	re	mos
	com	e	re	mos
	part	i	re	mos
condicional	tom	a	ría	mos
	com	e	ría	mos
	part	i	ría	mos
imperfecto	tom	a	ba	mos
	com	í	a	mos
	part	í	a	mos
pretérito	tom	a		mos
	com	i		mos
	part	i		mos
infinitivo	tom	a	r	
	com	e	r	
	part	i	r	

Los morfemas de tiempo/aspecto y de persona/número funcionan como sufijos flexionales, cuyas variaciones constituyen un paradigma verbal. Las tres conjugaciones definidas por la vocal temática (-a, -e, -i) no se mantienen en todos los tiempos: en la Figura 4.11 se nota que las vocales temáticas se reducen a dos (-a, -i) en el imperfecto y pretérito. La mayoría de los verbos tienen flexión regular, y la mayor parte de las irregularidades[12] tienen que ver con variaciones en el radical.

Concordancia verbal

Se entiende por concordancia verbal la correspondencia entre el morfema de persona/número y la persona del discurso que representa el sujeto. Éste puede omitirse por quedar caracterizado por la terminación del verbo; sin embargo, como **él** y **usted** usan la misma forma verbal, el empleo de esos pronombres es más frecuente, para evitar ambigüedad, que en las otras personas, que tienen desinencias específicas del sujeto, como **tú** (**-s** o **-ste**), o **nosotros** (**-mos**), o **vosotros** (**-is**). Además, la concordancia verbal no siempre es estrictamente morfológica, sino que tiene en cuenta el rasgo [+colectivo], presente en sustantivos como **gente**, **multitud**, **muchedumbre**, o construcciones que involucran sustantivos como **serie**, **mayoría**, **parte**, **porción**, **total**:

a. Una serie de tornados asoló / asolaron amplias regiones del país.

b. La mayoría de los turistas quiere / quieren tranquilidad y no está / están para cuentos.

c. Una buena parte de esos chicos está acostumbrada / están acostumbrados a viajar por el mundo.

d. Un total de veinte personas murió / murieron en el incendio.

Tiempo y aspecto

El tiempo verbal relaciona el momento del enunciado con el tiempo cronológico. No hay que tomar literalmente los nombres tradicionales de los tiempos verbales, cuyo significado se relaciona con el tiempo del enunciado y no con el acto de enunciación. El *presente* puede referirse a un tiempo futuro real (**Llegan mañana**) o el *futuro* al pasado cronológico (**No sabe César que Bruto ayudará a matarle**), o al presente: **¿Qué hora será?** Más allá de la nomenclatura, hay en los tiempos una división fundamental entre el rasgo *presente* [+pres], que designa el momento del enunciado, y el rasgo *no presente* [-pres], que señala tanto el

Figura 4.12

DIPTONGACIÓN: /e/ → [je], /o/ → [we]

| /e/ → [je] | | | | /o/ → [we] | | |

presente de indicativo

radical	VT	T/A	persona	radical	VT	T/A	persona
entiend			o	encuentr			o
muev	e		s	nieg	a		s
	e				a		
	e		n		a		n
entend	e		mos	encontr	a		mos
mov	é		is	neg	á		is

| /e/ → [je] | | | | /o/ → [we] | | |

presente de subjuntivo

radical	VT	T/A	persona	radical	VT	T/A	persona
entiend	a			encuentr	e		
muev	a		s	nieg	e		s
	a				e		
	a		n		e		n
entend	a		mos	encontr	e		mos
mov	á		is	negu	é		is

imperativo

radical	VT	T/A	persona	radical	VT	T/A	persona
entiend	e			encuentr	a		
muev	e			nieg	a		
entend	e		d	encontr	a		d
mov	e		d	neg	a		d

pasado como el futuro. La categoría *aspecto* enfoca el contraste entre un contenido verbal acabado (**hablé con él ayer**) y otro no acabado (**hablaba con él cuando llegó su mujer**).

Figura 4.13

CIERRE: /e/ → [i]

presente de indicativo				presente de subjuntivo			
radical	*VT*	*T/A*	*persona*	*radical*	*VT*	*T/A*	*persona*
vist			o	vist		a	
	e		s			a	s
	e					a	
	e		n			a	n
vest	i		mos			a	mos
			is			á	is

imperativo				imperfecto de subjuntivo			
radical	*VT*	*T/A*	*persona*	*radical*	*VT*	*T/A*	*persona*
vist	e			vist	ie	ra	
vest	i		d			ra	s
						ra	
						ra	mos
						ra	is
						ra	n

Voz

En latín clásico se distinguía entre dos paradigmas de conjugación, conocidos como *voces*: en la *voz activa*, el sujeto ejecuta la acción verbal (a), y en la *pasiva*, la acción se ejerce sobre el sujeto (b). Correspondía a cada voz un conjunto de terminaciones específicas en el presente y futuro (véase el capítulo 7) mientras que en el pasado se usaba la construcción con el verbo *esse* 'ser' seguido de un participio (c).

a. magister discipulam **amat**
    'el maestro ama a la alumna'

b. discipula a magistro **amatur**
    'la alumna es amada por el maestro'

c. discipula a magistro **amata est**
    'la alumna fue amada por el maestro'

En las lenguas románicas se ha conservado de esas dos posibilidades sólo una construcción del tipo *verbo auxiliar + participio* (seguida, optativamente, de un sustantivo o pronombre introducido por la preposición **por**): **Ese libro fue escrito por Vargas Llosa.** Por lo tanto, la noción de voz en castellano refleja una construcción sintáctica y no una categoría morfológica.

Variaciones en el radical

Diversos subgrupos de verbos presentan variaciones en el radical. En uno de ellos (**sentar, aprobar, perder, poder, sentir, dormir**) la vocal del radical en posición tónica se diptonga o se cierra (Figura 4.12) en el presente de indicativo y de subjuntivo, además de las correspondientes en el imperativo (P1, P2, P3, P6).

Figura 4.14

DIPTONGACIÓN /e/ → [je], CIERRE /e/ → [i]

presente de indicativo				presente de subjuntivo			
radical	VT	T/A	*persona*	*radical*	VT	T/A	*persona*
sient		o		sient	a		
adviert	e	s			a		s
prefier	e				a		
	e	n			a		n
sent	i	mos		sint	a		mos
advert		is		advirt	a		is
prefer				prefir			

En algunos verbos en **-ir** (**vestir**) la vocal del radical se cierra (/e/ → [i]) ante una sílaba con una vocal átona (**visto, vistes, visten**) pero se mantiene ante la vocal temática tónica (**vestimos, vestís**). También se mantiene en las formas derivadas de otras en las que hay una /i/ tónica: **vestir** → **vestiré** (Figura 4.13).

Otros verbos (en **-ertir, -erir, -entir**) presentan tanto la diptongación /e/ → [je] como el cierre /e/ → [i] de la vocal del radical (Figura 4.14).

Finalmente, otros verbos (**morir, dormir** y sus derivados) presentan diptongación de tipo /o/ → [we] y cierre de tipo /o/ → [u] (Figura 4.15).

Figura 4.15

DIPTONGACIÓN /o/ → [we], cierre /o/ → [u]

presente de indicativo				presente de subjuntivo			
radical	VT	T/A	*persona*	*radical*	VT	T/A	*persona*
duerm			o	duerm	a		
muer	e		s	muer	a		s
	e				a		
	e		n		a		n
dorm	i		mos	durm	a		mos
mor			ís	mur	á		is

Otro proceso morfológico afecta el radical añadiéndole un incremento consonántico en el presente de indicativo (P1) y en el presente de subjuntivo (todas las personas): **conducir**: (yo) /kondúθ-/ o /kondús-/ → /kondúθk/ o /kondúsk/ (Figura 4.16).

Derivación

La derivación forma palabras mediante afijos léxicos que afectan parcialmente el significado del radical. En contraste con la flexión, la clase gramatical de las palabras derivadas no es necesariamente la misma de la palabra primitiva. Mientras que la flexión se hace mediante sufijos gramaticales, los afijos derivativos tienen un significado léxico propio (Figura 4.17).

Ej: des-agradable = adverbio
agradable = adjetivo ← cambia la clase gramatical

Figura 4.16

INCREMENTOS DEL RADICAL

(a) **un segmento velar (/k/ o /g/) ante una vocal [–anterior]:**

traducir	/traduθ/[1]	–	/traduθk/	traduzco, traduzca, traduzcas
conocer	/konoθ/	–	/konoθk/	conozco, conozca, conozcas
conducir	/konduθ/	–	/konduθk/	conduzco, conduzca, conduzcas
caer	/kae/	–	/kaig/	caigo, caiga, caigas
oír	/oi/	–	/oig/	oigo, oiga, oigas
salir	/sal/	–	/salg/	salgo, salga, salgas
poner	/pon/	–	/pong/	pongo, ponga, pongas
venir	/ven/	–	/veng/	vengo, venga, vengas
tener	/ten/	–	/teng/	tengo, tenga, tengas

(b) **un segmento palatal, mediante la deslizada /j/ después de /u/ ante vocal [–anterior, –alta]:**

| construir | /constru/ | – | /konstruj/ | construyo, construya, construyas |
| arguir | /argu/ | – | /arguj/ | arguyo, arguye, arguyes |

(c) **un segmento velar y palatal:**

| oír | /oi/ | – | /oig/ | oigo, oiga, oigas |
| caer | /kae/ | – | /kai/ | caigo, caiga, caigas |

(d) **una combinación de cambios de la vocal del radical con incremento del radical:**

| tener | /ten/ | – | /teng/ | tengo, tienes, tiene, tienen |

(e) **pérdida de la vocal temática en el futuro y el condicional de ciertos verbos en –er e –ir:**

poder	podré	podría
saber	sabré	sabría
hacer	haré	haría
decir	diré	diría (con cambio del radical, dec → dir)

en algunos verbos, se añade una /d/ al radical:

| poner | pondré | pondría |
| salir | saldré | saldría |

---

[1] En las variedades seseantes, /kondus/ → /kondusk/, etc.

> ## Figura 4.17
>
> ### ALGUNOS AFIJOS Y SUS SIGNIFICADOS
>
> | afijo | significado | ejemplos |
> |-------|-------------|----------|
> | anti– | 'contra' | antimonárquico
anticomunista |
> | post– | 'posterior' | postclásico
postmoderno |
> | pre– | 'anterior' | precolombino
prehistórico |
> | –or | 'que hace' | escritor
trabajador |
> | –oso | 'que tiene la característica
expresada en el radical' | enjundioso
horroroso |

Sufijos

Con el radical léxico **caj–** (Figura 4.18) se forman diversas palabras mediante un cambio del sufijo: **caja, cajero, cajuela, cajeta, cajetilla, cajista, cajón, cajoncito**, y los verbos **encajar** y **desencajar**, sobre los cuales se forman los sustantivos derivados **encajamiento, desencajadura, desencaje**.

Hemos visto que la flexión se limita a aplicar un número determinado de sufijos. Por ejemplo, dada una frase formada con palabras léxicas imaginarias, ***la laboga sempral refruñía en el gorombio**, sabemos intuitivamente que su versión plural es ***las labogas semprales refruñían en los gorombios**, resultante de la aplicación automática de la flexión numérica y de la concordancia verbal.

La derivación, en cambio, es un proceso productivo, menos regular que la flexión y abierto a la innovación. A partir del mismo radical pueden derivarse palabras independientes unas de las otras, y los afijos derivativos no se aplican necesariamente al mismo radical.

Hay varios sufijos que derivan un sustantivo de radicales verbales: **alternar → alternancia, nacer → nacimiento**, o **destruir → destrucción**. Asimismo, del hipotético verbo **refruñir** podrían derivarse los sustantivos ***refruñición**,

*refruñimiento, o *refruñancia. Pero no hay cómo predecir, dado un radical, cual será el sufijo preferido de los hablantes.

Figura 4.18

PALABRAS DERIVADAS DE *CAJA*

prefijos		radical		sufijos			
		caj	+	a			caja
		caj	+	ero			cajero
		caj	+	ista			cajista
		caj	+	eta			cajeta
		caj	+	eta	+	illa	cajetilla
		caj	+	uela			cajuela
		caj	+	ón			cajón
		caj	+	ón	+	cito	cajoncito
	en +	caj	+	a[1]	+	r	encajar
des +	en +	cajar					desencajar
	en +	caja(r)	+	dor			encajador
des +	en +	caja(r)		dor			desencajador
des +	en	caja(r)	+	miento			desencajamiento

---

[1] vocal temática de la primera conjugación

El hecho de que una palabra derivada no conste en los diccionarios importa menos que el haber sido formada según las reglas morfológicas, que reflejan la intuición de los hablantes. Como hay un amplio abanico de posibilidades, puede que los hablantes de variantes distintas elijan soluciones morfológicas diversas. En la Figura 4.19, un asterisco señala las palabras posibles pero inexistentes.

El sustantivo **escogencia**, por ejemplo, pese a su impecable formación, es de uso regional (Colombia), y no tiene la misma difusión que **escogimiento**. Ilustrando esa situación con un símil chistoso, se puede decir que la morfología derivacional es como un queso suizo: regular en su conjunto, pero lleno de huecos irregularmente distribuidos.

Figura 4.19

PALABRAS DERIVADAS EXISTENTES E *HIPOTÉTICAS

---

observ-	observar	*observamiento	observación	observancia
complac-	complacer	*complacimiento	*complacición	complacencia
presid-	presidir	*presidimiento	*presidición	presidencia
eleg-	elegir	*eligimiento	elección	*elegencia
escog-	escoger	escogimiento	*escogición	escogencia
aprob-	aprobar	*aprobamiento	aprobación	*aprobancia
descubr-	descubrir	descubrimiento	*descubrición	*descubrencia
esclarec-	esclarecer	esclarecimiento	*esclareción	*esclarecencia
clarific-	clarificar	*clarificamiento	clarificación	*clarificancia

baj-	bajar	bajo	bajito	bajeza	bajada	bajamente
alt-	*altar	alto	altito	alteza	*altada	altamente
trist-	*tristar	triste	tristito	tristeza	*tristada	tristemente
agud-	*agudar	agudo	agudito	agudeza	*agudada	agudamente
fri-	*friar	frío	frílto	*frieza	*friada	fríamente

Respecto al orden, los sufijos derivativos (SD) vienen siempre antes de los sufijos flexionales (SF) (Figura 4.20).

Los sufijos derivativos pueden ser *modificadores* o *transformadores* (Figura 4.21). Los sufijos modificadores expresan aspectos secundarios del referente, como tamaño o intensidad, y por lo general tienen un valor aumentativo o diminutivo. Se aplican a los sustantivos, adjetivos (incluso a los participios y gerundios) y a algunos adverbios.

Las palabras formadas por los sufijos diminutivos y aumentativos suelen tener connotaciones afectivas (positivas o negativas), pero esos matices varían según el contexto. Frases como **¿Has leído ese librito?** o **Mi casucha está a tu disposición** pueden conllevar tanto una opinión peyorativa como una actitud cariñosa o humorística acerca del objeto en cuestión. El diminutivo es particularmente común en el habla familiar: **Vamos a tomar un cafelito y charlar un ratito** expresa más una actitud amistosa que información acerca de la cantidad de café o la duración del diálogo. Como ya lo señaló Nebrija, el significado del diminutivo y del aumentativo depende del contexto y de la intención del hablante:

> alas vezes usamos [los aumentativos] en señal de loor, como diziendo 'es una mugeraza', por que abulta mucho; alas vezes en señal de vituperio, como diziendo 'es un cavallazo', por que tiene alguna cosa allende la hermosura natural y tamaño de cavallo.[13]

Figura 4.20

ORDEN DE LOS SUFIJOS

---

radical diminutivo designador de palabra o morfema plural

SD = *sufijo derivacional*   **SF** = *sufijo flexional*

	SD	SD	SD	SF	SF	
libr–	–it			–o	–s	libritos
libr–	–et			–a	–s	libretas
libr–	–et	–ill		–a	–s	libretillas
libr–	–et	–ill	–az	–o	–s	libretillazos

Las palabras derivadas pueden perder su connotación diminutiva o aumentativa y lexicalizarse con un significado específico: **bastardilla** y **negrilla** son tipos de letra de imprenta; una **cuartilla** es la cuarta parte de un pliego de papel; un **nopalito** es una penca de nopal, no necesariamente un nopal pequeño. En la Argentina, una **frutilla** es lo que en otras regiones se llama una **fresa**, mientras que una fruta pequeña es una **frutita**.

Mientras que los sufijos modificadores no afectan la clase gramatical de la palabra derivada, los sufijos transformadores crean nuevas palabras, que pueden o no pertenecer a la misma categoría gramatical que la palabra primitiva. La Figura 4.22 da algunos de los más frecuentes.

Figura 4.21

SUFIJOS MODIFICADORES Y TRANSFORMADORES

Sufijos modificadores

Diminutivos

radical	*sufijo*	*palabra derivada*
vino	–it	vinito
casa		casita
maestro	–ill	maestrillo
escribano		escribanillo
riacho	–uel	riachuelo
plaza		plazuela
barril	–et	barrilete
historia		historieta

Aumentativos

hombre	–ón	hombrón
mujer	–ona	mujerona
corpo	–acho	corpacho

Sufijos transformadores

radical	*sufijo*	*palabra derivada*
triste	mente	tristemente *(adverbio)*
teléfon(o)	ear	telefonear *(verbo)*
pensa(r)	miento	pensamiento *(sustantivo)*
Felip(e)	ista	felipista *(adjetivo)*

Figura 4.22

SUFIJOS TRANSFORMADORES (FORMACIÓN DE SUSTANTIVOS)

(a) **Acción verbal**
-ada   disparada, machacada, estocada
-aje   pillaje, desmontaje, almacenaje
-azo   vistazo, sablazo, puñetazo
-ida   salida, movida, cogida

(b) **Ocupaciones, cargos, oficios, actividades**
-ado   abogado, apoderado, diputado
-ador   comprador, empadronador, luchador
-ato   priorato, diaconato, bachillerato
-ente   regente, presidente, intendente
-ero   panadero, herrero, enfermero
-iente   teniente, pretendiente, recipiente
-ario   boticario, emisario, presidiario
-ista   columnista, oficinista, maquinista
-or   profesor, revisor, delator

(c) **Efecto, cualidad, característica**
-ancia   redundancia, elegancia, abundancia
-anza   seguranza, bonanza, malaventuranza
-dad, -idad   bondad, sagacidad, heroicidad
-tad   lealtad, enemistad, libertad
-ez   rapidez, timidez, placidez
-eza   limpieza, riqueza, altiveza
-dura   dictadura, descalabradura
-ura   amargura, largura, premura
-ía   telefonía, sinfonía, simonía
-itud   lentitud, laxitud, servitud
-umbre   servidumbre, incertidumbre

(d) **Colectivos**
-ada   manada, burrada, ramada
-aje   barrilaje, follaje, paisanaje
-eda   alameda, polvareda, arboleda
-edo   arboledo, acebedo, viñedo
-ar   castañar, manzanar, alcachofar
-al   castañal, peral, alcachofal

Prefijos

Los prefijos son morfemas ligados que, antepuestos a un radical, forman palabras derivadas: **anti-** 'contra' + **comunista** → **anticomunista, bis-** 'dos' + **abuela** → **bisabuela**. La mayoría de los prefijos españoles proceden del griego o del latín. Algunos ya funcionaban como prefijos en aquellos idiomas, como el gr. **a-** 'sin' + gr. **theos** 'dios' → **ateo** 'sin dios.' Otros vienen de sustantivos que han sido adoptados como prefijos, como el gr. **kinemat-** 'movimiento,' que aparece en **cinemática, cinematógrafo**. Esta última palabra fue posteriormente reducida al sustantivo **cine**, que ahora también funciona como prefijo: **cinerrevista, cinecámara, cineclub**. Algo parecido pasó con **mini-** 'pequeño,' posible resultado de la reducción de **mínimo: minifalda, minidisco, minicalculadora**. La Figura 4.23 ilustra algunos de los prefijos griegos y latinos más comunes.

Composición

Mientras que la derivación une afijos a un radical, la composición combina dos o más palabras, formando una nueva unidad léxica, cuya forma puede variar. Los dos vocablos pueden venir juntos, como en **café teatro**, o fundidos en un solo vocablo (**hierba** + **buena** → **hierbabuena**), o unidos de diversas maneras:

—por un guión: **franco-español**
—por una preposición: **casa de chicas**
—por la conjunción **y**, ortográficamente **i**: **coliflor, diecisiete**.

La tipología de las palabras compuestas es muy variada (Figura 4.24). En la composición *coordinada* los formantes son de la misma categoría gramatical y tienen la misma importancia: **claroscuro, anchicorto, azulgrana, franco-prusiano, anarcosindical**. Pertenecen a esta clase los compuestos *aditivos*, en los que el significado de un formante se suma al del anterior: **diez y seis/dieciséis**.

En los compuestos por *subordinación* o *endocéntricos* un formante (generalmente el segundo) funciona como *núcleo* y es modificado por el otro: **autoescuela, motonáutica**. El vocablo resultante suele tener el género del núcleo. El tipo más sencillo involucra dos vocablos yuxtapuestos, el primero modificado por el segundo, como **buque escuela** (el que sirve de escuela) o **instituto modelo** (el que sirve de modelo a otros). Cada formante conserva su significado original, pero la cohesión semántica entre ellos imparte al conjunto un significado más específico que el de cada formante tomado aisladamente.

La cohesión semántica entre los formantes también la puede crear una preposición: **hombre de negocios, hogar para ancianos, tarjeta de crédito, café con leche**. También son subordinados los compuestos de tipo sustantivo

Figura 4.23

ALGUNOS PREFIJOS ESPAÑOLES

(1) **De origen griego**

prefijo	*significado*	*ejemplos*
a-, an-	'sin'	ateórico, analfabeto, analgesia
anti-	'contra'	antimonárquico, anticonstitucional
dis-	'malo'	díscolo, dislalia
hemi-	'mitad'	hemiciclo, hemisferio
peri-	'alrededor'	perímetro, pericarpio, periferia
epi-	'sobre'	epicentro, epidérmico
seudo-	'falso'	seudojuez, seudointelectual
aero-	'aire'	aeroplano, aeródromo
biblio-	'libro'	biblioteca, bibliófilo
caco-	'malo'	cacofonía, cacografía
endo-	'dentro'	endógeno, endogamia
exo-	'fuera de'	exógeno, exotérmico
hemo-	'sangre'	hemorragia, hemofilia
homo-	'semejanza'	homosexual, homónimo
geo-	'tierra'	geopolítica, geología
idio-	'individual'	idiolecto, idiotismo
kilo-	'mil'	kilómetro, kilogramo
macro-	'grande'	macrocosmos, macrobio
micro-	'pequeño'	microordenador, microbio

(2) **De origen latino**

prefijo	*significado*	*ejemplos*
a-, ad-	'proximidad'	acostar, adjunto
abs-	'separación'	abstinencia, abstención
ante-	'antes, delante'	antediluviano, anteojos
bi-	'dos'	bisexual, bicicleta
ex-	'que ya no es'	ex marido, ex profesor
extra-	'fuera de'	extramuros, extraordinario
inter-	'en medio de'	interamericano, interponer
intra-	'dentro'	intramuros, intraocular
pre-	'antes, ante'	pregraduado, prehistoria
post-	'después'	postgraduado, postmodernismo
multi-	'numeroso'	multicolor, multicopiar
sub-	'bajo, abajo'	subterráneo, subteniente
super-	'sobre, arriba de'	superhombre, superpoblado

Figura 4.24

TIPOLOGÍA DE LAS PALABRAS COMPUESTAS

sustantivo + sustantivo	sustantivo + adjetivo	sustantivo + de + sustantivo
escuela modelo	camposanto	casa de chicas
aguagoma	pelirrubio	máquina de escribir
buque escuela	cejijunto	carro de asalto
caballero cadete	boquiabierto	campo de aviación
ferrocarril	patihendido	casa de pisos
baloncesto	ojinegro	teniente de navío

verbo + sustantivo	adjetivo + adjetivo	preposición + sustantivo
guardarropa	claroscuro	sinrazón
aguafiestas	azul marino	contraataque
tragaluz	azul celeste	entreacto
limpiachimeneas	grandilocuente	contragolpe
guardagujas	carpetovetónico	sinnúmero
parabrisas	sinojaponés	sinsabor

verbo + verbo	adjetivo + sustantivo	adverbio + sustantivo
ganapierde	malasangre	bienandanza
subibaja	medianoche	bienllegada

conjunción + verbo	preposición + pronombre relativo	adverbio + adjetivo
siquiera	aunque	malintencionado
	conque	bienvenido
	porque	poco hecho

pronombre + verbo	adverbio + verbo	compuestos sintéticos
cualesquier	malgastar	el correveidile, correvedile
cualquier	maltratar	el hazmerreír
quienquiera	bienvivir	el sabelotodo

+ adjetivo, como **barba** + **espeso** → **barbiespeso, ceja(s)** + **junto** → **cejijunto**. De todos modos, aunque morfológicamente formados por dos o más palabras, los compuestos funcionan como una unidad léxica.

Los compuestos *exocéntricos* no tienen núcleo y su significado encierra una referencia implícita a otra palabra. Por ejemplo, los compuestos del tipo verbo + sustantivo pueden analizarse como el resultado de una frase formada a partir de un verbo cuyo sujeto queda sobrentendido: **tocadiscos** 'aparato que toca discos'; **limpiachimeneas** 'persona que se dedica a limpiar chimeneas'; **guardabarros** 'parte del coche que protege las ruedas del barro'; **limpiabarros** 'utensilio para limpiar el barro del calzado'; **sacamuelas** 'persona que saca muelas.' Si la cohesión semántica entre los formantes es suficientemente estrecha, el conjunto puede lexicalizarse, lo que explica la pérdida del acento tónico de todos los formantes menos uno. Así, **corre, ve,** y **dile** /kó r̃e ƀé i dí le/ → [ko-r̃e-ƀe-i-ɗi-le]. Si la lexicalización no es completa, como en **arma líos** 'persona que arma líos,' se mantiene el acento tónico en cada formante.[14]

Otros procesos

La *abreviación* (Figura 4.25), común sobre todo en el lenguaje familiar, consiste en eliminar una o dos sílabas al final (o, menos frecuentemente, al principio) de los sustantivos o adjetivos, a veces modificándolos ligeramente. Sin embargo, la expresión original puede ser algo más larga: el **Servicio de Inmigración** → la **migra**; la **Brigada de Estupefacientes** → la **estupa**.

Las *siglas* (o *acrónimos*), formadas con las letras o sílabas iniciales de las diversas palabras que constituyen un sólo nombre, pueden ser pronunciadas como una sola voz:

> **Partido Socialista Obrero Español** → PSOE [pesóe]
> **Instituto Nacional de Reforma Agraria** → INRA [ínra]
> **Universidad Nacional Autónoma de México** → UNAM [unám].

Si la expresión original es en lengua extranjera, por lo general la nueva palabra se forma con base en la sigla de su traducción española, cuyo género adopta:

> **Organización de las Naciones Unidas** → la ONU [ónu]
> **Síndrome de Inmunodeficiencia Adquirida** → el SIDA [síɗa]
> **Organización del Tratado del Atlántico Norte** → la OTAN [otán].

Pero puede ser también la sigla original:

> *North American Space Agency* → la NASA [nása]
> *Central Intelligence Agency* → la CIA [θía] o [sía]
> *United Nations Education, Science, and Culture Organization* → la UNESCO [unésko].

La *formación sintética* consiste en crear palabras a partir de construcciones más largas, que pueden o no incluir un verbo, como **la sinrazón, los quehaceres, el que dirán, el correveidile, el hazmerreír** o **el sabelotodo**. Es un proceso que involucra lexicalización, al transformar en una palabra una frase cuyo significado no puede ser interpretado literalmente. Un **correveidile** (= corre + ve + y + di + le) es alguien que propaga chismes, pero no lo hace necesariamente corriendo; un **espantapájaros** puede no espantar a ningún pájaro, ni a nadie; un **sabelotodo** por lo general sabe muy poco —más que nada, la palabra denota una ignorancia presumida.

Figura 4.25

PALABRAS FORMADAS POR ABREVIACIÓN

profesor	→ profe		bicicleta	→ bici
colegio	→ cole		bolígrafo	→ boli
milicia	→ mili		universidad	→ uni
policía	→ poli		automóvil	→ auto
micrófono	→ micro		progresista	→ progre
película	→ peli		fascista	→ facha
telefax	→ fax		compañero	→ compa

Similares a los compuestos sintéticos son los *modismos*, o expresiones idiomáticas. Un modismo es una construcción cuyo significado no se deduce directamente de los significados de los elementos léxicos que la componen. Por ejemplo, no hay nada en **echar** y **menos**, tomados aisladamente, que sugiera el significado de **echar de menos** 'añorar.' Asimismo, si me dicen que para hospedar a sus parientes la vecina **ha echado la casa por la ventana**, no por eso espero ver muebles en la calle, y aunque el hecho venga a ser **la comidilla del barrio**, tampoco significa que haya dado de comer al vecindario, ni siquiera que viva en un barrio.

Morfológicamente, la diferencia entre las palabras sintéticas y los modismos es una cuestión de grado. Como en las construcciones sintéticas, el significado de un modismo no resultado de la acumulación de los significados de sus formantes. Por eso, los modismos se usan y tienen que ser aprendidos como si fuesen elementos léxicos unitarios.

Propiedades de las palabras

El lingüista suizo Ferdinand de Saussure[15] (1857-1913) captó la esencia de la noción de *palabra* al definirla como un signo lingüístico, formado por la asociación arbitraria de una secuencia de sonidos a un significado. Podemos imaginar el signo como una matriz que encierra información acerca de diversas propiedades de las palabras: si varían por flexión o por derivación, con qué clases de afijos o palabras se combinan, qué posiciones ocupan en la oración, o en qué contextos pueden utilizarse.

El conjunto de las matrices que encierran información sobre las propiedades de los morfemas y palabras constituye el *léxico* o *diccionario* del idioma. Entre tales propiedades encontramos las siguientes:

—*propiedades fonológicas*, representadas por una combinación de fonemas y sus realizaciones fonéticas, que condicionan la pronunciación de los morfemas y palabras

—*propiedades morfológicas*, que adscriben cada palabra a determinada clase (sustantivos, verbos, adverbios, etc.)

—*propiedades sintácticas* (del griego **syntassein** 'arreglar, ordenar') acerca de las funciones gramaticales que pueden ejercer las palabras, como las de sujeto, complemento directo, complemento indirecto, y otras que se analizarán en el capítulo siguiente

—*propiedades semánticas* (del griego **semantikos** 'significante'), que tienen que ver con el significado de los morfemas y palabras. Ese significado puede referirse tanto a algo extralingüístico (**casa, pájaro, amor, fuerza**) como a una relación lógica, como en frases del tipo **A es igual que B**

—*propiedades pragmáticas y sociolingüísticas*, que tienen que ver con el contexto del discurso y la relación entre morfemas o palabras y el contexto social. Por ejemplo, el tratamiento de segunda persona suele ser **tú** en contextos íntimos y **usted** en contextos formales.

En el uso normal del lenguaje, los morfemas y palabras no vienen solos, sino en *oraciones*. En éstas, se nota una estrecha relación entre la forma de las palabras y su función, por lo que se suele hablar de propiedades *morfosintácticas*, que reflejan tanto su forma (rasgos morfológicos), como las relaciones que hay entre las palabras en los enunciados (rasgos sintácticos).

La clasificación tradicional del léxico en *partes de la oración* (sustantivos, adjetivos, pronombres, verbos, adverbios, preposiciones, conjunciones e interjecciones) remonta a los antiguos gramáticos griegos y latinos. No es un sistema perfecto, pero sigue usándose pese a sus dos milenios, mientras que otros sistemas más recientes, supuestamente más precisos, todavía no han logrado la misma difusión.

La morfología trata de organizar la información intuitiva que tienen los hablantes acerca del léxico de su idioma, y que les permite identificar las palabras posibles, atribuyéndoles una función gramatical incluso cuando desconocen su significado. Por ejemplo, al leer estos versos:

Boiraba, y los limosos gromos
huerfaban y mundían en la chaba,
muy flucios chunfaban los feromos,
y el secumbio grunto regunfaba.[16]

intuimos que lo que viene después del artículo es un adjetivo y un sustantivo o viceversa (**el secumbio grunto, los limosos gromos**), según el modelo de **los tristes tigres** o **los tigres tristes**. Asimismo, **feromos**, introducido por **los**, y **chaba**, introducido por **la**, son seguramente sustantivos, y **flucios** debe ser un adjetivo, puesto que viene modificado por el adverbio **muy** (como en **muy tristes**). A su vez, **boiraba, huerfaban, mudían, chunfaban** y **regunfaba** son verbos, identificables por las terminaciones –**aba**, –**aban**, –**ían**.

La posición de las palabras también cuenta: **los limosos gromos**, que precede los verbos **huerfaban** y **mudían**, es claramente su sujeto, mientras que **boiraba** parece ser un verbo *impersonal*, es decir, sin sujeto (como **tronaba**, **llovía**, o **nevaba**).

Si entendemos la estructura de lo que escuchamos (y a menos que tengamos razones para dudar de la seriedad del interlocutor), usualmente tratamos de descubrir el significado de las palabras desconocidas. Por ejemplo, si alguien nos dice, "**¿Quieres remongro?**", sería natural preguntar: "**¿Qué es remongro?**" Pero si la pregunta es "**¿Quieres feromos?**", a lo mejor la pregunta sería "**¿Qué es un feromo**"? La manera como hacemos la pregunta sugiere que intuimos que **remongro** —cualquiera que sea su referente— es un sustantivo de masa, no contable, como **azúcar** o **agua**, mientras que **feromos** es un sustantivo contable, cuyo referente tiene unidades naturales.

Respecto a las propiedades morfosintácticas, se dijo anteriormente que los sustantivos tienen género intrínseco, flexión de número y, en ciertos casos, flexión de género. Además, se combinan con los artículos, demostrativos, posesivos y numerales, insertándose en patrones sintácticos del tipo **el/este/mi**

/un _____. Finalmente, pueden usarse como base para formar otros sustantivos por derivación, por medio de afijos.

Los adjetivos pueden ser modificados por *intensificadores*, es decir palabras tradicionalmente clasificadas como adverbios, como **muy, poco, bastante, algo**, y otros más; pueden coocurrir con sustantivos en patrones como _____ + **S** (**simpática chica**) o **S** + _____ (**chica simpática**); presentan variación morfológica de **concordancia** (o sea, tienen el mismo número y en ciertos casos el mismo género que el sustantivo acompañante); y ocurren en construcciones comparativas del tipo (más _____ que, el _____ más de, menos _____ que, el menos _____ de).

La variación morfológica de los verbos refleja diversas categorías gramaticales. Una de éstas es la persona, aunque una subclase de los verbos, llamados *unipersonales*, tiene sólo la tercera persona de singular: **llueve, truena, nieva.**

Otras categorías gramaticales incluyen el *tiempo verbal* (presente, pasado) y el *aspecto* (perfectivo, imperfectivo). Los verbos se agrupan en clases como la de los *transitivos*, que vienen con un sustantivo en función de *complemento directo* (**Juan leyó el periódico.**) o *intransitivos*, que no aceptan tal complemento (***Juan mintió el periódico.**). Ciertos verbos transitivos pueden venir en construcciones del tipo **ser** + **participio** (llamadas *pasivas*), como **El presidente fue depuesto por el ejército**, pero otros no: ***Diez mil pesos fueron costados por estos libros.**

A medida que analizamos la variación morfológica de las palabras nos damos cuenta de su íntima relación con la estructura de las oraciones, cuyo estudio, la *sintaxis*, constituye el tema del capítulo siguiente.

SUMARIO

La morfología (del griego **morphe**, 'forma') estudia la estructura de las formas lingüísticas, empleando para ello el *morfema*, que es la unidad mínima de significado, es decir una secuencia de fonemas que no puede subdividirse sin destruir aquel significado.

El morfema es un concepto abstracto que se manifiesta por los *alomorfos*. Uno o más morfemas forman las *palabras*; tanto los morfemas como las palabras son *léxicos* (tienen referente extralingüístico) o *gramaticales* (señalan categorías o relaciones internas de la lengua). Los morfemas son *libres* si se manifiestan como palabras independientes y *ligados* cuando vienen siempre junto a algún morfema o palabra.

El morfema básico de una palabra es el *radical*, al cual se juntan *afijos* (*sufijos* y *prefijos*). Hay varios procesos de formación de palabras: la *flexión* modifica características gramaticales mediante sufijos gramaticales; la *derivación* forma palabras mediante afijos léxicos (*modificadores* o *transformadores*) que afectan parcialmente el significado del radical; y la *composición* forma palabras juntando dos o más palabras. Otros procesos son la *formación sintética,* la *reducción* (o abreviación) y la lexicalización de las *siglas.*

La flexión (género, número) afecta a los sustantivos, adjetivos, determinantes y pronombres. La morfología verbal sigue la fórmula básica **radical + vocal temática + tiempo/aspecto + persona/número.** El tiempo verbal relaciona el momento del enunciado con el tiempo cronológico. El radical es la parte léxica del verbo y la vocal temática lo clasifica según tres categorías llamadas *conjugaciones.* El *aspecto* enfoca el contraste entre un contenido verbal acabado (**hablé con él ayer**) y otro no acabado (**hablaba con él cuando llegó su mujer**).

Las palabras derivadas formadas por sufijos diminutivos (**-illo, -ete**) y aumentativos (**-acho, -ón**) que pueden tener connotaciones afectivas (positivas o negativas), pero también pueden lexicalizarse.

La composición combina dos o más palabras, formando una unidad léxica *endocéntrica* (núcleo + elemento modificador: **autoescuela**) o *exocéntrica* (sin núcleo: **tocadiscos**). La *abreviación* elimina sílabas (**profesor → profe**) y las siglas o acrónimos se forman con iniciales (Partido Socialista Obrero Español → PSOE /pesóe/). La *formación sintética* lexicaliza construcciones más largas (**los quehaceres**).

Los *modismos* o *expresiones idiomáticas* son construcciones cuyo significado no se deduce directamente de los significados de sus componentes (**entregar el alma = morir**).

Las palabras constituyen un conjunto de propiedades fonológicas, morfológicas, sintácticas, semánticas, pragmáticas y sociolingüísticas, que permiten clasificarlas y que condicionan los contextos en los que pueden ocurrir en la comunicación.

Práctica

A. *Busque el significado de las palabras desconocidas en la siguientes parejas de homónimos. Considerando su clase gramatical, y los contextos en que pueden ocurrir, ¿es probable que se confundan los siguientes homónimos?*

1. bello/vello
2. ven (← venir)/ven (← ver)
3. bendita (← bendecir)/vendita (← venda)

4. beneficio/veneficio

5. cínico/sínico

6. rayo (← rayar)/rayo (s.)

B. *Siguiendo los ejemplos, divida las palabras dadas en morfemas, y dibuje los diagramas correspondientes.*

Ejemplos:

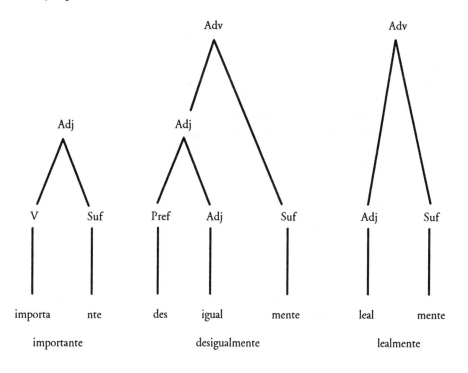

| importa | nte | des | igual | mente | leal | mente |
| importante | | | desigualmente | | | lealmente |

1. agradable	6. desorden	11. limosnero
2. incorrupto	7. despertador	12. limpiabarros
3. incultura	8. galerada	13. paraguas
4. céntrico	9. homocéntrico	14. paracaídas
5. inconciliable	10. inaguantable	15. paracaidistas

C. *Identifique los morfemas libres y los ligados en las palabras siguientes:*

Ejemplo: **descorchador**

> (1) **des-** : prefijo (denota negación, privación)
> (2) **corch-** : 'corteza del alcornoque'
> (3) **-a** : sufijo (vocal temática) que señala la clase del verbo
> (4) **-r** : sufijo que señala el infinitivo verbal

1. inconstitucional	6. cenicero
2. cómpratelo	7. impopularidad
3. rascacielos	8. incorruptible
4. papelerita	9. desgraciadamente
5. encuadernador	10. antediluviano

D. *Ante un sustantivo femenino que empieza por **a** tónica la gramática de la Real Academia acepta el uso de la forma masculina del artículo indefinido **un**: **un alma**, **un águila**, pero da preferencia a la forma femenina: **una alma**, **una águila**, etc. ¿Cómo se clasifica esa variación entre **un** y **una**?*

E. *Los sustantivos llanos que terminan en **-s** no varían en el plural (**el lunes/los lunes**), mientras que los que terminan en otras consonantes, como /θ/, añaden **-es** en el plural: **el alférez**, **los alféreces**. ¿Qué pasa con estas palabras en las modalidades seseantes, en las que la letra **z** ortográfica corresponde al fonema /s/?*

F. *Como se explica el verbo en plural en frases como **Los déficit comerciales de aquellos países son espantosos**?*

G. *Identifique los morfemas que componen las palabras siguientes. ¿Hay alguna formada de un solo morfema?*

> 1. madrileño _____
> 2. morfémico _____
> 3. psicología _____
> 4. triste _____
> 5. escritorio _____
> 6. fonémico _____
> 7. ambulatorio _____
> 8. caribeño _____
> 9. Barcelona _____
> 10. sociología _____

H. *¿Qué regularidad de significado señala la variación de género de sustantivos como los siguientes?*

1. la manzana   el manzano   4. la banana   el banano
2. la ciruela   el ciruelo   5. la naranja   el naranjo
3. la cereza   el cerezo   6. la guayaba   el guayabo

I. *Analice las siguientes palabras, identificando los morfemas que las componen y el proceso de formación de cada una.*

1. malaventura   8. afilalápices
2. tridimensional   9. métomentodo
3. malasombra   10. paraguas
4. limpiabotas   11. parabrisas
5. mediodía   12. telespectador
6. difícilmente   13. descansar
7. sacapuntas   14. originalmente

J. *Determine si las palabras de cada serie se relacionan unas con otras por flexión o por derivación.*

1. compro, comprador, comprando
2. cuchillo, acuchillar, acuchillador
3. república, republicano, republiqueta, repúblicas
4. grandioso, grandeza, engrandecer, grandote
5. isleta, aislar, isleño, islotes, isla

K. *Clasifique cada palabra según su composición (sustantivo + sustantivo, verbo + sustantivo, etc.). Luego, escriba en los espacios en blanco otras palabras formadas según cada modelo,*

1. escuela modelo   _____
2. camposanto   _____
3. altavoz   _____
4. guardaespaldas   _____
5. claroscuro   _____
6. hombre de negocios   _____
7. pelirrojo   _____
8. sabelotodo   _____

PRINCIPALES FUENTES CONSULTADAS

Morfología en general, Criado de Val 1961, Narváez 1970; *morfología de los sustantivos,* Harris 1985; compuestos *exocéntricos,* Contreras 1985; *género,* Teschner y Russell 1984, DeMello 1990, Frank 1985.

SUGERENCIAS DE LECTURAS

Narváez 1970, DeMello 1990, Whitley 1986 (Capítulo 6, "Verb morphology," secciones 8.2–8.3 y 9.0–9.2), Criado de Val 1961, Cressey 1978 (Capítulos 4 y 6), Frank 1985.

NOTAS

[1] Nebrija 1926:86.

[2] Es convención representar los morfemas entre llaves {}, dando entre comillas sencillas sus significados. Eso no quita que muchas veces, por comodidad, se opte por hacer referencia a un morfema o palabra por su forma escrita en vez de emplear la transcripción fonológica o morfológica, p. ej., **cas-** por /kas/ o {cas-}, **-es** por /es/ o {-es}.

[3] Señala Narváez (1970:4) que históricamente **-ses** es una de las desinencias plurales de **maravedí: maravedíes, maravedises.**

[4] Véase el estudio estadístico de Teschner y Russell 1984.

[5] Harris 1985, de donde tomamos algunos de los ejemplos.

[6] DeMello 1990 presenta una visión de conjunto del tema.

[7] Pese a que la denominación 'artículo neutro' se remonta a Nebrija, morfológicamente la concordancia con un adjetivo nominalizado como **lo bueno** se hace siempre con el masculino: **lo bueno es maravilloso.**

[8] Esa función señaladora, refleja el origen de **él, ella, ellos, ellas** como demostrativos en latín. (Ver el Capítulo 7, "Cambio lingüístico.")

[9] Modernamente **ello** tiende a limitarse a registros más formales, reemplazándolo en otros contextos el demostrativo **eso.**

[10] Las formas **-migo, -tigo** y **-sigo** se originaron de la combinación de los pronombres latinos *me, te, se* con la preposición *cum* 'con':

me	+	cum	=	mecum	→	mego →	migo
te	+	cum	=	tecum	→	tego →	tigo
se	+	cum	=	secum	→	sego →	sigo

[11] Se considera alomorfo de **le**, condicionado morfológicamente, el pronombre **se** en construcciones en las que reemplaza a **le: se lo doy.**

[12] Las llamadas irregularidades ortográficas siguen las reglas ortográficas. Así, las alternancias **c/qu, g/gu** (**chocar, choqué; pegar, pegué**), o **c/z** (**vencer, venzo**), o **g/j** (**regir, rijo**) son regulares y no tienen por qué ser estudiadas en el ámbito de la morfología.

[13] Nebrija 1926:79.

[14] Contreras 1985:17.

[15] Saussure 1968:97 y segs.

[16] Parodia de la primera estrofa del poema "Jabberwocky," de Lewis Carroll, por M. Grevolar.

5

Sintaxis:
la estructura de las oraciones

> [E]nel libro passado diximos apartada mente de cada una delas diez
> partes dela oracion. Agora eneste libro cuarto diremos como estas
> diez partes se an de aiuntar y concertar entre si. La cual
> consideracion, como diximos enel comienço de aquesta obra, los
> griegos llamaron syntáxis; nos otros podemos dezir orden o
> aiuntamiento de partes.

Nebrija[1]

Las palabras se juntan para formar oraciones cuyo sentido depende en parte del significado de las palabras, y en parte de las relaciones estructurales entre éstas. La estructura de las oraciones es el objeto de la *sintaxis* (del verbo griego **syntassein** 'arreglar, ordenar').

Dicha estructura se describe mediante *reglas de reescritura* que tienen el formato general A → B. Esto quiere decir que los elementos que vienen a la izquierda de la flecha (A) son reescritos, o reemplazados, por los elementos que vienen a su derecha (B). Las reglas de reescritura son *generativas*, en el sentido de que representan fórmulas capaces de generar secuencias de símbolos que, a su vez, son reemplazados por los morfemas que forman las oraciones. La sintaxis generativa representa una hipótesis que trata de explicar la *competencia lingüística* del hablante nativo, es decir la capacidad intuitiva que le permite producir y comprender las oraciones de su idioma.

La competencia lingüística es resultado de la adquisición natural del idioma, y sobrentiende la capacidad de usarlo automáticamente, sin ningún conocimiento *teórico* de la gramática. Al estudiar la sintaxis de una lengua, los lingüistas utilizan datos proporcionados por los hablantes nativos, que actúan como *informantes*. Los datos incluyen enunciados y juicios sobre la aceptabilidad de éstos. Si los informantes aceptan un enunciado, decimos que éste es *bien formado* o *gramatical*; si lo rechazan, es *mal formado* o *agramatical*.

Desde luego, los juicios de los informantes no son siempre absolutos, ni tampoco uniformes. Al contrario, sobre todo cuando se trabaja con hablantes de dialectos distintos, sus opiniones suelen variar. El análisis de dicha variación contribuye a las conclusiones acerca de cómo difieren y en qué se asemejan los dialectos.

Veamos un ejemplo. Aunque oraciones como (1a–1b) son normales en todas las variantes, no todos los hablantes del castellano peninsular aceptan oraciones como (2a–2b), con un posesivo pospuesto a la preposición. En cambio, los hablantes del castellano rioplatense aceptan ambas construcciones (para algunos, la construcción preposición + posesivo pertenece a un estilo informal).

(1) a.   Ella estaba delante de mí y yo no la veía.
    b.   Teníamos la casa detrás de nosotros.

(2) a.   Ella estaba delante mío y yo no la veía.
    b.   Teníamos la casa detrás nuestro.

Por otra parte, hay enunciados que todos los hispanohablantes consideran agramaticales, como *libro el leyó yo ayer, o *las mis cosas aquí no está. Aunque una secuencia de palabras como chica comer manzana morir pueda significar algo en algún contexto especial, no constituye una oración.

Hay varias razones para ello. Para ser considerado gramatical, aquel enunciado probablemente debería incluir verbos cuya flexión señalara el tiempo y la persona; además, en las oraciones gramaticales los sustantivos vienen acompañados de determinantes; si dos verbos (comer y morir) se refieren a acciones realizadas por la misma persona, lo normal es conectarlos por la conjunción y. Si se atiende a esos y a otros requisitos sintácticos, con aquellas palabras se pueden generar distintas oraciones, como la chica comió la manzana y murió, la chica comerá la manzana y morirá, la chica come la manzana y muere, y otras más.

Los juicios de los hablantes nativos sobre gramaticalidad se refieren particularmente a la estructura sintáctica. Consideremos los enunciados siguientes:

(3) a. Marta salió.
   b. La chica elegante salió.
   c. Aquella chica salió.
   d. Mi chica salió.
   e. *La aquella chica salió. *Agramatical*
   f. *La mi chica salió.
   g. *Aquella mi chica salió.

La estructura formada por un sustantivo N (**Marta, chica**), optativamente acompañado por un determinante Det (**la, aquella, mi**) y/o uno o más adjetivos Adj (**elegante**), se llama *sintagma nominal* (SN). La reacción de los hispanohablantes a enunciados como (3a–3g) se debe a que el sintagma nominal puede incluir un sustantivo precedido por un solo determinante, es decir un artículo (Art), o un posesivo (Pos), o un demostrativo (Dem). Esa restricción también existe en el inglés, pero en otros idiomas, como el catalán o el portugués, ocurren secuencias de dos determinantes contiguos. Sin embargo, la secuencia Art + Dem + N es agramatical en los cuatro idiomas (Figura 5.1).

Recursos sintácticos

Los principales recursos empleados para expresar las relaciones sintácticas son los siguientes:

a. la concordancia
b. el orden de las palabras
c. las palabras gramaticales
d. la información sintáctica inherente a cada palabra.

Concordancia

La concordancia es un proceso *morfosintáctico* que implica las variaciones flexionales (Capítulo 4), motivadas por factores sintácticos. Debido a la concordancia los determinantes y adjetivos se flexionan, reproduciendo las características de número y género del sustantivo.

(4) a. Llevaba un sombrero y una corbata anticuada.
   b. Llevaba una corbata y un sombrero anticuados.
   c. Llevaba una corbata y unos pantalones anticuados.

Figura 5.1

SECUENCIAS DE DETERMINANTES Y SUSTANTIVOS

	Art + N	Pos + N	Dem + N
esp.	el amigo	mi amigo	este amigo
eng.	the friend	my friend	this friend
cat.	l'amic	*meu amic	aquest amic
ptg.	o amigo	meu amigo	este amigo

	Art + Pos + N	Dem + Pos + N	Art + Dem + N	Art + N + Pos
esp.	*el mi amigo	*aquel mi amigo	*el aquel amigo	el amigo mío
ing.	*the my friend	*that my friend	*the that friend	*the friend mine
cat.	el meu amic	aquell meu amic	*el aquell amic	l'amic meu
ptg.	o meu amigo	aquele meu amigo	*o aquele amigo	o amigo meu

Gracias a nuestra competencia lingüística, que incluye las reglas de concordancia nominal, sabemos que en (4a) el adjetivo **anticuada** [-masc] se refiere a **corbata**, mientras que en (4b) **anticuados** [+genérico] se aplica a ambos sustantivos. Sabemos también que (4c) es una oración ambigua, es decir que tiene dos interpretaciones, a saber (5a) o (5b). (Desde luego, la prosodia contribuye a eliminar la ambigüedad, mediante una ligera pausa después de **corbata** en (4c)).

(5) a. Llevaba una corbata anticuada y unos pantalones anticuados.

b. Llevaba unos pantalones anticuados y una corbata.

La estructura interna de los sintagmas nominales puede representarse mediante diagramas (Figura 5.2).

La concordancia nominal resulta de la aplicación de reglas como (6). Según ésta el determinante (DET) y los adjetivos (ADJ) que modifican un sustantivo plural (Npl) también deben venir en el plural. La presencia del elemento *plural* (pl) en cuatro posiciones demuestra que la concordancia de número en español es redundante.

(6) DET + ADJ + N + ADJ →
{aquella} {bella} {pintura} {inglesa}

DETpl + ADJpl + Npl + ADJpl
{aquellas} {bellas} {pinturas} {inglesas}

Así como el sustantivo viene en un sintagma nominal, también el verbo viene en una estructura llamada *sintagma* verbal (SP). Hay concordancia entre las formas verbales y el número y la persona del sujeto (P#). Esquemáticamente, la concordancia verbal se describe en (7a):

(7) a.

	SN	SV	→	SN	SV
	[P#]			[P#]	[P#]
P# = P1	yo	comer	→	yo	como
P# = P2	tú	comer	→	tú	comías
P# = P3	él	comer	→	él	comía

El orden de las palabras

El orden de las palabras influye de diversas maneras en el significado. Por ejemplo, **La chica llegó triste** (SN V ADJ) describe cómo se hallaba la muchacha al llegar, mientras que las oraciones **la chica triste llegó** (SN ADJ V) o **llegó la chica triste** informan que llegó una joven que está triste. Dependiendo de cuál sea el adjetivo, su posición prenominal (ADJ + N) o postnominal

┌─────────────┐
│ **Figura 5.2** │
└─────────────┘

SINTAGMAS NOMINALES

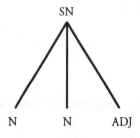

sombrero y corbata anticuados

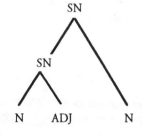

sombrero anticuado y corbata

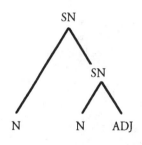

sombrero corbata anticuada

(N + ADJ) puede tener más o menos importancia para el significado: la diferencia entre **una fiesta alegre** o **una alegre fiesta** es mínima, mientras que **hombre pobre** y **pobre hombre** implican conceptos distintos.

El orden de las palabras señala también la función sintáctica. Dada la secuencia (8a), tendemos a interpretar el primer sintagma nominal (SN₁) como el sujeto y el segundo (SN₂), como el complemento directo.[2]

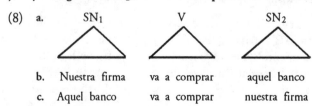

(8) a. SN_1 V SN_2

b.   Nuestra firma   va a comprar   aquel banco

c.   Aquel banco   va a comprar   nuestra firma

Las oraciones (8b) y (8c) tienen los mismos componentes, pero interpretaciones inversas. La razón de ello es que en español la secuencia SN$_1$ V SN$_2$ corresponde, en la mayoría de los casos, al orden no marcado *sujeto + verbo + complemento directo*. Por eso, el sintagma antepuesto al verbo suele ser interpretado como su sujeto. Sin embargo, como el orden opuesto (*complemento directo + verbo + sujeto*) también es posible, la secuencia SN$_1$ V SN$_2$ encierra una ambigüedad potencial que puede eliminarse mediante la inserción de un pronombre redundante de complemento directo: **Aquel banco lo va a comprar nuestra firma.**

Palabras gramaticales

Las palabras gramaticales señalan relaciones sintácticas entre sintagmas, como las preposiciones en (9a-9j). En cada ejemplo, la relación sintáctica va entre paréntesis.

(9) a. La reunión fue disuelta **por** la policía. (Agente)
    b. Le dio la información **por** cortesía. (Causa)
    c. No han pasado **por** aquí. (Lugar)
    d. Rompió el cristal **con** el martillo. (Instrumento)
    e. Llegó **con** la novia. (Compañía)
    f. Le dio dos billetes **a** la hermana. (Beneficiario)
    g. Vamos **a** Santiago la próxima semana. (Dirección)
    h. Visité **a** Juan. (Complemento directo de persona)
    i. Llegó ayer **de** Guadalajara. (Origen)
    j. Es el televisor **de** Felipe. (Posesión)

Las palabras gramaticales también señalan relaciones sintácticas entre oraciones, como las conjunciones en (10a-10f):

(10) a. Salió **para** que entraran los otros. (Finalidad)
     b. Salió **cuando** entraron los otros. (Temporalidad)
     c. Salió **y** entraron los otros. (Coordinación)
     d. Salió **porque** habían entrado los otros. (Causa)
     e. Salió **mientras** entraban los otros. (Simultaneidad)
     f. **Ni** salía él, **ni** entraban los demás. (Exclusión)

Información sintáctica inherente

Cada palabra del léxico se caracteriza por rasgos sintácticos que constituyen información inherente que contribuye a definir sus posibles funciones gramaticales. Veamos algunos ejemplos.

Un rasgo sintáctico importante define la *categoría léxica* a la que pertenece la palabra (Figura 5.3).

| Figura 5.3 |

CATEGORÍAS LÉXICAS

símbolo	categoría		ejemplos
N	sustantivo		Juan, lingüista, arbolitos
Adj	adjetivo		gran, azul, imaginario, posible, redundante
V	verbo		cultivar, podar, traer, pedir
Adv	adverbio		tarde, mañana, tristemente, bien
Det	determinante		
	Art	artículo	el, un
	Dem	demostrativo	este, ese, aquel
	Pos	posesivo	mi, tu, su, nuestro, vuestro
Prep	preposición		en, para, por, de, a, ante
Conj	conjunción		y, ni, pero, todavía

Otros rasgos clasifican los sustantivos respecto al número. Por ejemplo, hay sustantivos qué suelen usarse sólo en el singular, ya sea por referirse a conceptos abstractos (**justicia, lujuria**), ya sea por tener referentes no contables por unidades naturales (**trigo, arroz**). Esa característica se explica mediante el rasgo [-plural]. Otros sustantivos, como **expensas, modales, víveres** y **heces**, normalmente usados sólo en plural, tienen el rasgo [+plural]:[3]

(11) a. Juan pagará las expensas del pleito.
 b. *Juan pagará la expensa del pleito.
 c. Ese chico tiene unos modales insoportables.
 d. *Ese chico tiene un modal insoportable.

Como dijimos en el Capítulo 4, con ciertos sustantivos singulares de referente colectivo, explícito o no, puede hacerse la concordancia con el sentido plural a expensas de la forma singular, como en (12). (Esta clase de concordancia se llama *silepsis de número.*)

(12) a. La **mayoría** de los votantes son jóvenes.
   b. Una **parte** de los alumnos se enfermaron.
   c. Dos soldados acompañaron al oficial, y el **resto** regresaron al cuartel. (Compárese con **los demás regresaron**.)
   d. La **mitad** [de los empleados] fueron despedidos.
   e. **La mitad** de los estudiantes dieron el examen y **el resto** hicieron huelga.

En verbos como **relampaguear, tronar, llover, nevar**, referentes a fenómenos atmosféricos, la ausencia de sujeto (13a) se explica por el rasgo [–personal]. Si se usan en sentido figurado, pasan a [+personal], y pueden tener un sujeto (13b–13d):

(13) a. Tronó y relampagueó durante el viaje, y cuando llegamos al pueblo ya llovía.
   b. Tronó el cielo toda la noche.
   c. ¡Cállese usted!, tronó el sargento.
   d. Los ojitos de la maestra relampagueaban furibundos.

Los verbos intrínsecamente reflexivos se usan con un pronombre, aunque la acción no recaiga sobre el sujeto:

(14) a. Ustedes **se quejan** demasiado.
   b. *Ustedes **quejan** demasiado.
   c. Los chicos **se comportaron** bien.
   d. * Los chicos **comportaron** bien.

Otras características de los verbos, relacionadas con la presencia o ausencia de ciertos complementos, se analizarán en el apartado *Funciones sintácticas*.

Estructuras sintácticas

Una oración difiere de una secuencia agramatical de palabras por tener una estructura interna coherente, definida por relaciones sintácticas específicas del idioma. Además, una oración funciona como parte de un contexto comunicativo. Por ejemplo, la secuencia de palabras como **sí, quiero** adquiere categoría de oración al servir de respuesta a una pregunta. En (15b) **sí, quiero** sobrentiende alguna información que se puede recuperar sin dificultad, como si resultara de la reducción de otra oración:

(15) a. —¿No quieres leer el periódico?
   b. —Sí, quiero. (← Sí, quiero leerlo.)

Reglas sintagmáticas

Aunque no entienda el significado preciso de frases como (16a-16b), un hispanohablante reconoce que son del mismo patrón sintáctico que (16c-16d). Incluso si no tiene una idea muy clara de lo que quiere decir el verbo imaginario **refunfar**, no tiene dificultad en basarse en (16e) para construir una pasiva (16f):

(16) a. El cronopio esteromizaba.
   b. El fama y el cronopio refunfaban.
   c. El lobo corría.
   d. La abuelita y Caperucita gritaban.
   e. El cronopio refunfó la cordeta.
   f. La cordeta fue refunfada por el cronopio.

Según una teoría actual, este reconocimiento es posible porque la competencia lingüística incluye una *gramática*, es decir, una representación abstracta de la estructura del idioma, que le permite al hablante:

a. generar oraciones que otros hablantes entienden y dan por buenas, y rechazar secuencias agramaticales de palabras;
b. determinar si dos oraciones tienen la misma estructura (16a-16d);
c. decidir si dos oraciones superficialmente distintas están relacionadas entre sí, como (16d) y (16e).

El componente fundamental de la oración (O) es el *sintagma*. Un sintagma *nominal* (SN) tiene como núcleo un sustantivo (N) o un pronombre (Pro): **Caperucita, la abuelita, usted.** Un sintagma *verbal* tiene como núcleo un verbo (V): **corría, gritaba.** El sintagma adverbial (SAdv) funciona como un adverbio, es decir, modifica el verbo, y el sintagma preposicional (SPrep) va introducido por una preposición.

La gramática incluye *reglas de estructura sintagmática* como por ejemplo, O → SN SV. Quiere decir que el elemento *oración* (O) es representado por una secuencia formada por un *sintagma nominal* y un *sintagma verbal* (SN SV). Las estructuras resultantes de la aplicación de las reglas sintagmáticas se representan gráficamente por *diagramas arbóreos.* En estos diagramas las categorías sintácticas (como SN o SV) representan *nódulos*, en los cuales se insertan otros componentes (Figura 5.4). Los diagramas no añaden ninguna información que no esté incluida en las reglas sintagmáticas, pero clarifican visualmente las relaciones entre sus elementos.

| Figura 5.4 |

ALGUNAS CATEGORÍAS SINTÁCTICAS

símbolo	categoría	ejemplo
O	oración	la lingüista cultivaba sus arbolitos por curiosidad recientemente
SN	sintagma nominal	la lingüista, sus arbolitos
SV	sintagma verbal	cultivaba sus arbolitos
SPrep	sintagma preposicional	por curiosidad
SAdv	sintagma adverbial	recientemente

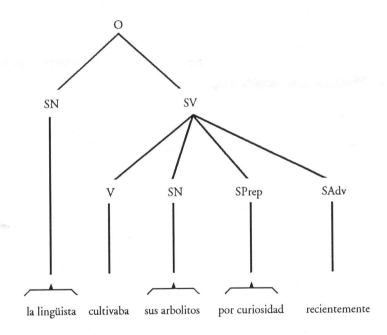

La regla sintagmática (17) reemplaza el nódulo (O) por un sintagma nominal (SN) y un sintagma verbal (SV), como en el diagrama (18):

(17)   O → SN + SV

(18)

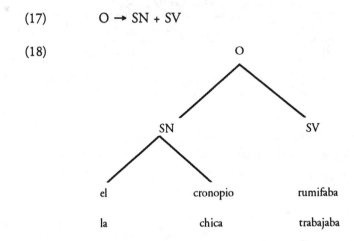

	SN	SV
el	cronopio	rumifaba
la	chica	trabajaba

Las reglas sintagmáticas y sus respectivos diagramas ilustran diversas posibilidades de formación del sintagma nominal. Aunque parezcan redundantes, estas reglas representan explícitamente unos principios generales aplicables a un número indeterminado de oraciones. Si, en vez de la regla (17), postuláramos una regla como O → N V, la oración **la chica trabajaba** no podría ser generada. Los elementos léxicos (como **chica** y **trabajar**) pueden pertenecer a varios niveles consecutivos de la estructura sintáctica. Por ejemplo, en (19b) **él** es tanto SN como Pro, y en (19c) **Pablo** es tanto SN como N.

(19) a.   SN → Det + N   b.   SN → Pro   c.   SN → N

	SN		SN	SN
	Det N		Pro	N
	El cronopio		él	Caperucita
	La chica		ella	Pablo
	Los famas			

La regla (20) ilustra la ocurrencia de *cuantificadores* (Cuant) como **mucho, poco, algún, ningún**:

(20)   SN →   Cuant + N

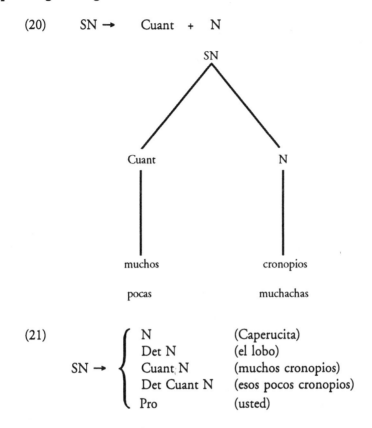

muchos   cronopios

pocas   muchachas

(21)

    SN → ⎧ N   (Caperucita)
         ⎪ Det N   (el lobo)
         ⎨ Cuant. N   (muchos cronopios)
         ⎪ Det Cuant N   (esos pocos cronopios)
         ⎩ Pro   (usted)

La regla (21), a su vez, puede tener el formato abreviado (22), donde el paréntesis señala elementos optativos y la llave abarca opciones mútuamente exclusivas:

(22)   SN →   ⎰ (Det) (Cuant) N
                    ⎱ Pro

La inserción de los adjetivos (Adj) se efectúa mediante reglas como (23a–23b). En (23a), N genera un sintagma adjetival y un sustantivo (o al revés). Se trata de una regla *recursiva*, que puede, en teoría, aplicarse indefinidamente, generando así una secuencia infinita de adjetivos. En la regla (23b), SAdj genera un adjetivo optativamente precedido de un *intensificador* (Int), es decir, una palabra como **muy, poco, algo,** o **bastante,** que modifica la intensidad de la característica expresada por el adjetivo.

$$(23) \quad \text{a.} \quad N \rightarrow \quad \left\{ \begin{array}{ll} SAdj & N_1 \\ N_1 & SAdj \end{array} \right.$$

$$\text{b.} \quad SAdj \rightarrow \quad (Int) \quad Adj$$

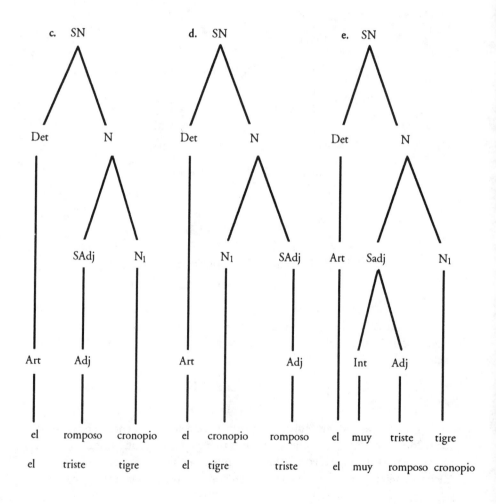

El *sintagma preposicional* (SPrep) consta de una preposición y un sintagma nominal (24):

(24)   SPrep → Prep SN →   { Prep Art   N
                                Prep Pro
                                Prep Cuant N

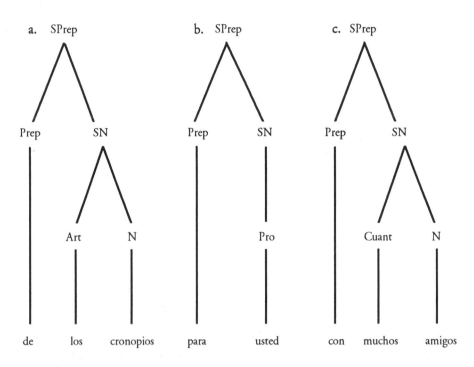

a. SPrep

Prep   SN
        Art   N

de   los   cronopios

b. SPrep

Prep   SN
        Pro

para   usted

c. SPrep

Prep   SN
        Cuant   N

con   muchos   amigos

El *sintagma adverbial* (SAdv) consta de un adverbio solo o de una preposición y un sintagma nominal, o de un adverbio y un sintagma preposicional (25):

(25)

SAdv→ { Adv   ayer
          Prep N   por la mañana
          Adv Prep   N   ayer por la mañana

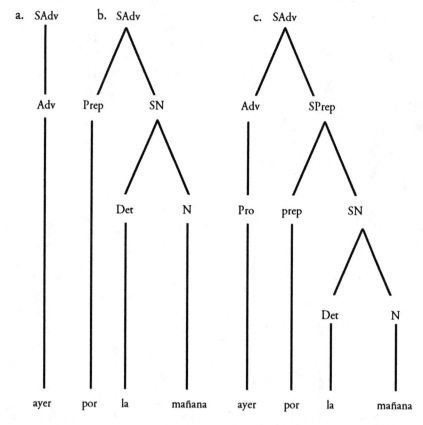

Finalmente, el *sintagma verbal* contiene siempre un verbo (26) y optativamente un sintagma nominal (27), un sintagma preposicional (28), o un sintagma adverbial (29), o incluso varias combinaciones de estos constituyentes.

(26)   a.   SV → V

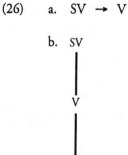

(27)   a.   SV → V + SN

       b.   SV

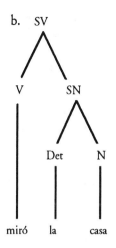

(28)   a.   SV → V + SV + SPrep

       b.   SV

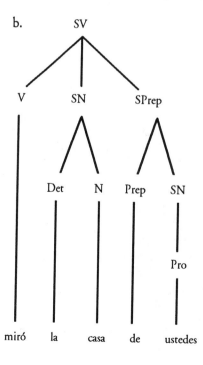

(29)   a.   SV → V + SN + SAdv

b.

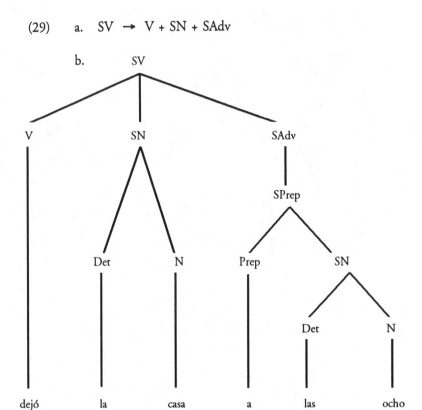

Las reglas simplificadas (30a–30h) ilustran la inserción de elementos léxicos en los nódulos terminales, que se encuentran en los niveles más bajos de los diagramas:

(30)   a.   Det →   Art, Pos, Dem
        b.   Art →   el, la, un, una...
        c.   Pos →   su, mi, tu...
        d.   Dem →   este, esta, aquella...
        e.   N   →   lingüista, arbolitos, instituto...
        f.   V   →   cultivar, pintar, comer, pedir...
        g.   Prep →   en, por, de...
        h.   Adv →   ayer, aquí, bien...

Ese proceso permite generar la estructura representada por el diagrama (31), compartido por un sinnúmero de oraciones:

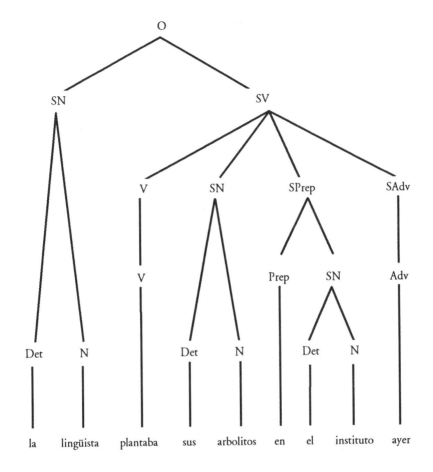

Los verbos tienen una estructura morfológica compleja. Una forma verbal como **comieron**, por ejemplo, incluye el radical **com-**, la vocal temática (diptongada) **-ie,** el morfema de tiempo y aspecto **-ro**, y el morfema de tercera persona plural **-n**. Sólo el radical, que es un morfema léxico, deriva directamente de V; los demás morfemas derivan del componente *Auxiliar* (AUX), que contiene los rasgos gramaticales del verbo (Figura 5.5). Para facilitar la presentación, sin embargo, los diagramas incluirán los verbos en su forma conjugada, prescindiéndose de los detalles del proceso de especificación morfológica del verbo.[4]

Figura 5.5

SUBCOMPONENTES DEL VERBO (V)

V $\rightarrow$ AUX V

AUX $\rightarrow$ tiempo, aspecto / persona, número
TIEMPO $\rightarrow$ presente, pretérito, etc.
ASPECTO $\rightarrow$ perfectivo, imperfectivo
PERSONA $\rightarrow$ P_1, P_2, P_3
NÚMERO $\rightarrow$ singular, plural

Ejemplo:

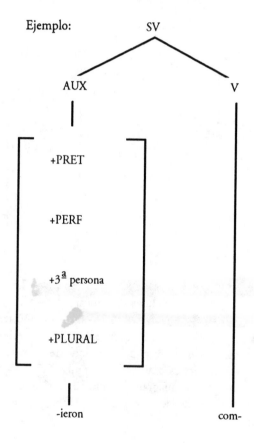

Funciones sintácticas

En la estructura de la oración, los sintagmas tienen distintas *funciones sintácticas,* como sujeto, complemento directo, complemento indirecto, y otras más. La función de *sujeto* la ejerce el sintagma nominal situado a la izquierda del nódulo O (32). El sujeto es un pronombre en (33a), la secuencia Det + N en (33b), y una oración en (33c). Este último caso se debe al principio de *recursividad,* que permite la repetición de un elemento en una misma estructura. Es decir, en (33c) el nódulo O_1 genera un SN, y éste, a su vez, genera otra oración O_2. (La regla general sería $O_1 \rightarrow SN \rightarrow O_2$.)

(32)

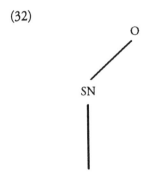

(33)   a.   **Yo** llegué. (SN $\rightarrow$ Pro $\rightarrow$ yo)

b.   **La chica** salió. (SN $\rightarrow$ Art N $\rightarrow$ la chica)

c.   **El chico que viste ayer en el bar** murió.
(SN $\rightarrow$ O_1 $\rightarrow$ el chico que viste ayer)

A esas oraciones corresponden los diagramas (34a–34c):

(34)

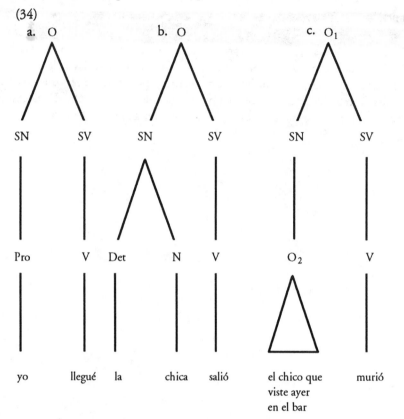

Los verbos de los ejemplos (33-34) son *intransitivos* (Vi) y no requieren un complemento directo (35a–35c):

(35)

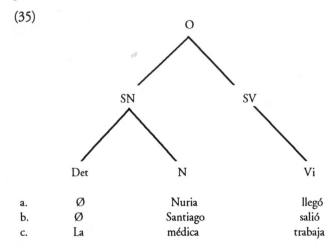

	Det	N	Vi
a.	Ø	Nuria	llegó
b.	Ø	Santiago	salió
c.	La	médica	trabaja

A su vez, los verbos *transitivos*, como **preparar, cultivar, crear**, o **criticar**, suelen venir con un *complemento directo* representado por un SN dominado directamente por el nódulo SV en el diagrama (36):

(36)

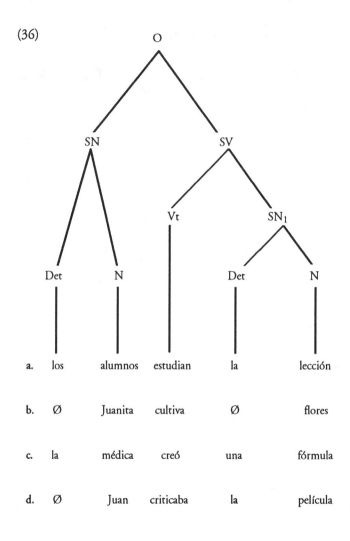

	Det	N	Vt	Det	N
a.	los	alumnos	estudian	la	lección
b.	Ø	Juanita	cultiva	Ø	flores
c.	la	médica	creó	una	fórmula
d.	Ø	Juan	criticaba	la	película

Empleados intransitivamente, los verbos transitivos tienen un significado genérico, como en las oraciones (37a–37c):

(37) a. Nosotros estudiamos.
     b. ¿Cuándo comemos?
     c. Cuando llamaste, yo estaba leyendo.

En este caso, el sintagma verbal incluye como complemento directo un sintagma nominal nulo, es decir que no tiene representación ni fonológica ni morfológica, simbolizado por Δ en (38b).

(38)

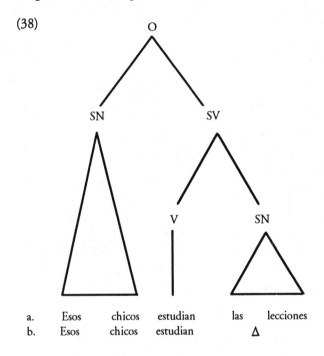

a. Esos   chicos   estudian   las   lecciones
b. Esos   chicos   estudian   Δ

Tanto los verbos intransitivos como los transitivos pueden venir acompañados de *complementos adverbiales* expresados por adverbios, sintagmas nominales o sintagmas preposicionales, como en (39a–39c):

(39)

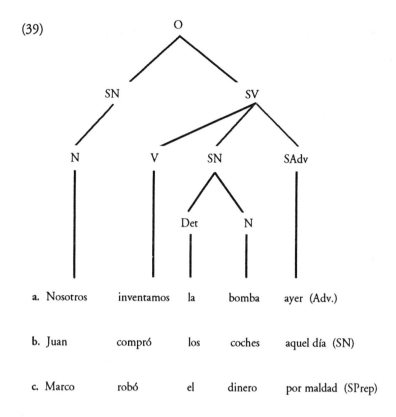

	N	V	SN Det N	SAdv
a. Nosotros		inventamos	la bomba	ayer (Adv.)
b. Juan		compró	los coches	aquel día (SN)
c. Marco		robó	el dinero	por maldad (SPrep)

Los verbos *copulativos* (Vcop), como **ser, estar, quedar** o **parecer**, conectan el sujeto con un atributo (en cursiva) en los ejemplos en (40):

(40) a. Este ceviche está **sabroso**.   (SV → Vcop SAdj)

b. Marta es **inteligente**.   (SV → Vcop SAdj)

c. Luisa quedó **triste**.   (SV → Vcop SAdj)

d. Margarita es **jueza**.   (SV → Vcop SN)

e. Marta y María eran **amigas**   (SV → Vcop SN)

f. Ese chico parece **enfermo**.   (SV → Vcop SAdj)

Los diagramas de esas oraciones serían como en (41a-41b):

Los diagramas de esas oraciones serían como en (41a–41b):

(41)

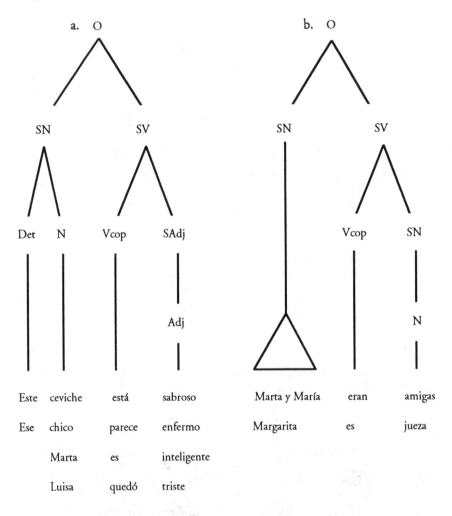

Este	ceviche	está	sabroso	Marta y María	eran	amigas
Ese	chico	parece	enfermo	Margarita	es	jueza
	Marta	es	inteligente			
	Luisa	quedó	triste			

Pero los verbos transitivos e intransitivos también pueden tener *atributos* (42–43):

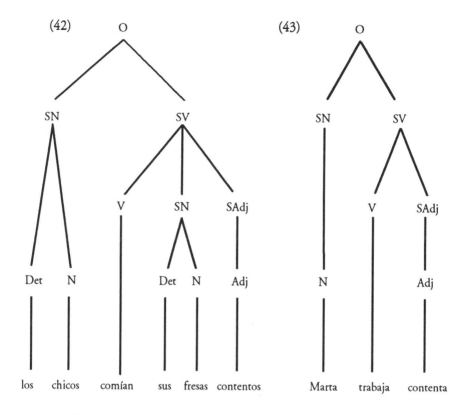

Los verbos *preposicionados* (VPrep) son relacionados con un sintagma nominal mediante una preposición específica, como **tratar (de)**, **soñar (con)**, **depender (de)**, como se ve en los ejemplos (44a–44c), representados por el diagrama (45):

(44) a. La sintaxis trata de la estructura de las oraciones.

b. Eso depende de su voluntad.

c. Yo soñaba con ella.

(45)

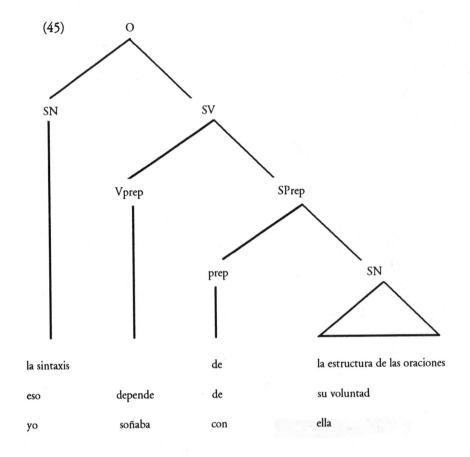

la sintaxis		de	la estructura de las oraciones
eso	depende	de	su voluntad
yo	soñaba	con	ella

Transformaciones[5]

La capacidad de generar un número infinito de oraciones es una característica fundamental del lenguaje. Pero una gramática compuesta sólo de reglas de estructura sintagmática no puede generar todos los tipos de oraciones posibles. Además, tal gramática no explica las relaciones estructurales entre oraciones de significado equivalente, como las respuestas de los diálogos (46–48):

(46) a. —¿Qué fue aquel ruido anoche?
     b. —Un chico rompió unas ventanas.

(47) a. —¿Qué dijiste que les pasó a las ventanas?
     b. —Las rompió un chico.

(48) a.   —¿Qué hizo el chico a las ventanas?
     b.   —Las rompió.

Una gramática que sólo tuviese reglas de estructura sintagmática tendría que representar cada una de aquellas oraciones por un diagrama distinto (49a-49c):

(49)

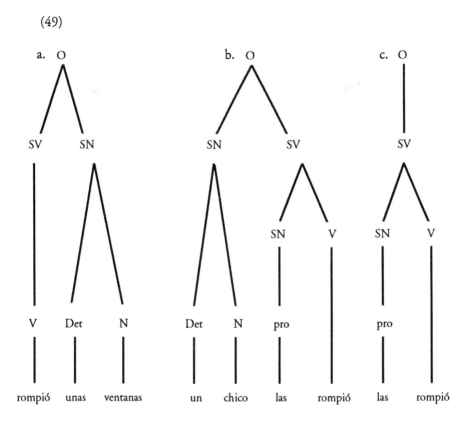

Pero esa solución no es satisfactoria, porque choca con nuestra comprensión de que se trata de tres versiones de la misma oración. Una manera de expresar esa percepción consiste en postular dos niveles en la generación de las oraciones, a saber, la *estructura subyacente* y la *estructura superficial.*

La generación pasa por las siguientes etapas. Primero, las reglas de estructura sintagmática generan los sintagmas (SN, SV, etc.); luego, éstos generan los nódulos terminales (N Adj, V, etc.); finalmente, se insertan los morfemas en aquellos nódulos terminales, generándose la *estructura subyacente* de la oración, representada por la serie de morfemas al pie de cada diagrama.[6]

Luego, se aplican a la estructura subyacente unos procesos llamados *transformaciones* que la modifican de varias maneras, hasta generar la *estructura superficial*. Se aplican a ésta las *reglas fonológicas* que le dan una representación fonética, correspondiente a su manifestación en el habla. Ese proceso se visualiza mediante el diagrama ya clásico de la Figura 5.6:

Figura 5.6

EL COMPONENTE SINTÁCTICO DE LA GRAMÁTICA

Reglas de estructura sintagmática

↓

Inserción de morfemas

↓

Estructura subyacente

↓

Transformaciones

↓

Estructura superficial

Hay cuatro clases de transformaciones, a saber de *eliminación, inserción, transposición* (o *movimiento*) y *sustitución*. Consideremos sus efectos en la estructura (50):

(50)

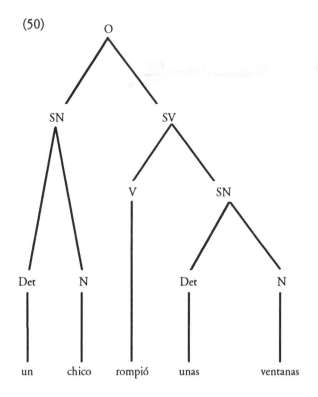

La transformación de eliminación del sintagma nominal (SN → Ø) tiene como consecuencia **SN rompió unas ventanas** → **rompió unas ventanas**. A su vez, **las rompió** resulta del proceso de *pronominalización*, en el cual intervienen diversas transformaciones, a saber:

a. Inserción del pronombre átono **las**, que tiene los mismos rasgos gramaticales (tercera persona, plural, femenino) que el SN complemento directo **unas ventanas**;

b. Eliminación del SN **unas ventanas**, quedando solo el pronombre **las**;

c. Transposición de **las** a la posición antes del verbo finito, típica del español moderno: SN V Pro → SN Pro V, es decir, **rompiólas** → **las rompió**;[7]

Figura 5.7

EJEMPLO DE TRANSFORMACIONES

Estructura subyacente: Un chico rompió unas ventanas

Transformaciones	**Estructura superficial**
Eliminación del sujeto:	
SN [un chico] → Ø	rompió unas ventanas
Sustitución del complemento directo por **las**:	
SV [unas ventanas] → Pro [las]	rompió las
Transposición:	
SV [rompió] Pro [las] → Pro [las] SV [rompió] las rompió	
Sustitución:	
SN [unas ventanas] → Pro [las}	
Transposición:	
SN [un chico] SV [rompió] Pro [las] → Pro [las] SV [rompió] SN [un chico] las rompió un chico	

Las estructuras intermedias pueden representarse mediante los diagramas (51a–51b) y (52a–52b):

(51)

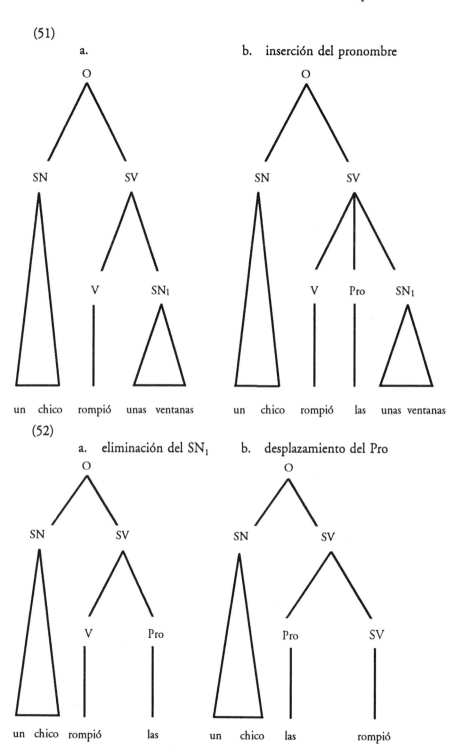

 a.   b. inserción del pronombre

(52)

    a. eliminación del SN₁ b. desplazamiento del Pro

En fin, la oración **Las rompió**, tiene la misma derivación que **Un chico las rompió**, con la diferencia de que también se le aplica la transformación de eliminación del sujeto.

Considérense las oraciones sinónimas (53a–53c):

(53) a.   Marta dio la llave **a Juan**.
      b.   Marta **le** dio la llave **a Juan**.
      c.   Marta **le** dio la llave.

El pronombre átono **le** tiene el mismo referente que el SPrep **a Juan**, y ambos ejemplifican el *complemento indirecto*, el cual "se refiere a la persona o cosa personificada a quien va dirigida la acción o en cuyo daño o provecho se ejecuta."[8] Ese complemento se representa en la estructura subyacente por un SPrep de tipo **a + SN** (54):

(54)

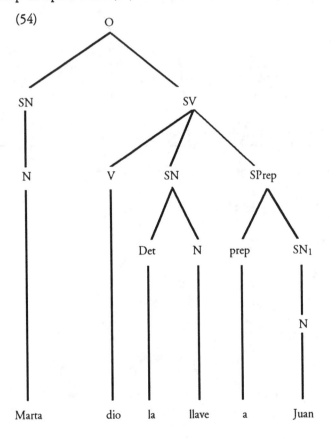

De la estructura (54) resulta la oración (52a), **Marta dio la llave a Juan.** Las oraciones (52b-50c), también resultantes de (54), se generan mediante transformaciones, a saber:

a. Inserción de una copia del SPrep **a Juan** en el sintagma verbal (54);

b. Pronominalización SPrep → Pro que reemplaza la copia de **a Juan** por el pronombre átono **le** (55).

El resultado es la estructura (55):

(55)

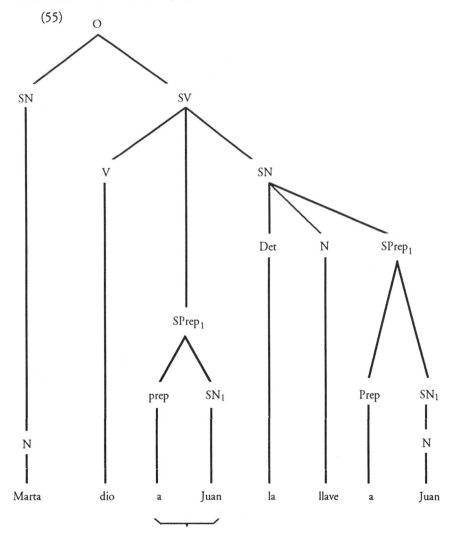

(56)

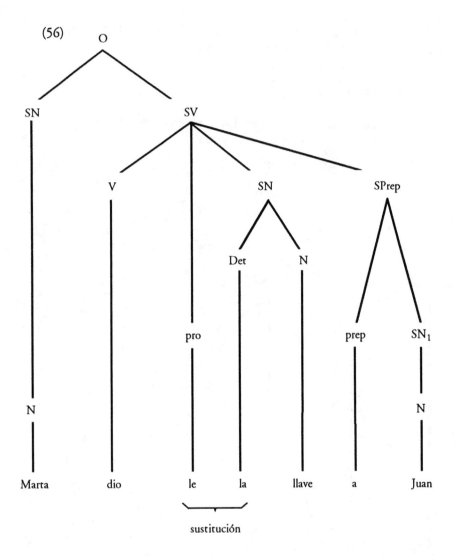

Inserción de la **a** personal

Una transformación común en español es la inserción de la **a** personal, que distingue las oraciones de (57a–57c) de las de (58a–58c):

(57) a. Vio a la tía.   (58) a. Vio la casa.
b. Besó a la madre.   b. Besó la bandera.
c. Esperaba al hermano.   c. Esperaba la vez.

Estas oraciones comparten la misma estructura subyacente (59). La diferencia está en que la presencia de un SN complemento directo en (57) determina automáticamente la introducción de la preposición **a** (la llamada *a personal*), requerida por ser el SN complemento directo **la tía** [+humano].[9]

(59)

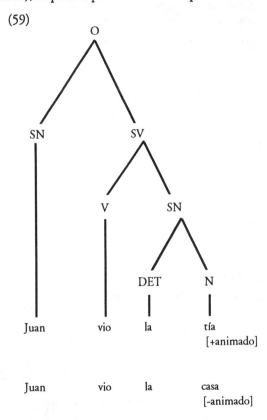

Tematización

Por tematización[10] se entiende el desplazamiento de un sintagma hacia el principio de la oración, para señalar que este sintagma es el tema de la oración. Por ejemplo, (60b) y (60c) son versiones tematizadas de (60a).

(60) a. Pablo compró ese coche por mil dólares.
    b. Por mil dólares, compró ese coche Pablo.
    c. Ese coche, lo compró Pablo por mil dólares.

En (60b), la tematización del sintagma preposicional **por mil dólares** requiere sólo una transformación de desplazamiento: SN SV SPrep → SPrep SN SV. En cambio, (60c) requiere dos transformaciones, a saber: (a) el desplazamiento del sintagma nominal complemento directo **ese coche** y (b) la inserción del pronombre **lo** que representa aquel mismo complemento directo. Desde luego, pueden intervenir otras transformaciones en una oración tematizada, como el desplazamiento del sintagma nominal sujeto (SN SV → SV SN) en (61):

(61)   Pablo me entregó los documentos → Los documentos, Pablo me los entregó → Los documentos, me los entregó Pablo.

Algunas clases de oraciones

Las oraciones pueden clasificarse según diversos criterios, que aumentan la capacidad explicativa del análisis, al revelar regularidades estructurales entre oraciones aparentemente distintas. En este apartado consideraremos las siguientes clases de oraciones:

    a. oraciones reflexivas
    b. oraciones sin sujeto
    c. oraciones con el pronombre indeterminado **se**
    d. oraciones negativas
    e. oraciones interrogativas

Oraciones reflexivas

Una construcción reflexiva se caracteriza por la presencia de un *pronombre reflexivo* que tiene el mismo referente que el sujeto. Por ejemplo, el sujeto y el complemento directo tienen referentes distintos en las oraciones (62a–62c), pero tienen el mismo referente en (63a–63c). Ese contraste las asigna a dos clases de oraciones, cuyas estructuras pueden ser representadas por el diagrama (64):

(62) a. Pablo afeitó a Juan.
    b. Juan mató al gato.
    c. Maruja miraba a la hermana.

(63) a. Pablo se afeitó.
    b. Juan se mató.
    c. Maruja se miraba [en el espejo].

(64)

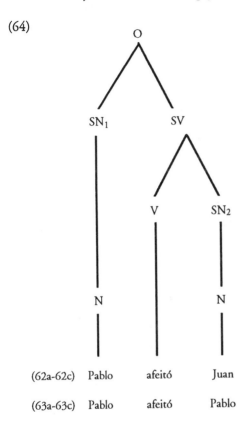

(62a-62c)	Pablo	afeitó	Juan
(63a-63c)	Pablo	afeitó	Pablo

En (62a-62c), donde se cumple la condición $SN_1 \neq SN_2$, el SN complemento directo contiene un sustantivo. En (63a-63c), en cambio, la condición $SN_1 = SN_2$ determina la transformación de *reflexivización*. Ésta reemplaza SN_2 por un pronombre átono con los mismos rasgos de persona y número que SN_1. (Sin esta transformación se generarían secuencias como ***Pablo afeitó a Pablo**, que son agramaticales si **Pablo** se refiere a la misma persona.) La reflexivización se representa simplificadamente en (65):

(65) SN_1 SV SN_2 → SN_1 SV   ProRefl
     condición: $SN_1 = SN_2$

El SN reflexivizado en (63a-63c) es un complemento directo, pero los pronombres reflexivos pueden tener otras funciones sintácticas. En (66a), por ejemplo, **le** es un complemento indirecto, cuyo referente es el beneficiario de la acción, repetido en el SPrep **a Juan**. En cambio, en (65b) el SN$_1$ sujeto (**Juan**) y el SN$_2$ complemento indirecto (**Juan**) tienen el mismo referente. El pronombre **se** en (65b) tiene la misma función que **le** en (65a), con la diferencia de que es reflexivo. El diagrama (66) corresponde a ambas oraciones:

(66) a. La madre le preparó un postre a Juan.
      b. Juan se preparó un postre.

(67)

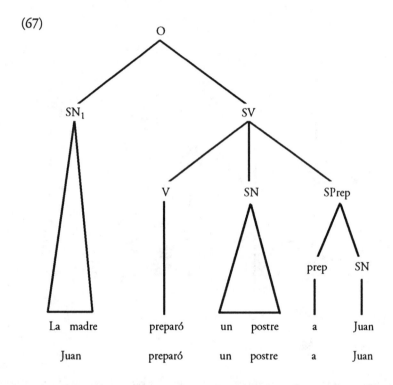

La transformación de complemento indirecto reflexivo tiene dos etapas. Primero, genera una copia del complemento indirecto **a Juan**, insertándola bajo el sintagma verbal; luego la reemplaza por un pronombre átono.

Oraciones sin sujeto

Hemos visto que la relación entre oraciones como **Pablo compró el coche** y **Compró el coche** se explica por una transformación de eliminación del sujeto en la segunda oración. Pero en oraciones como (68a–68c), no se puede decir que haya un sujeto sobrentendido.

(68) a.   Llueve.

    b.   Hay muchos coches en el patio.

    c.   Hace calor.

Figura 5.8

TRANSFORMACIÓN DE COMPLEMENTO INDIRECTO
(CON Y SIN REFLEXIVIZACIÓN)

---

1. Copia del SPrep | La madre preparó **a Juan** un bocadillo a Juan

2. Pronominalización se reemplaza la copia del SPrep: **a Juan → le** | La madre **le** preparó un bocadillo a Juan

3. Eliminación (optativa) del SPrep: **a Juan → Ø** | La madre le preparó un bocadillo

1. Copia del SPrep | Juan preparó **a Juan** un bocadillo a Juan

2. Pronominalización se reemplaze la copia del SPrep: **a Juan → se** | Juan **se** preparó un bocadillo a Juan

3. Eliminación obligatoria del SPrep: **a Juan → Ø** | Juan se preparó un bocadillo

---

Se han propuesto dos análisis distintos para tales oraciones. Uno postula que la categoría sintagmática O (oración) se realiza no sólo como la secuencia SN + SV, sino también como un solo SV. La regla, entonces, sería (68):

(69)   O → $\begin{cases} \text{(a) SN + SV} \\ \text{(b) SV} \quad / \quad \text{V} \end{cases}$
                        [–personal]

La parte (b) de la regla se aplica cuando el verbo (V) es [-personal], como **llover, haber, hacer** (*calor, frío*). Pero esa regla tiene la desventaja que la estructura subyacente (68b) se genera exclusivamente para acomodar los verbos unipersonales (70a-70b).

(70) a.   O → SV / V
                    [–personal]

b.
$$
\begin{array}{c}
\text{O} \\
| \\
\text{VP} \\
| \\
\text{V} \\
\text{[-personal]}
\end{array}
$$

Otro análisis conserva la regla O → SN + SV, pero admite como sujeto un SN nulo representado por Δ, es decir, SN → Δ. Esta solución no sólo utiliza la misma estructura (70) tanto para los verbos personales como los unipersonales, sino que sirve igualmente para los idiomas en los que Δ se realiza como un sujeto superficial nulo (francés, inglés, alemán), y para los que no tienen dicho sujeto superficial (castellano, portugués, catalán, italiano). Las soluciones más generales, aplicables a diversas lenguas, son preferibles a las que se aplican solamente a idiomas particulares.

En los idiomas que emplean el sujeto superficial nulo, se inserta el pronombre mediante la transformación Δ → Pro, mientras que en éstos el SN Δ es eliminado por la transformación Δ → Ø.

(71)

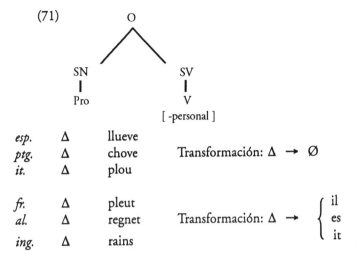

esp.	Δ	llueve	
ptg.	Δ	chove	Transformación: Δ → Ø
it.	Δ	plou	

fr.	Δ	pleut	
al.	Δ	regnet	Transformación: Δ → { il / es / it }
ing.	Δ	rains	

Si el verbo unipersonal tiene un complemento directo, la regla es O → SN₁ SV → SN₁ V SN₂, igual que cualquier construcción con dicho objeto, pero con la diferencia que el sujeto es nulo (SN₁ → Δ) y la estructura subyacente se representa como en (72-73):[11]

(72)

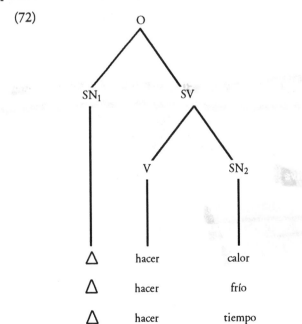

(73)

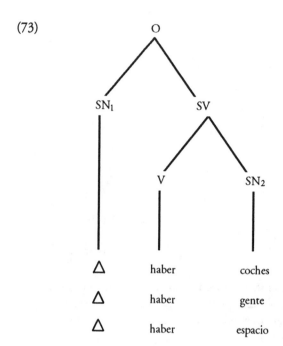

△	haber	coches
△	haber	gente
△	haber	espacio

Construcciones pasivas

Como vimos en el Capítulo 4, había en latín dos conjugaciones paralelas, llamadas *voz activa* y *voz pasiva*, pero en español el término "passiva" designa oraciones del tipo *ser + participio* como los ejemplos (74), típicos de los manuales de enseñanza del idioma. Una característica importante de la pasiva española es que el verbo debe ser transitivo,[12]

(74)   **pasiva**   **activa**

El niño fue besado por Lola	Lola besó al niño
La casa fue vendida por Juan	Juan vendió la casa
El niño fue atropellado	---

Suponiendo que las pasivas y las activas correspondientes procedan de la misma estructura subyacente, podemos postular un diagrama como (75):

(75)

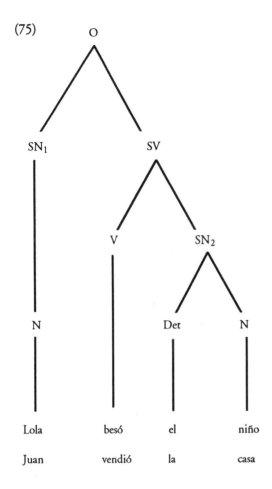

En la construcción pasiva el sintagma nominal SN_2 aparece en la representación superficial como sujeto, y el sintagma nominal SN_1 aparece como complemento agente, introducido por la preposición **por**. En las pasivas de tipo (74c), que no tienen un agente evidente, se plantea el problema de que no está claro cuál sería su SN_1. Se han propuesto diversas soluciones, como por ejemplo un SN_1 con un pronombre indefinido como **alguien**, el cual sería eliminado por una transformación. Una oración como **El niño fue atropellado por alguien** es posible, pero menos usual que **El niño fue atropellado**, puesto que el verbo sobrentiende el referente específico.

(76)

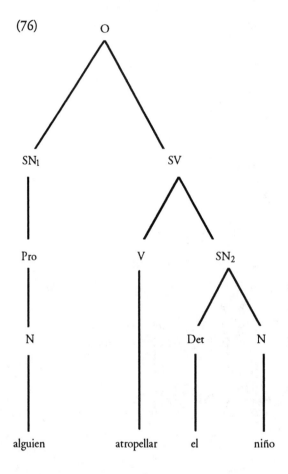

El **se** *indeterminado*

En oraciones como (77a–77d), el pronombre indeterminado **se** permite no mencionar expresamente quien hace una acción:[13]

(77) a.   Se llamó al funcionario.

b.   Se pintó la pared.

c.   Se trabaja duro aquí.

d.   Se vivía bien en aquel pueblo.

Las oraciones (77a-77b) tienen significado igual que sus correspondientes pasivas del tipo *ser* + *participio* (**El funcionario fue llamado, la pared fue pintada**). Pero la pasiva y el **se** indeterminado son estructuras distintas que pueden incluso venir en la misma oración: **Cuando no se tiene plata, se es olvidado por todos los amigos.**

Una diferencia importante es que, mientras que el **se** indeterminado es compatible tanto con verbos transitivos como **llamar** o **pintar**, como con verbos intransitivos como **trabajar** y **vivir**, la pasiva sólo es posible con los transitivos:

(78) a. Los funcionarios fueron llamados.

   b. La pared fue pintada .

   c. *Es vivido bien aquí.

   d. *Es trabajado duro aquí.

Además, el **se** indeterminado requiere un verbo cuyo actor es [+humano] (79a), mientras que la pasiva no sufre tal restricción (79d).

(79) a. Se come un excelente pescado bien aquí.

   b. *Se pasta bien aquí.

   c. *Se había comido todo el heno.

   d. Todo el heno había sido comido.[14]

En fin, la construcción pasiva acepta un sintagma preposicional (**por** + SN) que señala el agente (**El funcionario fue despedido por el patrón**). En cambio, el sintagma **por** + SN junto al **se** indeterminado señala otra clase de complemento:[15]

(80) a. Se construyó el palacio por miles de pesos [coste].

   b. Se pintó el piso por cortesía [causa].

   c. Se reconquistó España por la espada [instrumento].

Se puede postular un análisis en que el **se** indeterminado resulta de un sintagma nominal sujeto caracterizado por los rasgos [–determinado], [+humano], [–P1], [–P2].

El rasgo [–determinado] significa que no se sabe quien es el agente de la acción expresada por el verbo. El rasgo [+humano] limita esa construcción a verbos que expresan acciones típicamente humanas. Los rasgos [–P1], [–P2] y [–plural] reducen la forma verbal a la tercera persona.[16] La estructura subyacente puede representarse por el diagrama (81):

(81)

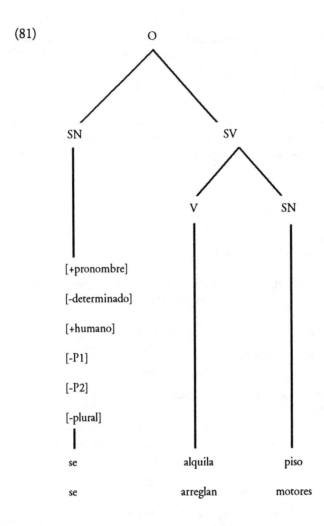

O
SN   SV
          V   SN

[+pronombre]

[-determinado]

[+humano]

[-P1]

[-P2]

[-plural]

se   alquila   piso

se   arreglan   motores

La explicación tradicional del plural del verbo en oraciones como (82a–82b) es que los sintagmas **las paredes** y **motores** tendrían función de sujeto, con el cual concuerda el verbo. Pero si así fuese, debería haber concordancia siempre que aquel sintagma fuese [+plural], pero como se ve en (83a–83b), eso no se da cuando el sintagma nominal es [+humano], caso en el que es obligatoria la **a** personal.

(82) a. Se pintaron las paredes.
     b. Se arreglan motores.

(83) a. Se llamó a los funcionarios.
     b. *Se llamaron a los funcionarios.

También hay que tener en cuenta que aquella concordancia no es obligatoria para los hispanohablantes que aceptan oraciones como (84a-84b).

(84) a. Se pintó las paredes.
     b. Se arregla motores.

Una solución consiste en considerar que la concordancia en oraciones como (82a-82b) se hace a nivel de estructura superficial por interpretarse SN$_2$ como seudosujeto. Nótese que las nociones de seudosujeto y concordancia superficial explican otros aspectos de la sintaxis, como las oraciones (85a-85c):

(85) a. Hubo/hubieron muchos amigos míos en la fiesta.
     b. Creo que había/habían sólo dos o tres tornillos.
     c. ¿Crees que habrá/habrán vasitos para todos?

La gramática normativa rechaza las variantes de (85) con el verbo en plural, argumentando que el verbo **haber** con el significado de 'existir' no tiene sujeto, y que aquellos SNs son complementos directos. Sin embargo, muchos hispanohablantes aplican la regla de concordancia verbal que genera dichas oraciones, demostrando que consideran los sintagmas nominales **muchos amigos míos, dos o tres tornillos** y **vasitos** los verdaderos sujetos de aquellas oraciones.

La estructura subyacente podría representarse como en (86). El SN sujeto genera Δ, que al no tener representación en la estructura superficial, es eliminado (Δ → Ø). Una gramática que acepte las oraciones con el verbo en el plural, incluirá una regla adicional que interpreta SN$_2$ como el sujeto de la estructura superficial.

(86)

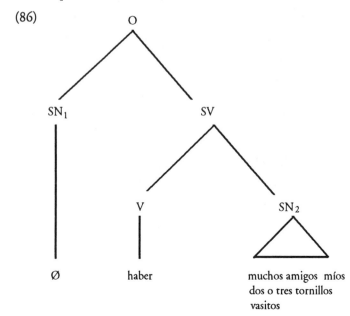

Oraciones negativas

La estructura subyacente de una oración negativa incluye el componente NEG en el sintagma verbal. Para lograr eso hay que ampliar la regla sintagmática de SV, de modo que genere un NEG optativo:

(87) SV → (NEG) V (SN)

La realización superficial más común de NEG es mediante la partícula **no** colocada antes del verbo, de manera que **yo** NEG **trabajar** → **yo no trabajo.**

(88)

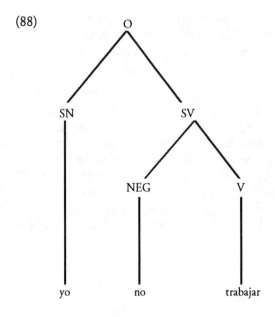

NEG puede coexistir en la misma oración con otro componente negativo, como los adverbios **nunca, jamás, nada** (89) o los pronombres indefinidos **nada, nadie** (90):

(89) a. Él no trabaja nunca.

b. Él no viene jamás.

(90) a. Él no sabe nada.
   b. Él no conoce a nadie.

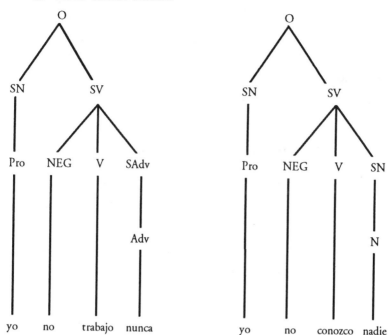

Aquellas palabras negativas pueden desplazarse (por una transformacion de movimiento) a una posición antes del verbo. En ese caso, es obligatoria la eliminación del elemento NEG:

(91) Pro NEG   V   AdvNeg → Pro NEG AdvNeg V   → Pro AdvNeg   V
   El NEG trabaja nunca   → él no   nunca trabaja → él nunca trabaja

Esta restricción se aplica a construcciones adverbiales de valor negativo, como **en su vida** (92):

(92) No ha trabajado en su vida → En su vida ha trabajado.

Oraciones interrogativas

Hay dos tipos básicos de oración interrogativa en español, ejemplificadas por (93a-93c) y (93d-93f):

(93) a. ¿Tú trabajas?
   b. ¿Trabaja usted?
   c. ¿Trabajas?
   d. ¿Quién es usted?

    e.   ¿Quiénes son ustedes?
    f.   ¿Qué es eso?

La interrogación puede analizarse mediante un elemento (INT) conectado directamente al componente O, como en (94). Ese análisis presupone una modificación de la regla O → SN SV, que pasa a ser O → (INT) SN SV.

(94)

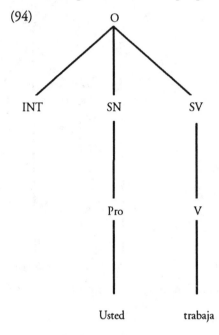

Una pregunta del tipo (93a-93c) se contesta con una oración aseverativa o negativa que empieza con **sí** o **no**, según el caso. La presencia del elemento INT en la estructura subyacente tiene un efecto fonológico que consiste en impartir a la oración una entonación ascendente característica, convencionalmente interpretada como una pregunta. Tiene también el efecto optativo de introducir una transformación de desplazamiento que coloca el verbo delante del sintagma nominal sujeto: INT SN V → INT V SN (¿Trabaja usted?).

Las preguntas del segundo tipo (93d-93f) requieren una respuesta informativa y no se pueden contestar con **sí** o **no**. Su estructura subyacente incluye un sintagma nominal pronominal (PRO) que tiene el rasgo [INT]. Contiene, además, otros rasgos, que influyen en la elección de la forma del pronombre:

(95) a.   PRO   →   quién
          [INT]
          [+humano]
          PRO   →   quiénes
          [INT]
          [+humano]
          [+plural]
          PRO   →   qué
          [INT]
          [+/-humano]

Las preguntas (96a–96d) son del mismo tipo que las (94), con la diferencia de que el elemento interrogativo es adverbial, especificado según se trate de adverbios[17] de lugar (96a–96b), modo (96c) o tiempo (96d). Las preguntas (96e–96f), en cambio, incluyen otras clases de complementos.

(96) a.   ¿Dónde vives?   (Lugar)
     b.   ¿Adónde vas?   (Lugar)
     c.   ¿Cómo vas?   (Modo)
     d.   ¿Cuándo saldrás?   (Tiempo)
     e.   ¿Con quién?   (Compañía)
     f.   ¿Por qué?   (Causa)

Los diagramas correspondientes a la estructura subyacente son (97a–97b). El desplazamiento del elemento interrogativo hacia el principio de la oración se hace mediante una transformación (97c–97d).[18]

(97)   a.

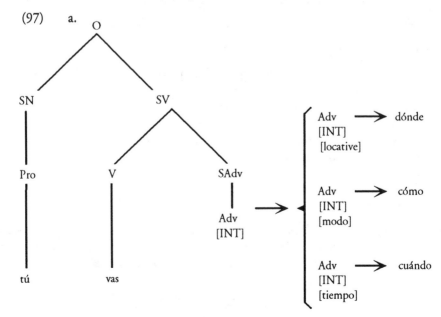

b.

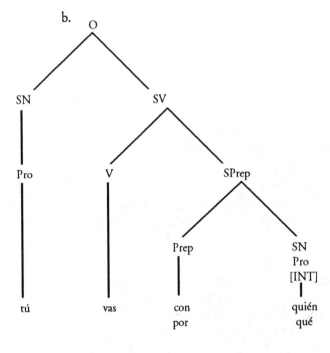

c.	SN SV SAdv(INT)	→	Sadv(INT) SN SV
	tú vives dónde		dónde tú vives
d.	SN SV SPrep(INT)	→	SPrep(INT) SN SV
	tú vas con quién		con quién tú vas

Oraciones complejas

Hemos analizado oraciones generadas a partir de la fórmula inicial O → SN SV, en las que hay un solo componente O y un solo sintagma verbal SN. Esas oraciones se llaman *sencillas* (o *simples*). Las oraciones con dos o más ocurrencias del componente O (cada una de los cuales genera por lo menos un sintagma verbal SV) se llaman *complejas*, e incluyen dos categorías, las oraciones *coordinadas* y las *subordinadas*.

Oraciones coordinadas

Las oraciones coordinadas se conectan formando una secuencia de términos estructuralmente equivalentes, es decir, ninguno de éstos domina ningún otro. Las oraciones coordinadas pueden ir separadas por pausas (señaladas por comas en la escritura), como en (98a), o conectadas por conjunciones (98b–98f), o por pausas y conjunciones (98g).

(98) a. María trabaja, Juana estudia, Paco duerme.
    b. Marta esquía y Francisca nada.
    c. Pablo salía y Juan llegaba.
    d. Marta trabaja y estudia.
    e. Vendrás con nosotros o irás con ellos.
    f. Mariano ni trabaja, ni estudia.
    g. Yo traigo el vino, tú traes el queso y Juanita trae el pan.

La estructura subyacente de las oraciones coordinadas puede describirse con los siguientes diagramas:

(99)   a.   b.

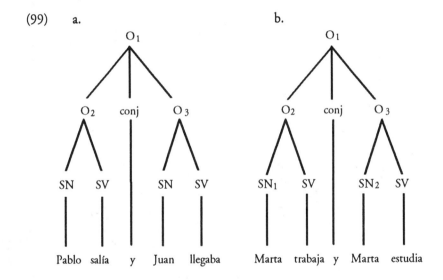

En (99b), la identidad entre los dos sujetos ($SN_1 = SN_2$) permite eliminar el segundo ($SN_2 \rightarrow \emptyset$), resultando en (98d). Si los dos SV de la estructura subyacente son idénticos ($SV_1 = SV_2$), como en el diagrama (100a), el segundo SV puede ser eliminado ($SV_2 \rightarrow \emptyset$), resultando en (100b). De éste se deriva (100c) por una transformación que transpone la conjunción **y** y el sintagma SN_2, insertándolos bajo el nódulo O_1.

(100)

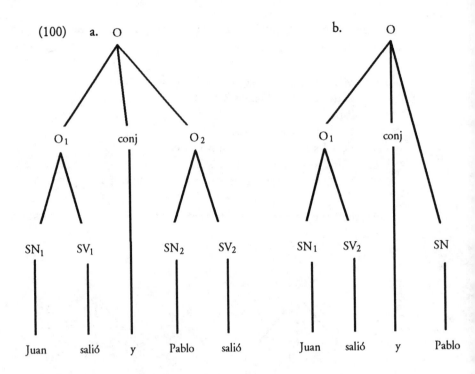

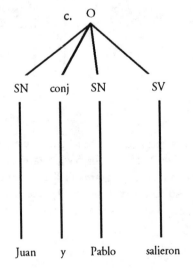

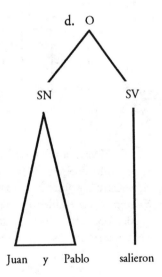

Desde un punto de vista estrictamente sintáctico (es decir, sin tener en cuenta el significado), las oraciones de una serie coordinada como $O_1\ O_2...O_n$ son equivalentes entre sí. Pueden incluso ser transpuestas, es decir $O_1\ O_2...O_n$ = $O_2\ O_1...O_n$. Desde luego, la ordenación puede corresponder a una dependencia temporal entre los eventos, como la que se nota en (101a-101b), pero eso es consecuencia de los significados de los verbos y no de una dependencia sintáctica entre las oraciones, que en ambos casos son sintácticamente equivalentes.

(101) a. Juan cerró el paraguas y entró en casa.

b. Juan entró en casa y cerró el paraguas.

Oraciones subordinadas

En cambio, en cada uno de los ejemplos (102a-102c) hay dos oraciones, una de las cuales, la **subordinada** (en negrilla) se encuentra insertada en la otra, llamada **principal** o **matriz**, por un pronombre relativo (102a) o por una conjunción subordinativa (102b-102c).

(102) a. El alumno **que habla español** consiguió un empleo.

b. Sé **que ustedes quieren comprar la casa.**

c. Mario llegó **mientras cenábamos.**

La subordinación implica una dependencia sintáctica, resultante de que la subordinada se encuentra insertada en la matriz (103):

(103) Yo sé que tú sabes que él sabe...

a.

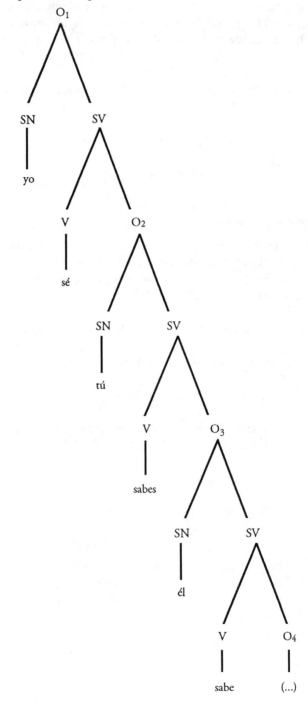

Esquemáticamente:

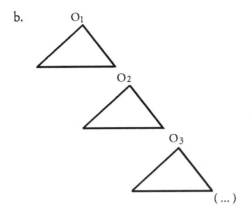

b. O_1

O_2

O_3

(...)

Las estructuras de (89) ejemplifican la propiedad de *recursividad*, que permite insertar una categoría sintáctica (un sintagma o una oración) dentro de otra. En teoría, la recursividad puede aplicarse indefinidamente, creando oraciones como:

> El chico que vio a la chica que vio al perro que persiguió al gato que arañó a la vieja...

pero normalmente eso no se hace, entre otras razones porque la información se acumularía, dificultando o imposibilitando su interpretación.

En relación a la matriz, la subordinada puede cumplir las funciones comúnmente ejercidas por las siguientes categorías sintácticas:

—*sintagma nominal*, como en (104a), donde la subordinada ocupa el mismo lugar que un sustantivo en una oración sencilla como (104b):

(104) a. Sé **que tú conoces al culpable**.
       b. Sé **tu secreto**.

—*sintagma adjetival*, como en (105a), donde la subordinada ocupa el mismo lugar que un adjetivo en una oración sencilla como (105b):

(105) a. Conocí a la chica **que habla español**.
       b. Conocí a la chica **hispanohablante**.

—*sintagma adverbial*, como en (106a), si la subordinada ocupa el mismo lugar que un adverbio en una oración sencilla como (106b):

(106) a.   Paco se fue **ayer**.
      b.   Paco se fue **cuando llegó su suegra**.

Subordinadas nominales

En los ejemplos (107–113), hay una correspondencia, señalada por el subscrito
(SN₁), entre el sintagma nominal en negrilla de la oración (a) y la oración
subordinada que tiene la misma función sintáctica en la oración (b).

(107) a.   **Esas palabras** ofenden. (sujeto)
      b.   **El que digan eso** ofende. (sujeto)

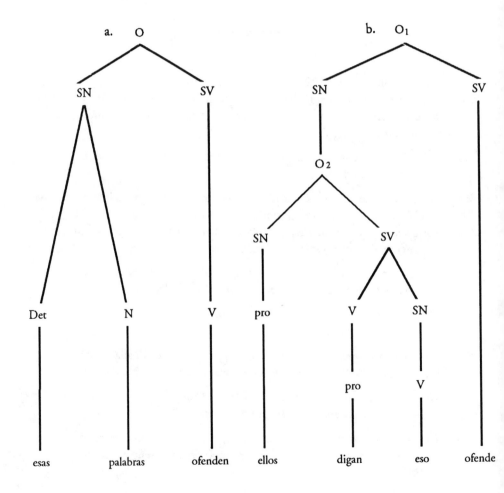

(108) a. Yo sé **la lección.** (complemento directo)
      b. Yo sé **que quieres el libro.** (complemento directo)

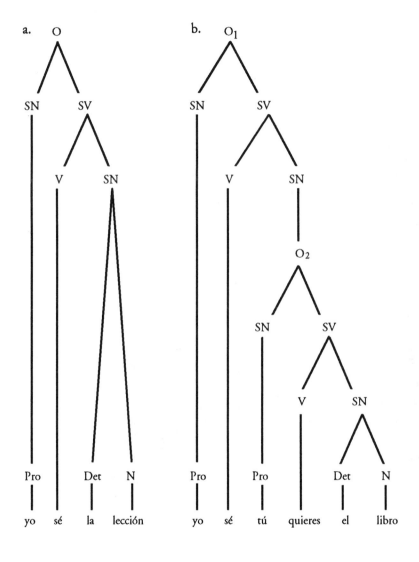

(109) a. Tus deseos son **órdenes.** (atributo)
      b. Tus deseos son **que trabaje.** (atributo)

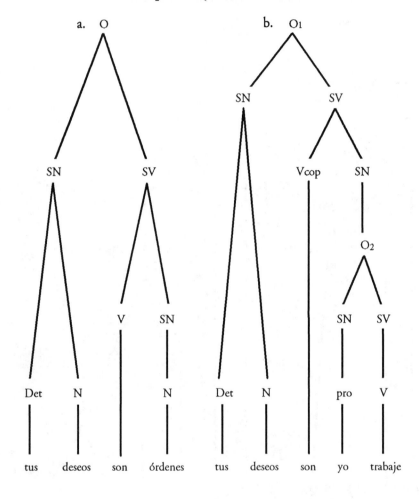

(110) a.   Soñé con **tu llegada** (complemento de preposición)
b.   Soñé **que llegabas** (complemento directo)

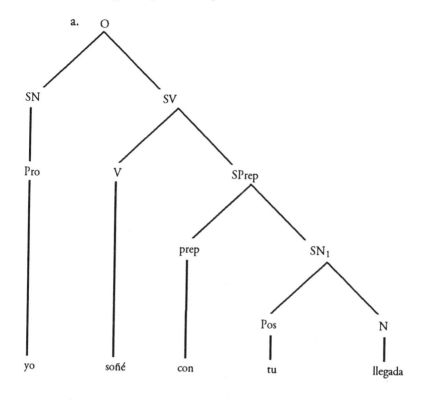

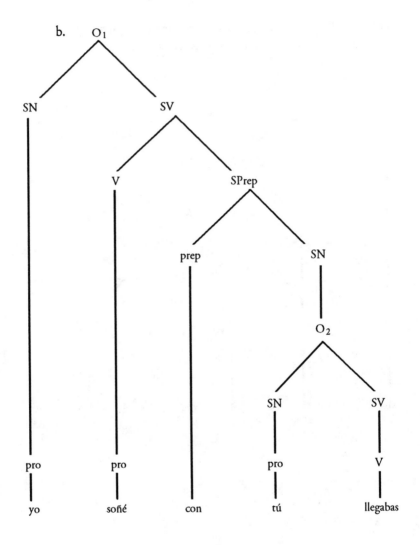

(111) a. Salí después de **las cinco** (complemento de preposición)
      b. Salí después de **que llegaste** tú (complemento de preposición)

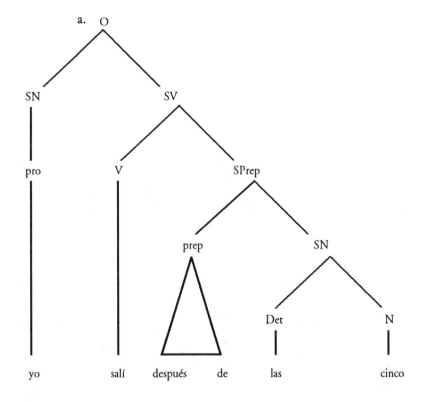

b.

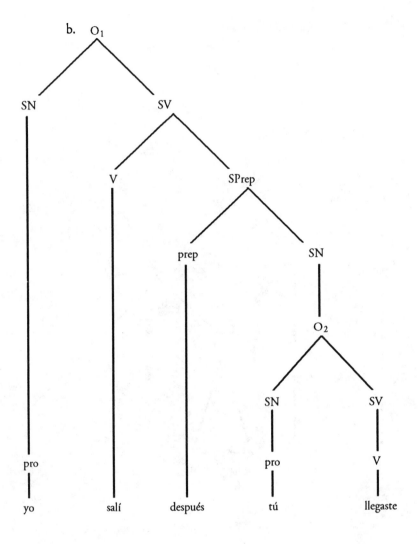

(112) a. La señal fue para **la salida.** (complemento de preposición)
     b. La señal fue para **que saliéramos.** (complemento de preposición)

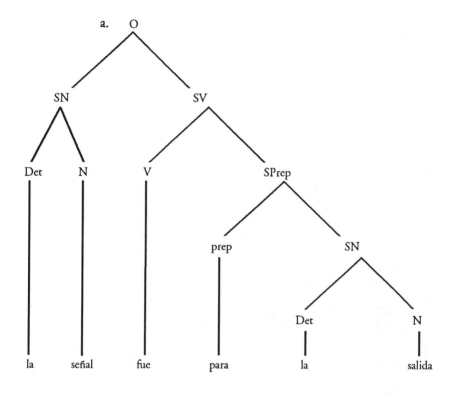

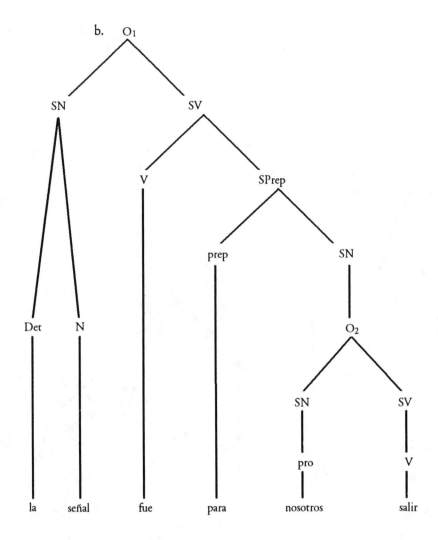

Subordinadas adjetivas o relativas

La oración (113a) incluye la principal **la mujer es la directora** y la subordinada **que habla inglés**. Ésta modifica **la mujer**, como si fuera un adjetivo, al igual que **angloparlante** en (11b):

(113) a. La mujer **que habla inglés** es la directora.
      b. La mujer **angloparlante** es la directora.

La oración simple puede representarse mediante el diagrama (114), en el que el adjetivo viene insertado directamente bajo el sintagma nominal. Aceptándose la equivalencia entre el adjetivo y la relativa, ésta puede representarse como una oración (O₁) insertada de la misma manera, como en el diagrama (115):

(114)

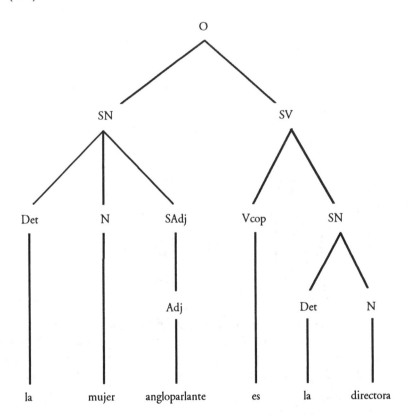

(115)

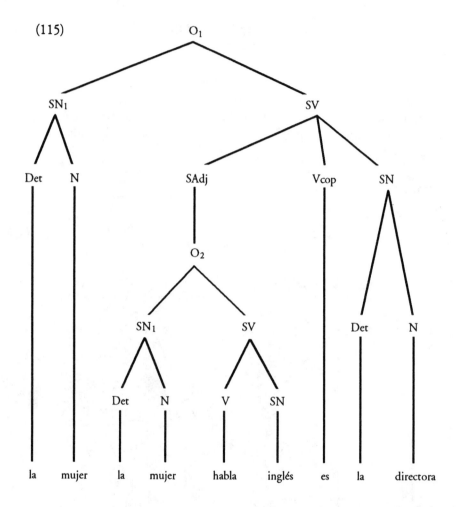

En la generación de una estructura superficial derivada de (115) juega un papel fundamental la transformación de *relativización*. Ésta reemplaza el SN_1 de O_2, que es idéntico al SN de la oración matriz, con un pronombre relativo ProRel (116a). Luego, ProRel es reemplazado por un elemento léxico (116b):

(116) a. la mujer / la mujer habla inglés / es la directora → la mujer / ProRel habla inglés/ es la directora

  b. ProRel → que

Funciones de las subordinadas relativas

El referente del pronombre relativo es el sintagma nominal de la oración matriz (O). Su función sintáctica es la misma de SN$_1$ reemplazado por la transformación de relativización, según veremos en los ejemplos siguientes:

(117) *Sujeto*: Ese hombre **que habla catalán** escribe poemas.

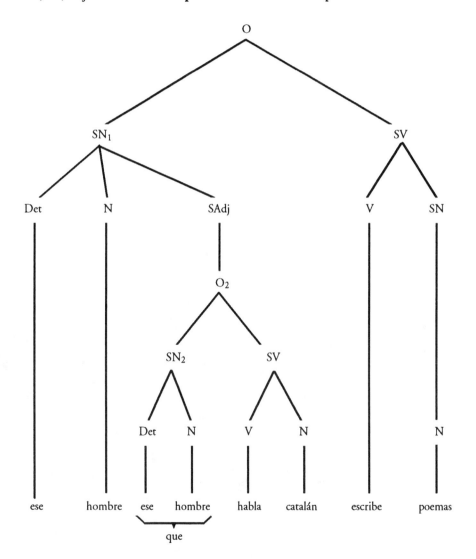

(118) *Complemento directo*: Ese chico **que viste** habla español.

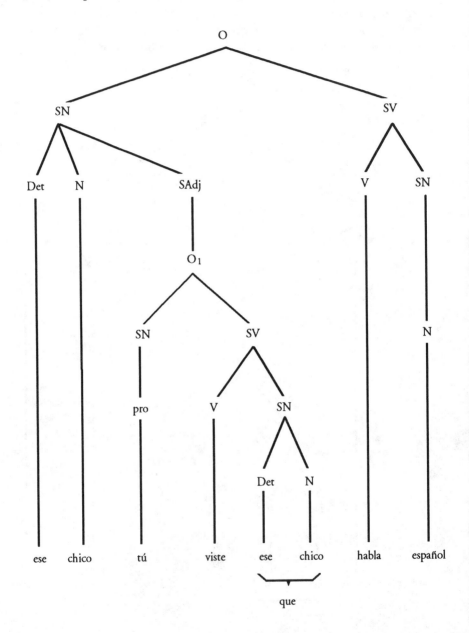

(119) *Complemento indirecto:* El chico **al que diste el libro vende drogas**

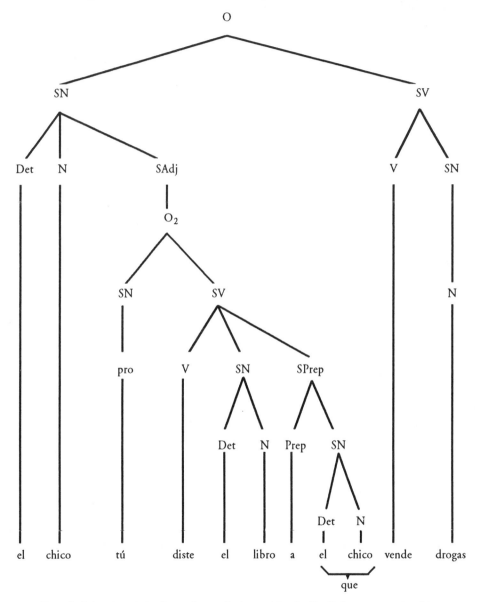

La relativización (120a) resulta en la inserción de ProRel, cuya sustitución por **que** resulta en (120b):

(120) a.   diste el libro a ProRel → diste el libro al que
     b.   el chico / tú diste el libro a ProRel / vende drogas

Finalmente, una transformación de desplazamiento ubica **al que** antes de la subordinada, conectándola con la matriz:

(121) el chico al que diste el libro vende drogas

(122) *Complemento de preposición:*   El chico **con quien hablaste** escribe poemas.

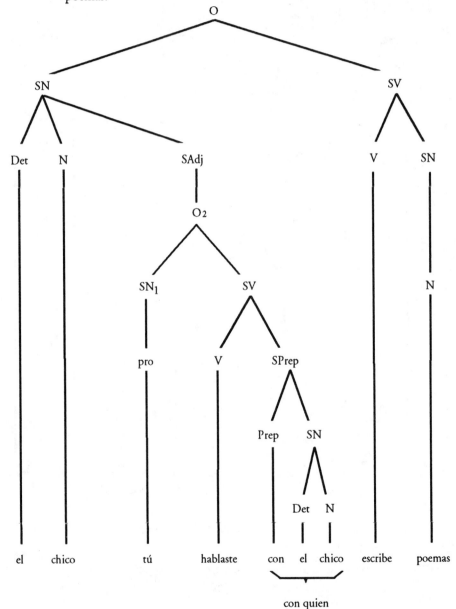

Relativas restrictivas y explicativas

La relativa *restrictiva* (o *especificativa*) contiene información indispensable para la caracterización del sintagma nominal. Por ejemplo, en (123a-123b), la relativa en negrilla contiene información específica acerca del referente del pronombre relativo. En (124a-124b), en cambio, la relativa añade información suplementaria, que explica algo no esencial acerca del referente del pronombre relativo. Estas relativas se llaman *explicativas*.

(123) a. El hombre **que vino ayer** es mi padre.

b. La chica **con quien quieres hablar** no está.

c. Esas personas **que no tienen documentos** tendrán dificultad en cobrar.

(124) a. Aquel hombre, **al que ves cerca de la ventana**, es lingüista.

b. Ese libro, **que dice tales cosas**, es subversivo.

c. La chica de ayer, **que trabaja en el Ayuntamiento**, volverá por la tarde.

Han señalado varios lingüistas[19] que las relativas explicativas funcionan como oraciones parentéticas, cuya función es clarificar algo acerca del referente del sintagma nominal. Esa función parentética queda marcada en el habla por pausas (señaladas por las comas en la escritura). Además, hay diferencias estructurales entre las restrictivas y las explicativas. Por ejemplo, sólo las explicativas pueden ser introducidas por el pronombre **quien** (125a-125b), como

(125) a. Mi hermano, quien/que vive en México, es traductor.

b. *Mi hermano quien vive en México es traductor.

c. Mi hermano que vive en México es pintor.

En (125a), la información esencial es lo que hace mi hermano; la relativa **que vive en México** sólo añade información incidental acerca del SN **mi hermano**. En (125c), la relativa restrictiva **que vive** en **México** explica a cual hermano se refiere el hablante; se puede presumir que haya otro, u otros. Cuando el SN tiene un referente único (**mi padre, mi esposo, Juan**), la relativa modificante tiene que ser explicativa, como (126a-126c); de lo contrario, tenemos una secuencia agramatical, como (126d-126e).

(126) a. Mi padre, a quien conociste ayer, se ha marchado.

        b. Mi esposo, al que conociste ayer, es un vago.

        c. Juan, al que te presenté ayer, es un buen amigo.

        d. *Mi padre al que conociste ayer se ha marchado.

        e. *Mi esposo al que conociste ayer es un vago.

        f. *Juan al que te presenté ayer es un buen amigo.

Como la relativa restrictiva cumple la función de modificar el NP como si fuese un adjetivo, podemos representar la estructura subyacente de (127) por el diagrama en el que la subordinada es generada por un SAdj insertado en aquel NP:

(127) Ese chico que habla inglés escribe poemas.

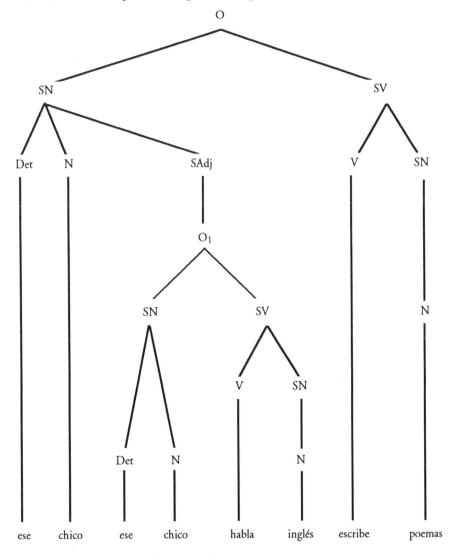

Puesto que la oración parentética se añade a otra como si estuvieran coordinadas, podemos representar la estructura subyacente de la relativa explicativa (128) mediante un diagrama (128a) en el que las dos oraciones aparecen yuxtapuestas. Dicha estructura puede generar una oración compuesta de dos oraciones coordinadas por la conjunción **y**, que se inserta mediante una transformación: **Mi hermano es traductor y vive en México**. Pero hay una alternativa, que consiste en insertar una de las oraciones en el NP de la otra, como en el diagrama (128b). Con esa operación se cumple la condición de tener dos SN idénticos bajo el mismo nódulo, lo cual permite aplicar la transformación de relativización, reemplazándose el SN **ese chico** por **que/quien**.

(128) a. Ese chico, que habla inglés, escribe poemas

b.

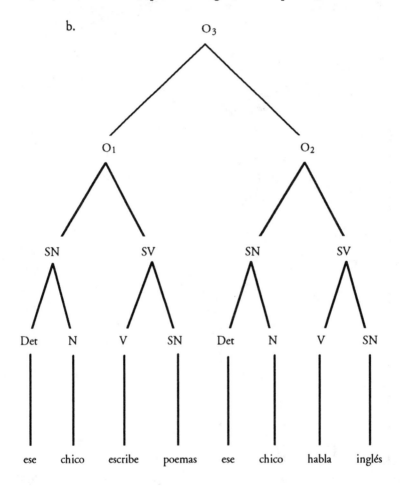

c.

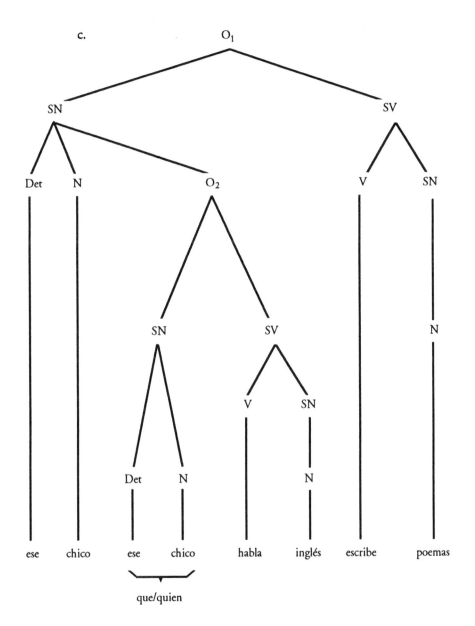

Subordinadas adverbiales

Según hemos visto, el SV puede incluir un sintagma adverbial (SAdv). A su vez, éste puede generar un adverbio (Adv), o un sintagma preposicional (SPrep) o un sintagma nominal (SN). Cualquiera de esos componentes, al hallarse insertado en un sintagma adverbial, funciona como un elemento modificador del verbo.

La oración O_2 generada por el sintagma nominal será subordinada a la principal, en la cual se inserta por una conjunción. Ésta puede ser de varios tipos: de *lugar* (**donde, adonde**), de *tiempo* (**cuando, antes de que**), de *modo* (**como, según, mediante**), *condicional* (**si, por si acaso**), *concesiva* (**aunque**) y otras más (129-131).[20]

(129) a. Juan llegó ayer.

b. Juan llegó mientras yo trabajaba.

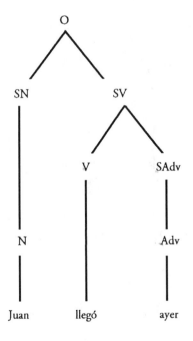

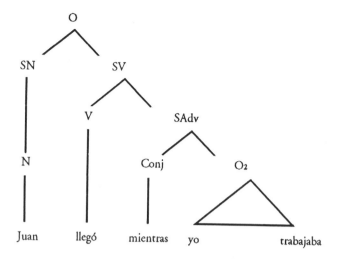

(130) a. Marta duerme allí.
b. Marta duerme donde trabaja.

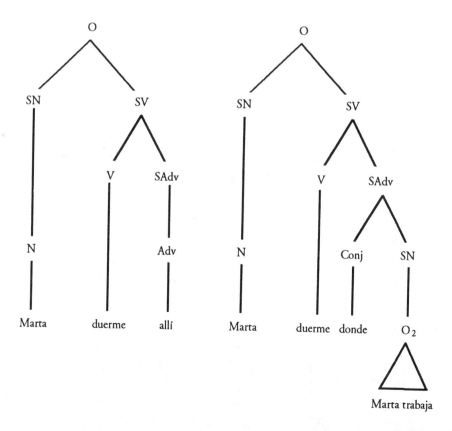

(131) a. Nosotros vendremos aunque él trabaje.
      b. Yo viajaré si tengo dinero.

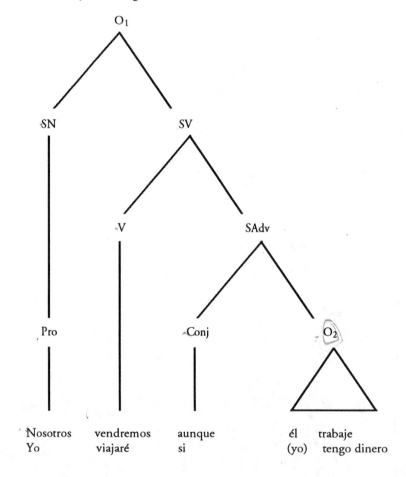

El subjuntivo

Las formas del subjuntivo se caracterizan por ocurrir principalmente en oraciones subordinadas. (Al final de este apartado se tratan los casos del subjuntivo en oraciones sencillas.)

Existe correlación entre la ocurrencia del subjuntivo en la subordinada y ciertas características de la oración matriz. Por ejemplo, en las subordinadas nominales el subjuntivo se correlaciona con verbos o expresiones de mandatos o dudas en la oración matriz (132a–132d). En contraste, el indicativo coocurre con verbos o expresiones que afirman algo o expresiones que describen un hecho (133a–133d):

(132) a. Quiero que trabajes.   (133) a. Sé que trabajas.
       b. Le digo que lo haga.   b. Le digo que lo hace.
       c. Dudo que venga.   c. Sé que viene.
       d. Es posible que esté.   d. Es verdad que está.

El subjuntivo en una subordinada adjetiva suele correlacionarse con un referente hipotético en el sintagma nominal de la matriz (134a-134b); en cambio, cuando el sintagma nominal de la matriz tiene un referente real, se usa el indicativo en la subordinada (135a-135b):

(134) a. Todavía se busca una medicina que cure esa tos.
       b. Todavía se busca la medicina que cure esa tos.

(135) a. Han inventado una medicina que cura esa tos.
       b. Han inventado la medicina que cura esa tos.

Las subordinadas adverbiales *condicionales*, introducidas por la conjunción **si**, expresan una condición para que se realice lo que dice la oración matriz. En los ejemplos (136a-136c), el indicativo señala una condición realizable; en las oraciones (137a-137c), en cambio, el subjuntivo coocurre con una condición hipotética o irreal. Una peculiaridad de las condicionales hipotéticas es que admiten formas del imperfecto, pero no del presente de subjuntivo. Sin embargo, algunos informantes centroamericanos y mexicanos aceptan oraciones como (136d).

(136) a. Salimos/saldremos contigo si tenemos tiempo.
       b. Te presto el libro si me lo devuelve Juan.
       c. Si gano la elección, te nombraré ministro.
       d. ? Si tenga tiempo voy a verlo.

(137) a. Saldríamos contigo si tuviéramos tiempo.
       b. Te prestaría el libro si me lo devolviera Juan.
       c. Si ganara la elección, te nombraría ministro.

Se nota el contraste real/hipotético en las subordinadas concesivas (138a-138c), introducidas por la conjunción **aunque** (o por expresiones como **aun cuando** o **a pesar de**):

(138) a. Aunque tiene [= real] mucho dinero, no paga sus cuentas.
       b. Aunque fuera gratis [= hipotético] no me interesaría.
       c. Lo compré, a pesar de que el precio me parecía excesivo.

En las subordinadas no condicionales de modo (139a-139c), de lugar (140a-140c), y de tiempo (141a-141c), el subjuntivo corresponde a una circunstancia hipotética, y el indicativo, a una circunstancia real:

(139) *Modo*:
- a. Lo hago como me da la gana.
- b. Lo hago como me dé la gana.

(140) *Lugar*:
- a. Lo hago donde me da la gana.
- b. Lo hago donde me dé la gana.

(141) *Tiempo*:
- a. Lo hago cuando me da la gana.
- b. Lo hago cuando me dé la gana.

Los lingüistas se han planteado dos cuestiones importantes. La primera es si es posible postular una explicación única para todas las manifestaciones del subjuntivo. La segunda es si dicha explicación implica necesariamente la presencia o ausencia de algún rasgo identificable, sea en la oración matriz, sea en la oración subordinada.

Las propuestas de una explicación única no han logrado un consenso general, y como los criterios sugeridos varían, la cuestión no puede considerarse resuelta.[21] Se han postulado rasgos sintácticos o semánticos de la estructura de la oración matriz. Por ejemplo, según una propuesta,[22] el contraste indicativo/-subjuntivo en oraciones como (142-143) se explica mediante los rasgos [+optativo] (que exige el subjuntivo) y [±dubitativo] (que puede o no exigirlo, y que tiene que ver con características semánticas como volición o intención), respectivamente:

(142) a. Quiero que venga.   [+optativo]
     b. No quiero que venga.   [–optativo]

(143) a. Dudo que venga.   [±dubitativo]
     b. No dudo que venga.   [±dubitativo]

Se ha señalado en las propuestas más recientes una tendencia a interpretar el subjuntivo como recurso para señalar *presuposiciones*,[23] las cuales pueden reflejarse en los componentes de la oración matriz. Por ejemplo, en **Quiero / ruego / dudo / puede / es posible que Juanito venga** la elección entre el indicativo o el subjuntivo implica un elemento semántico interpretable como una formalización de la actitud del hablante, o de lo que éste presupone acerca de lo que hará Juanito. Pero si el contraste entre los valores del rasgo [optativo] es evidente en los verbos **saber/mandar** en (144a-144b), en cambio en (145a-146b) la elección entre el indicativo y el subjuntivo sugiere distintos valores léxicos, como entre **decir** 'declarar' y **decir** 'ordenar' (145a-145b).

(144) a. Sé que viene.   [−optativo]
     b. Mando que venga.   [+optativo]

(145) a. Digo que venga.   [+optativo]
     b. Digo que viene.   [−optativo]

Asimismo, (146a) expresa un mandato atenuado (**sugerir** = 'pedir cortésmente'), mientras que en (146b) el hablante señala, también cortésmente, que ha habido un error (**sugiero** = 'creo').

(146) a. Sugiero que Pablo venga mañana.
     b. Sugiero que Pablo ha cometido un error.

Es la misma actitud de cortesía la que explica el empleo del subjuntivo por un editor en comentarios a un texto:

(147) a. Da la impresión de que hiciera falta texto aquí.
     b. Parece faltara un verbo.

Finalmente, la explicación en términos de la actitud del hablante resulta satisfactoria en el caso del subjuntivo en oraciones sencillas, que incluyen ítemes léxicos específicos como **tal vez, ojalá, quizás**[24] (148a–148d), o construcciones idiomáticas (148e-148f), o formas de cortesía también idiomáticas (148g):

(148) a. **Ojalá** (que) venga mañana.
     b. **Quizás** llegue a tiempo.
     c. **Tal vez** llegue temprano.
     d. **¡Quien supiera** la respuesta!
     e. **¡Ojalá** viniera mañana!
     f. **Quisiera** hacerle una pregunta.
     g. **Quisiéramos** que nos diera un plazo.

Se trata de expresiones frecuentes pero sintácticamente anómalas, es decir, idiomáticas. Desde luego, es posible analizar tales oraciones en terminos de rasgos como [+optativo] (148a), [+dubitativo] en (148b-148c), o [+hipotético] (148d-148e). Sin embargo, parece más pertinente el hecho de que todas esas construcciones reflejan una actitud del hablante. Lo mismo se puede decir del uso idiomático de **quisiera** como un equivalente cortés de **quiero**.

La idiomatización de ciertos usos del subjuntivo sugiere una tendencia —compartida con otras lenguas románicas— hacia una disminución de su uso que pudiera, a la larga, causar su desaparecimiento. Algunas formas, como el pluscuamperfecto en condicionales hipotéticas (**si yo hubiese/hubiera sabido, lo habría hecho**) tienen una frecuencia de uso baja, y pueden ser reemplazadas por la construcción *de* + *infinitivo* (**de haberlo sabido, lo habría hecho**). Otras formas arcaicas, como el futuro (**hablare, hablares, hablare, habláremos,**

hablareis, hablaren) quedan restringidas a frases hechas en las que se reemplazan fácilmente por el presente (**sea lo que fuere** = **sea lo que se; venga lo que viniere** = **venga lo que venga**) o a usos específicos, como el lenguaje jurídico, como se ve en estos ejemplos citados del Artículo 59 la Constitución Española de 1978:[25]

(149) a. Cuando el Rey **fuere** menor de edad, el padre o la madre del Rey ... entrará a ejercer inmediatamente la Regencia;

       b. Si el Rey se **inhabilitare** para el ejercicio de su autoridad ... entrará a ejercer inmediatamente la Regencia el Príncipe heredero de la Corona, si fuere mayor de edad.

       c. Si no **hubiere** ninguna persona a quien corresponda la Regencia, ésta será nombrada por las Cortes Generales.

Los ejemplos siguientes ilustran la tendencia a reemplazar el subjuntivo por formas del indicativo en la lengua hablada:

(150) a. Si me **he quedado** [= hubiese quedado] un día más, me **agarra** a mí el temblor [= me **habría agarrado**]

       b. Si tenía [= hubiera tenido] tiempo, te visitaba [= habría visitado] en el hospital, pero no pudo ser.

       c. Hombre, no, pensé que si te llamaba [llamara] tan temprano a lo mejor te despertaba [despertaría] y no quise...

       d. No, es que si empezábamos a hablar de lunfardo entonces sí que no hacíamos nada, no terminábamos el **report**.[26]

SUMARIO

La sintaxis trata de la estructura de las oraciones. Las relaciones entre los términos de la oración se expresan mediante *recursos sintácticos*, como la concordancia, el orden de las palabras, las palabras gramaticales y la información sintáctica inherente a cada palabra.

En el análisis de las oraciones se usan *reglas sintagmáticas* (A → B) y *diagramas arbóreos*. Se utilizan como datos en el estudio de la sintaxis tanto los enunciados como los juicios de los hablantes nativos sobre los mismos. Las reglas sintagmáticas incluyen como componentes los *sintagmas:* nominal (SN), verbal (SV), adjetival (SAdj), adverbial (SAdv) y preposicional (SPrep). Éstos a su vez se realizan mediante nódulos como determinante (Det), sustantivo (N), adjetivo (Adj), verbo (V), o preposición (Prep), en los cuales son insertados los morfemas que componen una oración. La secuencia terminal de dichos morfemas constituye la *estructura subyacente*, sobre la cual operan las *transforma-*

ciones. Éstas son procesos que añaden, eliminan, reemplazan o trasladan aquellos elementos, y su aplicación permite que la misma estructura subyacente se realice como una o más *estructuras superficiales*. Algunas de las transformaciones más comunes son la inserción de la **a** personal, la *pronominalización* (sustitución de un SN por un pronombre), la *relativización* (sustitución de un SN por un pronombre relativo), la *tematización* (desplazamiento de un sintagma hacia el principio de la oración, para señalar que se trata del tema de la oración).

Se han analizado diversas clases de oraciones (reflexivas, sin sujeto, con el pronombre indeterminado **se**, negativas e interrogativas). Además, las oraciones pueden ser *simples* (un solo SV) o *complejas* (dos o más SV). Las oraciones complejas pueden ser *coordinadas* (oraciones conectadas por una conjunción coordinativa) o *subordinadas* (una oración insertada en otra, llamada *matriz*). Se clasifican las subordinadas en *nominales* (equivalentes a un SN), *adjetivas* (equivalentes a un SAdj y a su vez clasificadas en *restrictivas* o *explicativas*) o *adverbiales* (equivalentes a un SAdv).

La ocurrencia de las formas del subjuntivo en oraciones subordinadas se relaciona con ciertas características de la oración matriz. Los criterios para explicar la ocurrencia del subjuntivo no han logrado el consenso general, y hay en las propuestas más recientes una tendencia a interpretar el subjuntivo como recurso para señalar *presuposiciones* por parte del hablante.

Práctica

A. *Identifique los sintagmas nominales, verbales, adverbiales y preposicionales.*

Ejemplo: Pablo vino ayer con Juan.
Pablo: SN, vino: SV, ayer: SAdv, con Juan: SPrep.

1. Yo salgo mañana.
2. Tu hermano viene por la carretera.
3. Marta y yo salimos a las cuatro.
4. Aquel jefe es un tirano.
5. Vivimos en la tercera casa a la derecha

B. *Clasifique los sintagmas siguientes (SN, SV, SAdv, SPrep) y haga los diagramas correspondientes, señalando las categorías sintácticas (N, Det, Pro, Art, Dem, o Pos).*

Ejemplo: Una chica
             SN: una chica; Det, Art: una; N: chica

1. un muchacho   *SN: det, art: una; N: chica*
2. esta chica   *SN*
3. mi amiga   *SN*
4. vive aquí   *SV*
5. sale temprano   *SV*
6. con nosotros   *SP*
7. de la esquina   *SP*
8. para la casa   *SP*
9. con su hermano   *SP*
10. en el bar   *SP*

C.   *¿Qué anomalías se nota en la concordancia verbal de las oraciones siguientes?*
     ¿Cuáles son gramaticales? ¿Cuáles no lo son, y por qué?

Ejemplo: *Juan salieron; agramatical porque el verbo no concorda con
             el SN sujeto

1. Tú y yo vais al cine. *= que ej*
2. La mayoría llegaron tarde.
3. Yo y usted trabajan demasiado
4. Casi todo el regimiento ha llegado, y están muy cansados.
5. Algunos alumnos fueron al museo, pero el resto se fueron a sus casas.

D.   *Escriba las reglas de estructura sintagmática capaces de generar los sintagmas*
     siguientes.

Ejemplo: la casa
             O   → SN
             SN   → Det N
             Det   → la
             N   → casa

1. el chico
2. un chico
3. habló

4. nosotros

5. mi amigo

6. para la chica

7. con nosotros

8. compró el azúcar

9. yo y tú

10. entre tú y yo

E. *¿Qué función sintáctica tienen los sintagmas preposicionales en las oraciones siguientes?*

Ejemplo: Lo pegó con el bastón
R: complemento de instrumento

1. Salió con el padre.

2. Lo compró con su dinero.

3. Viene por la tarde.

4. El autocar parte del aeropuerto.

5. El caballo venía por el campo.

F. *Identifique los sintagmas y determine cuántas oraciones gramaticales diferentes se pueden formar, variando el orden de los sintagmas en las oraciones siguientes.*

Ejemplo: Pablo llegó temprano.
Pablo llegó temprano.
Temprano llegó Pablo.
Tempano Pablo llegó.
Llegó Pablo temprano.
Llegó temprano Pablo.

1. Ayer llegaron tres amigos en un coche azul.

2. Los sintagmas son unas estructuras importantes de la oración.

3. En el bar de la calle Mayor se encontraban tres funcionarios del Ayuntamiento.

G. *Haga los diagramas correspondentes a la estructura subyacente de las oraciones siguientes:*

1. Nosotros compramos la casa ayer.
2. Mi hermano vendrá esta noche.
3. Llegamos a la capital por la noche.
4. Ahora bailarán Paco y Macarena.
5. Salieron de la ciudad aquellas chicas.

H. *Cada una de las oraciones siguientes tiene una característica agramatical. Identifíquela y diga qué hay que hacer para corregirla.*

Ejemplo: *Miró la secretaria y la saludó.
             El SN **la secretaria** requiere la **a** personal

1. Pablo quejaba de que no le dejaban trabajar.
2. Lo dimos los billetes a Antonio.
3. Llovieron demasiado anoche.
4. Todavía no hemos visitado Rebeca.
5. Ha escritas varias novelas

I. *Haga el diagrama correspondente a cada una de las oraciones.*

Ejemplo: Juana salió.

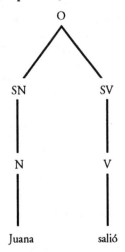

1. Pablo compró un coche.
2. Tú compraste la revista en el quiosco.
3. Pablo leyó el diario por la tarde.

4. Marta es de Barcelona.

5. Pablo mira a Marta.

J. *Las oraciones siguientes son ambiguas. Escriba una paráfrasis de cada una de sus posibles interpretaciones y dibuje el diagrama correspondiente.*

Ejemplo: Juana y la vecina hablaban sobre el muro.
                (i) Hablaban acerca del muro.
                (ii) Estaban sobre el muro cuando hablaban.

1. Le compró un coche a Rita.

2. Las chicas se miraron en el espejo.

3. Pablo le entregó a Juanita el retrato de su madre.

4. Paco decidió hacerlo en el piso.

5. No podría alabarla demasiado.

6. Se rompieron los cristales a las doce.

7. Me trajo un sombrero y unos zapatos pasados de moda.

8. Flotando en el río, vi un barquito blanco.

9. Su hermano me dio su libreta.

10. El arquitecto vino por la escalera.

K. *Explique la diferencia entre las oraciones de cada grupo:*

Ejemplo: a. Se ha casado la hija.
               b. Se ha casado a la hija.

               En (a) el SN **la hija** es el sujeto y **se** es un pronombre reflexivo. En (b) el SN **la hija** es el complemento directo, introducido por la **a** personal, y **se** es un pronombre indeterminado.

1. a. Se llamaba García.

     b. Se llamaba a García.

     c. Se llamaban García.

2. a. Llamaron Gutiérrez y Silva.

     b. Llamaron a Gutiérrez y Silva.

     b. Llamaron a Gutiérrez y a Silva.

3. a. ¿Qué hay para comer, pescado?

   b. ¿Qué hay para comer, mamá?

L. *Dé la versión original de las siguientes oraciones tematizadas y explique las transformaciones correspondientes.*

1. Ayer por la tarde, la visitó Romeo a Julieta.

2. Ese pañuelo, me lo regaló una amiga mexicana.

3. A ese político, lo entrevistan todos los periódicos.

4. Lo trajo por la tarde Pablo.

M. *Explique por qué son agramaticales las frases siguientes y escriba la versión correcta.*

Ejemplo: *Juan y Mariana llegaron la tarde.

          R: Falta la preposición: Juan y Mariana llegaron por la tarde.

1. *¿Por qué no trajiste Juan a la fiesta?

2. *Por la noche llegó Matilda y Mariano.

3. *Necesito que ustedes me dan los billetes.

4. *Juan dice que Julieta vino mañana.

5. *Quieren ustedes sentarte aquí?

N. *Haga los diagramas correspondentes a la estructura subyacente de las oraciones siguientes y señale qué transformaciones se requieren para generar la representación superficial.*

1. Él vio la película.

2. Maruja compró aquellos pañuelos.

3. Leíamos los libros.

4. Compré muchos libros y un magnetofón.

5. El anciano casó a su hija.

O. *En castellano la preposición viene necesariamente delante de la palabra que modifica, pero en inglés puede desplazarse hacia el final del enunciado:*

a.   ¿Para qué quieres eso? vs. ***For what do you want that?***

b.   *Qué quieres eso para? vs. ***What do you want that for?***

1. *Describa informalmente la regla que rige el movimiento de la preposición en inglés.*

2. *¿Cómo se podrían explicar los siguientes errores, cometidos por estudiantes de español anglófonos?*

   a. *¿Conoces la casa que ellos viven en?

   b. *Este es el puente que nosotros pasamos por.

P. *Explique la función sintáctica del pronombre **se** en las frases siguientes.*

   1. Marta se hirió por descuido.
   2. Juana y Paquita se saludaron.
   3. Se alquilan coches aquí.
   4. Margarita se compró una moto roja.
   5. Ustedes se quejan demasiado.
   6. La iglesia se hallaba en la Plaza de Armas.
   7. Se come bien en ese restaurante.

Q. *En las oraciones siguientes, identifique las frases coordinadas y las subordinadas.*

   1. Los coches chocaron violentamente cuando los conductores perdieron el control.
   2. Los conductores perdieron el control y los coches chocaron violentamente.
   3. El conductor que murió fue llevado al hospital y el que causó el accidente fue arrestado.

R. *Identifique las oraciones adjetivas restrictivas y las relativas.*

   1. La señora que vive en Oaxaca es profesora.
   2. Mi amigo Carlos Felipe, que es un poeta famoso, vive en Brasil.
   3. Mi amigo que vive en Brasil es un poeta famoso.
   4. Llegó anteayer el profesor Dimas, que enseña literatura.
   5. Llegó anteayer el profesor que enseña literatura.

S. *Haga los diagramas correspondientes a la estructura subyacente de las oraciones siguientes y señale qué transformaciones se requieren para generar la representación superficial.*

1. Juan dio el dinero al hijo.
2. Marta me prestó.
3. Le alquilé el piso a Pilar.
4. Hizo la pregunta a los profesores.
5. Me ofrecieron el puesto.

T. *Haga los diagramas correspondentes a la estructura subyacente de las oraciones siguientes y señale qué transformaciones se requieren para generar la representación superficial.*

1. Sé que Marta trabaja aquí.
2. Nosotros rogamos que usted nos ayude.
3. Tú dices que quieres el libro.
4. Juanito llora cuando sale el padre.
5. Mi hijo pregunta dónde trabajo.

U. *Haga los diagramas correpondientes a la estructura subyacente de las oraciones siguientes y señale qué transformaciones se requieren para generar la representación superficial.*

1. La chica que conociste ayer habla alemán.
2. Pablo platicaba con la chica que habla almeán.
3. Esa es la carretera por la cual llegamos al pueblo.
4. El perro que comió las galletas que compraste pertenece al vecino.
5. La chica se peinaba delante del espejo.

PRINCIPALES FUENTES CONSULTADAS

Sintaxis española en general: Bernal Leongómez 1982, Hadlich 1971, D'Introno 1979, Gili Gaya 1972, Gutiérrez Araus 1978, Whitley 1986; *se indeterminado*: Lozano 1970; subjuntivo: Bolinger 1974, 1976, Lozano 1972, 1975, Terrell y Hooper 1974.

SUGERENCIAS PARA LECTURAS

Para la información gramatical indispensable al estudio de la sintaxis, consúltense Espinosa y Wonder 1976, Solé y Solé 1977 y Spinelli 1990; en Stockwell, Bowen y Martin 1965 se presentan contrastes de estructuras sintácticas españolas e inglesas; los Capítulos 6-11 de Whitley 1986 incluyen mucha información y ejemplos, además de ejercicios.

NOTAS

1   Nebrija 1926:115.

2   Los subscritos identifican términos idénticos ($N_1 = N_1$) o distintos ($N \neq N_1$).

3   Ciertos homónimos se distinguen por la presencia o ausencia del rasgo [+plural]: **gafa/gafas** 'tenaza para suspender pesos' tiene formas singular y plural regulares, mientras que **gafas** 'anteojos' es morfológicamente marcado [+plural]. Véase Prado 1989.

4   Otra solución consistiría en presentar el verbo en infinitivo (D'Introno 1979:33).

5   Se adopta el modelo tradicional de la gramática generativa para que los principiantes puedan familiarizarse con el concepto de transformación.

6   Para facilitar la presentación, representamos las estructuras subyacentes con palabras completas en vez de morfemas. Se sobrentiende que el arreglo morfológico (incluso la concordancia) tiene lugar al final de la generación de la estructura subyacente.

7   La posición enclítica del pronombre átono, es decir, después de una forma verbal flexionada que no sea el imperativo (**diole, cómprase**) era común en castellano antiguo y todavía se encuentra en escritos literarios o periodísticos, pero virtualmente ha desaparecido de la lengua hablada.

8   Alonso 1962:431.

9   Véase King 1984.

10   También se usa el término *topicalización*, de **tópico** (= tema).

11   Sobre otra interpretación de las oraciones con los verbos impersonales **haber** y **hacer**, véase Suñer 1982:340-359.

12   Se nota una tendencia, sobre todo en el lenguaje periodístico, a usarla con ciertos verbos que normalmente toman un complemento indirecto, como **preguntar**, p. ej. **Preguntaron al ministro si iba a haber una huelga** → **El ministro fue preguntado si...** No todos los informantes aceptan esta práctica.

13   El análisis del **se** indeterminado presentado aquí recoge los argumentos esenciales de Lozano 1970.

14   Una oración como **Se pasta bien en esta cafetería** es gramatical si la interpretamos figuradamente, como un comentario ya sea sobre la calidad de la comida, o sobre los modales de los clientes.

15   No hay un consenso general sobre la aceptabilidad de oraciones como
     a.   Se construyeron los acueductos por los romanos.
     b.   Se compraba a los esclavos por los terratenientes.
Algunos hablantes las rechazan, alegando que el **se** indeterminado y el agente explícito son incompatibles. Para otros, el **se** indeterminado puede venir con **por** + **SN** si la acción se ejerce sobre un sustantivo que tiene un referente [-animado] y [-humano], como en (Ia), pero no en (Ib). Otros, sencillamente, las rechazan por "forzadas" o porque "no suenan naturales." De todos modos, es una construcción poco usual, sobre todo en el lenguaje hablado (algunos informantes la consideran muy literarias). Quizá la explicación sea considerarlas el resultado de una mezcla sintáctica entre la construcción con el **se** indefinido y la pasiva: **se construyó el edificio** + **el edificio fue construido por los inmigrantes** → **se construyó el edificio por los inmigrantes**.

16   El empleo de la tercera persona singular no impide que el **se** indeterminado se refiera al hablante, por una convención de cortesía o de modestia:
     a.   —¿Quiere un pitillo?
     —Se agradece.
     b.   —Este informe lo ha escrito usted muy bien.
     —Gracias. Se hace lo posible.

17   Tradicionalmente llamados *adverbios interrogativos.*

18   En la mayoría de las variantes se aplica la transformación de desplazamiento del sujeto, de modo que la secuencia **dónde tú vives** genera **¿Dónde vives tú?** (y, eliminándose el sujeto, **¿Dónde vives?**). Pero en algunas modalidades, como la cubana, puede mantenerse el orden sujeto + verbo: **¿Dónde tú vives?**

19   Véase Hadlich (1971:136) y Espinosa y Wonder (1976:108).

20   Se suele distinguir las *conjunciones* sencillas como **cuando, donde, como**, etc., y las *locuciones conjuntivas,* formadas de dos o más palabras (**después que, por si acaso**), pero unas y otras tienen la misma función sintáctica.

21   Whitley (1986:117-129) presenta un elucidador resumen del debate sobre los criterios necesarios. Cómo ejemplos de formulaciones unitarias, véase particularmente los artículos de Bolinger 1974, 1976 y Bergen 1978. Lozano 1972, 1975 defiende la necesidad de sólo dos rasgos, [optativo] y [dubitativo]. Espinosa y Wonder 1976 postulan dos rasgos semánticos, a saber [actitud], para las subordinadas nominales, y [específico] para las adjetivas y adverbiales. Véase también Bell 1980, Takagaki 1984, Reider 1990.

22   Lozano 1972, 1975.

23   Whitley 1986:128.

[24] Aunque **ojalá** viene de la expresión árabe **ua xa illah** 'quiera Dios,' y **quizás** deriva de la expresión latina **quis sapit** 'quien sabe,' no se trata, en español contemporáneo, de oraciones, sino de formas lexificadas.

[25] Javier Hervada y José M. Zumaquero, *Textos Constitucionales Españoles* (1808-1978). Pamplona: Ediciones Universidad de Navarra, 383-384.

[26] Ejemplos: (150a) de Lope Blanch (1972:146); (150b-150d), de conversaciones grabadas.

6

Semántica:
el significado de las palabras
y oraciones

---

*...las palabras fueron halladas para dezir lo que sentimos, y no, por el
contrario, el sentido a de servir alas palabras.*

Nebrija[1]

Al ser el lenguaje un sistema comunicativo, a los lingüistas les interesa saber
cómo los enunciados albergan y trasmiten contenidos significativos. El éxito de
la comunicación depende de que haya una adecuación entre lo que se quiere
decir y lo que se dice, y asimismo entre lo que dice uno y lo que entiende e
interpreta su interlocutor. Depende, en fin, de que ambos asignen esencialmente
la misma interpretación a cada enunciado.

Se plantea entonces la cuestión: ¿En qué consiste el significado de una
forma lingüística? Aunque no haya un consenso general, ciertos conceptos sí han
logrado suficiente aceptación como para caracterizar los temas y métodos de la
semántica, el estudio del significado.[2]

241

Signos y significado

La semántica se ocupa de los *signos* lingüísticos, definidos como una combinación de *significante y significado*. El *significante*, o forma lingüística, es una secuencia de fonemas que forman los morfemas y las palabras. El *significado*, a su vez, es la relación entre el significante y su referente. La necesidad de que concurran significante y significado se revela en palabras hipotéticas como *sifu, *pulunear o *maróvel. Aunque formadas según las reglas fonológicas de la lengua, son formas desprovistas de significado, y por lo tanto, no constituyen signos.

Pero si alguien inventa un artilugio electrónico y lo llama **maróvel**, o si los miembros de una tertulia deciden emplear la palabra **pulunear** con el sentido de 'decir la verdad simulando que se miente,' o si los socios de la Sociedad Internacional de Fabricantes de Utopías se autodenominan **sifus**, aquellas formas adquirirán sendos referentes y pasarán a la categoría de signos.

Dicho de otra manera, las secuencias de fonemas constituyen signos cuando encierran significados, los cuales pueden ser los más diversos, como por ejemplo:

— *entidades extralingüísticas tangibles:* objetos o personas;

— *entidades extralingüísticas intangibles:* sonidos, colores, olores;

— *seres imaginarios:* unicornios, dragones, los Reyes Magos, la Dama del Alba;

— *conceptos teóricos:* punto, esfera, línea, la raíz cuadrada de -1, fonema, sintagma;

— *conceptos abstractos:* felicidad, racismo, patriotismo;

— *acciones:* matar, correr, dibujar, hablar, patalear;

— *procesos:* secar, morir, dormir, despertar, digerir;

— *atributos:* belleza, honradez, impenetrabilidad;

— *características:* bello, triste, cobarde, optimista.

El significado y el diccionario

Si don Mariano le pregunta a su mujer, mientras hace un crucigrama: **¿Qué quiere decir 'esposo,' con siete letras?** y ella le contesta, **cónyuge**, la respuesta puede ser correcta, pero "cónyuge" no es el significado de "esposo," sino un *sinónimo*, es decir otra palabra que tiene el mismo referente.

Supongamos que al buscar en el diccionario una palabra desconocida digamos **ornitorrinco**, yo encuentre lo siguiente:

(1) ORNITORRINCO. Mamífero del orden de los monotremas de Australia, cuyo hocico prolongado y córneo se parece al pico del pato (*Pequeño Larousse Ilustrado*. Paris, 1964).

Con la ayuda de algunos conocimientos de zoología (indispensables para comprender el significado de **mamífero, orden, monotrema, hocico** y **córneo**), entiendo de qué animal se trata (y si el diccionario es ilustrado, me hago una idea del aspecto que tiene).

Pero "mamífero..., etc." no es el significado, sino la definición de **ornitorrinco**, que en cierto modo es una manera abreviada de decir todo aquello. De esta manera, **ornitorrinco** constituye un *signo*, definido por la relación entre el significante /ornitorínko/ y la información disponible acerca del simpático animalejo.

El proceso de "buscar el significado" de una palabra en el diccionario es práctico pero no siempre satisfactorio. Supongamos que al buscar **chirimía**, yo encuentre 'instrumento músico de madera bastante parecido al clarinete.' Si no sé qué es un clarinete, lo busco a su vez, encuentro 'instrumento músico de viento, de llaves,' y quizás las cosas se aclaren. Pero si no tengo una idea muy clara de qué es un 'instrumento de viento' o un 'instrumento de llaves,' el significado de 'chirimía' sigue eludiéndome.

Esto no quiere decir que los diccionarios sean inútiles, sino que existen para quienes ya tienen cierto conocimiento del idioma y de la cultura que expresa. Por eso, muchos diccionarios se valen de recursos adicionales, como las ilustraciones y los ejemplos de uso. Además, la redundancia o circularidad de sus definiciones se destina a ayudar al usuario. Los diccionarios bilingües tienen otra función, que es la de emparejar vocablos de un idioma con sus equivalentes semánticos en otro.

No hay duda de que, por su papel como repositorios del léxico del idioma, los diccionarios ocupan un lugar importante en la vida intelectual de las sociedades alfabetizadas, en donde su papel se transparenta en la expresión "consultar **el** diccionario" (en vez de **un** diccionario), como si existiera solamente uno, o como si todos estuvieran de acuerdo. Hay incluso quienes llegan a la exageración de referirse "al" diccionario como si fuera un código de leyes que debiesen ser acatadas sin discusión. Pese a su importancia, sin embargo, los diccionarios tienen diversas limitaciones.

① Ningún diccionario puede incluir todo el léxico de la lengua. En efecto, muchas palabras de uso corriente —no necesariamente soeces— nunca llegan a constar en cualquier diccionario. La creación de palabras para atender a las necesidades expresivas es un proceso activo, y aunque fuese posible —o deseable— colectar todos los vocablos del idioma en un solo diccionario, ya muchas voces nuevas habrían sido creadas al publicarse éste.

② Además, los diccionarios no incluyen necesariamente todas las acepciones o significados de cada palabra, sino sólo las que sus compiladores consideran más importantes. Esto es explicable, no sólo porque hay limitaciones de espacio y de coste, sino porque los diccionarios suelen compilarse teniéndose en cuenta las presuntas necesidades de determinados grupos de usuarios: estudiantes, lectores en general, o especialistas en diversas actividades. Consecuentemente, a menudo se excluyen de los diccionarios de uso general acepciones arcaicas, regionales, locales, populares, o restringidas a ciertos grupos de hablantes. Las jergas —es decir, los vocablos y expresiones relacionados con las profesiones o actividades— no se incluyen en muchos diccionarios, y asimismo a menudo se omiten palabras y expresiones consideradas de mal gusto, aunque éstas, sin ninguna duda, hacen parte íntegra del léxico de la lengua.

Clases de significado

Los idiomas incluyen palabras compartidas por todos los hablantes, como **casa**, **libro**, **agua** y tantas más, que constituyen el léxico común. Otros vocablos tienen significados compartidos por sólo algunas comunidades de habla. Las *jergas* o terminologías profesionales o grupales son un ejemplo de cómo parte del vocabulario puede limitarse a ciertos grupos de hablantes, uniendo a sus miembros y excluyendo a los demás. El conocimiento y uso del vocabulario específico del grupo señala que se conoce a éste suficientemente o que se pertenece a él. Los vocabularios especializados como las jergas o argots secretos actúan como contraseñas o llaves de acceso al grupo, y al constituir un lenguaje de iniciados, no se espera que sea utilizado por los que no lo son.

El significado puede ser *literal*, si las palabras se interpretan por su valor referencial, o *figurado*, si tienen un valor comunicativo simbólico. Por ejemplo, en cierto momento histórico la expresión **hay moros en la costa** literalmente alertaba de la presencia de barcos árabes enemigos en la costa española, pero hoy se usa figuradamente, para señalar la presencia de personas de las que uno no se puede fiar. El significado *referencial* (también llamado *cognitivo* o *denotativo*), es el nexo fundamental entre el signo y el referente. Por ejemplo, el significado referencial de **mesa** es determinado tipo de mueble, con una superficie plana, un número variable de patas, y que sirve para unas funciones específicas (comer, jugar a los naipes, etc.).

No siempre nos damos al trabajo de precisar el significado referencial de las palabras que usamos a diario, como los términos que designan conceptos ideológicos: **racista, demócrata, republicano, liberal, amor, democracia.** Sin embargo los empleamos, aunque su significado secundario, o *connotación*, les colorea el significado referencial, dificultando su empleo puramente denotativo. En ciertas regiones de Hispanoamérica, por ejemplo, palabras como **indio** o **madre** tienen connotaciones negativas, y por eso se prefiere **indígena** o **mamá.** La expresión tradicional **descubrimiento de América**, ha sido criticada por quienes creen que connota una perspectiva eurocéntrica (desde el punto de vista de los nativos, América ya se hallaba descubierta), y por eso prefieren referirse al **viaje de Colón en 1492.**

Como el significado connotativo guarda estrechas relaciones con el contexto social, algunos autores hablan de *significado social*. Éste varía según la época y las condiciones de la sociedad. Por ejemplo, el término **chicano** tenía hasta los años sesenta connotaciones negativas que luego se volvieron positivas al identificarse con el orgullo étnico de los méxico-norteamericanos. Expresiones como **cosa de hombres** o **cosa de mujeres** tienen connotaciones positivas o negativas según quiénes y dónde se usan. También varían los términos de referencia a la pareja: en España es normal que un hombre se refiera al cónyuge como **mi mujer** o (un poco más formalmente) **mi esposa; la jefa** sugiere una condición social no muy alta; **mi media naranja** y **mi costilla**, familiaridad o humor; **mi señora**, formalidad o —para algunos— cierta pretensión social. En cambio, el término **cónyuge** (morfológicamente masculino pero aplicable tanto al marido como a la mujer) difiere de los anteriores por su significado *estilístico* formal. Mientras que nadie diría **Quiero presentarte a mi cónyuge**, es perfectamente normal encontrar este término en un contexto formal, como por ejemplo, en una ficha de identificación (**Nombre del cónyuge: _____**).

Figura 6.1

SIGNIFICADOS ESTILÍSTICOS DE *CASA* Y TÉRMINOS AFINES

	Contexto	**Uso**
casa	(genérico)	¿Por qué no vamos a mi casa?
hogar	(afectivo)	Es un placer estar en su hogar.
nido	(afectivo)	Después de la boda, los recien casados se fueron a su nuevo nido.
casita	(afectivo)	Me encanta tu casita.
casucha		¿Qué te parece mi casucha?
cabaña	(familiar, irónico)	Ahí tienes mi cabaña.
mansión		Ahí está mi mansión.
residencia	(formal, burocrático)	Tiene residencia/domicilio en la domicilio calle de Alcalá, 32.
morada	(algo formal, literario)	Las víctimas de la inundación quedaron
vivienda		sin morada/vivienda.
techo	(literario, periodístico)	Quedaron sin techo. Aumenta el problema de los sin techo.

Las palabras de igual significado denotativo pueden tener distintos matices estilísticos. Por eso, al elegir una de ellas hay que tener en cuenta si el contexto comunicativo es más o menos formal, o familiar, o neutro. Por ejemplo, **casa**, como término genérico, se refiere al inmueble donde uno vive, pero según el contexto y la situación, otras palabras que tienen el significado denotativo 'casa' señalan distintos matices estilísticos (Figura 6.1).

El *significado afectivo* expresa actitudes y emociones. Por ejemplo, tanto (2a) como (2b) informan acerca del mismo hecho, pero (2b), además, expresa lo que siente el hablante.

(2) a. El vuelo de Paquita lleva un retraso de tres horas.
b. La pobre de Paquita va a llegar tres horas tarde porque la aerolínea se ha salido con la suya como de costumbre.

Asimismo, tanto (3a) como (3b) expresan una misma recomendación, pero mientras que (3a) lo hace de una manera neutral, (3b) sugiere, además de un juicio valorativo, un elemento emotivo.

(3) a. Te recomiendo cautela en tus negocios con Manolo.
b. ¡Ojo con Manolo, que es un estafador!

El significado afectivo también se manifiesta mediante variaciones de elementos que forman el llamado *tono de la voz*, es decir la entonación, el acento, el ritmo o el volumen. Incluso el silencio puede tener valor afectivo: una pausa inesperada puede significar más que muchas palabras, como en (4).

(4) ¿Que si puede uno fiarse de Manolo? Pues...

Cualquier cambio inesperado en la expresión puede señalar un significado afectivo. Si un amigo que suele tutearme empieza a tratarme de **usted**, tengo razón para pensar que está intentando expresar una actitud: puede estar de broma, pero también puede estar enfadado, y entonces el **usted** impone una distancia que neutraliza nuestra normal confianza.

Finalmente, el *significado temático* tiene que ver con la manera por la cual el orden de las palabras señala la importancia relativa de éstas en la oración. El principio básico es que, cuanto más relevante la información, tanto más tiende a situarse hacia el final de la oración, donde cae el acento tónico más fuerte. En los ejemplos (5) y (6), las respuestas tienen el mismo significado conceptual, pero el orden de las palabras varía, de modo que se coloca al final la información nueva, que contesta la pregunta:

(5) a. —¿Vino alguien ayer? —Sí, ayer vino **Juan**.
(**Juan** = información nueva)
b. —¿Cuándo vino Juan? —Juan vino **ayer**.
(**Ayer** = información nueva)

(6) a. —¿Qué compraste? —Compré unas **manzanas**.
   (**Manzanas** = información nueva)
   b. —¿Quién compró las manzanas? —Las compré **yo**.
   (**Yo** = información nueva)

Rasgos semánticos

Al tratar de encontrar criterios objetivos aplicables a todos los idiomas, los semantistas postulan *rasgos semánticos* que permiten el *análisis componencial* de los morfemas y palabras. Algunos de los rasgos más generales incluyen [humano], [animado], [adulto], [sexmasc] y [sexfem][3]. Por ejemplo, la caracterización semántica de **hombre, mujer, niño, niña, bebé** y **cachorro** sería como en la Figura 6.2:[4]

Figura 6.2

MATRICES DE RASGOS SEMÁNTICOS

rasgo	hombre	mujer	niño	niña	bebé	cachorro
animado	+	+	+	+	+	+
humano	+	+	+	+	+	−
sexmasc	+	−	+	−		
sexfem	−	+	−	+		
adulto	+	+	−	−	−	−

Pero esa clasificación es insuficiente. La caracterización de **hombre** vale para un enunciado como (7a) donde **hombre** es [+sexmasc] (= **varón**) y **mujeres** es [+sexfem] (= **hembra**). Pero en (7b), donde **hombre** es morfológicamente [+genérico] y tiene el significado más amplio de **ser humano** (y no el más restringido de **varón**), quedan inmarcados los rasgos [sexmasc] y [adulto]. A su vez, **niño** es [+sexmasc] en (7c) pero inmarcado para [sexmasc] en (7d), a menos que se quiera excluir específicamente a las niñas de los botes de salvamento.

(7) a. Los hombres no son superiores a las mujeres.
   b. Todos los hombres son mortales.
   c. Juan tiene cincuenta años pero todavía es un niño.
   d. ¡Mujeres y niños primero!

El análisis componencial es particularmente útil en los casos de *polisemia* (del griego *poli* 'muchos' y *semeion* 'significado'), es decir de palabras con múltiples significados. En los ejemplos anteriores sólo varían algunos rasgos y se mantiene parte del significado común. Pero no siempre es así. Una palabra como **verdugo** (Figura 6.3), por ejemplo, tiene diversos significados,[5] pero ¿cómo definir con rasgos semánticos lo que tienen en común?

Los significados 5 y 6 difieren de los demás por ser los únicos [+animado] y [+humano], y además, difieren entre sí: **verdugo** 'ejecutor' connota un rasgo como [+autoridad] que no se encuentra en el significado 6, según se nota al comparar los ejemplos (8a) y (8b). El significado 4 es el único que se puede caracterizar como [+resultante] de una acción o proceso, como se ve en el ejemplo (8c). Por otra parte, el significado 8 es más bien [+abstracto] [ejemplo (8d)], y el significado 2 contrasta con los demás por el rasgo [+metálico], y tiene en común con el significado 3 el rasgo [+instrumento].

(8) a. Caminó hasta el árbol y con el cuchillo cortó un verdugo flexible y delgado.
     b. El verdugo ejecutó al condenado.
     c. El policía los amenazó con un verdugo de cuero.
     d. Como recuerdo del golpe le quedó un largo verdugo en la espalda.

La palabra **verdugo** tiene además diversos significados dispares (Figura 6.3).[6] En tales caso, es mejor considerar que no se trata de polisemia sino de *homonimia*. Los homónimos (del griego *homo* 'igual' y *onoma* 'nombre') son palabras de pronunciación idéntica (pero no necesariamente con la misma ortografía) y significados distintos (figura 6.4). La diferencia es que los casos de polisemia comparten algún elemento del significado (a veces mediante una derivación metafórica), mientras que en los homónimos la similitud fonológica es una coincidencia (figura 6.5).

Sinónimos

Los sinónimos (del griego *sun* 'mismo' + *onoma* 'nombre') tienen el mismo significado referencial (Figura 6.6). Eso no quiere decir que sean intercambiables en todos los contextos, y además, hay diferencias de grado (**horrible** es "más" que **feo**, **bonito** es "menos" que **bello**) o de matiz: un **problema difícil** no tiene solución fácil, pero la solución de un **problema penoso** requiere algún sufrimiento, posiblemente de tipo moral.

Figura 6.3

ANÁLISIS COMPONENCIAL DE *VERDUGO*

	animado	humano	metálico	instrumento	abstracto	oficial	resultado
1. vara o vástago de árbol	–	–	–	+/–	–		
2. estoque delgado	–	–	+	+	–		
3. azote flexible	–	–	–	+	–		
4. roncha formada en la piel por un golpe de azote	–	–	–	–	–		+
5. ejecutor de la justicia	+	+				+	
6. persona muy cruel	+	+				–	

| Figura 6.4 |

EJEMPLOS DE HOMÓNIMOS

aya	'persona encargada de criar a un niño'
haya	'forma del verbo haber'
haya	'especie de árbol'
Tarifa	'ciudad de Africa'
tarifa	'impuesto'
tarifa	'verbo **tarifar**' (3a persona singular, presente indicativo)
hondear	'descargar una embarcación'
ondear	'hacer ondas (el agua)'
hormigón	'mezcla de mortero y piedra menuda'
hormigón	'hormiga grande'
onza	'mamífero carnicero'
onza	'medida de peso'
morcilla	'salchicha de sangre de cerdo'
morcilla	'caballo que tiene el pelo de color negro con visos rojizos'

| Figura 6.5 |

EJEMPLOS DE POLISEMIA

Conferencia	–una reunión de personas para discutir un asunto
	–una comunicación telefónica interurbana
	–una lección pública
Vejiga	–saco membranoso que retiene la orina
	–saquito de piel, goma, o plástico, en forma de vejiga
	–ampolla causada por una quemadura
Hoja	–parte terminal de los vegetales
	–folio de un libro o cuaderno
Hombrera	–pieza de la armadura que defiende el hombro
	–adorno de uniforme que se usa en el hombro

EJEMPLOS DE POLISEMIA *(Cont.)*

Pesebre   –mueble donde comen las bestias

               –belén, nacimiento

Nacimiento –acto y efecto de nacer

               –principio de una cosa

               –representación del nacimiento de Jesucristo

Belén   – Pueblo de Palestina (Jordania) en donde nacieron David y Jesucristo

               –representación por medio de figuras del nacimiento de Jesucristo

---

La sinonimia es total si dos palabras coinciden en todos los aspectos del significado, y es parcial si coinciden en sólo algunos. La mayoría de los sinónimos son parciales, o cuasi-sinónimos, porque comparten el significado básico pero difieren en connotaciones o matices.

Figura 6.6

EJEMPLOS DE SINÓNIMOS

---

película	film	coche	automóvil *(España)*
cuaderno	libreta	carro	automóvil *(Hispanoamérica)*
pequeño	chico	oficina	despacho
cuarto	habitación	vestíbulo	antecámara
fósforos	cerillas	elevador	ascensor

Por ejemplo, los verbos **matar, asesinar, trucidar, linchar, ejecutar, ajusticiar, rematar, decapitar, degollar, fusilar, ahorcar, electrocutar, inmolar, sacrificar** y **suicidarse** comparten el significado referencial de 'quitar la vida,' pero cada uno tiene su matiz específico. **Matar**, el término inmarcado de la serie es el más general. **Asesinar** es matar con alevosía a seres humanos; hablar de asesinar a un animal implica atribuirle el rasgo [+humano], y asesinar una sonata al piano o un poema al recitarlo sólo tiene sentido figurado. **Trucidar** connota violencia suficiente para destrozar a la víctima; **ejecutar** sobrentiende una acción deliberada y vista como legal o legítima; **ajusticiar** presupone conformidad a la legalidad, aunque sólo en apariencia; en cambio, **linchar**[7] involucra una ejecución sumaria llevada a cabo sin juicio regular; **rematar** es terminar de matar a un ser ya agonizante; **decapitar**, **degollar**, **fusilar**, **ahorcar** y **electrocutar** denotan métodos específicos de quitar la vida; **sacrificar** y **inmolar** connotan circunstancias religiosas o éticas.

Hay también diferencias gramaticales: algunos verbos, como **matar**, **sacrificar** e **inmolar**, admiten la construcción reflexiva, pero otros no: uno puede **matarse**, **sacrificarse** o **inmolarse**, pero no *trucidarse ni *ejecutarse. En cambio, **suicidarse** es necesariamente reflexivo: su significado cognitivo es, 'quitarse la vida a uno mismo.' Por eso su empleo transitivo es figurado e irónico, como sinónimo de **matar** o **asesinar**: —¿**Se suicidó?**— **No, lo suicidaron.** Otra característica de una serie léxica como la de **matar** y sus sinónimos es que el término inmarcado (o sea, el más general) puede emplearse por los demás, pero no al revés.

Oposiciones

Se llaman *oposiciones* los contrastes de significado. El caso más común implica significados opuestos, o *antónimos* (del griego *anti* 'opuesto' + *onoma* 'nombre').

Los *antónimos absolutos* involucran posibilidades mútuamente excluyentes, como **presente/ausente** o **vivo/muerto**. En cambio, los antónimos *graduales* se distribuyen a lo largo de una escala, respecto a un punto de referencia implícito o explícito, como **frío/caliente** o **alto/bajo**, y participan en construcciones comparativas (más frío, menos alto), en las que no entran los antónimos absolutos. Esa circunstancia explica por qué construcciones como (9a-9b) requieren una interpretación figurada:

(9) a. Juana está más embarazada que Marta (= lleva más tiempo embarazada).

b. Carlos está más presente en la clase que Felipe (= pone más atención a la clase).

Las oposiciones semánticas pueden implicar varias dimensiones a la vez. En Hispanoamérica, **pararse** 'ponerse de pie' se opone a **sentarse** y también a **acostarse**, formándose así una oposición triple; lo mismo se nota en series de adjetivos como **alegre, indiferente** y **triste**, o **pobre, necesitado** y **miserable**. Ciertas parejas de verbos implican acciones o procesos *complementarios*, como **dar/recibir, comprar/vender** o **matar/morir**. Otras reflejan acciones *inversas*, como **subir/bajar, construir/destruir** o **levantar/derribar**. Además, el contexto comunicativo puede influir en la oposición. Por ejemplo, **soltero/casado** es una oposición absoluta si no se tiene en cuenta algún casamiento anterior. De lo contrario, a **casado** se oponen también términos como **divorciado, viudo, separado** y **descasado**.

Hiponimia

Dos términos, A y B, son hipónimos si el referente de B incluye el de A. Por ejemplo, **águila, pardal, pato** y **loro** son hipónimos de **ave**; **elefante, gato, zebra** y **buey** son hipónimos de **mamífero**. A un nivel más general, todos esos términos son hipónimos de **animal** (Figura 6.7.a). La organización de una serie de hipónimos depende, desde luego, de los criterios adoptados. Si quisiéramos clasificar aquellos animales según sean o no alados, las relaciones de hiponimia serían distintas (Figura 6.7b).

El concepto de hiponimia se encuentra en la base de la clasificación taxonómica, en la cual los términos de una serie representan casos particulares de un término más general. Un ejemplo de ello son las clasificaciones jerárquicas. Por ejemplo, como se ve en la Figura 6.7.c, **alférez, teniente** y **capitán**, son hipónimos de **oficial**; **comandante, teniente coronel** y **coronel**, de **jefe**; y **sargento, cabo** y **brigada**, de **suboficial**. A su vez, los elementos de esas tres categorías son hipónimos de **militar**.

Las series hipónimas no son necesariamente regulares. Por ejemplo, **revista, diario** y **periódico** (Figura 6.7d) designan publicaciones específicas, que tienen la característica de salir a intervalos regulares, es decir, son todos hipónimos de **periódico**; pero además, **periódico** designa una clase específica de publicación (sinónimo: **diario**). Desde luego, **periódico** es un término polisémico y por eso aparece en dos niveles.

El criterio de la periodicidad específica se refleja en la Figura 6.7.e, donde vemos varios adjetivos que podrían caracterizar una publicación (p. ej., una revista _____). La laguna se debe a que no hay en español un adjetivo designativo de la periodicidad 'tres semanas y media.' Una serie paralela de sustantivos hipónimos incluiría **diario, semanario** (o **hebdomadario**) y **anuario**; **quincenario, bihebdomadario** y **mensuario**, son morfológicamente bien formados, pero no incorporadas al léxico usual.[8]

Funciones semánticas

En el significado de las oraciones intervienen (a) los significados lexicales, (b) las funciones gramaticales y (c) las funciones semánticas de las palabras léxicas. Además, juegan un papel importante las funciones semánticas, como *agente, paciente* o *beneficiario*, que expresan cómo interactúan los sintagmas para formar

Figura 6.7

HIPONIMIA

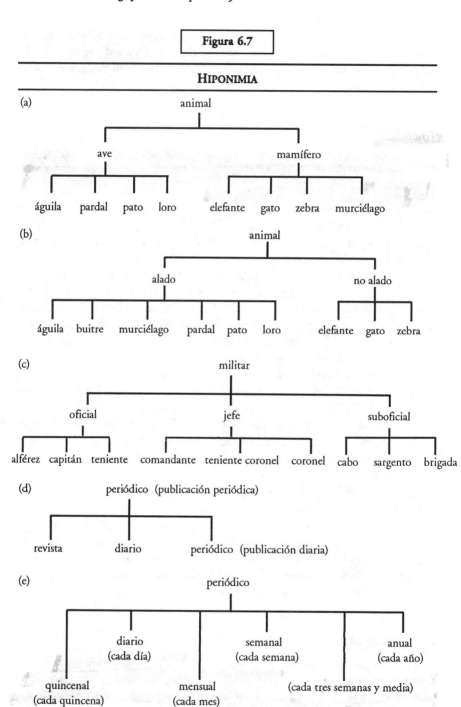

el significado total de la oración. Por ejemplo, la función gramatical de **Pablo** y **casa** no es la misma en (10a) que en (10b):

*Pablo = agente,
casa = el paciente*

(10) a. Pablo compró la casa.
     b. La casa fue comprada por Pablo.

En (10a) **Pablo** es el sujeto y **casa** es el complemento directo; en (10b), **casa** es el sujeto y **Pablo**, el *complemento agente*. Pero, aparte de una posible diferencia de énfasis, ambas tienen el mismo significado cognitivo, puesto que aquellos sintagmas tienen las mismas funciones semánticas en ambas oraciones, es decir **Pablo** es el agente y **casa**, el paciente.

(11) a. Álvaro le dio un regalo a Sonia.
     b. Sonia recibió un regalo de Álvaro.

En las oraciones (11a–11b), **regalo** tiene la misma función semántica (*paciente*) y gramatical (*complemento directo*). **Álvaro** es sujeto gramatical y agente semántico en (11a), pero funciona sintácticamente como *complemento de preposición*, y semánticamente, como *origen* de **regalo** en (11b); en fin, **Sonia** es el *beneficiario* semántico en ambas oraciones, pero sintácticamente es el complemento indirecto en (11a) y el sujeto en (11b).

Figura 6.8

FUNCIONES SEMÁNTICAS

---

actor	**Juan** construyó la casa.
beneficiario	**El pueblo** logró la paz.
recipiente	**Marta** ganó un regalo.
origen	**Mario** me dio un libro.
paciente	**Yo** fui golpeado en la cabeza.
locativo	Me duele **la cabeza**.

Importancia comunicativa de la información

La distribución de la información depende en parte de las reglas sintácticas del idioma. Por ejemplo, la posición del adjetivo es significativa porque éste puede venir antes o después del sustantivo. La posición del artículo, en cambio, es invariable, y por lo tanto no es significativa. Dentro de lo que permiten las reglas sintácticas, la información se distribuye en la oración según su *importancia comunicativa*, repartiéndose en dos áreas, a saber, el *tema* y el *rema*.[9]

Forman el tema los elementos que constituyen un trasfondo, es decir, un marco de referencia para el rema, que es lo que se quiere comunicar. Los elementos temáticos tienen el nivel más bajo de importancia comunicativa y por lo general contienen información compartida por los interlocutores. A su vez, el rema representa lo que se dice acerca del tema. El rema contiene información nueva y el grado más alto de importancia comunicativa, y por lo tanto constituye el núcleo de lo que se comunica.[10]

La distribución de importancia comunicativa presupone un contexto como marco de referencia. Consideremos, por ejemplo, la pregunta (12a) y las respuestas (12b–12e):

(12) a. ¿Qué hay de nuevo?
     b. Pues que Pablo ha comprado una casa.
     c. Pues que un chico ha comprado una casa en esta calle.
     d. Pues que ha comprado una casa Pablo.
     e. Pues que ha comprado Pablo una casa.

En (12b) se ejemplifica un orden neutral de los elementos de una oración compuesta de agente, paciente y un verbo de acción. **Pablo** es el tema y representa información compartida por los interlocutores; lo que viene después es el rema, y constituye información acerca del tema. En (12c) **un chico** es el tema y lo demás es el rema. La diferencia entre (12b) y (12c) es que en ésta el tema también encierra información nueva, señalada por el artículo indefinido (**el chico** supondría un conocimiento anterior de quién se trata).

En (12d), el grado más alto de importancia comunicativa se halla en **Pablo**; la oración podría ser contrastiva (es decir, se trata de Pablo y no de otra persona) o enfática (por fin se ha decidido a comprar casa). En (12e) **una casa** tiene el grado más alto de importancia comunicativa, pero a su vez la importancia comunicativa de **Pablo** es más alta que la sintagma del verbal.

Las oraciones (13a–13d) pueden servir para introducir información en una conversación, espontáneamente o como respuesta a una pregunta como **¿Qué vas a hacer este verano?**

(13) a. Mi hermano y yo vamos a ir a Guadalajara.
     b. Voy a ir a Guadalajara con mi hermano.
     c. Vamos a ir a Guadalajara mi hermano y yo.
     d. Vamos a ir a Guadalajara, mi hermano y yo.

En (13a) se refleja el orden no marcado de distribución de importancia comunicativa: agente, predicado, complemento. En (13b) **hermano**, que es más informativo, se halla al final. En cambio, (13c) sugiere que la información acerca del agente (**mi hermano y yo**) es más importante que el locativo (**Guadalajara**).

En (13d) la pausa (representada por la coma) separa la información principal del agente pospuesto, que tiene una función explicativa; es como si el hablante tratara de aclarar (sin necesariamente enfatizar) de quién se trata.

Relaciones semánticas entre las oraciones

Cuando dos oraciones estructuralmente distintas tienen el mismo significado, se dice que una es *paráfrasis* de la otra como en las parejas en los ejemplos (14-16).

(14) a. No tengo dinero para comprar eso.
  b. Me faltan recursos económicos para hacer esa adquisición.

(15) a. Vamos a llegar tarde.
  b. No llegaremos a tiempo.

(16) a. Este tren llegará adelantado.
  b. Este tren va a llegar antes del horario.

En cambio, oraciones como (17a) y (17b) no significan exactamente lo mismo, sino que una implica la otra:

(17) a. No tengo dinero suficiente para comprarlo.
  b. Ese precio es demasiado alto para mí.

Hay *implicación* cuando la veracidad de una oración determina necesariamente la veracidad de la otra, siguiendo la fórmula "A es verdad, y por lo tanto B también lo es." Por ejemplo, si (18a) es verdadera, entonces (18b) también lo es:

(18) a. Soy hijo del rey.
  b. El rey es mi padre.

En este caso la implicación es recíproca, pero ésa no es una condición obligatoria para que haya implicación. Por ejemplo, en (19a) la primera oración implica la segunda, pero en (19b) eso no ocurre:

(19) a. Trabajé con Juan muchos años y [por lo tanto] lo conozco bien.
  b. Conozco bien a Juan y trabajé muchos años con él.

Hay *contradicción* cuando dos elementos que se excluyen mutuamente se asocian al mismo referente. Las oraciones (20a-20c), aunque gramaticalmente bien formadas, son contradictorias. Por ejemplo, en (20a) un solterón, por definición, no tiene esposa: si don Mariano está casado, no es solterón, o si no está, aquella señora no es su esposa.

(20) a. Es la esposa de don Mariano, el viejo solterón del piso de arriba.

   b. El campeón de boxeo nunca ha ganado un combate.

   c. Trajo al hijo único y a los hermanitos del mismo.

   d. El general Gómez ganó la batalla de Itararé, la que nunca tuvo lugar.

Asimismo, dos oraciones son contradictorias cuando la veracidad de una implica la no veracidad de la otra. Por ejemplo, si (21a) es verdad, entonces (21b) no puede serlo, y al revés, si (21b) es verdad, (21a) no lo es porque **culpable/inocente** son antónimos absolutos.

(21) a. Marta es culpable.

   b. Marta es inocente.

En cambio, (22a) contradice a (22b), pero (22c) no contiene datos suficientes para decidir si (22b) es verdadera o no. En otras palabras, mientras que (22b) implica (22c), lo inverso no es necesariamente cierto.

(22) a. Marta es inglesa.

   b. Marta es francesa.

   c. Marta no es inglesa.

Hay *ambigüedad* cuando un enunciado puede contener dos o más significados. La ambigüedad es léxica cuando es el resultado de polisemia o de homonimia, como en **Llevaba un verdugo**. La ambigüedad es estructural cuando es el resultado de la posibilidad de atribuir más de una interpretación al mismo enunciado.

(23) Le compré unos dulces al chico.

(24) a. —¿Les hablará usted a los huelguistas o llamará a la policía?

   b. —Sí, lo haré.

(25) a. —¿Cuando me pagará usted?

   b. —Cuando quiera.

En (23) no está claro si **chico** es el vendedor (origen semántico) o la persona que ganó los dulces (beneficiario). En (24b), la respuesta es ambigua, porque **hacer** puede tener como referente cualquiera de las acciones descritas en la pregunta. También es ambigua la respuesta en (25b), puesto que su sujeto puede ser tanto de **usted** como **yo**.

El lenguage permite referirnos a objetos extralingüísticos mediante un sistema de orientación llamado *deixis* (del gr. déixis 'muestra, prueba'). La deixis puede ser *personal, espacial* o *temporal.*

La deixis personal define las personas del discurso, contrastando el hablante (primera persona o P1) y el oyente (segunda persona o P2). Dicho contraste se manifiesta en la oposición entre los pronombres (**yo/nosotros** vs. **tú/usted**). Por exclusión, queda definida la tercera persona como todo lo que no se encuentra en la deixis ni de la primera, ni de la segunda, es decir [-P1, -P2].

Hay una estrecha relación entre la deixis personal y la espacial. Los demostrativos (**este, ese, aquel**) y los adverbios de lugar (**aquí/acá, ahí, allí/allá**) definen la ubicación espacial en relación a las personas del discurso. Así, se entiende **este libro** como el que está cerca del hablante, en contraste con **esa silla** (cerca del oyente) y **aquella ventana** (relativamente lejos de ambos).[11] Ciertas modalidades de la lengua tienden a reducir la deixis personal a un sistema de dos miembros, **este/ese, aquí/ahí**, aclarándose los casos de ambigüedad mediante el uso de términos espaciales, como en (26):

(26) —¿Me alcanzas esa libreta?
　　　—¿Cuál, ésta?
　　　—No, ésa **de allá** (= aquélla).

También en ciertos verbos se manifiesta la deixis espacial. **Venir** y **traer** pertenecen a la deixis de la primera persona, es decir señalan un movimiento hacia el hablante. Por ejemplo, en (27a) se sobrentiende que el hablante cuenta con estar en el club por la noche, mientras que (27b) no implica tal suposición. Asimismo, en (28a), pero no en (28b), **traer** sobrentiende que el hablante estará en la oficina.[12]

(27) a.　¿Vienes al club esta noche?
　　　b.　¿Por qué no vas al club esta noche?

(28) a.　Dile que traiga el informe a la oficina mañana.
　　　b.　Dile que lleve el informe a la oficina mañana.

La deixis espacial expresa también relaciones internas del discurso: en (29) **ésta** señala el sustantivo más cercano, y **aquél**, el más lejano.

(29) Juan y María han salido, ésta para ir al zoológico y aquél a pasear.

La deixis temporal se establece mediante adverbios de tiempo (**hoy, ayer, mañana**) o sintagmas que combinan demostrativos con sustantivos con referente temporal (**esta tarde, aquella noche**). Además, el sistema verbal permite elegir entre formas morfológicamente marcadas, que señalan específicamente el pasado (30a) o el futuro (30b), y las formas no marcadas del presente, que pueden señalar tanto el presente (30c) como el futuro (30d) o el pasado (30e) cronológicos, o señalar una circunstancia atemporal (30f):

(30) a. Fuimos al circo.
    b. Iremos al circo.
    c. ¿Estás ocupado?
    d. ¿Tienes algo que hacer mañana?
    e. Cuando todo estaba preparado para el paseo, llega mi suegra y se nos estropea el plan.
    f. Esas cosas no se dicen.

Figura 6.9

DEIXIS			
DEIXIS	**[+P1]**	**[+P2]**	**[-P1,-P2]**
personal	yo/nosotros	tú/usted, vosotros/ustedes	él
	este	ese	aquel
espacial	aquí	ahí	allí
	acá		allá

Algunos lingüistas prefieren describir la deixis temporal en español mediante los rasgos [+pasado] vs. [-pasado]. El rasgo [+pasado] expresa la deixis anterior al momento del habla, mientras que las formas marcadas [-pasado] se refieren tanto al presente como al futuro (Figura 6.10).

Metáfora

Se entiende por metáfora la extensión del significado de una palabra aplicada, por analogía, a otro referente. El proceso implica un desplazamiento del significado original de las palabras (*metáfora* viene del gr. **metapherein**, 'transferir' o 'trasladar'). La condición necesaria —desde luego muy flexible— es que el nuevo referente tenga algo en común con el original.

Figura 6.10

DOS INTERPRETACIONES DE LA DEIXIS TEMPORAL EN LAS FORMAS VERBALES

[-pasado]	[+pasado]	[+futuro]
[-futuro]		
voy	fui	
	iré	

[-pasado]	[+pasado]
voy	
iré	fui

La metáfora incluye dos términos, el *metafórico* (X) y el *metaforizado* (Y). La fórmula básica de la metáfora es "X = Y," o "X es Y." Por ejemplo, en (31) el término metafórico es **los coches**, y el término metaforizado, **hormiguitas enloquecidas**.

(31) El primer día de vacaciones, los coches son hormiguitas enloquecidas corriendo por sus senderos asfaltados.

Puede haber varios niveles de metáforas. Considérese las siguientes oraciones:

(32) a. Los fieles alzaban los brazos al cielo.
　　　b. El bosque alzaba las ramas al cielo.
　　　c. Un bosque de fieles alzaba las ramas al cielo.

La oración (32a) es una descripción objetiva. En cambio, en (32b) se emplea el verbo de acción **alzar** con un actor semántico, (**bosque**), [-animado]. En este caso, la metáfora está en la comparación entre el movimiento de los brazos y la posición de las ramas. En el ejemplo (32c) se describe a la muchedumbre como un bosque, y sus brazos alzados, como las ramas de los árboles. Hay allí dos metáforas:

(33) a. muchedumbre = bosque
　　　b. brazos = ramas

Otra fórmula de la metáfora es "B por A," y consiste en usar sólo el término metaforizado; es el proceso implícito en la expresión **senderos asfaltados**, que compara las autopistas a los caminitos que llevan al hormiguero.

Las metáforas abundan en el lenguaje de cada día. Usamos metáforas espaciales al referirnos a los grupos sociales (clase **alta, media, baja; alta** sociedad; gente **baja**), a los estudios (enseñanza **media, superior**), a las reuniones de políticos (una **cumbre**), a la orientación política (**derecha, centro, izquierda**). Si pensamos que algo va a ocurrir muy pronto, decimos que está a la **vuelta de la esquina**, pero si hay que esperar mucho, decimos que todavía está a **kilómetros de aquí**. Son frecuentes las metáforas que incluyen traslocaciones de espacio y de tiempo: **mirar hacia atrás** puede significar 'recordar,' y **una visita al pasado** puede significar que un viaje (= desplazamiento espacial) al pueblo en donde uno nació.

Usamos metáforas de fuerza o movimiento al hablar de **esfuerzos** educativos, **fuerzas** políticas o **carreras** electorales. Las metáforas concretas abundan: hablamos de **masas** de viajeros, de la **saturación** de la circulación automovilística, que exige unos **nervios de acero** y una **salud de hierro**.

Las metáforas avivan las descripciones, como en la siguiente sátira a un anuncio televisivo de cierto partido político, publicada en una revista madrileña:

(34) El virus informático Viernes, 13 debió introducirse un mal
lunes cualquiera en la azotea de los que pergeñaron el **spot**
electoral del Partido X.[13]

Virus informático es una referencia metafórica a programas que, introducidos en la memoria de un ordenador, modifican o destruyen los archivos que allí se encuentran. La analogía con los virus biológicos es transparente. Otra metáfora involucra la palabra **azotea**, 'plataforma en el tejado de una casa,' que significa, en el lenguage familiar, la parte más alta del cuerpo (**azotea = cabeza**). La tercera metáfora combina las dos primeras en la idea de un virus informático que penetra en el cerebro de los diseñadores de anuncios electorales como si entrara en el "cerebro" (¡otra metáfora!) de un ordenador.

Un editorial habla de un **atasco en la Universidad** al comparar a la obstrucción de una cañería la falta de espacio para el número creciente de estudiantes. La misma metáfora se encuentra en la expresión común **un atasco de tráfico**. Los temas más importantes de la propaganda política son las **estrellas** de los debates, metáfora visual (estrella = brillo) también usada en el teatro y en el cine, referente al brillo de aquellos astros. El lenguaje político utiliza metáforas militares y deportivas: **pasarse al enemigo, enseñar bandera blanca, arrojar la toalla**, y muchas más.

Novedosa en su origen, la metáfora se incorpora al lenguaje común y al rato ya no nos damos cuenta de su origen figurado. La expresión latina *Vía Láctea*, 'camino de leche,' se adoptó literalmente en castellano y se tradujo a varios idiomas: ing. *Milky Way*, fr. *Voie Lactée*. al. *Milchstrasse*. Con el uso repetido, las metáforas se van gastando, volviéndose —metafóricamente hablando— **descafeinadas**, y terminando por convertirse en cansados tópicos de escaso valor expresivo:

(35) a. El candidato **pulverizó** los argumentos de su adversario.
   b. Ya es hora de **poner sobre la mesa** los argumentos decisivos.
   c. 400.000 nuevos votantes son **carne nueva** para los partidos políticos.

Expresiones idiomáticas

La metáfora es también la base de muchas expresiones idiomáticas. Hablamos del **cielo de la boca**, de las **patas de la mesa**, de las **manecillas** del reloj, de una nota de **pie** de página, de un **brazo** de mar o de una **pata** de mesa, sin siquiera pensar en las analogías que originaron esas expresiones lexicalizadas.

Pese a la creatividad del lenguaje, todos los idiomas emplean muchas frases hechas, o *expresiones idiomáticas*. Por supuesto, en un sentido literal, toda frase es "hecha" —o sea, el usuario tiene que hacerla para usarla. Asimismo, toda expresión del idioma tendría que considerarse, algo redundantemente, idiomática. Sin embargo, *frase hecha* y *expresión idiomática* son ejemplos acabados de construcciones cuyo sentido se percibe de una manera global, y que funcionan como verdaderas unidades léxicas.

Se encuadran en las frases hechas un sinnúmero de expresiones de significado léxico no muy preciso, cuya función es demostrar cortesía hacia el interlocutor, a la vez que conectan oraciones, facilitando el paso de una idea a la siguiente:

(36) a. Usted que es tan amable
   b. ¿Me hace el favor de...?
   c. Permítame diferir de usted
   d. Tiene usted razón, pero...
   e. No faltaba más; faltaría más
   f. Cómo no; desde luego; así es
   g. No obstante; sin embargo; a pesar de
   h. De todas maneras; sea como sea; sea como fuere
   i. De hecho; efectivamente; por supuesto; desde luego

Los *modismos* son expresiones idiomáticas cuyo significado no puede deducirse del significado individual de las palabras que la componen. Por ejemplo, al decir que se lleva una pistola en el coche **por si las moscas**, o que cierta persona es una **mosquita muerta**, seguramente uno no se refiere a determinado insecto, con o sin vida. En una situación formal, decir que Fulano **ha estirado la pata**, es **meter la pata**, aunque sin **darse cuenta** de ello; más valdría decir que **ha pasado a mejor vida**, aunque en realidad esté muerto. En ninguno de esos casos nos ayuda mucho el significado literal de las palabras: el sentido del modismo se capta globalmente.

Muchos modismos tienen origen metafórico: **saber de que pie cojea** 'conocer los puntos débiles de alguien,' quizás venga de una referencia a animales domésticos como el caballo o el burro; **estar entre la espada y la pared** 'en una situación difícil'; **a mal tiempo, buena cara** 'hacer ver que se está bien pese a las circunstancias desfavorables'; **tener mala pata** 'tener mala suerte'; **meter la pata** 'cometer un error'; **tomar el pelo** 'burlarse'; **no tener pelos en la lengua** 'no tener miedo a hablar.' Un **quítame allá esas pajas** (el artículo **un** señala que la expresión funciona como un solo sustantivo) es un motivo insignificante para una pelea, sin que se trate de quitar nada. Se trata de una metáfora referente a la práctica, extendida entre niños y adolescentes, de incitar a la pelea, poniéndose una pajilla, madera, o piedrecita sobre el hombro y retando al adversario a tirarla al suelo. En España también se dice "¡**Quítame a mi madre!**" Si el adversario tira al suelo a la "madre" —simbolizada por lo que uno lleve sobre el hombro—, comienza la pelea.[14]

Los modismos se resisten a la variación sintáctica. La construcción activa, **hay que poner los puntos sobre las íes** se entiende idiomáticamente como 'hay que puntualizar la cuestión,' pero al cambiarse a **los puntos tienen que ponerse/ser puestos sobre las íes**, sólo se entiende literalmente como una instrucción de caligrafía.

La posibilidad de variación léxica en los modismos también es limitada. Por ejemplo, en una oración común como **encerraron al gato en el sótano**, podemos reemplazar el verbo por un sinónimo: **prendieron, acorralaron, aprisionaron** o **secuestraron**. Pero si usamos uno de estos verbos en el modismo **aquí hay gato encerrado** 'aquí hay algo sospechoso,' se pierde el significado, o a lo mejor sólo se entiende como una variación chistosa de una fórmula consolidada. Asimismo, en **de todo hay en la viña/en el huerto del Señor** 'incluso en lo que mejor parece hay defectos,' **huerto/viña** no puede cambiarse a **hacienda, plantación,** o **rancho,** sin comprometer el valor idiomático de la expresión.

En ciertos modismos es dudoso encontrar un significado metafórico o simbólico. Es el caso de expresiones como **sin ton ni son** (ton = tono; son = sonido) 'sin motivo u ocasión,' **ni arte ni parte,** 'sin ninguna participación,' **a troche y moche** 'disparatadamente,' que parecen basarse más en una repetición de sonidos que en el significado de las palabras.

Otros modismos se basan casi exclusivamente en juegos de palabras: **salir de Guatemala para entrar en guatepeor** no tiene nada que ver con aquel país, sino con la combinación de **mal** y **peor** con un supuesto morfema *guate-.

Anomalías del significado

Hemos visto que la ambigüedad puede resultar de la homonimia o de estructuras subyacentes distintas. Cuando palabras de significados denotativos incompatibles forman un conjunto contradictorio, y por lo tanto ininterpretable, se dice que hay *contradicción semántica*:

(37) a. triángulo circular
     b. cuadrilátero hexagonal
     c. insecto de ocho patas

Por ejemplo, en (37a-37c) el calificativo contradice la definición del sustantivo. Pero aparte de las contradicciones intrínsecas, a menudo es posible encontrar una interpretación para los enunciados contradictorios, mediante algún ajuste en el significado de los constituyentes. Por ejemplo, aunque **número primo** y **raíz cuadrada** no son atributos de nombres propios, las oraciones (38-39) son aceptables en una interpretación numerológica si se toman los sustantivos como vocablos y no como nombres: **Napoleón Bonaparte** tiene diecisiete letras y 17 es un número primo; **Josefina** tiene ocho letras, y 8 es la raíz cuadrada de 64.

(38) Napoleón Bonaparte es un número primo.

(39) Josefina es la raíz cuadrada de 64.

Aunque tales interpretaciones requieren contextos especiales, ilustran la posibilidad de encontrar una interpretación para frases y sintagmas aparentemente anómalos. Por ejemplo, **rascacielos bajito** se interpreta comparativamente: un edificio que mereció el nombre de rascacielos hace medio siglo se achica al lado de un *highrise* contemporáneo. **Mar de arena** es anómalo en relación al rasgo [+líquido], pero no en el significado figurado de 'gran cantidad,' presente en expresiones como **la mar de gente** o **la mar de bien**.

La ambigüedad y la contradicción son elementos esenciales del *sinsentido*, una forma de humor basada en construcciones semánticamente absurdas, como en (40-41):

(40) Bajamos cuesta arriba en una lenta carrera que nos llevó a la cumbre del valle.

(41) En la brillante oscuridad de la noche soleada, un sobrio borracho ciego admiraba su inexistente reflejo en la profunda superficie del lago seco.

El sinsentido se explota en una cantidad de chistes tradicionales:

(42) a. —¿Cómo se llama usted?
  —Yo no me llamo, los que me llaman son los demás.

 b. —¿Quiere explicar por qué se encuentra usted en mi habitación?
  —Hombre, si yo no me encuentro, el que me ha encontrado es usted.

 c. —Siento decirle que tiene usted cáncer.
  —No sé, doctora, me parece que quiero una segunda opinión.
  —Pues, además es usted muy feo.

 d. —¿Qué están haciendo ustedes?
  —Nada, papá.
  —¡Pues váyanse a hacerlo lejos de aquí!

Estos chistes se basan en ambigüedades. En (42a) y (42b) el significado idiomático de **llamarse** ('cuál es su nombre') y **encontrarse** ('estar'), se reinterpreta literalmente, como reflexivo; las respuestas son lógicas, pero inapropiadas al contexto. En (42c) **una segunda opinión** significa 'una opinión de otro médico'; en fin, en (42d) el adverbio de negación **nada** es reinterpretado como un sintagma nominal y complemento directo de **hacer**, y por lo tanto, se reemplaza por **lo** en la respuesta final.

La incongruencia semántica es fundamental para el efecto humorístico del siguiente pasaje:

(43) Al quejarse mi viejo mechero de que atrasaba, traté de afinarlo por la débil señal que emitía la veleta de la catedral. Pronto comprendí la inutilidad de mis esfuerzos, al constatar que la veleta hacía gala de adelantar varios matices entre la hora del ocaso y el amanecer.[15]

Hay incongruencia semántica entre **atrasar**, normalmente aplicable a los relojes, y **mechero**; éste, por ser [−animado], no puede ser el sujeto de **quejarse**, que requiere un agente semántico [+animado]. Tampoco puede ser complemento directo de **afinar**, que normalmente se refiere a instrumentos musicales. Las veletas no emiten señales, ni adelantan. Finalmente, el complemento directo de **adelantar** debería ser un sustantivo relacionado con el tiempo, y no con el color, como **matices**.

Tabú lingüístico

En todas las lenguas hay temas, palabras y expresiones que son objeto de tabú, es decir, de restricciones o prohibiciones. El tabú obedece a un condicionamiento estrictamente cultural: lo que es prohibido en una cultura no lo es necesariamente en otra, e incluso en la misma cultura se notan profundas variaciones según la región, la clase social, el nivel educativo, el trasfondo religioso, el sexo, la edad, el estado civil y muchas otras características de los hablantes. El área del tabú lingüístico abarca particularmente los eufemismos, insultos, juramentos, imprecaciones y blasfemias.

El **eufemismo** es una palabra o expresión que sustituye el término tabú. Los antiguos griegos usaban el nombre *Euménides* 'amables' para evitar nombrar a las *Erinias* 'furias' o diosas de la venganza, que los romanos, quizás por temerlas menos, llamaban *Furias*, sin más ambages. Como en la tradición judeo-cristiana, el nombre de Dios es tabú (de ahí el mandamiento que prohibe tomarlo en vano), para evitar nombrarlo directamente se emplean eufemismos como **el Señor**, **el Todopoderoso** o **el Creador**. Otros eufemismos permiten hablar del Diablo sin mencionar su nombre, no vaya a pensar que se le está llamando: el **Maligno**, el **Malo**, el **Enemigo**, el **Feo**, el **Patas**, el **Colorado**. En fin, siempre que hace falta mantener el decoro o suavizar una idea, se usan eufemismos: en vez de **morir** se usa **perecer**, **dejar de existir**, **pasar a mejor vida**, **fallecer**, y el **muerto** pasa a **extinto**, **fallecido**, o **finado**.

No sorprende que abunden los eufemismos que designan las actividades excretorias, como **hacer aguas** (mayores o menores), **hacer de vientre**, **hacer sus cosas**, y el lugar en donde se las hace, como el **aseo**, el **servicio** (o los **servicios**) o el **baño**. Tampoco escasean, sino todo lo contrario, los eufemismos referentes a las relaciones sexuales: se **hace el amor**, o se tienen **relaciones íntimas**, y en consecuencia una puede **quedar en estado** y posteriormente **dar a luz** a un hijo que, de no estar casados los padres, será **natural**.

Muy a menudo, el uso de una palabra como eufemismo impide que se la utilice con su significado original. Por ejemplo, en México y otros países, debido a que se usa **huevo** como eufemismo de 'testículo,' la palabra **blanquillo** se ha generalizado para significar el producto de la gallina; en Cuba, se nombra **papaya** al órgano sexual femenino, y por eso se usa **fruta bomba** para significar la fruta en cuestión. En algunos países, como Argentina y Uruguay, **coger** significa 'realizar el acto sexual,' y por eso se **agarra** el taxi en vez de cogerlo, que es lo normal en España y otros países.

Mientras que los insultos (44a) van dirigidos a alguien específico, los juramentos o imprecaciones (44b-44c) no se dirigen a nadie en particular, y pueden ser sólo un refuerzo para señalar impaciencia o irritación (44d).

(44) a. —Sos un cretino. — ¿Cretino, yo? ¡Y vos sos una mocosa irresponsable!

    b.   —¡Mierda! ¡Me he golpeado el pulgar!

    c.   —¡Esa mierda de motor no arranca!

    d.   —¿Sabes dónde carajo están mis llaves?— Ni puta idea.

Las *blasfemias* violan un tabú religioso o social. Es el caso de muchas expresiones, usadas en España (aunque no en todos los países de habla española), que combinan términos relativos a excreciones con nombres de una figura o institución (religiosa o no) a la que se debe respetar:

(45) a.   ¡Me cago en Dios!

      b.   ¡Me cago en la hostia!

      c.   ¡Me cago en la madre que te parió!

La variación morfológica crea eufemismos que suavizan los juramentos:

(46) a.   ¿Dónde diantre [= diablo] está la llave?

      b.   ¿Qué caramba [= carajo] quieres decir con eso?

      c.   ¡Mecacho/mecachis [= me cago] en diez [= Dios]!

      d.   ¡Mecacho en la lingüística!

Hay *degradación semántica* cuando una palabra como **huevo** o **coger** adquiere un valor negativo, transformándose en tabú. El proceso opuesto, el *mejoramiento semántico*, también tiene lugar, aunque con menos frecuencia. Por ejemplo, uno de los peores insultos en las culturas hispánicas consiste en decir que la madre de alguien es una **puta** 'prostituta.' Sin embargo, hoy día en España la expresión coloquial **de puta madre** significa 'excelente': **La fiesta estuvo de puta madre. Cojón**, el sinónimo popular de 'testículo' aparece en el adjetivo **cojonudo**, usado en España también con el significado de 'excelente': **—¿Qué tal tu nueva moto?— Pues cojonuda.**

    Para los hispanohablantes que viajan de un país a otro —y aún más para los que han aprendido el español como lengua extranjera— los tabúes lingüísticos reservan muchas sorpresas, puesto que lo que es una expresión normal e inocente en un lugar de pronto se convierte en vulgaridad soez en otro. No hay nada que hacer, además de pedir excusas y aprender que lo que no se dice puede ser tan importante como lo que se dice —o aún más.

Pragmática

Desde luego, el significado comunicativo de un mismo enunciado puede variar según la situación en que se emplee, según lo demuestran las distintas interpretaciones (a–c) de las preguntas en los ejemplos (47–49):

(47) ¿No hace demasiado calor aquí?

      a.   Te lo pregunto porque a lo mejor tengo fiebre.

   b. Es que quiero que vuelvas a abrir esa ventana que has cerrado.

   c. Estarás loco o enfermo, para llevar puesta esa chaqueta con el calor que hace aquí.

(48) ¿Es éste el vestido que compraste ayer?
   a. Te lo pregunto por cortesía, pero me parece un trapo.
   b. Es que me parece haberlo visto en otra ocasión.
   c. Quiero que sepas que lo encuentro muy elegante.

(49) Así que ¿quieres ir al teatro?
   a. Me encantaría acompañarte al teatro.
   b. Pues tendrás que ir solo, porque yo prefiero ir al cine.
   c. Estarás de broma. ¿O no te acuerdas que ha muerto la tía Paquita?

Esos ejemplos sugieren que, además de la estructura sintáctica y la organización semántica de los enunciados, la interpretación del significado depende del contexto comunicativo. Se llama *pragmática* el estudio de la relación entre el contexto y el significado.

El contexto influye no sólo en la interpretación de los enunciados, sino también en la elección de la forma. Si debo anunciar que va a hablar mi amigo Álvaro Gómez y Cardos, son prácticamente innumerables las posibilidades de cómo me referiré a él, y mi elección dependerá del contexto:

(50) a. Bueno, muchachos, ahora va a hablar Alvarito.
   b. Va a hablar ahora nuestro amigo Álvaro.
   c. Va a hablar ahora el compañero Gómez.
   d. Ahora hablará el señor Gómez.
   e. Ahora tendremos el honor de escuchar al señor doctor Gómez y Cardos.
   f. Tiene la palabra Su Excelencia el Embajador de la República de Pindorama, el honorable señor doctor don Álvaro Gómez y Cardos.

En todos esos casos, el acto de habla es el mismo (presentación de un orador) y los participantes son los mismos (yo, mi amigo y el público), pero el contexto varía: (50a) y (50b) sugieren una tertulia íntima, siendo la primera algo más informal, según se deduce del uso del diminutivo **Alvarito**. La forma **compañero** en (50c) sugiere una reunión de carácter político. Las demás sugieren un contexto formal: (50d) puede ser una reunión de hombres de negocios; en (50e) el empleo de un título de cortesía (**señor**) y otro profesional (**doctor**), además de los dos apellidos a la vez (**Gómez y Cardos**) sugiere un ambiente más solemne, quizá un congreso de profesionales o un banquete de ceremonia. El enfoque de la presentación también ha cambiado: no solamente digo que hablará él, sino que tendremos el honor de escucharlo. Finalmente, en (50f) la solemnidad alcanza su más alto grado y todas las palabras enfocan al presentado: la referencia a su empleo viene calificada por el honorífico **su excelencia**, y a sus títulos se añade el adjetivo **honorable**.

En la caracterización del contexto intervienen diversos elementos. Hay el factor físico, definido no tanto por el lugar sino por las circunstancias. El mismo lugar —una sala, por ejemplo— puede servir a distintos acontecimientos con los mismos participantes: una fiesta, un velorio, una boda, una misa, una conferencia, o una reunión de negocios. Asimismo, cualquiera de aquellos eventos puede tener lugar en sitios distintos: una sala, un patio, un jardín, o una plaza pública.

Otro factor importante es el fondo de información compartido por los interlocutores. Por ejemplo, Daniel se propone llevar un vino tinto a una cena en casa de Juanita, pero cuando ella le dice que piensa servir pescado, él responde: "Ah, entonces un blanco," demostrando que comparten cierta opinión sobre qué vinos que deben acompañar qué platos.

Otro factor es el marco lingüístico en el que se inserta el enunciado, es decir los demás enunciados que forman el contexto verbal de la conversación. En un diálogo entre Maruja y Mariano, la respuesta **¡Pero si ha sido un regalo mío!**, puede tener distintos significados, dependiendo de lo que se haya dicho antes:

(51) M. —Voy a darle aquel jersey verde a un mendigo.

     M. —¡Pero si fue un regalo mío! (= Me ofendes.)

(52) M. —¿Cuándo quieres que te devuelva aquel jersey verde?

     M. —¡Pero si ha sido un regalo mío! (= Me sorprende que no te des cuenta de que fue un regalo.)

(53) M. —Tengo que darle las gracias a tu madre por el jersey verde.

     M. —¡Pero si ha sido un regalo mío! (= ¿Por qué agradecérselo a mi madre si te lo he dado yo?)

También la relación social entre los interlocutores influye en el significado. Una oración como **No seas impertinente** puede ser un comentario jocoso, o una reprimenda severa, o un insulto desagradable, dependiendo del grado de intimidad y también de la situación.

Uno de los elementos esenciales del análisis pragmático es el llamado *principio de cooperación*, formulado por el filósofo H. Paul Grice.[16] Se define en términos de ciertas máximas conversacionales, que tienen que ver con la calidad, la cantidad, la relevancia y el modo de la información.

La primera máxima es la *calidad* de la información, que debe ser *verdadera,* sin lo cual no puede haber comunicación. La segunda máxima es que la información debe ser cuantitativamente *apropiada,* es decir, ni más ni menos que lo necesaria. La tercera máxima es que la información debe ser *relevante,* es decir, relacionada con el tema y el contexto del diálogo. La cuarta máxima requiere que la información sea *clara y organizada.*

Para clarificar cómo operan aquellas máximas, imaginemos que un cliente le dice a un agente de viajes que necesita viajar a Macondo con urgencia. En cada uno de los ejemplos siguientes, el enunciado desobedece una de las máximas del principio de cooperación.

(54) ¿A Macondo? Cómo no, señor. Hay un avión mañana a las cinco y treinta de la mañana.
(Pero al llegar al aeropuerto le informan que hace un mes se ha cancelado aquel vuelo. Se ha desobedecido la máxima de calidad, es decir la información no era verdadera.)

(55) ¿A Macondo? Cómo no, señor. Mire, si usted sale del centro a las cuatro de la mañana, pues, en media hora llega al aeropuerto, y sesenta minutos después sale el avión, o sea, a las cinco y media.
(Máxima de cantidad: bastaría con decir que hay un avión a las cinco y media.)

(56) ¿A Macondo? Cómo no, señor. Es una ciudad muy linda, ¿verdad? Vive allí una tía mía, y la visito de vez en cuando. Mire, hay un avión que sale temprano –bueno, demasiado temprano no, pero lo digo así porque a mucha gente le parece que es un horario muy temprano, pero vamos, eso es muy relativo. A mí, por ejemplo, me gusta levantarme tempranito. Pues como le decía, sale a las cinco y media el avión.
(Máxima de relevancia: la mayor parte de la información dada es irrelevante.)

(57) ¿A Macondo? Cómo no, señor. Le recuerdo que los pasajeros tienen que pasar por seguridad para que les registren el equipaje. La guagua del aeropuerto sale de la Plaza Mayor. Usted debe estar en el aeropuerto por lo menos dos horas antes del embarque por lo de la seguridad. Hay un vuelo a las cuatro de la tarde y otro a las cinco y media de la mañana.
(Máxima del modo: la información debe ser ordenada.)

Actos de habla

Entre las diversas actividades que realizamos mediante el lenguaje, hay tres fundamentales: dar información, obtenerla, y trasmitir mandatos. Tres clases de oraciones nos sirven para realizar directamente aquellas actividades: las *aseverativas* (información), las *interrogativas* (preguntas) y las *directivas* (mandatos y pedidos). He aquí algunos ejemplos:

(58) *Aseverativas:*
    a. Dice el boletín meteorológico que va a llover.
    b. Mañana llega el presidente a la capital.

(59) *Interrogativas:*
    a. ¿Te parece que va a llover?
    b. ¿Sabes cuando llega el presidente?

(60) *Directivas:*
    a. Llévate el paraguas, mi hijo.
    b. Haga el favor de informarse del horario.
    c. Estacione aquí su coche.

Pero muchos de los actos de habla con los que informamos, pedimos, mandamos suplicamos, amenazamos, apostamos, aconsejamos y expresamos nuestros sentimientos, son indirectos. Su interpretación depende no sólo del contexto del diálogo sino también de nuestro conocimiento de las reglas de la conversación, que no son sólo lingüísticas, sino también sociales.

Por ejemplo, una oración aseverativa puede ser una petición (61a) o mandato indirectos (61b):

(61) a. Me gustaría que me dispensara del trabajo mañana por la tarde, señor Gómez.
    b. Me gustaría que se dedicara usted más a su trabajo, Gutiérrez.

Asimismo, una interrogativa puede ser un consejo o mandato disfrazado en pregunta:

(62) a. ¿No crees que deberías llevarte el paraguas?
    b. ¿No le parece que debería preparar aquellos informes cuanto antes?

De por si, ciertos enunciados constituyen actos del habla. Esto significa que sólo con decirlos ejecutamos la acción que describen. Por ejemplo, mientras que (63a) sólo describe una intención, oraciones como (63b-63c) constituyen la oferta misma a la que se refieren:

(63) a. Pienso darte mil pesos como regalo.
    b. Te ofrezco mil pesos por esa bicicleta.
    c. Si usted me da mil pesos, la bicicleta es suya.

Enunciados como (63b–63c) son *comprometimientos*, porque expresan un compromiso por parte del hablante. Pertenecen a esa categoría los enunciados que expresan promesas, apuestas, juramentos y otros que obligan al hablante a hacer algo. Las amenazas (64a), aunque no lo obliguen, lo comprometen lo suficiente como para constituir prueba de sus malas intenciones. Por eso, a menudo se disfrazan mediante una aseveración (64b) que, tomada literalmente, no hace más que declarar lo obvio.

(64) a. ¡Te voy a matar!
    b. ¡Te vas a morir!

Imaginemos que al recordarle a mi jefe que mañana es fiesta, él me conteste como indirectamente:

(65) Lo sé, pero necesitaré ayuda para acabar el informe.

Aunque esta oración es declarativa, tiene intención directiva, formulada indirectamente. Por otra parte, podría emplear un acto del habla *directivo* (66a–66b) expresando un mandato, orden, petición, o ruego, cuyo objeto es influir en el comportamiento del oyente para que haga algo determinado.

(66) a. Por favor, venga al trabajo mañana.
    b. Venga usted mañana y déjese de cuentos.
    c. Le pido que venga de todos modos.

En cambio, el empleo claro del verbo **pedir** en (66c) caracteriza una un acto de habla *actuativo* (o *performativo*). Dichos actos, aunque tengan la forma de una declaración, constituyen por sí mismos la acción que describen (70a–70d):

(67) a. Le digo que venga.
    b. Le ruego que me dispense.
    c. Le informo que no se le puede dispensar.
    d. Le advierto que si no viene, será despedido.

Los verbos que participan en esta clase de oraciones (**informar, pedir, prometer, advertir, declarar**) implican la ejecución de la misma acción a la que se refiere. En otras palabras, un verbo actuativo da forma explícita a la intención de la oración. He aquí otros ejemplos de verbos actuativos (68a–68j):

(68) a. Le urjo (ordeno, notifico) a comparecer al juzgado.

    b. Le promuevo (asciendo, rebajo) a usted al grado de capitán.

    c. Se presenta el capitán Pantaleón, a sus órdenes, mi coronel.

    d. Te apuesto mil pesos a que no lo haces.

    e. Prometo arreglarte el coche para mañana.

    f. Me reservo el derecho de no contestarle.

    g. Le hago una oferta (= le ofrezco).

    h. Renuncio a mi cargo, señor Presidente.

    i. Os declaro marido y mujer.

    j. Te bautizo en nombre del Padre, del Hijo, y del Espíritu Santo.

Las construcciones **estar/quedar** + participio tienen fuerza actuativa:

(69) a. A partir de ahora estás promovido a consul.

    b. Es usted nombrado coronel.

    c. Quedan ustedes arrestados.

Para que un enunciado constituya un acto, deben cumplirse ciertas condiciones. Primero, el verbo tiene que estar en la primera persona, puesto que sólo el hablante puede hacer algo con las palabras. (Un enunciado como **El cura los declaró marido y mujer** es una aseveración, no una acción.)

Segundo, el hablante debe ser legal o consuetudinariamente competente, es decir debe tener legitimidad para ejecutar el acto en cuestión. Tales verbos sólo tienen fuerza actuativa al ser empleados por personas en condiciones de hacerlo.

Presuposiciones

Podemos visualizar el contexto comunicativo como una serie de círculos concéntricos. Los interlocutores se hallan en el centro, y los varios círculos a su alrededor representan el fondo de información que comparten, lo que saben o presuponen acerca de la situación, de sí mismos, de su ambiente social, de su cultura, y del mundo en general.

Dichas presuposiciones condicionan la formulación de los enunciados. Por ejemplo, si mi jefe me pregunta a qué hora llegaré a la oficina mañana, es porque presupone que vendré; pero si mañana es fiesta, interpretaré la pregunta como resultado (a) de un olvido de su parte, o (b) de la intención de decirme indirectamente que debo venir, o (c) de la presuposición de que estoy enterado de que, a pesar de ser día festivo, mañana hay trabajo.

Hay palabras que implican necesariamente una presuposición. Por ejemplo, la pregunta (70a), hecha por un policía a un conductor, presupone que éste efectivamente se saltó el semáforo en rojo. Las demás oraciones (70b-70g) también contienen una o más presuposiciones [P] que, si se aceptan sin contestación, determinan el rumbo de la conversación según los intereses del hablante.

(70) a. ¿Por qué se saltó aquél semáforo en rojo? [P: usted cruzó el semáforo.]

b. Explícanos por qué no crees en Dios. [P: tú no crees en Dios.]

c. ¿Ha dejado usted de pegarle a su marido? [P_1: usted está casada; P_2: usted suele o solía pegarle a su marido.]

d. Hoy vamos a estudiar las razones por las que el Líder siempre tiene razón. [P: El Líder siempre tiene razón.]

e. No entiendo por qué me mientes tanto. [P: me mientes.]

SUMARIO

La semántica trata de los *signos*, formados por el *significante* (forma) y el significado (la relacción con el referente). El nexo fundamental entre el signo y el referente es el significado *referencial* (*cognitivo* o *denotativo*), al que se añade un significado secundario (*connotativo* o *social*); el significado *estilístico* atañe al contexto, el significado *afectivo* expresa actitudes y sentimientos, y el significado *temático* depende de la importancia comunicativa de cada palabra del enunciado, según la cual las palabras se reparten en *tema* (o *tópico*) o *rema* (*comentario*). En el análisis del significado se utilizan rasgos semánticos como [concreto], [humano], [animado], [adulto], [sexmasc], [sexfem], particularmente útiles en casos de polisemia (una palabra con varios significados) o de homonimia (una secuencia de fonemas que corresponde a dos o más palabras).

Los sinónimos tienen el mismo significado referencial, y las oposiciones tienen significados contradictorios (**vivo/muerto**), graduales (**frío/caliente**), múltiples (**indiferente/alegre/triste**). Hay *hiponimia* entre dos términos A y B cuando el referente de B incluye a A.

Las funciones semánticas tienen que ver con los papeles de *agente, paciente, origen,* o *beneficiario* (de una acción o recipiente de un favor). Respecto a sus relaciones semánticas, dos oraciones pueden ser paráfrasis una de la otra; hay implicación (recíproca o no) cuando la veracidad de una oración determina necesariamente la veracidad de la otra. Se entiende por *deixis* (personal, espacial, o temporal) un sistema orientacional que nos permite relacionar nuestra posición con objetos extralingüísticos.

La *metáfora* involucra la extensión del significado de una palabra al aplicarse por analogía a otro referente. A medida que se lexicaliza, la metáfora se vuelve una expresión idiomática. Los modismos son expresiones idiomáticas cuyo significado no puede deducirse del significado de las palabras que las componen.

La *anomalía* puede incluir la ambigüedad, la contradicción, la incompatibilidad o incongruencia, el sinsentido. El *tabú* involucra la prohibición de uso de determinadas palabras o expresiones en ciertos contextos, haciendo que sean reemplazadas por un eufemismo.

Se llama *pragmática* el estudio de la relación entre el significado y el contexto de la comunicación (situación, relaciones entre los participantes). Según el *principio de cooperación* la información trasmitida en la comunicación debe ser verdadera, apropiada, relevante, y clara y organizada.

Todas las lenguas tienen oraciones aseverativas, interrogativas y directivas. Los actos de habla pueden ser indirectos; los actos *actuativos* (o *performativos*) ejecutan la acción a la vez que la describen. Las *presuposiciones* representan información compartida por los interlocutores acerca de la situación, de sí mismos, de su ambiente social y de su cultura.

Práctica

A. *Cada una de las formas fonológicas siguientes representa dos o más significados. Identifique las palabras en cuestión y determine si se trata de casos de polisemia o homonimia.*

Ejemplo: /gáto/

La palabra es **gato**; se trata de homonimia entre (1) gato 'animal felino' y (2) gato 'aparato para levantar coches y otros objetos'

1. /kára/	6. /r̃áya/
2. /lába/	7. /máno/
3. /órka/	8. /básto/
4. /bóta/	9. /θérka/
5. /bíno/	10. /páso/

B. *Escriba en los espacios de la columna C en qué clase de oposición (absoluta, complementaria, gradual, simétrica) se hallan las palabras de las columnas 1 y 2.*

	A	B	C
Ejemplo:	alegre	triste	*gradual*
1.	comprador	vendedor	
2.	hijo	padre	

3.	rápido	lento
4.	muerto	vivo
5.	inteligente	imbécil
6.	presente	ausente
7.	feliz	infeliz
8.	creyente	ateo
9.	dormido	despierto
10.	abuelo	abuela

C. *Identifique la función semántica (agente, paciente, beneficiario, origen) de los términos en negritas.*

Ejemplo: **Juan** compró **la casa.**
Juan = agente; la casa = paciente.

1. **El ejército** destruyó **la ciudad.**
2. **Juanita** ganó **una beca** del **gobierno provincial.**
3. **Aquel monumento** fue diseñado **por un arquitecto italiano.**
4. **Mi padre** trabaja en **Guadalajara.**
5. **La ropa** _____ **en el viento** _____.

D. *Escriba una paráfrasis de cada uno de los significados posibles de las siguientes oraciones.*

Ejemplo: La encontré andando por el parque.
a. La encontré mientras ella andaba por el parque.
b. La encontré mientras yo andaba por el parque.

1. Se lo doy mañana.
2. Nos vimos en el espejo.
3. Me compró el cochecito.
4. Salió con su hermana.
5. Se alquilan teléfonos.

E. *La mayoría de las palabras de cada lista comparten un rasgo semántico común. Identifique ese rasgo y la palabra que no lo tiene.*

Ejemplo: banco, mesa, silla, butaca, sillón
Todas, menos **mesa,** comparten el significado de 'asiento.'

1. vaso, botella, jarra, plato, cantimplora.
2. magnetofón, tocadiscos, televisor, radio, teléfono.

3. cuchillo, espada, carabina, daga, machete.
4. lápiz, bolígrafo, plumafuente, tiza, libreta.
5. diccionario, novela, vocabulario, glosario, enciclopedia.

F. *Explique las contradicciones semánticas de las oraciones siguientes.*

Ejemplo: La huérfana paseaba con sus padres.
Por definición, una huérfana no tiene padres (o sea, es [-padres]).

1. Peinaba sus bellísimos cabellos la cantante calva.
2. Bajamos rápidamente cuesta arriba.
3. En el valle hacía un silencio ensordecedor.
4. Los amigos del viejo misántropo le ofrecieron una cena.
5. ¿Conoces al marido de la viuda del tercer piso?
6. El hijo único no quería jugar con sus propios hermanos.

G. *Explique la anomalía de cada oración.*

Ejemplo: Paco comió al bocadillo.
Bocadillo es [-animado] y por lo tanto sobra la **a** personal.

1. ¿Por qué no vienes ayer?
2. ¿Quieres hacer el favor de llevarme aquel libro hasta aquí?
3. Mi padre que vive en Montevideo es cirujano.
4. Quiere que lo leas ahora mismo, aunque todavía no lo haya escrito.
5. La casa dio a luz a un niño.
6. Carlos I es la raíz cuadrada de cero.

H. *Los chistes siguientes se basan en la interpretación anómala de las preguntas. Explique de qué se trata en cada caso.*

1. —¿Adónde va esta calle?
   —Hombre, que yo sepa nunca se ha movido de aquí.
2. —Me podría dar la hora?
   —Lo siento. Acabo de dársela a aquel señor.
3. —¿Me puedes pasar el pan?
   —No, porque te lo comerías.
4. —¿Sabes que hora es?
   —Por supuesto que sí.
5. —¿Tiene usted familia?
   —Hombre, más bien me tiene ella.

I.   *Identifique la anomalía de cada enunciado.*

      Ejemplo: El paisaje policrómico se volvió loco.
                    Volverse loco requiere un sujeto (paciente semántico) [+animado], pero **paisaje policrómico** es [–animado].

    1. El rey de Roma vive en Washington.
    2. Paco había muerto y se daba cuenta de ello.
    3. La revista *Tiempo* la nombró "Hombre del Año."
    4. Lo hará cuando venía, no antes.
    5. La camulla rosada se rempicó mañana.

J.   *En una pieza de teatro, una boda puede seguir todos los detalles de la ley, pero el oficiante por supuesto no casa a los actores. ¿Qué condiciones no se cumplen?*

K.   *En estas series de términos, ¿qué tiene de específico el significado de cada uno? Escriba varias frases para demostrarlo. ¿Hay términos inmarcados? ¿Y marcados?*

    1. comprar, adquirir, robar, obtener, ganar
    2. pedir, rogar, suplicar, implorar, exigir
    3. decir, exclamar, gritar, susurrar, declarar
    4. ir, andar, desplazarse, arrastrarse, correr
    5. incomún, raro, fantástico, extraordinario, insólito

L.   *Identifique las presuposiciones de los anuncios siguientes:*

    1. Pídale a su marido que realice su sueño, comprándole una lavaplatos *Destructor.*
    2. Tenga asegurada la felicidad de sus hijos, comprándoles la *Enciclopedia Comarcal.*
    3. Use el reloj *Clock* —el símbolo de su éxito profesional.
    4. Con la colonia *Gambanel,* lograrás lo imposible: ser aún más irresistible.
    5. Cúrese el dolor de espalda con las pastillas *Maravilla.*

M.   *¿Qué presuposiciones encuentra usted en las preguntas siguientes?*

    1. ¿Dónde viven sus padres?
    2. ¿Cuál es su religión?
    3. ¿Qué carrera estudia?
    4. ¿Por qué se droga?
    5. ¿Hasta cuándo se negará a pagar sus impuestos?

Principales fuentes consultadas

Aspectos generales de la semántica: Akmajian et al. 1990, Chafe 1970, Kany 1960, Lamíquiz 1973, Leech 1974; Lyons 1977; Polo Figueroa 1981, Traugott y Pratt 1980, Cap. 4; Trujillo 1988; *Tabú lingüístico y eufemismos:* Kany 1960, Grimes 1978, Rosenblat 1987; *Deixis:* Jensen 1982; *Pragmática:* Levinson 1983.

Sugerencias para lectura

Sobre el lenguaje tabú, Grimes 1978; sobre expresiones idiomáticas, analizadas teniendo en cuenta el punto de vista del hablante del inglés, Sugano 1981; sobre deixis, Levinson 1983, Cap. 2 "Deixis," Jensen 1982; Marcos Marín 1984 trata de muchos aspectos relevantes del significado y sus relaciones con la forma lingüística.

Notas

[1] Nebrija 1926:56.

[2] Lamíquiz (1973:375) atribuye el término a Michel Bréal, que lo utilizó en 1883 para designar "el estudio de las leyes intelectuales del lenguaje."

[3] Los rasgos semánticos *sexo masculino* [sexmasc] y *sexo femenino* [sexfem] tienen que ver con la división biológica de los seres animados en machos y hembras. No hay que confundirlos con los rasgos sintácticos [+masculino] y [-masculino], que tienen que ver con el género gramatical.

[4] Como en las matrices fonológicas (Capítulo 3), los espacios en blanco quieren decir que el rasgo en cuestión no se aplica.

[5] *Pequeño Larousse Ilustrado*, ed. de 1964.

[6] María Moliner, *Diccionario de uso del español* (Madrid: Editorial Gredos, 1983).

[7] Del verbo inglés **to lynch** 'matar sin proceso legal,' derivado del apellido del juez norteamericano Charles Lynch (1736-1796).

[8] Alonso (1979) registra **quincenario** 'persona que pasa en la cárcel una o más quincenas.'

[9] Esta sección sigue en sus líneas esenciales las ideas de la escuela lingüística de Praga acerca de la distribución de información en la oración. Véase Daneš y Vachek 1966, Daneš 1967, 1968, Firbas 1966a, 1966b.

[10] Según algunos lingüistas, el tema es el *tópico* de la oración, y el rema es el *comentario* sobre el tópico.

[11] Los sistemas deícticos personal y espacial operan juntos al señalar al hablante (o al escritor) en expresiones de modestia retórica como (i)-(ii), que se refieren a la primera persona:

    (i)   La que escribe estas líneas...

    (ii) Le parece a este autor...

[12] Sobre la deixis espacial en español e inglés, consúltese Jensen 1982.

[13] Carmen Rico-Godoy, *Cambio 16* (Madrid), 30/octubre/89, pág. 194.

[14] Le agradezco este ejemplo a Celso Álvarez Cáccamo.

[15] Le agradezco este ejemplo a M. Grevolar.

[16] Levinson 1983, Capítulo 3, "Conversational implicature."

7

El cambio lingüístico

*E era toda la tierra de un lenguaje e de unas palabras. E fue que, en
mudándo se de leuante, fallaron un valle en tierra de sinar e
asentaron ende e dixieron... hedifiquemos una çibdat con una
torre cuya cabeça sea en los çielos, e fagamos para nosotros
nonbre, porque non nos derramemos por fas de toda la tierra... E
dixo el señor; he que un pueblo son e una lengua han todos, e
esto han començado a faser, e agora non será dellos vedado
quanto pensaron faser... desçendamos e perturbemos ende sus
lenguas para que non entiendan el un lenguaje del otro. E
derramolos el señor dende por la fas de toda la tierra, e çesaron
de hedificar la çibdad. E por tanto se llamó su nombre babel,
que ende perturbó el señor el lenguaje de toda la tierra.*

Génesis, 11:9.[1]

Según un mito muy persistente, los idiomas conocieron una época de perfección
a partir de la cual han degenerado: es un tópico entre los puristas la queja de
que ya no se habla como antes. Y tienen razón, pero no por las supuestas causas
que suelen mencionarse —como la pereza de los hablantes, su desprecio por la

gramática, o la influencia dañina de factores como la radio, las tiras cómicas, el cine, o la televisión— sino porque el cambio, lejos de ser un síntoma de degeneración, es parte íntegra del lenguaje. Todos los idiomas vivos se encuentran en un proceso continuo de cambio.

Para darnos cuenta de ello basta fijarnos en el léxico, el componente más fácilmente observable del idioma. ¿Quién se acuerda de los nombres de los vehículos de caballos que usaban nuestros antepasados, como **berlina, cupé, fiacre, cabriolé** o **faetón**?[2] A lo mejor tendrán igual destino los nombres de los vehículos automóviles de nuestra época, como **furgoneta, descapotable, sedán, autocar** o **camioneta**.

Hasta aquí hemos analizado diversos aspectos del español sin tener en cuenta los cambios relacionados con el paso del tiempo. Es decir, hemos adoptado un punto de vista **sincrónico** (del griego *synkronos* 'contemporáneo,' de *syn* 'con, junto a' y *khronos* 'tiempo'), que enfoca la estructura actual de la lengua. El acercamiento sincrónico, a la vez que permite un análisis detallado del objeto, prescinde de la variación temporal. Ésta constituye el objeto de la lingüística *histórica* o *diacrónica* (del griego *dia* 'a través de' y *khronos* 'tiempo'). En este capítulo ilustraremos algunos aspectos del desarrollo diacrónico del español.

Los romances peninsulares

La lengua española se desarrolló en la región de Castilla la Vieja, al norte de Burgos, de donde fue llevada a otras regiones de la Península Ibérica. Su desarrollo responde a factores externos, relacionados con hechos históricos, y a otros internos, que tienen que ver con la transformación de su estructura, a partir del latín hablado por los legionarios y colonos romanos. Por lo que atañe a la historia externa del español, se reconocen cuatro períodos generales, a saber:

(a) Español antiguo: de los orígenes hasta 1500
(b) Desarrollo del español moderno: 1500–1700
(c) Español moderno: 1700–1800
(d) Español contemporáneo: 1800–época actual

El español antiguo

La Península Ibérica fue habitada desde tiempos prehistóricos por pueblos que han desaparecido, y cuyo origen se desconoce, como los *iberos* al Sureste y los *tartesios* al Sur. La invadieron alrededor del año 1000 a.C. los *celtas*, que se mezclaron con los iberos, dando origen a una civilización *celtibérica*. Se sabe relativamente poco de esas civilizaciones prehistóricas, cuyos idiomas, sin embargo, legaron al castellano topónimos (**Segovia, Sigüenza, Coruña**), sustantivos (**cerveza, carro, colmena**), y sufijos como –**iego** (**mujeriego**) y –**ego** (**gallego**). También establecieron allí sus colonias los *fenicios* (Málaga y Cádiz, en el sur), los *cartaginenses* (Cartagena, en el sur, y Mahón, en la isla de Menorca) y los *griegos* (Ampurias, en la Costa Brava).

Los romanos llegaron en 201 a.C., y con excepción de la región habitada por los vascos, conquistaron toda la península (a la que llamaban *Hispania*), imponiendo a los habitantes no sólo sus instituciones y costumbres, sino también su lengua. Consecuentemente, los idiomas locales, con la sola excepción del vasco,[3] fueron reemplazados poco a poco por el *latín popular* de los colonos romanos. A partir de éste idioma se desarrolló, a lo largo de los siglos, un conjunto de hablas, colectivamente llamadas *romance*, nombre derivado del adverbio *romanice*, 'a la manera de los romanos.'

La transformación del latín popular en los romances peninsulares probablemente se aceleró a partir de la desintegración política del Imperio Romano de Occidente (476 d.C.). Aunque el latín siguió usándose no sólo en el culto religioso y como lengua escrita en la administración pública, sino también como lengua hablada por una minoría instruida (sobre todo entre el clero), el romance hablado se diferenciaba cada vez más. Debieron contribuir a la formación de dialectos romances regionales factores como la extensión geográfica y el relativo aislamiento de las distintas provincias. Es posible que influyera también la condición bilingüe de muchos de los colonos, hablantes de idiomas de la Península Itálica como el *osco* y el *umbrio*,[4] o de lenguas nativas de otras regiones colonizadas por los romanos.

También contribuyó al vocabulario el habla de los pueblos germanos que se establecieron en la Península a partir del siglo V, como los *suevos, vándalos, alanos* y sobre todo los *visigodos*. Éstos llegaron a la Península (412 d.C.) ya bastante romanizados y además de adoptar la lengua latina, terminaron por dominar a los demás pueblos peninsulares, creando un reino independiente del Imperio Romano. La contribución lingüística germánica de ese período incluye palabras del léxico militar (**guardia, guardián, espuela**), de la vestimenta (**ropa**) y nombres (**Álvaro, Fernando, Roderico, Elvira, Alfonso, Adolfo**).

El reino visigodo duró hasta 711, cuando los musulmanes del norte de África invadieron y conquistaron casi toda la Península. Quedaron libres sólo algunos núcleos cristianos en los Pirineos al nordeste y en las montañas de Asturias al norte. De allí empezó la reconquista cristiana de los territorios bajo control musulmán, colectivamente conocidos como *Al-Andalus* (de donde viene **Andalucía**), adaptación árabe del nombre latino **Portus Vandalus** 'puerto de los vándalos.'

De las diferentes manifestaciones regionales de los romances peninsulares se formaron las nuevas lenguas. Al noroeste de la Península encontramos el *gallego*, del cual se derivó el *portugués*; al norte, en la región de Asturias y León, un conjunto de hablas colectivamente llamadas *leonés*[5]; en la región de Cantabria, al norte de Burgos, el *castellano*; en las regiones de Navarra y Aragón, en los Pirineos, otro conjunto de hablas conocidas como *navarro-aragonés*; en la región oriental de los Pirineos, al norte de Barcelona, el *catalán*, que en el siglo XIII se extendió hasta Valencia, Alicante y las Islas Baleares; y en las regiones dominadas por los musulmanes, el *mozárabe*, hablado por los cristianos.

La formación de esos romances se halla íntimamente relacionada con la historia de los reinos medievales. Bajo el legendario conde Fernán González, Castilla se separó del reino de León en el siglo X, y como reino independiente asumió el liderazgo en la lucha contra los musulmanes. Galicia, en cambio, siguió incorporada a León, que a su vez pasó a pertenecer a Castilla en el siglo XIII. A mediados de este siglo Castilla había conquistado los territorios musulmanes, con excepción del reino de Granada, que sólo fue tomado en 1492. Como consecuencia de la reconquista y del repoblamiento de aquellos territorios, el castellano se impuso por casi toda la Península, reemplazando el mozárabe e impidiendo la expansión de los otros romances.[6]

En los territorios ocupados por los musulmanes existía un ambiente multilingüe. El árabe era el idioma de los conquistadores, entre los cuales había no sólo árabes sino también muchos bereberes del norte de Africa. Los judíos usaban el hebreo para fines literarios y litúrgicos, la masa de la población cristiana hablaba el mozárabe, una minoría de cristianos instruidos empleaba el latín como lengua escrita y mucha gente, independientemente del origen étnico, hablaba dos o más idiomas.

El mozárabe se componía de diversos dialectos, de los que se han estudiado parcialmente los más importantes, como los de Toledo, Mallorca, Valencia, Murcia, Sevilla y Granada.[7] La documentación sobre el mozárabe incluye glosarios científicos latino-árabes,[8] topónimos y nombres propios encontrados en documentos e inscripciones en monumentos. Además, en ciertos poemas en árabe o hebreo, llamados *muwassahas*, se encuentran estribillos con palabras, frases y versos enteros en mozárabe. Se trata de las *jarchas*, en las que una mujer habla de su amante. El ejemplo siguiente es un poema[9] de Yehudá Haleví (siglo XII). Se da primero la transcripción en alfabeto latino, sin las vocales, que no se representan en la escritura árabe, y a continuación, la transcripción en mozárabe de Menéndez Pidal y la versión en castellano actual.

Con excepción de la única frase árabe, **al-habib** 'el amigo, querido, amante,' la lengua de esos versos es claramente romance, aunque haga falta clarificar algunos vocablos. *Garid*, verbo supuestamente derivado del lat. GARRIRE 'parlotear;' **yermanella**, del lat. GERMANA 'hermana' + **ella** (diminutivo); **advolarei** sugiere un verbo **advolare**, posiblemente basado en lat. ADVOLA-

TUS 'vuelo;' en *vivreyo*, como *advolarei*, la terminación revela el futuro romance ya desarrollado (**volaré, volarás,** etc.).

transcripción en alfabeto latino	mozárabe	castellano actual
garyd boš 'y yrmn'lš	garid voš ay yermanel[l]aš!,	decid vosotras, hermanitas
km 'kntnyr 'mw mali	cóm conteneré mio male:	cómo contener mi dolor
šin l'ḥbyb non bbryw.	šin el habib no vivreyo,	sin mi querido no viviré
'dbl'ry dmnd'ry	advolarei demandare	me volaré a buscarle

Entre el período del latín popular y los primeros tiempos del español antiguo (siglo XIII) tuvieron lugar los cambios lingüísticos que moldearon los rasgos fundamentales de la lengua. Como los documentos más antiguos que contienen palabras reconociblemente romances[10] son de fines del siglo IX o principios del siglo X, podemos suponer que las lenguas románicas peninsulares, inclusive el castellano, ya se hablaban con anterioridad. Desde luego, la transición fue gradual, y no hay que pensar que hubiese habido un momento en el que se dejara de hablar latín para empezar a hablar castellano.

En 1479 la victoria en una guerra civil consolidó el poder de la reina Isabel de Castilla, casada en 1469 con Fernando de Aragón, creándose así condiciones para la unificación de los reinos peninsulares (excepto Portugal) bajo su nieto Carlos I (1516), y para la adopción del castellano como lengua de gobierno y de cultura literaria en toda España, y en el imperio colonial español que llegó a extenderse hasta las Filipinas.

El desarrollo del español moderno

El año 1500 simboliza aproximadamente la edad Moderna: para algunos, la Edad Media termina con la llegada de Colón a América (1492); para otros, con la toma de Constantinopla, capital del Imperio Romano de Oriente, por los turcos (1453). De todos modos, el elemento fundamental del desarrollo del español como lengua de cultura fue el Renacimiento. En el período de 1500 a 1700, a medida que las ideas renacentistas renuevan el pensamiento artístico, filosófico y literario, el español se convierte en un medio de expresión a la vez vigoroso e innovador.

A raíz del ideario renacentista, crece en España el interés en la lengua como objeto de estudio. En 1490 Alfonso Fernández de Palencia publicó en Sevilla su *Universal vocabulario en latín y en romance*, el primer diccionario latín-castellano. Se siguió en 1492 un diccionario latín-español, el *Lexicon ex Sermone Latino in Hispaniensem* (Léxico del Habla Latina en Hispania), de Antonio Nebrija. Este mismo año, Nebrija publicó su *Gramática de la lengua castellana*, la primera gramática moderna de un idioma románico, complementada en 1517 por sus *Reglas de ortographia en la lengua castellana.* En 1499 apareció *La Celestina*, de Fernando de Rojas (obra considerada por algunos críticos como precursora de la novela), iniciando el llamado *Siglo de Oro*, una época de intensa creación literaria que se extendió hasta fines del siglo XVII.

Se publican cada vez más libros en español y traducciones de autores clásicos y contemporáneos, y pese a las críticas de algunos gramáticos, el léxico español incorpora cientos de vocablos extranjeros, sobre todo del italiano y el francés. La influencia del latín clásico sigue siendo notable: se editan obras de autores latinos clásicos, en el original y en traducción, se adoptan muchas palabras latinas (los llamados *cultismos*) y se estiliza la prosa mediante la adopción de estructuras sintácticas y recursos retóricos latinos. Como resultado de ese esfuerzo colectivo, se consolida una norma lingüística literaria, que se refleja en obras como el *Diálogo de la lengua* de Juan de Valdés (ca. 1535) y el *Tesoro de la lengua castellana o española* de Sebastián de Covarrubias (1611), y culminando con el *Quijote* (1605-1615).

El español moderno

En el período de 1700 a 1808, llamado la *Ilustración* o *Siglo de las Luces*, aumenta la influencia de la cultura francesa. La fecha inicial es simbólica: habiendo quedado vacante el trono español a la muerte de Carlos II, le sucedió en 1700 Felipe V, príncipe de la casa francesa de Borbón. Éste fundó la Biblioteca Nacional (1711) y siguiendo el modelo de la Academia Francesa, creó en 1714 la Real Academia Española, cuyo lema ("limpia, fija y da esplendor") explica su objetivo de cuidar la propiedad, elegancia y pureza de la lengua. Entre 1726 y 1739 la Academia publicó la primera edición (6 volúmenes) del *Diccionario de Autoridades*, y en 1771, la primera edición de la *Gramática*.

El español contemporáneo

El período del español contemporáneo empieza, también simbólicamente, en 1808, fecha de la invasión de España por Napoleón, un evento que trajo profundas modificaciones a la sociedad española. En el campo literario y artístico, el romanticismo, tendencia iniciada a fines del siglo XVIII, reviva el interés en los estudios históricos, particularmente sobre la Edad Media. En lo que atañe al lenguaje, y sobre todo gracias a la influencia de sabios como el dinamarqués Rasmus Rask y los alemanes Jacob Grimm, Franz Bopp y Willelm von Humboldt, los estudios filológicos en Europa empiezan a ganar un enfoque objetivo que apunta hacia una actitud científica.

En 1830 se publica la *Gramática castellana según ahora se habla*, de Vicente Salvá, basada en un análisis de la literatura publicada desde 1750. Es significativo del reconocimiento de la diferenciación idiomática el aumento de la contribución de autores hispanoamericanos: el chileno Andrés Bello publica en 1847 su *Gramática de la lengua castellana destinada al uso de los americanos*, a la que el colombiano Rufino José Cuervo añade sus *Notas* en 1874. Ya en el siglo XX, Friedrich Hanssen, alemán residente en Chile, publica una *Gramática histórica de la lengua castellana* (1910, 1913). A partir de fines del siglo XIX se desarrolla en España, principalmente bajo la influencia de Ramón Menéndez Pidal (1869-1968) y los discípulos formados en el Centro de Estudios Históricos (Madrid), una tradición filológica que ha dejado una huella profunda en los estudios lingüísticos hispánicos.

Los otros romances peninsulares

La expansión del castellano tuvo diversas consecuencias para los demás romances peninsulares. El leonés y el aragonés fueron afectados de tres maneras complementarias. Lingüísticamente, tuvieron parte de su léxico y de sus estructuras sintácticas progresivamente reemplazados por vocablos y estructuras castellanas. Geográficamente, la implantación del castellano en los centros urbanos de León, Asturias, Navarra y Aragón los limitó a los pueblos y a los ambientes rurales. Socialmente, el peso del castellano como lengua de la cultura literaria, de la administración pública y de la escuela, les restó prestigio en todo lo que no fuese el uso familiar. Desde los años setenta, se ha tratado de desarrollar normas estándares para las hablas astur-leonesas (con el nombre de *llingua asturiana*) y aragonesas (con el nombre de *fabla asturiana*), y se ha reivindicado para ellas algún reconocimiento oficial, hasta la fecha sin mucho éxito.

Aragón (que como entidad política incluía a Cataluña, Valencia y las islas Baleares) no se unió a Castilla sino en el siglo XV. Al contrario del aragonés, que fue parcialmente dialectalizado por el castellano, el catalán tuvo mucha importancia como lengua oficial y literaria en la Edad Media. A partir del siglo XIV su ámbito de actuación se fue reduciendo, a medida que cedía terreno al castellano en aquellas funciones, pero en el siglo XIX empezó un largo y revuelto proceso de recuperación que todavía no ha llegado a su término. Hablado como lengua nativa por unos seis millones de personas, en su mayoría bilingües, el catalán es cooficial con el castellano en las comunidades autónomas de Cataluña, Valencia y Baleares. Aunque se ha recuperado su uso en muchos ámbitos públicos y privados, incluso en los medios comunicativos y en la escuela (en Cataluña más que en las otras dos regiones) la competencia del castellano es muy fuerte.

En 1095 Alfonso VI de Castilla dio al conde Enrique de Borgoña el territorio gallego comprendido entre los ríos Miño y Mondego, donde se constituyó el Condado Portucalense. Allí se originó el reino de Portugal (1139), que reconquistó de los musulmanes la región al sur del Mondego, incluyendo al Algarve. Hasta el siglo XV, se hablaba en Portugal y en Galicia la misma lengua, el *gallego-portugués*, vehículo de la poesía medieval. Posteriormente, el portugués se diferenció del gallego, que al no tener status oficial en Galicia, se redujo a la condición de lengua popular. Hoy, con unos dos millones de hablantes, y sin una norma escrita completamente unificada, es cooficial con el castellano. Se hacen esfuerzos por normalizar su uso en la administración pública, la instrucción y los medios de comunicación, y también se ha reanudado una modesta producción literaria, aunque en todas esas áreas sigue predominando el castellano.

Características del cambio lingüístico

El latín clásico que conocemos mediante la literatura romana, producto de una élite instruida, seguía unas convenciones gramaticales y estilísticas mucho más rígidas que las del habla. El latín hablado por una minoría culta en ocasiones solemnes, como los debates del Senado romano, se aproximaba al lenguaje literario en lo que respecta a la formalidad y gramaticalidad. En cambio, el habla familiar de la gente instruida era menos formal, y el latín popular, hablado por la mayoría de la población, carecía de norma culta y, sobre todo en las provincias lejanas de Roma, presentaba mucha variación.

Los autores latinos que se ocuparon de temas de la lengua distinguían entre el habla de las personas instruidas, llamado *sermo urbanus* 'habla urbana' (*sermo* 'habla,' *urbs* 'ciudad'), *sermo quotidianus* 'habla diaria' (*quotidie* 'todos los días'), o *sermo usualis* 'habla usual' (*usus* 'costumbre'), y el habla del pueblo, llamado *sermo rusticus* 'habla campesina' (*rus* 'campo'), *sermo vulgaris*, 'habla vulgar' (*vulgus* 'pueblo') o *sermo plebeius* (*plebs* 'gente común').

Hay abundante documentación acerca del latín literario, que representa la forma clásica del idioma. La información disponible sobre el latín hablado, aunque más escasa, permite reconstruir sus rasgos principales. En las fuentes de información acerca del latín popular se incluyen:

—las inscripciones —que incluyen *grafitti* similares, en contenido, a los actuales— dejadas por los romanos

—la pronunciación de algunas palabras latinas incorporadas a otros idiomas

—la representación del habla de personajes rústicos en comedias como las de Plauto (254-184 a.C.)

—el lenguaje de obras técnicas de autores que escribían sin preocupación estética

—los comentarios de gramáticos latinos sobre el lenguaje popular

La más conocida colección de estos últimos comentarios se encuentra en el llamado *Appendix Probi*. Se trata de una lista de formas incorrectas emparejadas con las formas correctas correspondientes.[11] Al parecer, fue compilada en el siglo III d.C. por un autor anónimo. Las correcciones del *Appendix Probi* ilustran diversos cambios del latín popular, como por ejemplo:

(a) Pérdida de /u/ e /i/ átonas	*speculum*	*non speclum*	'espejo'
entre consonantes	*tabula*	*non tabla*	'tabla'
(síncopa):	*oculus*	*non oclus*	'ojo'
	calida	*non calda*	'caliente'
(b) Pérdida de /k/ ante oclusiva:	*auctor*	*non autor*	'autor'
(c) Asimilación de /r/ a /s/:	*persica*	*non pessica*	'pérsica'

Los cambios diacrónicos afectaron al romance en todos los niveles: la pronunciación (fonética y fonología), la forma de las palabras (morfología), la estructura de las frases (sintaxis), el significado de las palabras (semántica), y el vocabulario (léxico). Como ilustración, examinaremos someramente el aspecto que presenta el castellano en el primer monumento literario de la lengua. Se trata del *Cantar de Mío Cid*, poema épico de fines del siglo XII o comienzos del XIII. Trata de las aventuras del noble Ruy Díaz de Vivar, personaje histórico muerto en 1099 en las luchas contra los árabes. Éstos le apodaron *Cid* (del árabe popular andaluz *seid* 'señor') por su valor (de ahí el tratamiento respetuoso *Mío Cid* 'mi señor').

En el fragmento reproducido a continuación (con versión en español moderno), que es el comienzo del único manuscrito conservado, el Cid, desterrado por el rey Alfonso VI de Castilla y León, se dirige a Burgos, a camino del exilio.

1 [Mio Cid movió de Bivar pora Burgos adelinado
assí dexa sus palaçios yermos e desheredados.]
De los sos oios tan fuertemientre [l]lorando,
tornaua la cabeça y estáualos catando.

5 Vío puertas abiertas y uços sin cañados,
alcándaras uazias sin pielles y sin mantos
e sin falcones y sin adtores mudados.
Sospiró myo Çid, ca mucho auie grandes cuydados.
Ffabló myo Çid bien y tan mesurado:

10 "¡Grado a ti, señor padre, que estás en alto!
   Esto me an bu[o]lto myos ene1migos malos."[12]

1 [Mío Cid salió de Vivar para Burgos encaminado
   así deja sus palacios yermos y desheredados.]
   De los ojos suyos tan fuertemente llorando
   Volvía la cabeza y los estaba mirando.
5 Vio puertas abiertas y cerrojos sin candados,
   alcándaras vacías sin pielles y sin mantos
   y sin falcones y sin azores mudados.
   Sospiró Mío Cid, pues mucho tenía grandes cuidados.
   Habló Mío Cid bien y tan mesurado:
10 "Te agradezco a ti, señor padre, que estás en alto!
    Esto me han tramado mi enemigos malos."

Si la ortografía nos parece algo rara, es porque en aquella época el modelo de lengua escrita era el latín, y los escribas hacían experimentos con combinaciones de letras, esforzándose por desarrollar una ortografía que representara los nuevos fonos de las lenguas románicas. El análisis diacrónico revela diversos contrastes entre la lengua del poema y la actual, como se señala a continuación.

Figura 7.1

EL CID: DIFERENCIAS FONOLÓGICAS ENTRE EL CASTELLANO MEDIEVAL Y EL MODERNO

Cambio	Castellano antiguo		Castellano moderno
[africado] → [fricativo]	vazia [ƀadzía]	→	vacía [baθía]
	uço [útso]	→	uzo [úθo]
	Çid [tsiɖ]	→	Cid [θiɖ]
[alveolopalatal] → [velar]	dexa [déša]	→	deja [déxa]
	oio [óžo]	→	ojo [óxo]
[+sonoro] → [−sonoro]	mesurado [mezuráɖo]	→	mesurado [mesuráɖo]
/f/ inicial → [h] → Ø	Ffabló	→	habló

En el español del siglo XII existían dos africadas dorso-alveolares, la /ts/ (sorda) y la /dz/ (sonora). La /ts/ se representa por la ç en **Cid, uços**, y la /dz/, por **z** en **uazia**. Más tarde, la /dz/ se ensordeció, confundiéndose con la /ts/ y en el siglo XVI, la /ts/ pasó de africada a fricativa, originándose así la fricativa interdental sorda /θ/ del castellano norteño.

La letra **x** (**dexa**) representaba la fricativa alveolopalatal sorda /š/, y la **i** de **oios** (posteriormente escrita **j**: **ojo**) representaba la fricativa alveolopalatal sonora /ž/. En el siglo XVI la /ž/ también se ensordeció, confundiéndose con la /š/; más tarde, al cambiar el punto de articulación de palatal a velar, se originó la fricativa velar sorda /x/ (**deja, ojos**).

La **s** inicial de palabra (**sin**) o implosiva (final de sílaba interior o final de palabra) ante consonante sorda apicoalveolar (**estávalos, oios tan**), y también la **ss** doble (**assí**) representaban la fricativa apicoalveolar sorda /s/. Esta consonante contrastaba con la sonora /z/, escrita con una sola **s** entre vocales (**mesurado**). Se perdió también este contraste de sonoridad al confundirse los dos fonemas en la fricativa apicoalveolar sorda moderna /s/.

La **Ff** de **Ffabló** corresponde a la /f/ inicial del latín popular (FABŬLARE), pronunciada en el castellano medieval de algunas regiones norteñas como la fricativa faríngea [h]. Ésta posteriormente se representó por la **h** ortográfica (*hablar*), que ha seguido usándose, aunque aquel sonido desapareció del español estándar en el siglo XVI. Además, la ortografía distinguía (aunque no sistemáticamente) la bilabial oclusiva [b], representada por la **b** (**cabeça**), de la fricativa homorgánica [ƀ], representada por la **v** (**tornava**) o la **u** (**uazia**).

En lo que atañe a la forma de las palabras, se notan diferencias entre la lengua del manuscrito y la moderna, como **sos** *(sus)*, **fuertemientre** *(fuertemente)*, **cañados** *(candados)*, **avie** *(había)* y **buolto** *(vuelto)*.

En la sintaxis se nota el uso del artículo ante el posesivo (**los sos ojos**, mod. *los ojos suyos*) y el pronombre átono **los** después del verbo conjugado (**estaualos**, mod. *los estaba*). En fin, respecto al léxico y a la semántica, hay diversas formas que han cambiado de significado y arcaísmos, es decir, palabras que han dejado de usarse:

auie (había) 'tenía'
me an buolto (me han vuelto) 'me han tramado'
catar 'mirar'
uço 'puerta, postigo'
ca 'porque'
grado (v. **gradar**) 'agradezco'
alcándara 'percha para la ropa y las aves de caza'

Cambio fónico

Los cambios fónicos tienen un papel fundamental en el desarrollo del idioma, porque al afectar la pronunciación y acaso el sistema fonológico, contribuyen a modificar la forma de las palabras, causando un cambio morfológico. Éste, a su vez, puede alterar los morfemas que señalan las relaciones sintácticas, interviniendo, por lo tanto, en los procesos sintácticos. Se darán a continuación, a título ilustrativo, algunos ejemplos de cambios fónicos que tuvieron lugar en la formación del español.

Distinguimos el *cambio fonético*, que sólo modifica la articulación de los sonidos, del *cambio fonológico*, que afecta los contrastes que definen el sistema de fonemas.

Si el cambio fonético tiene lugar en un entorno específico, decimos que es *condicionado*. Un proceso típico de cambio condicionado es la *asimilación*, mediante la cual un fono se vuelve más semejante a otro, por lo general contiguo. Se interpreta como resultado de asimilación el caso de las oclusivas sordas latinas que se sonorizaron y se transformaron en fricativas en posición posvocálica inicial de sílaba (Figura 7.2).[13]

Figura 7.2

SONORIZACIÓN Y FRICATIVIZACIÓN DE OCLUSIVAS SORDAS EN POSICIÓN POSVOCÁLICA INICIAL DE SÍLABA

---

			latín clásico	latín popular	castellano actual	
[+oclusivo]	→	[+fricativo]				
[–sonoro]	→	[+sonoro]				
[p]	→	[ƀ]	LUPUM	[lúpu]	lobo	[lóƀo]
			CAPRAM	[kápra]	cabra	[káƀra]
[t]	→	[đ]	MARITUM	[marítu]	marido	[maríđo]
			LATRONEM	[latróne]	ladrón	[ladrón]
[k]	→	[ǥ]	AMICUM	[amíku]	amigo	[amíǥo]
			FOCUM	[fóku]	fuego	[fwéǥo]

Otro caso de asimilación es la *palatalización* de /k/ ante una vocal anterior (recuérdese que las vocales anteriores se articulan en la región del paladar). En los ejemplos, la oclusiva velar sorda [k] en CENTUM [kéntum] adquirió en latín popular una articulación anterior que dio origen a la africada alveolar [ts]. En latín popular, la vocal E en palabras como VINEA se articulaba como la deslizada palatal [j]. Ésta condicionó la palatalización de la [n], dando origen a la nasal palatal [ñ] (Figura 7.3).

Figura 7.3

PALATALIZACIÓN Y FRICATIVIZACIÓN

latín clásico	latín popular	castellano antiguo	castellano moderno	
CENTUM	[kę́ntu]	[tsjéntu]	ciento	[θjéṇto)
CAELUM	[kę́lu]	[tsjélu]	cielo	[θjélo]
VINEAM	[vinja]	[ƀíña]	viña	[bíña]
ARANEAM	[aránja]	[aráña]	araña	[aráña]

Diversos procesos afectan a las vocales. Por ejemplo, la *diptongación* forma un diptongo a partir de una vocal, y la *monoptongación* reduce un diptongo a vocal sencilla. Había en latín clásico dos diptongos, AE [aj] y OE [oj], que se redujeron a vocales sencillas en el habla popular (SAETAM [sájta] → **seda**, POENAM [pójna] → **pena**). Un tercer diptongo, AU [aw], se monoptongó en castellano durante la Edad Media (AURUM → oro).

El grado de abertura de la cavidad bucal modifica el timbre de los fonos. En el paso del latín popular al español, la [u] final átona adquirió una articulación más baja y un timbre más abierto, [o]. Se encuentran también varios casos de cierre de [o] a [u] en posición pretónica (Figura 7.4).

Añadidura y eliminación de fonos

Una secuencia de fonos parecidos puede simplificarse mediante la pérdida de uno de ellos, o de toda una sílaba. La añadidura (Figura 7.5) o la eliminación (Figura 7.6) de fonos recibe nombres específicos según la posición del fono en cuestión.

| Figura 7.4 |

VOCALES: MONOPTONGACIÓN, DIPTONGACIÓN Y ABERTURA

	latín clásico		latín popular	castellano
monoptongación	FAENU	[aj]	[e]	heno
	SAEPE	[aj]	[e]	sebe
	POENAM	[oj]	[e]	pena
	COENAM	[oj]	[e]	cena
	AURUM	[aw]	[aw]*	oro
diptongación	PĔTRAM**	[e]	[ę]	piedra
	SĔPTEM	[e]	[ę]	siete
	PŎRTAM	[o]	[ǫ]	puerta
	MŎRTEM	[o]	[ǫ]	muerte
abertura	LŬPUM	[u]	[u]	lobo
	BŎNUM	[o]	[u]	bueno
cierre	CŌGNATUM	[o]	[o]	cuñado
	LŎCALEM	[o]	[o]	lugar

* El cambio [aw] → [o], esporádico en latín vulgar, se completó durante la Edad Media.
** La señal ˘ especifica que la vocal es breve.

En los grafitti de Pompeya se encuentran formas como *Ismurna* (gr. *SMYRNA* 'Esmirna,' ciudad de Turquía) e *ispose* (gr. *SPONSAE*, 'esposa'), ejemplos de prótesis de /e/ ante /s/ + consonante. En el español moderno la prótesis introduce una /e/ ante el grupo /s/+ consonante inicial de voces extranjeras (ing. *stress* → estrés). La epéntesis de /r/ fue esporádica y a veces motivada por *analogía*, es decir por la semejanza de una palabra con formas emparentadas. Por ejemplo, **trueno** procede de TŎNU, con diptongación (Ŏ → [we]) y una /r/ epentética posiblemente debida a la semejanza con **tronido** (de TONITRU, con metátesis de la R: TONITRU → *tronitu* → **tronido**). En

STELLA → estrella aparecen tanto la /e/ protética como la /r/ epentética, ésta posiblemente motivada por la /r/ de ASTRU 'estrella, astro.'

Figura 7.5

AÑADIDURA DE FONOS: PRÓTESIS, EPÉNTESIS, PARAGOGE

latín clásico	**castellano**

prótesis:

SCRIPTORE	escritor
SPHAERA	esfera
SPINA	espina
STATUA	estatua

epéntesis:

TŎNU	trueno
REGESTU	registro
STELLA	estrella
RASTELLU	rastrillo

paragoge:

ANTE	antes

Un caso de *aféresis*, o pérdida de fonema en principio de palabra, es el desaparecimiento de la /f/ latina, inicial y prevocálica, en castellano moderno:

FARINA → harina
FABULARE → *fablare* → hablar

La /f/ se mantuvo ante /r, l, j, we/ (FRAXINU → **fresno**, FLACCU → **flaco**, FĔSTA → **fiesta**, FŎRTE → **fuerte**), pero en otros entornos fue reemplazada por una aspiración faríngea [h] en el norte de Castilla, y se mantiene en la pronunciación popular tanto en España como en Hispanoamérica: FICU → **higo** [íǥo], pop. [híǥo], FACERE → **hacer** [aθér], pop. [hasér].

La síncopa, o pérdida de vocal interna inacentuada (Figura 7.6), es un proceso ya señalado en el *Apendix Probi.*

Figura 7.6

PÉRDIDA DE FONOS: AFÉRESIS, APÓCOPE Y SÍNCOPA

	latín		castellano
Aféresis:	APOTHEKA (del griego)		bodega
	ELEEMOSYNA (del griego)		limosna
Apócope consonántica:	NON		no
	ET		y
	SIC		sí
	CAPUT		cabo
	SUNT		son
Apócope vocálica:	FELICE		feliz
	ABATE		abad
	JUVENE		joven
	MARE		mar
	SALE		sal
	MENSE		mes
Síncopa:	SPECULUM	pop. speclum	espejo
	TABULA	pop. tabla	tabla
	OCULUS	pop. oclus	ojo

Metátesis

La metátesis, o cambio de posición, es *sencilla* cuando afecta a un solo fono o *recíproca,* cuando dos fonos intercambian sus respectivas posiciones (Figura 7.7).

El *cambio fonológico* altera los contrastes que definen los fonemas sistemáticos. Puede consistir en la *pérdida* de un fonema, como en el caso de la consonante aspirada /h/ del latín clásico, que desapareció del latín popular, aunque siguiese representada por **h** en la escritura (HABERE → **haber** [aβér]).

	Figura 7.7

METÁTESIS

	latín	castellano antiguo	castellano moderno
metátesis sencilla:	INTER	entre	entre
	QUATTUOR	cuatro	cuatro
	PRAESEPE	pesebre	pesebre
	CREPARE	crebar	quebrar
metátesis recíproca:	PARABOLA	parabla	palabra
	MIRACULU	miraglo	milagro
	PERICULU	periglo	peligro

Hay *división* de fonemas cuando dos o más alófonos del mismo fonema pasan a contrastar, constituyendo fonemas distintos. Fue éste el resultado de la palatalización de /k/ y /t/ ante vocal palatal que tuvo como resultado los nuevos fonemas /ts/ y /dz/ del castellano antiguo (Figura 7.8).

Hay *fusión* cuando dos fonemas dejan de contrastar y sus alófonos pasan a pertenecer a un solo fonema. Por ejemplo, el contraste entre la Ĭ /i/ breve y la Ē /e:/ larga del latín clásico se perdió en latín popular. Al desaparecer la duración como rasgo distintivo, el fonema /e:/ pasó a /e/, fonéticamente [e]; y al bajar la articulación de la /i/, ésta llegó a realizarse como [e]. Debido a esos dos cambios, esquemáticamente representados

$$\text{/e:/} \rightarrow \left\{ \begin{array}{l} \text{/e/} \rightarrow \text{[e]} \\ \text{/i/} \rightarrow \text{[e]} \end{array} \right\} \rightarrow \text{/e/}$$

quedó en el sistema fonológico un solo fonema /e/. Estos y otros cambios fonológicos redujeron el sistema vocálico del latín popular a siete fonemas: [i e ę a ǫ o u]. En época posterior, las vocales medias abiertas [ę ǫ] se diptongaron en [je we]; durante la Edad Media, se generalizó el cambio AU /aw/ → [o], esporádico en el latín popular. De todos esos cambios resultó el sistema vocálico actual (Figura 7.9).

En la Figura 7.10 se comparan esquemáticamente los sistemas consonánticos del latín clásico, del español antiguo y del moderno. Se han mantenido en el español antiguo las oclusivas /p b t d k g/, las fricativas /f s/, la lateral /l/, las nasales /m n/ y la vibrante sencilla /r/. El español posee además las deslizadas

Figura 7.8

DIVISIÓN DE FONEMAS

latín clásico		latín popular		castellano antiguo		castellano moderno
CAPPAM		[káppa] [k]		[kápa] /k/		/k/ capa
CERAM	/k/	[kéra] [ts]		[tséra] /ts/		cera
CIBUM		[kíbu]		[tséβo]		cebo
MINACEAM		[menákja] [dz]		[amenádza] /dz/		amenaza
LICIUM		[líkiu]		[lídzu]		lizo /θ/
PUTEUM		[púteu] [dz]		[pódzo]		pozo
RATIONEM	/t/	[ratione]		[radzón]		razón
PORTAM		[pórta] [t]		[pwerta] /t/		/t/ puerta

Figura 7.9

EVOLUCIÓN DEL SISTEMA VOCÁLICO CASTELLANO (POSICIÓN TÓNICA)

---

latín clásico				latín popular			castellano
MĂTREM	[a]	⎱		[mátre]	⎱		madre
PRĀTU	[a:]	⎰ [a] ⎰		[prátu]	⎰ [a] ⎰		prado
CAECUM	[aj]	⎱		[kéku]	⎱		ciego
PĔTRAM	[e]	⎰ [ę] ⎰		[pétra]	⎰ [je] ⎰		piedra
FOEDUM	[oj]	⎱		[fédu]	⎱		feo
PLĒNUM	[e:]	⎰ [e] ⎰		[plénu]	⎰ [e] ⎰		lleno
PĬLUM	[i]	⎰		[pélu]	⎰		pelo
VĪTAM	[i:]	[i]		[víta]	[i]		vida
PŎRTAM	[o]	[ǫ]		[pǫ́rta]	[we]		puerta
TŌTUM	[o:]	⎱		[tótu]	⎱		todo
LŬTUM	[u]	⎰ [o] ⎰		[lótu]	⎰ [o] ⎰		lodo
PAUPEREM	[aw]	⎰		[pópere]*	⎰		pobre
LŪNAM	[u:]	[u]		[lúna]	[u]		luna

---

* Forma rústica.

/j/ y /w/, pero en general sin conexión diacrónica con las deslizadas latinas. Entre el latín popular y los primeros textos literarios castellanos, hubo los siguientes desarrollos:

—las alveolares /ts dz/, posteriormente reducidas a la sorda /ts/, de la que se originó la /θ/

—la vibrante múltiple /r̄/, procedente de la /rr/ doble latina

—las palatales /š ž č ĺ ñ/, en el español moderno /x č ĺ ñ/, esquemáticamente ejemplificadas en la Figura 7.11

Cambio morfológico

A medida que se modifica el sistema fonológico, cambia la morfología de las palabras, lo cual tiene también consecuencias sintácticas. Las formas nominales

Figura 7.10

FONEMAS CONSONÁNTICOS: LATÍN CLÁSICO, ESPAÑOL ANTIGUO Y ESPAÑOL MODERNO

Latín clásico

	bilabial	interdental	labiodental	dental	alveolar	palatal	velar	faríngeo
oclusivo	p b			t d			k g	
fricativo			f		s			h
africado								
lateral					l			
vibrante					r			
nasal	m				n			

Español antiguo

	bilabial	interdental	labiodental	dental	alveolar	palatal	velar	faríngeo
oclusivo	p b			t d			k g	
fricativo			f		ś ż	š ž		h
africado					ts dz	č		
lateral					l	ĺ		
vibrante					r ř			
nasal	m				n	ñ		

Español moderno

	bilabial	interdental	labiodental	dental	alveolar	palatal	velar	faríngeo
oclusivo	p b			t d			k g	
fricativo		θ	f		ś		x	
africado						č		
lateral					l	ĺ		
vibrante					r ř			
nasal	m				n	ñ		

Figura 7.11

CONSONANTES PALATALES CASTELLANAS

	latín clásico	latín popular	castellano antiguo	castellano moderno
/x/	EXEMPLUM	[eksémplu]	[ešémplo]	ejemplo
	MULIEREM	[muljér]	[mužér]	mujer
	MELIOREM	[meljór]	[mežór]	mejor
	FOLIAM	[fólja]	[fóža]	hoja
	OCULUM	[óklu]	[óžo]	[ojo]
/č/	NOCTEM	[nókte]		noche
	INFLARE	[infláre]		inchar
	AMPLUM	[ámplu]		ancho
	MASCULUM	[másklu]		macho

/ĺ/ $\begin{bmatrix} + ocl \\ -son \end{bmatrix} + /l/ \rightarrow$ /ĺ/

PLORARE		llorar
PLUVIAM		lluvia
CLAMARE		llamar
CLAVEM		llave

/f/ + /l/ → /ĺ/

FLAMAM		llama

/ll/ → /ĺ/

VALLEM		valle
CABALLUM		caballo

/ñ/

/nn/ → /ñ/	CANNAM		caña
	ANNUM		año
/mn/ → /ñ/	AUTUMNUM		otoño
/nj/ → /ñ/	SENIOREM	[senjór]	señor

(sustantivos, adjetivos, demostrativos, posesivos y pronombres) tenían en latín clásico seis categorías flexionales, llamadas *casos*, que señalaban su función gramatical (sujeto, complemento directo e indirecto, etc.). Había también cinco *declinaciones*, es decir, clases y subclases morfológicas de terminaciones que señalaban aquellos casos. Excluyendo a los pronombres personales, las demás formas nominales tenían tres géneros (masculino, femenino y neutro). El resultado era un sistema morfológico bastante complejo, del cual la Figura 7.12 da un botón de muestra.

El sistema de declinaciones latino tiene un carácter *morfosintáctico*, puesto que las terminaciones varían según la función sintáctica de la palabra:

(1) a. *reginae*   *amicus bonus est*   'el amigo de la reina es
     de la reina   el amigo bueno   es   bueno'
    b. *reginae*   *amici*   *boni*   *sunt*   'los amigos de la reina son
     de la reina   los amigos   buenos   son   buenos'

Los cambios fónicos del latín popular comprometieron ese sistema morfológico. Por ejemplo, la pérdida del contraste entre vocales largas y breves igualó el ablativo y el nominativo de la primera declinación, y la pérdida de las consonantes finales igualó el acusativo y el nominativo singular:

nominativo: regina ⎫
accusativo: reginam ⎬ regina
ablativo: reginā ⎭

Esos cambios fónicos reforzaban la tendencia del habla popular hacia una simplificación morfológica de las formas nominales en el romance hispánico, en el que quedaron básicamente sólo los contrastes masculino/femenino y singular/plural, en un sistema sin declinaciones. Se redujeron los determinantes, de seis clases de demostrativos (todos declinados en cada uno de los tres géneros), a tres clases con cinco formas de singular y dos de plural. En cambio, se crearon dos nuevas categorías de determinantes, a saber los *artículos definidos*, derivados de los demostrativos ILLE, ILLA, ILLUD y los indefinidos, derivados del numeral UNUS, UNA, UNUM (Figura 7.13).

Se perdieron también otros empleos de la flexión, como la comparación de los adjetivos reemplazada por una construcción analítica formada por MAGIS 'más' + adjetivo:

(2) a. Paulus **altior** quam Marius est. 'Pablo es más alto que Mario.'
    b. Paulus est **magis altus** quam Marius. 'Pablo es más alto que Mario.'

Algunos comparativos irregulares se lexicalizaron, como:

MELIOR (comp. de BONUS 'bueno')   → mejor
PEJOR (comp. de MALUS 'malo')   → peor
MINOR (comp. de PARVUS 'pequeño')   → menor
SENIOR (comp. de SENEX 'viejo')   → señor

Figura 7.12

TERMINACIONES FLEXIONALES DE LA DECLINACIÓN LATINA

			declinación		
			2ª	1ª	3ª
			amicus	*regina*	*nomen*
			'amigo'	'reina'	'nombre'
				género	
			masculino	*femenino*	*neutro*
casos	**función sintáctica**				
nominativo	(sujeto)	sg.	amicus	regina	nomen
		pl.	amicī	reginae	nomina
vocativo	(oyente)	sg.	amice	regina	nomen
		pl.	amicī	reginae	nomina
genitivo	(posesión)	sg.	amicī	reginae	nominis
		pl.	amicōrum	reginārum	nominum
dativo	(compl. indirecto)	sg.	amicō	reginae	nominī
		pl.	amicīs	reginīs	nominibus
acusativo	(compl. directo)	sg.	amicum	reginam	nomen
		pl.	amicōs	reginās	nomina
ablativo	(compl. de medio)	sg.	amicō	reginā	nomine
		pl.	amicīs	reginīs	nominibus

	Figura 7.13

DEMOSTRATIVOS Y ARTÍCULOS

Singular (del nominativo)

ISTE	este	IPSE	ese	*ACCU[1]	ILLE	aquel
ISTA	esta	IPSA	esa	*ACCU	ILLA	aquella
ISTUD	esto	IPSUM	eso	*ACCU	ILLUD	aquello

ILLE	el	UNUS	uno
ILLA	la	UNA	una
ILLUD	lo		

Plural (del acusativo)

ISTOS	estos	IPSOS	esos	*ACCU ILLOS	aquellos
ISTAS	estas	IPSAS	esas	*ACCU ILLAS	aquellas

ILLOS	los	UNOS	unos
ILLAS	las	UNAS	una

---

[1] Sobre la forma hipotética del demostrativo *ACCU en vez de ECCE en los romances hispánicos, véase Elcock 1960:91.

El sistema verbal se modificó mucho en el romance. Según mencionamos anteriormente, la conjugación latina tenía dos series de desinencias, una activa y otra pasiva (Figura 7.14). Por ejemplo:

(3) a. Poeta reginam amat   'el poeta ama a la reina'
    b. Poeta regina ama**tur**   'el poeta es amado por la reina'

La conjugación pasiva tenía formas flexionadas en el presente, imperfecto y futuro, pero empleaba en el pasado una construcción formada por formas conjugadas del verbo ESSE 'ser' seguidas de un participio:

(4) Poeta **amatus est** a regina   'el poeta fue amado por la reina'

Esta última construcción reemplazó la pasiva flexionada en romance, con un cambio temporal determinado por la forma del verbo: *amatus est* → **es amado**.

Figura 7.14

VOZ ACTIVA Y PASIVA LATINAS EN EL PRESENTE

activa	pasiva	activa	pasiva
amo	*soy amado*	*amé*	*fui amado*
AMO	AMOR	AMAVI	AMATUS SUM
AMAS	AMARIS	AMAVISTI	AMATUS ES
AMAT	AMATUR	AMAVIT	AMATUS EST
AMAMUS	AMAMUR	AMAVIMUS	AMATI SUMUS
AMATIS	AMAMINI	AMAVISTIS	AMATI ESTIS
AMANT	AMANTUR	AMAVERUNT	AMATI SUNT

Otras formas, como el futuro (AMABO, AMABIS, AMABIT) fueron sustituidas por una construcción formada del infinitivo + **haber**[14] (Figura 7.15).

Figura 7.15

FORMACIÓN DEL FUTURO Y DEL CONDICIONAL

Futuro		Condicional	
castellano antiguo	*castellano moderno*	*castellano antiguo*	*castellano moderno*
amar he →	amaré	amar ia →	amaría
amar has →	amarás	amar ias →	amarías
amar ha →	amará	amar ia →	amaría
amar hemos →	amaremos	amar iamos →	amaríamos
amar hedes →	amaréis	amar iades →	amaríais
amar han →	amarán	amar ian →	amarían

Ciertas combinaciones de HABERE 'haber' con un participio, que señalaban una acción terminada, como HABEO LITTERAM SCRIPTAM 'tengo una carta escrita,' se generalizaron en romance, originando tiempos compuestos según el modelo de **he escrito una carta.**

Otras formas verbales se han conservado pero con cambios de valor temporal. El pluscuamperfecto en -ra (CANTAVERAM → **cantara** 'había cantado') pasa a usarse como imperfecto de subjuntivo, en competencia con las formas en **-se** (CANTAVISSEM → **cantase**). El futuro de subjuntivo, productivo en el español antiguo (**amare, amares, amare, amáremos, amáreis, amaren**), se arcaíza al ser reemplazado por el presente de subjuntivo o de indicativo, con el que alterna en frases hechas como **Adonde fueres/vayas haz lo que vieres/veas o Sea lo que fuere/sea.**

La Figura 7.16 presenta un esquema sumario de la derivación de los tiempos verbales españoles a partir del latín.

Figura 7.16

ORIGEN DE ALGUNOS TIEMPOS VERBALES
(PRIMERA PERSONA DEL SINGULAR)

Presente	Presente	Pretérito	Pretérito
CANTŌ	canto	CANTAVĪ	canté
Imperfecto	Imperfecto	Pluscuamperfecto	Imperfecto subjuntivo
CANTĀBAM	cantaba	CANTĀVERAM	cantara
Futuro	---	Futuro anterior	Futuro subjuntivo
CANTĀBO		CANTĀVERŌ	cantare
Presente subjuntivo	Presente subjuntivo	Pluscuamperfecto subjuntivo	Imperfecto subjuntivo
CANTEM	cante	CANTĀVISSEM	cantase

Cambio sintáctico

En el latín clásico, al ser señalada la función sintáctica por las terminaciones de los casos, se podía variar el orden de las palabras sin cambiar el significado básico de la oración. La pérdida de las declinaciones potenció el empleo del orden de las palabras y de las preposiciones para señalar funciones sintácticas. Un ejemplo de ello es el uso de la preposición **a** para señalar el complemento directo personal (**vio a la chica**, cf. lat. *puellam vidit*) y el complemento indirecto (**dio el libro a la chica**, cf. lat. *librum puella dedit*). Algunas preposiciones castellanas provienen de preposiciones latinas, conservadas, ligeramente modificadas o combinadas con otras, también de otras palabras transformadas en preposiciones e incluso de algún préstamo como ár. *fatta* → ant. **hata** → **hasta** (Figura 7.17)

Figura 7.17

PREPOSICIONES

Conservadas		Combinadas	
latín	*español*	*latín*	*español*
A	a	DE IN ANTE	ant. denante → delante
ANTE	ante	DE TRANS	detrás
CUM	con	PRO AD	ant. pora → para
CONTRA	contra	DE EX DE	desde
DE	de		
IN	en	**Nuevas formas**	
INTER	entre		
PER/PRO	por	DURANTE (part. pres. de DURARE 'durar')	
SINE	sin		→ durante
SECUNDUM	según		
SUPER	sobre	FACIE AD 'de cara a'	→ hacia
TRANS	tras		

Se desarrollaron nuevos tipos de sintagmas (Figura 7.18), como *N1+ prep + N2*, en los que *prep + N2* modifica N1, y en época más reciente, *N1 + N2*, en donde el segundo sustantivo modifica el primero, sin nexo sintáctico explícito.

El sistema pronominal representa otra área en que los cambios morfológicos se combinaron con los cambios sintácticos. Es decir que hubo no sólo modificaciones de forma (incluyendo nuevos pronombres y locuciones de valor pronominal) sino también cambios en la posición de los pronombres respecto al verbo.

Los pronombres sujetos latinos cambiaron poco en el paso al español: EGO → **yo**, TU → **tú**, NOS → **nos**, VOS → **vos**. En la Edad Media se añadió **-otros** por énfasis a estos dos últimos, originándose **nosotros** y **vosotros**. Mientras que **nos** se arcaizó, **vos** quedó en la lengua, primero como forma singular de cortesía, luego como tratamiento reservado a los inferiores, y hoy día, en varios países hispanoamericanos, como forma íntima (ver **voseo**, Capítulo 8). A partir del siglo XVI se desarrollaron diversas formas de tratamiento cortés con el verbo en tercera persona: **Vuestra Señoría, Vuestra Alteza, Vuestra Merced**. Esta última pasó por diversas formas (como **vuesarcé** y **voarced**), de las que sólo ha quedado **usted** en el uso general.

Los pronombres de complemento latinos eran morfemas libres que tenían su propio acento tónico y podían venir no sólo antes o después del verbo (*me videt / videt me* 'me ve') sino también separados del verbo por otra palabra: *me sententiam rogavit*[15] 'me pidió la opinión.' Los pronombres átonos españoles, en cambio, al no tener acento propio, se añaden a otra palabra como una sílaba adicional. En español antiguo el pronombre átono no venía en principio de sintagma:

> (5) a. las yentes cristianas **ascóndense** de mio Çid [*Cid*, 29-30].[16]
>
> b. Martín Antolínez .. a mio Çid e alos sos **abástales** de pan e de vino [*Cid*, 66].

Figura 7.18

NUEVOS SINTAGMAS

N1 + prep + N2	N1 + N2
casa de Juan	café concierto
arma de fuego	pronombre sujeto
livro de gramática	operación tormenta
fin de semana	coche bomba

En la lengua moderna, en cambio, la anteposición es la norma (6a-6b), quedando la construcción *verbo conjugado + pronombre* limitada a ciertos estilos formales y literarios (7a) o a frases hechas (7b). Hoy la posposición sigue siendo la norma tras infinitivo, gerundio e imperativo (7c-7e). Otra novedad fue la duplicación pronominal en un sintagma del tipo *preposición* + *pronombre*, por énfasis, o para evitar ambigüedad (8a-8b):

(6) a. Se escondían del enemigo.
   b. Les trajo pan y vino.

(7) a. Decretóse el estado de sitio en todo el país.
   b. Acabóse el cuento.
   c. Fue el primero en distanciarse del régimen.
   d. El gobierno solucionó el problema de la frontera cerrándola definitivamente.
   e. Tráigamelas mañana por la tarde.

(8) a. Te digo que me lo dio a mí.
   b. ¿Por qué se lo das a ella y no a él?

El cambio sintáctico puede conllevar la especialización de ciertas formas. El verbo latino TENERE (→ **tener**) connotaba una posesión física (9a), mientras que HABERE (→ **haber**) señalaba tanto la posesión (9b) como la obtención de la misma (9c).

(9) a. *Gladium tenebat* 'tenía la espada [en la mano]'
   b. *Gladium habebat* 'tenía [=poseía] una espada'
   c. *Gladium habuit* 'obtuvo la espada'

En castellano antiguo se encuentran reflejos de esos usos (10a-10c), pero gradualmente **haber** se reduce a la función de verbo auxiliar.

(10) a. Tiene dos arcas llennas de oro esmerado. (*Cid*, 113)
    b. [mio Çid] avie [=había] grandes cuidados. (*Cid*, 6)
    c. En las manos las tiene [las espadas]. (*Cid*, 3182)

Además de **haber**, en castellano antiguo se usaba también **ser** como auxiliar de verbos intransitivos. Este uso desaparece en la lengua moderna, quedando sólo **haber** en aquella función:

(11) Nacido es el Criador (*Auto de los Reyes Magos*, 56), vs. ha nacido.

También desapareció la regla de concordancia en género y en número del participio con el complemento directo en construcciones con **haber**:

(12) a. Tornauas a Muruiedro, ca el se la a ganada (*Cid*, 1196),
    vs. la ha ganado.

b. Grandes son las ganançias que mio Çid fechas ha (*Cid*, 1149), *vs.* ha hecho.

c. ... de sus averes, de los que avien ganados (*Cid*, 101) *vs.* había ganado.

Cambios semánticos

Con el paso del tiempo, cambia no sólo el significado de las palabras sino también la composición del léxico, mediante la pérdida de vocablos y la incorporación de otros nuevos.

Otro proceso de cambio semántico es la *extensión* del significado, que aumenta los referentes de una palabra y por lo tanto los contextos en los que puede funcionar. Un ejemplo de extensión semántica es la transformación de un nombre propio en sustantivo común:

(13) a. Ese ministro es un **judas** ['un traidor']

b. Paco es un **job** ['un hombre muy paciente']

c. Juanito es un **santo tomás** ['muy incrédulo']

d. Fulana es una **mesalina** ['una mujer disoluta']

e. Marta es una **lucrecia** ['una mujer virtuosa']

La extensión semántica explica cómo *caballu*, que en latín popular significaba 'caballejo, rocín,' se ha transformado en término genérico, al dejar de usarse el vocablo latino EQUUS 'caballo.' (Éste sobrevive en formas cultas como **equino** o **equitación**.) Una variante de este uso es la aplicación del nombre de una marca a todos los objetos de la misma categoría (Figura 7.19). Nótese que los ejemplos en éste y en las demás figuras no se usan necesariamente en todos los países hispanohablantes.

El proceso inverso es la *reducción semántica*, es decir la disminución de los referentes o de los contextos de uso de una palabra. Por ejemplo, en el español argentino, el diminutivo **frutilla** ha tenido su significado limitado a **fresa** (quedando **frutita** con el significado genérico de 'fruta pequeña'). El *mejoramiento semántico* implica una elevación en el significado de una palabra. Por ejemplo, en latín medieval *comite* 'acompañante' originó **conde**, que vino a significar un rango de nobleza, al igual que **duque** (del lat. DUX 'conductor'). Asimismo, **casa**, que en latín vulgar significaba 'choza,' adquirió el significado genérico de 'vivienda.' El proceso opuesto, la *degradación* semántica, atribuye a una palabra un significado peyorativo, como **imbécil**, del lat. IMBECILLUS 'débil,' que pasó a significar 'cretino,' o **vulgar**, del lat. VULGARIS 'popular' (como en la expresión **latín vulgar**), que posteriormente adquirió el significado de 'grosero.'

Figura 7.19

EXTENSIÓN SEMÁNTICA: MARCAS USADAS COMO SUSTANTIVOS COMUNES

marca	significado extendido
Mobilette [mobiléte]	'ciclomotor'
Vespa	'escúter' (scooter)
Xerox [séroks]	'fotocopia'
Cognac [koñá] (brandy de la región de Cognac, Francia)	'brandy'
champán (vino espumante de la región de Champagne, Francia)	'cava [España], vino espumante'
Tampax	'tampón'
Scotch (tape)	'cinta adhesiva'
Kleenex [klínes]	'pañuelo de papel'

La base del léxico castellano se compone de palabras *populares* o *patrimoniales*, ya existentes en el latín popular de la Península Ibérica, y que han cambiado a lo largo de los siglos hasta asumir su forma actual. A partir del Renacimiento, se introdujeron en el español muchas palabras griegas y latinas debido al alto prestigio de las literaturas de estos idiomas. Llamadas *cultismos*, estas voces tienen la peculiaridad de no haber pasado por los cambios fonológicos sufridos por las palabras patrimoniales, sino que se adoptaron virtualmente en su forma original, como **déficit, quorum, álbum, penitencia** (PAENITENTIA). Otras sufrieron alguna pequeña adaptación fonológica, por analogía con otras palabras patrimoniales, como las palabras latinas terminadas en –TATE(M), que dieron vocablos en **-dad**, como CONTINUITATEM → **continuidad**, AMABILITA-TEM → **amabilidad**. Son también cultismos el sufijo superlativo **-ísimo** (de –ISSIMUS) y el morfema **-mente** (del sustantivo MENTE), que funciona en castellano como sufijo formador de adverbios.

Otras palabras, llamadas *semicultismos*, ya existían en la lengua antigua, pero han pasado por sólo algunas de las transformaciones sufridas por las voces patrimoniales. Algunos semicultismos se relacionaban al culto religioso o a la administración pública, y eran empleadas por personas, que por tener conocimientos de latín, como los sacerdotes o funcionarios, insistían en lo que creían fuese su pronunciación correcta. Es el caso de vocablos como VIRGINE → **virgen** y no *verzen como sería de esperar.

Ciertas palabras latinas dieron una forma popular y otra culta, formando un *doblete*, como CATHEDRA → **cátedra/cadera**. En esos casos, el significado de la palabra patrimonial suele ser más concreto, mientras que el de la culta es más general o metafórico (Figura 7.20).[17]

| Figura 7.20 |

LATINISMOS

latín	palabra patrimonial	cultismo	semicultismo
AFFECCTIONEM		afección	afición
RESPECTUM		respecto	respeto
ARTICULUM	artejo	artículo	
LIMPIDUM	limpio	límpido	
OPERA	obra	ópera	

Siguen jugando un papel importante en la terminología científica y técnica los *helenismos*, es decir, préstamos del griego, como por ejemplo **átomo, bacteria, cibernética, cátodo, plástico, técnico.** Hay también préstamos híbridos, formados de un morfema griego y otro latino. La terminología científica, suele ser internacional, y entra en el español por medio de otro idioma, por lo general el inglés. (Figura 7.21).

Los *préstamos directos* son palabras extranjeras que se incorporan al idioma sin grandes cambios además de algunos ajustes fonológicos. El árabe dejó cientos de préstamos en el vocabulario español, debido a la presencia musulmana en la Península Ibérica (711-1492). Muchos de esos vocablos empiezan con **al-**, puesto que fueron tomados con el artículo definido árabe **al** (Figura 7.22).

Desde luego, el mismo proceso de préstamos que condicionó la incorporación de palabras árabes al castellano medieval sigue activo hoy día. Una ojeada a cualquier revista contemporánea revela una cantidad de préstamos de otros idiomas, particularmente del inglés (Figura 7.23), en las áreas que tienen que ver con la cultura popular (música, deporte, cine) las artes, y la tecnología.

Figura 7.21

TÉRMINOS TÉCNICOS HÍBRIDOS

griego	latín	español
tele 'lejos'	visio 'visión'	televisión
tele	férico (← fere 'transportar')	teleférico
electro-	doméstico (← domus 'casa')	electrodoméstico

Figura 7.22

PRÉSTAMOS ÁRABES

ciencia	administración	militar	construcción
álgebra	alcalde	alfanje	azulejo
jaqueca	alcaide	alcalá	alcoba
cero	aldea	alférez	azotea
alquimia	alguacil	zaga	adobe

tecnología	vestimenta	alimentación	diversos
quilate	gabán	azúcar	ojalá
azotea	alfiler	alcachofa	ajedrez
alambique	algodón	arroz	Fulano
acequia	albornoz	azafrán	algarabía

Figura 7.23

ANGLICISMOS

arte		deporte	tecnología
rock		fútbol	microchip
jazz		béisbol	software
western 'película del Oeste'		golf	láser
trailer 'avance de una película'		batear (to bat)	telex
blues		jonrón (home run)	rádar
alimentación	**instituciones**	**actividades**	**vestimenta**
brandy	drugstore	lobby	esmoquin
sandwich	pub	mítin (meeting)	suéter
budín (pudding)	show	automación	jersey
vermú (vermouth)	lobby	mercadeo	eslip
güiski (whisky)	weekend	boicoteo	jeans

Otro proceso común, particularmente en las áreas tecnológicas, consiste en traducir el préstamo al castellano, como **láser duro** (*hard laser*), **disco duro** (*hard disk*), **disco externo** (*external disk*), **ratón** (*mouse*), **perro caliente** (*hot dog*), **rascacielos** (*skyscraper*), o **baloncesto** (*basketball*). También se puede tomar como préstamo sólo el significado, expresándolo mediante la extensión semántica de una palabra española cognada o parecida (Figura 7.24).

Una vez incorporado al léxico usual, el préstamo puede, como cualquier otro vocablo español, servir de base a la formación de nuevas palabras. Los préstamos adaptados **boxeo** (ing. *box*) y **flirteo** (ing. *flirt*) han dado **boxear**, **boxeador**, **flirtear**, **flirteo**. A su vez, préstamos directos como **rock** o **estándar** han dado **rockero** (n. y adj.) y **estandarizar/estandardizar**. El sufijo griego *tele-* 'lejos' dio originalmente **telégrafo**, **teléfono**, **televisión**, pero separado de este último con el significado de 'cosa relativa a la televisión,' ha dado nuevas palabras como **telediario**, **telenoticiero**, **telespectador**, **telefilm**, y otras más.

Como cualquier idioma vivo, el español sigue modificándose, aunque lentamente, de modo que los cambios se notan relativamente poco a lo largo de la vida de uno. Además, la cara pública que enseña la lengua en los medios de comunicación se rige en parte por una norma estándar que ejerce cierta influencia sobre el cambio lingüístico. Pero no hay duda de que éste continúa, y si dentro de cien años los lingüistas comparan la lengua de su época con la de hoy día, seguramente encontrarán diferencias. Hay que distinguir entre el cambio propiamente dicho y su difusión por la comunidad. El cambio empieza con innovaciones relativamente aisladas, muchas de las cuales no prosperan, pero otras se difunden a lo largo de grupos sociales y pueden llegar a incorporarse al repertorio lingüístico de la comunidad.

Figura 7.24

EXTENSIÓN SEMÁNTICA

vocablo español	significado original	significado extendido	vocablo extranjero
agresivo	violento	dinámico	agressive (ing.)
explotar	aprovecharse	estallar	exploiter (fr.)
firma	nombre escrito	empresa	firm (ing.)
permisivo	que implica permiso	tolerante	permissive (ing.)
planta	piso de un edificio	fábrica	plant (ing.)
sofisticado	falsificado	refinado	sophisticated (ing.)

Por ejemplo, la aspiración y subsiguiente pérdida de la /f/ inicial empezó al norte de Castilla (se sabe que ya existía en el siglo XI), propagándose hacia el sur. En el siglo XV, cuando ya se representaba ortográficamente la aspiración por la **h**, coexisten dialectos ya sin /h/ con otros que todavía la conservaban.[18] Sin embargo, dialectalmente y en el lenguaje familiar se mantiene la aspiración en algunas palabras: FOLGA → **juerga** (cf. **huelga**), FUNDU → **jondo** (p. ej., **cante jondo**), frente a la forma patrimonial estándar **hondo** [óṇdo] y el semicultismo **fondo**. Los dobletes sugieren la derivación independiente de voces como FORMA → **horma** (popular) *vs.* **forma** (cultismo).

Otro ejemplo de un cambio lingüístico en progreso es la aspiración y pérdida de la /s/ implosiva. Mientras que en el castellano norteño la /s/ suele articularse como la fricativa apicoalveolar sorda [s], en el sur de España, Canarias e Hispanoamérica es normal que la /s/ implosiva se realice como la fricativa faríngea [h], o que se elimine totalmente (/s/ → Ø). Este proceso afecta a todas las palabras en las que exista una /s/ implosiva, pero al tratarse de una regla variable, su aplicación varía según factores como el grado de formalidad del contexto comunicativo y el nivel sociocultural de los hablantes.

Las actitudes hacia el cambio lingüístico varían entre los extremos de la aceptación total y la resistencia apasionada, pasando por la indiferencia de la mayoría de los hablantes, que lo incorporan inconscientemente. En una sociedad muy estratificada, el origen popular de muchas innovaciones puede dificultar su aceptación por los hablantes de nivel sociocultural más alto. De todos modos, se encuentra totalmente desacreditada la noción de que el cambio lingüístico como una "degeneración" del idioma.

La aceptación o el rechazo de la innovación no son un problema puramente lingüístico, sino también social y cultural. Una de sus consecuencias es la variación lingüística, de la que se trata en el capítulo siguiente.

SUMARIO

Con el paso del tiempo se modifican todos los aspectos de la estructura de los idiomas vivos: la articulación de los fonos, el sistema fonológico, la forma de las palabras, la estructura de las oraciones y el significado de los vocablos.

Mediante los cambios sufridos por el latín popular de la Península Ibérica se desarrollaron el castellano y las otras hablas romances. Con la Reconquista, el castellano se expandió por la mayor parte de la Península. El *mozárabe* desapareció y los demás idiomas románicos quedaron limitados a áreas específicas: el *portugués* en Portugal, donde es la única lengua oficial; el *gallego* en Galicia y el catalán en Cataluña, Valencia y Baleares, donde comparten la oficialidad con el castellano; a su vez, el *leonés* y el *aragonés* se encuentran divididos en dialectos influidos por el castellano y carecen de una norma estándar.

En el cambio *fónico* se distingue entre los cambios *fonéticos*, que afectan la articulación de los fonos, y los *fonológicos*, que modifican el sistema de fonemas. El cambio *morfológico* afecta la forma de las palabras, y puede influir el cambio *sintáctico*, que altera la estructura de las oraciones. Mientras unas palabras cambian de significado y otras se arcaízan, se crean palabras nuevas, causando así cambios *léxicos* y *semánticos*. El vocabulario se ha renovado mediante vocablos tomados directamente del latín (cultismos) y de cientos de préstamos de lenguas extranjeras, particularmente del inglés.

Práctica

(NOTA: Las palabras latinas de los ejemplos se dan en la forma del acusativo después de la pérdida de la -*m* final en el latín popular.)

A. *Identifique los cambios fónicos que afectaron las vocales acentuadas. Suponiendo que se trate de cambios regulares, ¿qué generalización se puede sacar de los ejemplos?*

1. TERRA   [tę́rra]   tierra   _____
2. MEL   [mę́l]   miel   _____
3. PETRA   [pę́tra]   piedra   _____
4. HORTU   [ǫ́rtu]   huerto   _____
5. PORTA   [pǫ́rta]   puerta   _____
6. FORTE   [fǫ́rte]   fuerte   _____

B. *Fíjese en las vocales finales inacentuadas de las palabras latinas y en las vocales españolas correspondientes. ¿Qué cambio fónico ha tenido lugar?*

1. HORTU   [ǫ́rtu]   huerto   _____
2. DIXĪ   [diksi:]   dije   _____
3. CAECU   [kę́ku]   ciego   _____
4. PATRE   [patre]   padre   _____
5. SACCU   [sák:u]   saco   _____
6. CAUSA   [káwsa]   cosa   _____

C. *En la lista siguiente, fíjese sólo en lo que le ha pasado a la consonante inicial latina. Los ejemplos son todos regulares. ¿Qué generalización se puede sacar?*

		castellano antiguo	castellano norteño moderno	cambio fónico
1. CAELU	[kę́lu]	[tsjélo]	[θjelo]	_____
2. CAESAR	[kę́sar]	[tsésar]	[θésar]	_____
3. CAECU	[kę́ku]	[tségo]	[θję́ǥo]	_____
4. CIRCU	[kírku]	[tsírko]	[θirko]	_____
5. CASA	[kása]	[kása]	[kása]	_____
6. CULPA	[kúlpa]	[kúlpa]	[kúlpa]	_____

D. *Identifique en los siguientes grupos de palabras el resultado de las consonantes intervocálicas en castellano. ¿Qué cambios fónicos han tenido lugar? ¿Qué generalización se puede sacar?*

	latín	**castellano**
1.	[p]	[ ]
	LUPU	lobo
	SAPORE	sabor
	CUPA	cuba
2.	[t]	[ ]
	AETATE	edad
	ROTA	rueda
	CATENA	cadena
3.	[k]	[ ]
	URTICA	ortiga
	CAECU	ciego
	SECURU	seguro
4.	[p:]	[ ]
	CUPPA	copa
	CIPPU	cepo
	CAPPA	capa
5.	[t:]	[ ]
	GUTTA	gota
	MITTERE	meter
	SAGITTA	saeta
6.	[k:]	[ ]
	BUCCA	boca
	VACCA	vaca
	SACCU	saco

E. *Suponiendo que sean regulares los cambios fónicos representados por los ejemplos, ¿qué procesos habrán afectado los grupos consonánticos iniciales?*

1. PRATU	prado	_____
2. BRACCHIU	brazo	_____
3. FRAXINU	fresno	_____

4. FRIGIDU   frío   _____
5. FLAMMA   llama   _____
6. GRAECU   griego   _____
7. CLAMARE   llamar   _____
8. PLORARE   llorar   _____
9. PLANTA   llanta   _____
10. PLANU   llano   _____
11. PLAGA   llaga   _____

F. *Algunas de las palabras de la práctica anterior han tenido dos resultados en español. ¿Qué diferencia hay entre ellos?*

latín		castellano
1. PLANTA	llanta	planta
2. CLAMARE	llamar	clamar
3. FLAMMA	llama	flama
4. PLICARE	llegar	plegar
5. PLUVIA	lluvia	pluvial (adj.)
6. PLANU	llano	plano

G. *Transcriba los textos siguientes en español actual y explique los cambios en cuestión. La ortografía de los textos ha sido actualizada. [Fuente: Menéndez Pidal 1971]*

1. Nacido es el Criador [*Auto de los Reyes Magos*, 5]
2. Ciertamente nacido es en tierra [*Auto de los Reyes Magos*, 23]
3. Nacida es una estrella [*Auto de los Reyes Magos*, 55]
4. Ver lo he otra vegada [*Auto de los Reyes Magos*, 46]
5. Si queréis oír lo que os quiero decir,
   diré os lo que oí... [*Disputa del Alma y el Cuerpo*, 1-2]
6. Reinó el rei Salomón 45 años y murió, y soterraronlo en Jerusalén...
   [*Liber Regum*, 1-2]
7. Sus parientes todos dejó,
   Así que más nunca los vió. [*Vida de Santa María Egipcíaca*,137-138]
8. Todos los mis vassallos que aquí son finados [*Poema de Fernán González*, 559]
9. Cuidaba yo hoy sin duda le matar o prender [*Poema de Fernán González*, 556]
10. Todo hombre que matare o firiere perro... pague cuanto lo apreciaren los hombres buenos [*Fuero de Brihuega*, 20-21]

H. Compare la siguiente versión (siglo XIII) del Evangelio de San Mateo 6: 5-6 (la ortografía ha sido modernizada) con la versión contemporánea. Considere las siguientes cuestiones:

1. ¿Qué palabras son las mismas bajo otra forma?
2. ¿Qué palabras han sido cambiadas por sinónimos?
3. ¿Qué tiempos verbales presentan formas distintas?
4. ¿Qué tiempos verbales han sido cambiados por otros?
5. ¿Se nota alguna variación en la forma o en el empleo de los pronombres?

E quando oraredes, no fagades cuemo los ypocritas, que aman orar en las sinoas e en los rencoles de las calles, estando por tal que los vean los ombres. Yo uos digo uerdat, que ya recibieron so gualardon. Mas tu, cuando orares, entra en tu camara e, la puerta cerrada, ruega al to padre en ascondido; e gualardonar te lo a el to padre que lo vee en ascondido. (Fuente: Menéndez Pidal 1971:274)

Y cuando ores, no seas como los hipócritas; porque ellos aman el orar en pie en las sinagogas y en las esquinas de las calles, para ser vistos de los hombres; de cierto os digo que ya tienen su recompensa. Mas tú, cuando ores, entra en tu aposento, y cerrada la puerta, ora a tu Padre que está en secreto; y tu Padre que ve en lo secreto te recompensará en público. (Fuente: Gedeones 1977:9)

PRINCIPALES FUENTES CONSULTADAS

Para información general y ejemplos, se ha consultado principalmente: Agard 1984, Alfaro 1964, Alvar 1982, Candau 1985, Elcock 1960, Entwistle 1938, Fernández García, 1972, Lapesa 1950, Lloyd 1987, Menéndez Pidal 1973, Poulter 1990, Resnick 1981 y Spaulding 1943. *Anglicismos*: Alfaro 1964, Cano Aguilar 1988, Fernández García 1972, Marcos Marín 1984 y Pratt 1980; *Desarrollo de la filología en España*: Catalán Menéndez-Pidal 1955.

SUGERENCIAS DE LECTURA

Sugerencias de lectura: Resnick 1981 y Poulter 1990 incluyen selecciones de textos antiguos. Spaulding 1943 contiene muchos ejemplos e información sobre la historia interna y externa de la lengua; para los más ambiciosos, se sugiere Cano Aguilar 1988 y/o Lloyd 1987.

Notas

[1] *Biblia Medieval Romanceada Judio-Cristiana.* Edición del P. José Llamas, O. S. A. Madrid: Consejo Superior de Investigaciones Científicas, 1950, pág. 26.

[2] Véase el *Oxford-Duden Pictorial Spanish & English Dictionary* (Oxford: Oxford University Press, 1988), Cuadro 186, "Coches de caballos."

[3] Aunque se sabe que el vasco no es originario de la Península Ibérica, no se ha podido determinar con seguridad su afiliación con nigún otro idioma conocido.

[4] Véase Elerick 1983.

[5] O asturiano, o astur-leonés, o bable.

[6] El mozárabe fue reemplazado por el catalán en Valencia y Baleares, y por el portugués en el Algarve.

[7] Galmés de Fuentes 1983.

[8] Asín Palacios 1943.

[9] Adaptado de Menéndez Pidal 1971:21; explicaciones adicionales de Elcock 1960:402.

[10] Como las *Glosas Emilianenses*, encontradas en un manuscrito (hoy en la Academia de la Historia) en el monasterio de San Millán (Logroño) y las *Glosas Silenses*, encontradas en otro manuscrito (hoy en el Museo Británico) encontrado en el monasterio de Silos (Castilla la Vieja).

[11] El *Appendix Probi* 'Apéndice de Probo' debe ese nombre a haber sido añadido al manuscrito de un tratado del gramático latino Valerius Probus, el *Instituta Artium*, del siglo I d.C. (Elcock 1960:28).

[12] Menéndez Pidal 1971:32. Los versos y letras entre corchetes (como [*Mío Cid movió de Bivar . . . desheredados*] o *bu[o]lto*) fueron reconstruidos por el editor.

[13] Las formas latinas se dan en mayúsculas, y la desinencia -M, fonológicamente /m,/ señala el caso acusativo singular del latín clásico (LUPUM), que fue el origen de la mayoría de los nombres y adjetivos en el romance hispánico. Aquella -M desaparecía en la pronunciación popular (LUPU). Para un resumen mínimo de los rasgos esenciales del latín, véase Poulter 1990, Capítulo Cuatro, "Latin: the language of the empire."

[14] Las formas reducidas de **haber** se originaron mediante los cambios siguientes:

habebam	→ *(hab)e(b)am*	→ *eam*	→ *ía*
habebas	→ *(hab)e(b)as*	→ *eas*	→ *ías*
habebat	→ *(hab)e(b)at*	→ *eat*	→ *ía.*

[15] Allen et al. 1903:246.

[16] Ejemplos (5) y (9-12) de Menéndez Pidal 1971.

[17] Menéndez Pidal 1973:11.

[18] Lo atestigua Nebrija (1926:30), al decir que una de las funciones de la **h** "es cuando damos fuerza de letra haciéndola sonar, como en las primeras letras de estas dicciones: 'hago, 'hijo'."

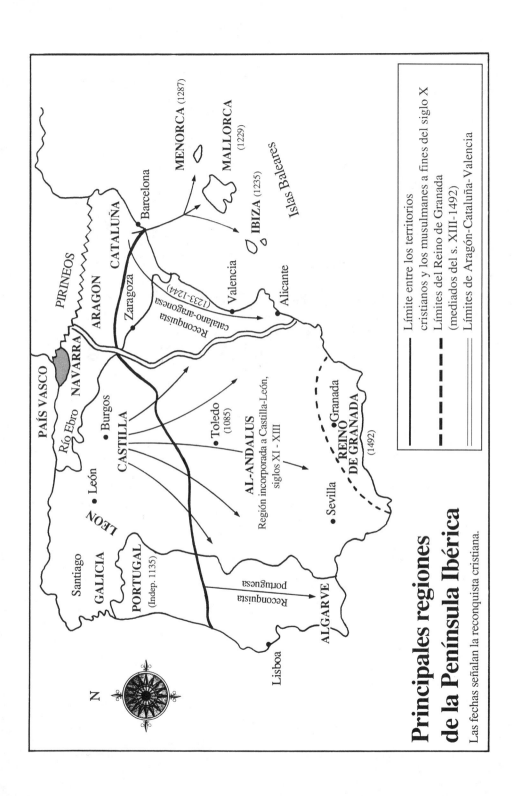

Principales regiones
de la Península Ibérica

Las fechas señalan la reconquista cristiana.

Límites del mapa:

- Límite entre los territorios cristianos y los musulmanes a fines del siglo X
- Límites del Reino de Granada (mediados del s. XIII-1492)
- Límites de Aragón-Cataluña- Valencia

Regiones y lugares:

PIRINEOS

PAÍS VASCO

NAVARRA

ARAGON

CATALUÑA

Barcelona

MENORCA (1287)

MALLORCA (1229)

IBIZA (1235)

Islas Baleares

Zaragoza

Reconquista catalano-aragonesa (1233-1244)

Valencia

Alicante

Río Ebro

Burgos

León

GALICIA

Santiago

CASTILLA

LEÓN

Toledo (1085)

AL-ANDALUS
Región incorporada a Castilla-León, siglos XI - XIII

Sevilla

Granada

REINO DE GRANADA (1492)

PORTUGAL (Indep. 1135)

Lisboa

ALGARVE

Reconquista portuguesa

N

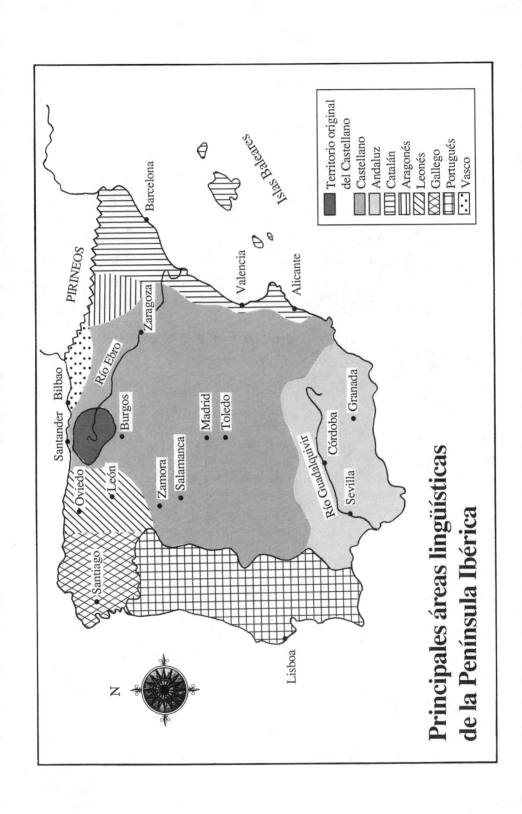

Principales áreas lingüísticas de la Península Ibérica

8

Variación lingüística

Muestros avuelos de la Espanya
kon krueltad fueron echados,
yevaron muncha sufriensa
y munchos fueron matados.

Los ke yegaron a fuyir,
i kon suerte a bivir,
un tresoro se yevaron
a los payises Otomanos,
kinyentos anyos lo guadraron
para dar en muestras manos.

Esto es muestra kultura
ke no se deve depedrer,
i muestra presyoza lengua
ke la devemos mantener.

. . . .

Vidas largas al grupo Sefaradi,
kon alegria ke mos veygamos,
i atodos los ke estan oy aki:
salud i fuersa ke tengamos
i que bivamos munchos anyos.

Rachel Amado Bortnick[1]

En el capítulo anterior hablamos de la variación temporal o diacrónica, y de su relación con el cambio lingüístico. La variación lingüística se manifiesta también en las dimensiones geográfica y social.[2] Estos tres modos de variación actúan constantemente y contribuyen a crear los *dialectos* (o modalidades, o variantes). Como se dijo en el Capítulo 1, la lengua es una abstracción, y cualquier manifestación suya corresponde, de algún modo, a un dialecto.

Desde el principio de los estudios dialectológicos en el siglo XIX, las variantes de la lengua han sido designadas por etiquetas geográficas que, aunque poco precisas, permiten una ubicación inicial, como *español (hispano)americano, andaluz, extremeño, dialecto madrileño, modalidad de Montevideo, habla de*

Villena, y así sucesivamente. Pero las generalizaciones sobre la variación lingüística y las características de los dialectos tienen carácter estadístico y no categórico: la existencia de cierto rasgo en una comunidad de habla[3] no implica que lo usen todos sus miembros, ni que no alterne con otros rasgos, ni que sea exclusivo de aquella comunidad. En este capítulo ilustraremos algunos aspectos selectos de la variación lingüística en diversas modalidades del español, sin tratar de describir detalladamente a ninguna de éstas.

Variación regional y variación social

Aunque el cambio lingüístico es constante, la frecuencia e intensidad de comunicación entre los miembros de la comunidad de habla contribuye a mantener cierta homogeneidad. Pero si la comunidad se fracciona —por la emigración, por ejemplo— el habla de cada nueva comunidad seguirá su propio camino, pudiendo originar a la larga variantes bastante distintas. Un ejemplo de ello es el *judeoespañol*, del que se hablará más adelante.

Nuestra tendencia a interactuar con unas personas más que con otras refuerza el comportamiento lingüístico típico de cada comunidad de habla. La asociación de ciertos rasgos con personas de prestigio tiende a valorarlos positivamente; en cambio, la identificación de un rasgo con un nivel sociocultural de escaso prestigio puede estigmatizarlo. Claro es que la valoración de cada rasgo no es necesariamente la misma en distintas comunidades.

La distribución geográfica de los rasgos resulta más fácil de determinar que la relación entre éstos y el nivel sociocultural de los hablantes. La investigación dialectológica geográfica ha enfocado tradicionalmente comunidades estables, secularmente arraigadas en su región. Pero una comunidad lingüística social puede hallarse repartida por regiones no contiguas, como en el caso de los hablantes del inglés británico estándar. Esta variante se derivó históricamente del dialecto de la región de Middlesex, en el sur de Grande Bretaña, donde se encuentran Londres y las prestigiosas universidades de Cambridge y Oxford. Hoy día sus hablantes se encuentran en todas partes del mundo británico, compartiendo el espacio geográfico con hablantes de otros dialectos que no gozan del mismo prestigio.

Del castellano al español

La norma lingüística castellana, codificada por la Real Academia Española, constituyó hasta mediados del siglo actual el estándar internacional de la lengua. Pero hoy día, se reconoce que además de una norma general internacional, existe en cada país hispanohablante una norma culta basada en el habla de las personas instruidas.

Desde su origen, las diversas hablas románicas hispánicas guardaban entre sí bastante semejanza fonológica, morfosintáctica y de vocabulario. La dominación musulmana (711-1492) contribuyó a una relativa homogeneización al hacer que se mezclaran gentes de distintas regiones, primero al refugiarse en el Norte de la Península, y luego al repoblar los territorios reconquistados.

Pero el gran elemento de homogeneidad lingüística de España fue la expansión del castellano, que desde el siglo XIII ha sido lengua de gobierno, vehículo de una cultura literaria de ámbito internacional y medio de comunicación común para los hablantes de otras lenguas. Por esa razón, el castellano acabó identificándose como la lengua española por excelencia. El término *español* se generaliza a partir del siglo XVI y se propaga a otros idiomas europeos (al. *Spanischen*, fr. *espagnol*, ing. *Spanish*, it. *spagnuolo*, pt. *espanhol*) reservándose el término *castellano* (al. *Kastilienisch* , fr. *Castillan* , ing. *Castilian*, it. *castigliano*, pt. *castelhano*) para la variante norteña de la lengua.[4]

Al extenderse a otras regiones, el español adquirió nuevos rasgos, que a la larga configuraron las siguientes grandes modalidades regionales:

1. variantes peninsulares:

    c. modalidad norteña ("castellano propiamente dicho")

    b. modalidad meridional (andaluz)

    a. hablas de tránsito: extremeño (Extremadura), riojano (Rioja), murciano (Murcia), canario (Islas Canarias). Estas variantes populares, influidas por las hablas vecinas, tienden a ser absorbidas por el castellano estándar bajo la influencia homogenizadora de la escolarización obligatoria y los medios de comunicación.

2. modalidades del español en Hispanoamérica (español americano)

3. judeoespañol

4. hablas de tipo criollo: papiamento (Antillas Holandesas), palenquero (litoral colombiano), hablas españolas de las Filipinas

5. español de la Guinea Ecuatorial

6. modalidades de los Estados Unidos de América: (Véase el Capítulo 9)

El judeoespañol

El origen de esta variante se remonta a un caso extremo de discriminación étnica y religiosa. En 1492, a raíz de un decreto real que expulsaba de España a los judíos que no quisieran convertirse al cristianismo, varios miles de éstos establecieron comunidades en diversas regiones de Europa (Portugal, Holanda, Italia), en los Balcanes, y también en Asia Menor, en Africa del Norte y en la isla mediterránea de Rodas. Allí conservaron viva su lengua española, que originó la modalidad conocida como *sefardí* (de **Sefarad**, nombre que daban los judíos a la Península Ibérica), o *ladino*, o **dzhudezmo** [ÿudézmo], o *judeoespañol*.[5]

El judeoespañol demuestra lo que puede pasar cuando una parte de una comunidad lingüística se divide y los grupos resultantes pierden el contacto directo con la comunidad original. Su característica más evidente es la preservación de rasgos de la lengua medieval que han desaparecido de las demás modalidades. Ha contribuido a retardar el cambio lingüístico el hecho de ser el judeoespañol un medio de comunicación intracomunitaria, poco expuesto a la influencia externa, ya que en los contactos extracomunitarios se empleaba la lengua del país. Eso no significa que el judeoespañol sea un "español medieval," puesto que ha evolucionado como cualquier lengua viva. El léxico, en particular, incluye muchos préstamos de los idiomas con los que ha estado en contacto, como el turco y el árabe. Además, al ser el habla de muchas comunidades geográficamente separadas, el judeoespañol desarrolló diversas subvariantes. Pero su evolución fue más lenta, y por eso refleja la fisonomía del idioma anterior a los cambios que, en el siglo XVI, consolidaron el español moderno.

Aunque sea una lengua viva, el judeoespañol se encuentra actualmente en recesión, calculándose el número de sus hablantes (en su mayoría bilingües) alrededor de los 350.000.[6] Varias causas han intervenido: la disminución de su uso como lengua litúrgica, la ausencia de un estándar lingüístico unificador, la ausencia de una literatura significativa, el aislamiento de otras comunidades hispanohablantes, la reducción de las comunidades sefardíes por la inmigración y la asimilación a otras culturas y/o a grupos judíos no sefardíes. Un factor preponderante ha sido la presión de los idiomas nacionales, como el turco en Turquía, el hebreo en Israel y el inglés en los Estados Unidos, cuya adopción ha limitado drásticamente su ámbito de uso y la probabilidad de su conservación por las nuevas generaciones. En el antiguo Imperio Otomano, había protegido el judeoespañol una tradicional política de tolerancia hacia las lenguas de los grupos étnicos, pero la modernización de Turquía a partir de los años veinte, bajo una ideología fuertemente nacionalista, determinó el aprendizaje y uso obligatorios del turco. Como resultado, dice un estudio reciente que para una parte significante de los 22.000 sefardíes de Istanbul "el judeoespañol ha dejado de ser una lengua viva,"[7] limitada al ámbito familiar.

El texto siguiente, escrito por un autor israelí contemporáneo, ilustra algunas de las principales características del judeoespañol.

En efecto, malgrado ke el djudeo-espanyol de oy no es el ke era avlado por las primeras jenerasiones de desendientes de los ke fueron ekspulsados de Espanya, malgrado ke desde entonses esta lengua se troko bastante, kon la inkluzion de un grande numero de palavras turkas, 5 ebreas i fransezas, malgrado esto i otros faktores mas, esta es ainda klaramente una lengua espanyola ke puede ser entendida bastante fasilmente por los ispano-avlantes de otros paizes i otras kulturas.

La supervivensia del djudeo-espanyol es un fenomeno ke desha intrigados i maraviyados a los afisionados del ispanizmo en las diversas partes del mundo. Ainda mas kurioza i interesante es la supervivensia no solo de la lengua, sino ke de toda una kultura i mizmo de una mentalidad espanyola, al seno de los sefaradis, los desendientes de los exilados. ¿Komo puede eksplikarse este fenomeno, del apegamiento de esta komunidad a la lengua i kultura del paiz ke la avia tan kruelmente tratado? ¿I a ke era devido el refuzo obstinado de los sefaradis de intergrarsen en la kultura del paiz ke los avia resivido tan jenerozamen- te, dandoles la posibilidad de empesar en una mueva vida i prosperar en sus aktividades ekonomikas kaje sin ninguna restriksion?

Para responder a estar preguntas kale tomar en kuento siertos faktores bazikos. En primer lugar, ke para los djudios ekspulsados de Espanya, el espanyol era sus lengua materna, la lengua ke eyos avlavan, meldavan i entendian mijor ke kualkera otra, inkluzo el ebreo. Ademas, munchos de los ekspulsados eran parte de la elite kultural i intelektual de Espanya. Entre eyos avia eskritores i poetas, savios i maestros de eskola, medikos, kartografos, astronomos etc., ke tenian un ekselente konosimiento del espanyol de akeya epoka i ke eskrivieron numerozos livros, antes i despues de la ekspulsion.

Otro faktor ke kontribuyo a la kontinuidad sentenaria del djudeo- espanol, fue ke, malgrado sus aleshamiento de Espanya, los sefaradis kontinuaron a estar al koriente, durante munchos anyos, de los akontesimientos en dicho paiz i de los dezvelopamientos en el kampo de la kreasion literaria. Esto ultimo, grasias a los "marranos" ke venian a unirse kon eyos, bastante regolarmente i en grupos mas o menos grandes, sigun las presiones exersadas sovre eyos por la inkizision en la Peninsula.

A estos dos faktores kale adjustar el fakto ke los djudios ke se apresentaron en los paizes del Imperio Otomano, fondaron ayi komunidades firmente establesidas... ke konservaron sus uzos i kostumbres ansi komo sus lengua i sus kultura.[8]

La correspondencia entre la ortografía y los fonos es mucho más estrecha que en el español común. La razón es que desde la Edad Media hasta principios del siglo XX, se usaban caracteres hebraicos, y al adoptarse el alfabeto latino, se simplificó la ortografía.

Se prescinde de la acentuación, de la *h* muda (al ejemplo del italiano), y en vez del grupo consonántico *qu* = [k] se usa la *k*. Además de ser un habla seseante y yeísta, conserva el contraste /b/ : /v/, las fricativas palatales /s/:/z/ y las fricativas alveolares /s/:/z/, que contrastan en sonoridad. También se encuentra la africada palatal [ǰ], conservada sólo en algunas palabras, como *djudeo* [judéo]. Otro rasgo hoy conservado dialectalmente es la /n/ paragógica añadida al reflexivo *se* cuando el sujeto es plural (*integrarsen*, [16]); innovaciones como la sustitución de *n* por *m* (*mueva* [17] 'nueva') y el posesivo concordando con el poseedor plural *sus* 'de ellos': *sus lengua* (21), *sus aleshamiento* (29), *sus lengua i sus kultura* (39).

Entre las palabras y variantes morfológicas que se han arcaizado en la Península se encuentran **malgrado** (1) 'a pesar de,' **trocarse** (3) 'cambiarse,' **refuzo** (15) 'rechazo,' **kaje** (18) 'casi,' **kale** (19, 36) 'es necesario,' **munchos** (23, 30) 'muchos,' **ansi** (39) 'así.' Las innovaciones incluyen a préstamos de las muchas lenguas con las que ha estado en contacto (*meldavan* [22] 'leían' (turko), *regolarmente* [33], cf. ital. *regolarmente, exersar* (34) y *dezvelopamientos* 'acontecimientos,' cf. fr. **développements**).

Castellano y andaluz

Vimos en el capítulo anterior que el castellano se originó en la región al norte de Burgos y se extendió por la Península como consecuencia del papel hegemónico de sus hablantes en la reconquista. Entre los rasgos fonológicos típicos del castellano podemos señalar los siguientes:

a.   la articulación apicoalveolar de la /s/ → [ś];

b.   la *distinción*, es decir el contraste entre [θ] y [s]: **caza** /káθa/ [káθa] vs. **casa** /kása/ [káśa];

c.   el *lleísmo*, es decir contraste entre la lateral palatal /l̃/ representada por ll y la /j/ consonántica representada por **y**: **calló** /kal̃ó/ [kal̃ó] vs. **cayó** /kajó/ [kayó].

Al establecerse en el sur de la Península, la lengua desarrolló unos rasgos diferenciales, originando las variantes conocidas genéricamente como *castellano meridional*, cuya modalidad más extendida es el *andaluz*, formado entre los siglos XIII y XVI. Esta modalidad tiene particular interés por su influencia en la formación del español hispanoamericano.

El andaluz no es una variante uniforme e indiferenciada, sino un conjunto de hablas[9] caracterizadas por rasgos que, a la vez que contrastan en su conjunto con el castellano norteño, permiten identificar una Andalucía occidental y otra oriental, además de diversas subáreas.

El castellano escrito en el sur de España sigue la norma académica, y un diario sevillano o malagueño poco difiere, en ese aspecto, de las publicaciones de otras partes de España. El habla andaluza, en cambio, tiene características inconfundibles, sobre todo en el nivel coloquial. Según Navarro Tomás, "en el acento andaluz, de manera general, y especialmente en su modalidad sevillana, la articulación es más blanda que en castellano, la intensidad espiratoria más débil, el ritmo más rápido y el tono más agudo."[10]

Entre las características fonológicas más notables del andaluz, encuéntranse las siguientes:

a. El yeísmo es regla general, siendo homónimos vocablos como **calló** y **cayó** /kajó/. La /j/ consonántica se realiza sea como una palatal africada **yo** [ŷo] o fricativa **yo** [yo], sea como una deslizada me **llamo** [mejámo].

b. Tampoco hay la *distinción* (/θ/:/s/) típica del castellano norteño, y por lo tanto tienen la misma representación fonológica y la misma realización fonética vocablos como **caza** y **casa**. Sin embargo, hay que diferenciar el seseo, en que la /s/ se realiza como [s] dorsoalveolar (distinta a la [š] apicoalveolar castellana), del *ceceo*, en que la /s/ se pronuncia como [θ] (Figura 8.1).

El seseo y el ceceo son desarrollos paralelos de la africada alveolar sorda medieval /ts/. Mientras que el seseo es un rasgo mayoritario en el mundo hispanohablante en su conjunto, el ceceo se valora negativamente como supuesto indicador de un nivel sociocultural más bien modesto, lo cual no corresponde necesariamente a la realidad.

Figura 8.1		

SESEO, CECEO Y DISTINCIÓN		
	seseo	**ceceo**	**distinción**
caza	[kása]	[káθa]	[káθa]
casa	[kása]	[káθa]	[kиša]
sensacional	[sensasjonál]	[θenθaθjonál]	[sensaθjonál]

c. *Aspiración* — Se entiende por aspiración la articulación de una fricativa faríngea, representada por [h], que se manifiesta en tres casos:

  (i) El fonema /x/ se articula como [h]: **jaleo** [haléo], **caja** [káha].

(ii)   El fono [h] ocurre en posición inicial de palabras específicas. Se trata de un rasgo rural y popular, supervivencia arcaizante de la antigua fricativa /h/, que existió en el castellano medieval como resultado del cambio fonético de la /f/ inicial latina:

FUMU → **humo** and. [húmo]   FORTE → **fuerte** and. [hwérte]

FUIT → **fue** and. [hwé]   FORCA → **horca** and. [hórka]

(iii)   El fono [h] corresponde a la llamada "**s** aspirada," es decir una de las articulaciones posibles de la /s/ implosiva. A esa articulación corresponde un aumento en la abertura de la vocal precedente: (usted) **habla** [áƀla]: (tú) **hablas** [áƀlạh], (él) **dio** [djó] : **dios** [djọh].[11]

d.   Además de la [h], la /s/ implosiva puede elidirse (/s/ → Ø), tanto en posición final absoluta como interior o entre palabras. Como la elisión no es obligatoria, pueden alternar [h] y Ø, incluso en el habla del mismo individuo: **después nos vemos** [dẹhpwẹ́hnọhƀémọh], [dẹhpwẹ́hnọhƀémọ], [dẹpwẹ́hnọhƀémọ], [dẹpwẹ́nọƀémọ].

La /s/ puede también asimilarse a una consonante sorda siguiente (sobre todo /p/), creando una consonante geminada (es decir, [+larga]): **caspa** [káp:a], **espérame** [ep:érame].

e.   Se pierde el elemento oclusivo de /č/, que se realiza como fricativa [š]: **muchacho** [mušášo], **ocho** [óšo], **dicho** [díšo].

f.   En posición intervocálica es común el debilitamiento y elisión de consonantes, sobre todo de la /d/ y, con menos frecuencia, de la /g/, /b/ y /r/. En posición final puede debilitarse y elidirse cualquier consonante. (Figura 8.2).[12]

g.   Dos procesos que afectan la nasal /n/ implosiva en posición final de palabra son (1) la velarización y (2) la nasalización de la vocal, con subsiguiente pérdida de la /n/ (Figura 8.3).

h.   En posición implosiva hay subdiferenciación de /r/ y /l/, generando los fenómenos llamados *lambdacismo* (**muerte** [mwélte]) y *rotacismo* (**alma** [árma]).

Los procesos fonológicos del andaluz influyen en diversos aspectos de la morfología, como por ejemplo la formación del plural y las formas verbales de **tú**. La abertura de la vocal ante /s/ aspirada se mantiene al elidirse esta consonante, contribuyendo a preservar el contraste entre el singular y el plural de los sustantivos y adjetivos, y también entre las formas verbales de **tú** y las de **él**. El cuadro 8.4 ilustra algunas posibilidades.

Figura 8.2

ELISIÓN DE CONSONANTES INTERVOCÁLICAS Y FINALES

intervocálicas:

/b/
se acabó [sakaó]
tobillo [toíyo]
saborido [saorío]

/d/
nada [ná] / [ná:]
menudo [menúo]
saborido [saorío]
sentido [sentío]
desgraciado [degrasjáó]
para adelante [palánte]

/g/
agua [áwa]
migaja [miáha]

/r/
aparece [apaése]
parecido [paesío]
para [pa]

finales:

/d/
césped [séspe] [séhpe]
juventud [huƀentú]
mitad [mitá]
usted [uhté]
realidad [rjaliđá]

/r/
favor [faƀó]
abrazar [abrasá]
caer [kaé]
salir [salí]
señor [señó]

/l/
social [sosjá]
animal [animá]
especial [ehpesjá]
difícil [difísi]

i. Ocurre también el desuso del pronombre **vosotros**, quedando indistinto el contraste informal/formal representado por **vosotros/ustedes** en otras variantes. Sin embargo, se conservan en el habla popular el pronombre de complemento correspondiente, **os**, y las formas verbales de **vosotros**, lo cual permite que alternen construcciones como **ustedes no podéis entrar** y **ustedes no pueden entrar**, y que se den oraciones como:

(1) a. ¿Ustedes (os) vais a ir?
   b. ¿Ustedes os quedáis aquí hasta que yo vuelva.[13]

| Figura 8.3 |

PROCESOS FONOLÓGICOS DE LA /N/ ANDALUZA

velarización de la /n/ → [ŋ]

un pan [uŋ páŋ]
pan ácimo [paŋ ásimo]
son amigos [soŋ amíǥoh]

nasalización de la vocal /V/ → [Ṽ]

un pan [ũŋ paŋ]
pan ácimo [pãŋ ásimo]
son amigos [sõŋ amíǥoh]

pérdida de la /n/ → Ø

un pan [ũpã]
pan ácimo [pãásimo]
son [sõamíǥoh]

---

j. Otras peculiaridades morfológicas involucran procesos de regularización analógica como los siguientes:

—futuros en **-dré**, siguiendo el modelo de **podré, vendré**, etc.: **hacer** → **hadré, querer** → **quedré; perder** → **perdré**

—acentuación del radical del verbo en todas las personas en el presente de subjuntivo: **téngamos, téngais; véngamos, véngais; váyamos, váyais; puédamos, puédais**

—regularización de los participios irregulares: **escribido, abrido, cubrido, morido** ([ío])

—regularización analógica de radicales verbales: **andé, andaste, andó** por **anduve, anduviste, anduvo**, etc.

Figura 8.4

ABERTURA VOCÁLICA ANTE /S/ ASPIRADA O ELIDIDA

dio	[dió]	dios	[djọ́h]	[djọ́]
esto	[éhto]	estos	[éhtọh]	[étọ]
el sastre	[elsáhtre]	los sastres	[lọsáhtrẹh]	[lọsátrẹ]
la niña	[laníña]	las niñas	[lạhníñạh]	[lạníñạ]
habla	[áƀla]	hablas	[aƀlạh]	[aƀlạ]
dará	[dará]	darás	[darạ́h]	[darạ́]
sale	[sále]	sales	[sálẹh]	[sálẹ]

El andaluz influyó en la formación del español hispanoamericano. No sólo la mayoría de los colonizadores eran originarios de Andalucía, sino que los de otras regiones generalmente tenían que quedarse semanas o meses en Cádiz o Sevilla, esperando transporte hacia las colonias, con lo cual su propia manera de hablar presumiblemente se aproximaba también a la andaluza. El origen meridional de la mayoría de los colonizadores y el papel homogeneizador de la convivencia obligada de las circunstancias —sólo el viaje duraba cuarenta días como mínimo, además de una estancia obligada de reabastecimiento en Canarias— contribuyeron a que la lengua desarrollara en América y Canarias unos rasgos típicos del español meridional.

El español en América

Términos como *español de América* / *americano* / *hispanoamericano* no designan *una* modalidad homogénea de la lengua, sino un *conjunto* de variantes regionales. Por lo tanto, siguiendo a Marcos Marín (1984), tiene más sentido hablar del español *en* América al comentar algunos de sus rasgos más salientes.

La colonización se hizo rápidamente, de modo que las distintas regiones recibieron, en un breve tiempo, no sólo las mismas costumbres e instituciones españolas, sino también hablantes de distintas lenguas y dialectos peninsulares.

Por esto, muchos supuestos *americanismos* —rasgos típicos del español americano— se encuentran, aunque no necesariamente en las mismas combinaciones, en el habla popular de la Península. En América, además, los peninsulares interactuaron con los indígenas y con los africanos traídos como esclavos, y más tarde con los inmigrantes europeos y asiáticos. Unos más que otros, todos han dejado su impronta en el español americano.

Las semejanzas y diferencias entre las modalidades hispanoamericanas y las peninsulares han sido tema de mucho debate. Se nota particularmente que la semejanza con el andaluz es más intensa en las tierras bajas —y particularmente en el Caribe— mientras que en las tierras altas el habla tiende a ser más conservadora. A raíz de esto, se ha propuesto una distinción entre variantes *radicales* y variantes *conservadoras*.[14]

Las variantes conservadoras, de una manera general, se desarrollaron en el área de las capitales coloniales, como México, Bogotá o La Paz, centros culturales que ejercían una influencia lingüística conservadora. La presencia de instituciones como las escuelas y universidades seguramente contribuyó a ello; además, la ubicación de aquellas ciudades en tierras altas, de acceso relativamente difícil, puede haber contribuido también a un relativo aislamiento, haciéndolas menos expuestas a las innovaciones que proliferaban en las tierras de la costa, donde se daban cita todos los recién-llegados de Europa. De modo particular en el Caribe (Cuba, Puerto Rico, Santo Domingo, litoral de Venezuela y Colombia) se desarrollaron las variantes radicales, con su fuerte parecido con el español de Andalucía y Canarias.

Puesto que no sería posible, en el espacio disponible, describir cada una de las variantes regionales, se resumirán a continuación las características generales del español en América, con referencias específicas a ciertos rasgos más importantes.

Variación fónica

Sin duda, es el seseo el rasgo meridional más difundido en Hispanoamérica. El yeísmo también es común, pero no universal, puesto que el contraste /j/:/l̆/ existe en algunas regiones, como el Paraguay.[15] El conjunto de las realizaciones fonéticas del yeísmo es complejo, y sólo daremos una visión general de él. La /j/ varía fonéticamente desde una palatal africada [ŷ] o fricativa [y] hasta una deslizada [j]; las hablas *zheístas* [žeístas] tienen una fricativa palatal *rehilada* [ž] que puede contrastar con la [y] palatal. En otras regiones, contrastan /l̆/ y /ž/: **malla** [mál̆a] : **maya** [máža]. Otras modalidades tienen sólo el fonema /ž/, realizado como [ž] o [š]. La Figura 8.5 da un resumen de esa variación, pero hay que recordar que la distribución geográfica no es uniforme, y que además una buena parte del continente queda por investigar detalladamente.

No sólo hay diferencias regionales de pronunciación sino que dentro de la misma comunidad de habla se notan apreciables variaciones. Por ejemplo, como quedó mencionado, en el español rioplatense la **ll** y la **y** ortográficas corresponden a un fonema fricativo palatal /ž/, que fonéticamente puede ser [ž], [š] o [ŝ], [ẑ]. Una palabra como **calle**, entonces, puede realizarse como [káže], [kaše], [kaẑe], [kaŝe]. Esta variación tiene una correlación con factores sociales como la edad y el sexo de los hablantes. En un estudio, se constató que las mujeres de menos de treinta años presentaban una incidencia mucho más alta de alófonos sordos que los demás informantes entre aquellas mujeres, las que sólo tenían instrucción primaria presentaban muchos más fonemas sordos que las demás. Entre las mujeres de más de treinta años, las que tenían formación universitaria presentaban más alófonos sordos que las otras. La conclusión es que se trataba de un cambio lingüístico que se hallaba mucho más adelantado entre las mujeres que entre los hombres.[16]

Figura 8.5

LLEÍSMO, YEÍSMO Y ZHEÍSMO EN HISPANOAMÉRICA

Fonemas y alófonos	Ejemplos	Regiones
/ĺ/ [ĺ] /j/ [y]	halla [áĺa] haya [áya]	Partes de Colombia, Bolivia, Ecuador, Perú, Paraguay
/j/ [y], [j]	halla [áya], [ája] haya [áya], [ája]	Centroamérica, Caribe, México
/ĺ/ [ĺ] /ž/ [ž]	halla [áĺa] haya [áža]	Norte del Ecuador
/ž/ [ž] /j/ [y]	haya [áža] haya [áya]	Santiago de Estero (Argentina)
/ž/ [ž], [s]	haya [áža], [áša]	Argentina y Uruguay

Otro ejemplo son los sonidos representados ortográficamente por **j**, **g^{e,i}**, que en el castellano norteño corresponden a una fricativa velar sorda [x] o una vibrante múltiple uvular sorda [X] (**caja** [káxa], [káXa]), ambos alófonos del fonema /x/. En algunas regiones de Hispanoamérica, como Chile, /x/ tiene dos alófonos: la fricativa palatal sorda [ç], que ocurre ante las vocales anteriores /e/ o /i/, y la [x], que ocurre ante las demás vocales. En el sur de España, Centroamérica y el Caribe, en cambio, se oye una fricativa faríngea [h], representándose el fonema por /h/ en vez de /x/. Pese a las diferencias de pronunciación, en cualquier de aquellas modalidades el contraste entre /x/ (o /h/) y los demás fonemas se mantiene inalterado.

La distinción entre variantes conservadoras y radicales implica determinados procesos fonológicos, como la elisión de consonantes mediales y finales, relacionados con una tendencia general del español americano a relajar la tensión articulatoria[17]. Otros procesos son la aspiración y pérdida de /s/ implosiva, descritos en el apartado sobre el andaluz, y que se extienden por una amplia región que incluye el Caribe, costas de Ecuador y Perú, y partes de Argentina, Chile y Uruguay. Ocurre tanto en posición final de palabra (**te acuerdas** [takwérḍạh] ~ [takwérḍạ]) como en posición medial (**esta casa** [ẹhtakása] ~ [ẹtakása]).

La neutralización del contraste entre las líquidas /l/ y /r/ implosivas es común en el habla popular, particularmente en el Caribe y en Chile,[18] llegando a manifestarse incluso en el habla familiar de los hablantes instruidos. Además de lambdacismo (**puerta** [pwélta]) o rotacismo (**calma** [kárma]), puede causar la geminación de la consonante siguiente (**carne** [kán:e]) o la realización de /r/ ~ /l/ como una deslizada palatal (**carne** [kájne]), o como una líquida mixta [ɬ], intermedia entre [l] y [r].

También es común en el Caribe la velarización de la /n/ final o prevocálica: **¿Están?** [estáŋ], **son estos** [soŋéhtoh].

Variación morfológica

La morfología del español americano presenta relativamente pocas diferencias respecto al peninsular. Hay alguna variación en el género de algunos sustantivos (méx. **el bombillo** vs. **la bombilla** o méx. **la muelle** vs. **el muelle**) y una tendencia popular a flexionar el género de los sustantivos (**la intelectuala**, **el telegrafisto**), pero dado lo arbitrario de la categoría morfológica del género, tales diferencias tienen poca relevancia.

Respecto a los pronombres, menciónese la ausencia no sólo de **vosotros**, como en partes de Andalucía, sino también de **os**, **vuestro**, relegados a usos retóricos ocasionales.[19] Una pregunta como **¿Ya os váis?**, normal entre españoles, sonaría rara entre hispanoamericanos. En todos los países, se usa **ustedes** como plural universal.

En partes de Colombia es poco común el **tú**, perdiendo **usted** su valor formal, por lo que la gente trata de **usted** no sólo a los amigos, sino también a los niños y a los animales de estimación. En algunas regiones rurales se oyen otras formas respetuosas, como **su mercé** o **su mercesito**.

Figura 8.6

ALGUNOS RASGOS FONOLÓGICOS DEL ESPAÑOL EN AMÉRICA

---

seseo acentuación /asentuasjón/ → [aseɳtwasjón]

**aspiración y pérdida
de /s/ implosiva:**

    medial estaba /estába/ → [ehtáβa] [etáβa]

    final compres /kómpres/ → [kómpreh] [kómpre]

neutralización
de /l/ y /r/:

    lambdacismo puerta /pwérta/ → [pwélta]

    rotacismo calma /kálma/ → [kárma].

    deslizamiento carne /kárne/ → [kájne]

    geminación carne /kárne/ → [kán:e]

    velarización de /n/ un amigo /un amíɡo/ [uŋ ámiɡo]

En lo que atañe a los pronombres átonos, la regla general es el *loísmo*, o sea el uso de **lo** como pronombre de complemento directo.

Una de las características morfológicas más notables es el *voseo*, es decir el uso del pronombre **vos** en lugar de **tú**. Esto existe en Centroamérica, Venezuela, Colombia, Ecuador, partes de Bolivia, Paraguay, Argentina, Chile y Uruguay.

El pronombre **vos** se usaba sin distinción de formalidad en el principio de la época colonial, pero luego fue reemplazado por **tú/vuestra merced**, quedando

El voseo presenta bastante variación morfológica. Las formas más difundidas (Argentina, Paraguay, Colombia, Venezuela, Centroamérica y sur de México) emplean las desinencias **-ás**, **-és**, **-ís** en el presente de indicativo, pero en las tierras altas de Ecuador se oye **-ís**, y en la costa alternan las formas en **-áis**, **-éis**, **-ís** y las de **tú**: **vos habláis/hablas, vos comés/comes, vos salís/sales** (Figura 8.7). Cabe notar que en todos esos países, se encuentran tanto áreas voseantes como áreas tuteantes.

Figura 8.7

MUESTRA DE LA MORFOLOGÍA DEL VOSEO

	Argentina	**Chile**	**Sierra de Ecuador Sur de Perú**
presente	tomás	tomáis/tomás/tomá	tomáis
indicativo	comés	coméis/comés/coméis	comís
	partís	partís	partís
	sos	sos/soi	sos
	estás	estáis/estái	estáis
	habés	habís/hai	habés
imperativo	tomá	llegá/llega	tomá/toma
	comé	comí/come	comé/come
	partí	partí/parte	partí/parte
futuro de	tomarás	tomarís	tomarís
indicativo	comerás	comerís	comerís
	partirás	partirís	partirís
presente de	tomés	tomís	tomís
subjuntivo	comás	comáis	comáis
	partás	partáis	partáis

También varía la valoración social del voseo. Mientras que en Chile y Colombia se considera un rasgo rústico, en la Argentina su uso abarca todos los niveles socioculturales. Con **vos** se usan el pronombre **te** y el posesivo **tu:**

(2) a. Decime, ¿y qué te pasó a vos que hasta los veinticuatro no estudiabas? ¿Qué te sucedió?
    b. Decime algo acerca de tu tiempo libre.[21]

Las críticas que se han hecho al voseo ("arcaico vulgarismo," "desaseada costumbre" o "vulgaridad añeja")[22] ilustran las pasiones que puede desencadenar la variación lingüística, sobre todo cuando contradice las normas académicas. Desde luego, resulta irónico condenar un rasgo lingüístico por su origen popular y/o rural, considerando que el castellano se originó precisamente de una modalidad popular del latín, hablada por gente de condición social bastante humilde.

Desde un punto de vista estructural, el voseo representa una reorganización morfológica mediante el reemplazo de un pronombre (**vos** por **tú**) y la introducción de las formas verbales correspondientes. Se mantiene a la vez el contraste informal/formal, puesto que la relación vos/usted es del mismo orden que tú/usted. Dicha reorganización parece ser el resultado de un proceso de cambio lingüístico inconcluso. Por ejemplo, en investigaciones realizadas en Buenos Aires en principios de los setenta,[23] se descubrió una correlación entre la edad de los informantes y la coexistencia de formas de **tú** con formas de **vos** en presente de indicativo: tendían a usar casi exclusivamente las formas de **vos** los menores de 55 años, mientras que los de más edad utilizaban formas de **vos** y de **tú**, en una proporción de 92,92% y 7,07%, respectivamente.

Hay también hablantes que emplean las formas pronominales y verbales de **tú** en el trato con interlocutores no voseantes. El voseo adquiere entonces una connotación de solidaridad o camaradería grupal —por ejemplo, nacional o étnica— que posiblemente contribuye a asegurar su supervivencia.

La variación de uso de los pronombres de tratamiento se relaciona con diversos factores, uno de los cuales es la *solidaridad* entre los hablantes.[24] En términos generales, una relación solidaria implica el empleo simétrico del mismo pronombre por los interlocutores. Otro factor es el *poder* (o *autoridad*): el interlocutor que tiene más poder puede elegir entre el modo de tratamiento [-formal] y el [+formal], pero el interlocutor subordinado debe usar el modo [+formal]. El poder puede ser real (por ejemplo, la autoridad de un superior sobre un subordinado en las fuerzas armadas) o convencional, como en la relación entre un cliente y un dependiente. Otros factores son la edad y el sexo de los interlocutores, y también la motivación ideológica, a la que se atribuye el aumento del tuteo en España después del restablecimiento de la democracia (1975), como indicador de solidaridad, no sólo entre jóvenes sino también entre jóvenes y adultos, estudiantes y profesores, y adultos en general.

Sintaxis

Al encontrar una construcción que parece contrariar una regla general de la lengua, tratamos de explicar su función en el dialecto del hablante. Un ejemplo sencillo de variación sintáctica es la posición del sujeto. En la mayoría de las variantes el sujeto viene después del verbo en las oraciones interrogativas que empiezan por un pronombre interrogativo (**¿Qué quieres tú?**, **¿Cuándo vienen ustedes, mañana o pasado?**). Sin embargo, en el español caribeño, particularmente el cubano, se oyen preguntas como (3a-3e), con el orden *pronombre interrogativo - sujeto - verbo*, que ha sido analizado[25] como un recurso para colocar el verbo en la posición a la que corresponde una mayor importancia informativa, es decir en posición final:

(3) a. ¿Qué tú quieres?
    b. Supe que tuvieron un accidente. ¿Cómo ellos están?
    c. ¿Cuándo ustedes vienen, mañana o pasado?
    d. Yo vivo en Berkeley. ¿Dónde tú vives?
    e. Yo enseño español. ¿Qué tú haces?

Como se mencionó en el Capítulo 5, se encuentra la concordancia de **haber** como verbo presentacional (es decir, en el sentido de 'existir') con su complemento directo, interpretado por algunos hablantes como un sujeto superficial (**Habían muchas personas** por la forma estándar **Había muchas personas**). Hay una variación sintáctica parecida en con construcciones con el verbo **hacer** seguido de un sintagma nominal que es una expresión de tiempo, como en (4a-4b):

(4) a. Hacía varias horas que esperaba.
    b. Hacían varias horas que esperaba.

Para algunos hablantes, **varias horas** es complemento directo y el verbo **hacer** es impersonal; para otros, aquel sintagma nominal funciona como sujeto (aunque sólo superficial) y por lo tanto el verbo concuerda en número con él, como en (4b).[26]

En la construcción representada por **se lo + V**, **lo** es el complemento directo y **se** es el indirecto, que puede representar un sintagma nominal singular o plural, masculino o femenino:

(5)
Se lo di $\begin{cases} \text{a él.} \\ \text{a ellos.} \\ \text{a ella.} \\ \text{a ellas.} \end{cases}$

Pero hay hablantes que hacen el pronombre complemento directo concordar en número y género con el complemento indirecto:

(6) a. Pero si se los [= a ellos] he dicho que ya no quería ir.
    b. Se las [= a ellas] doy [el paquete] en cuanto lleguen.[27]

El empleo de los tiempos verbales presenta diferencias notables, particularmente en el pretérito y el subjuntivo. Pese a la preferencia general por el pretérito simple, ciertos informantes bolivianos usan regularmente el pretérito compuesto (7a-7c), en oraciones en las que otras modalidades hispanoamericanas o peninsulares se emplearía el pretérito.

(7) a. He visto a tu hermano anoche.
    b. Las he comprado ayer.
    c. Lo he hecho arreglar el año pasado.
    d. Ha venido a cenar conmigo hace unos días.

En México el pretérito simple y el compuesto contrastan aspectualmente: el pretérito simple denota (a) una acción perfecta, es decir concluida, o (b) una acción puntual. En cambio, el pretérito compuesto señala (a) una acción no concluida, o entonces (b) una acción reiterada o repetida (Figura 8.8).

Figura 8.8

LOS PRETÉRITOS EN ESPAÑOL MEXICANO[*]

---

acción concluida	**acción no concluida**
Este mes estudié mucho.	Este mes he estudiado mucho.
(el estudio ha terminado)	(sigo estudiando)
acción puntual	**acción reiterada**
Eso lo discutimos ayer.	Eso lo hemos discutido muchas veces.
¿Qué hiciste?	¿Qué has hecho?
(en un momento preciso)	(últimamente)

---

[*] Ejemplos de Lope Blanch 1972:131-132.

Hay una tendencia general a reducir el número de tiempos verbales en uso. Las formas del subjuntivo en **-se** se usan mucho menos que las formas en **-ra**.

Además, el uso real del subjuntivo a menudo se aparta de las normas de la gramática estándar, incluso las personas de nivel sociocultural alto. Según una interpretación, el subjuntivo, como muchas otras construcciones, no se rije por reglas absolutas, sino variables, que permiten oraciones como (8a-8c)[28] pero también oraciones como (9a-9c):

(8) a. No es que **está** mal hecho.
     b. No me gustaba que nos **trataba** no como seres humanos.
     c. Me da coraje que **hay** muchos maestros así.

(9) a. No es que **esté** mal hecho.
     b. No me gustaba que nos **tratara** no como seres humanos.
     c. Me da coraje que **haya** muchos maestros así.

Figura 8.9

VARIACIÓN LÉXICA: FORMAS MÁS COMUNES EN CINCO PAÍSES

España	Argentina	Puerto Rico	México	El Salvador
autocar	colectivo	guagua	camión	camioneta
acera	vereda	acera	banqueta	acera
piscina	pileta	piscina	alberca	piscina
cajón	cajón	gaveta	cajón	gaveta
manzana	cuadra	manzana	cuadra	manzana
americana	saco	gabán	saco	saco
cazadora	campera	jacket	chamarra	chumpa
calcetines	zoquetes	medias	calcetines	calcetines
gabardina	piloto	capa	impermeable	capa
gafas	lentes, anteojos	espejuelos	lentes, anteojos	anteojos
bañador	malla	traje de baño	traje de baño	calzoneta
piso	departamento	apartamento	departamento	apartamento

Variación léxica

El español se habla en más de veinte naciones por unos 300 millones de personas, muchas de las cuales también utilizan otros idiomas. No sorprende que en todas las variantes haya palabras y expresiones que otras variantes desconocen, ni que en lugares distintos se atribuyan significados diferentes a la misma palabra, ni que el nombre de un objeto varíe de una región a otra, como ilustra la muestra de la Figura 8.9. Sin embargo, pese a la variación, hay más semejanzas que diferencias léxicas entre las distintas modalidades del español.

| Figura 8.10 |

INDIGENISMOS DEL LÉXICO COMÚN: LENGUAS DE ORIGEN Y SU ÁREA GEOGRÁFICA

náhuatl (México)

cacahuate, cacahuete

chicle

chocolate

aguacate

tomate

ají

coyote

quetzal

quechua (Andes)

coca

papa

cóndor

llama

alpaca

vicuña

puma

guano

mate

pampa

taíno (Antillas)

cacique

canoa

hamaca

maíz

maní

guayaba

huracán

guajiro

jíbaro

guaraní (Paraguay)

jaguar

tapioca

mandioca

tapir

maya (Yucatán)

cigarro

cenote

A medida que los europeos descubrían en América una cantidad de animales, plantas, objetos y artefactos, adoptaban los nombres que les daban los indígenas. Como resultado de eso, pasaron al léxico español cientos de *indigenismos*. Aunque la mayoría de éstos sólo se usan en la región de la lengua original, muchos han pasado al léxico común del idioma (Figura 8.10). La mayor parte de los indigenismos de uso común vienen de los idiomas *nahuatl* (México), *taíno* (lengua extinguida de los indios taínos, de las Antillas), del *quechua* (región andina), del *maya* (Yucatán y Guatemala) y del *guaraní* (Paraguay).

Además de corresponder a la necesidad de expresar aspectos de una nueva realidad, los indigenismos cumplían una importante función simbólica: el saber su significado y emplearlos en la conversación señalaba un conocimiento de América, una participación, directa o indirecta, en una aventura que cogía la imaginación de los europeos.[29]

Otra característica del español en América es el uso de vocablos y expresiones, llamados *arcaísmos* en la dialectología tradicional, ahora infrecuentes en el español peninsular. Entre éstos se encuentran ítemes como **lindo**, **masas**, **pararse**, **prieto**, **prometer**, que corresponden respectivamente a 'bonito,' 'pasteles,' 'ponerse de pie,' 'negro' y 'asegurar' en el uso peninsular.[30] Los nombres de diversos animales o plantas conocidos en Europa se utilizaron para nombrar a otros parecidos que se encontraron en Hispanoamérica: **comadreja**, **tigre**, **león**, **piña**, **pino**, o **cedro**. La Figura 8.11 da una pequeña muestra de palabras que han adquirido un nuevo significado, o que han conservado un significado que ya no tienen en el español peninsular.

La tradicional dicotomía entre el "español de España" y un "español de América" supuestamente homogéneo, ha sido superada por la noción más dinámica de un mismo *sistema* lingüístico común que permite una gran variedad de realizaciones a nivel del habla. El que los hablantes de una variante tengan más o menos facilidad en entenderse con los de otra no es un problema lingüístico, sino pragmático.

Por otra parte, sería difícil encontrar una explicación racional para la valoración, positiva o negativa, que hacen los hablantes acerca de la variación lingüística. Por ejemplo, la regla de elisión de la /d/ intervocálica existe en virtualmente todas las variantes, aunque se aplique con más frecuente en unas que en otras. Curiosamente, se acepta más en los participios en **-ado** (**hablado** [aᵬláo]) que en los en **-ido** (**comido** [kómiɖo], **salido** [salíɖo]), y aun menos en sustantivos como **Toledo** [toléo], **marido** [marío] o **codo** [kó:].[31] La creencia que esas formas son "malas" lleva a muchos hablantes insertar una /d/ en palabras como **bacalao** o **gentío**, produciendo así formas *hipercorrectas* como **bacalado** o **gentido**.

Figura 8.11

ALGUNOS CONTRASTES LÉXICOS ENTRE EL ESPAÑOL HISPANOAMERICANO Y EL PENINSULAR

Cambios de significado	uso hispanoamericano	uso peninsular
luego	'inmediatamente'	'más tarde'
carro	'automóvil'	'vehículo grande, de dos ruedas, para transportar cargas
zócalo	'plaza mayor' (Méx.)	'base o cuerpo inferior de un edificio'
jirón	'calle' (Perú)	'desgarrón'
pararse	'ponerse de pie'	'detenerse'
prometer	'asegurar'	'hacer una promesa'

Conservación del significado peninsular antiguo

apurarse	'darse prisa'	'esmerarse'
bravo	'enfadado'	'valiente'
provocar	'apetecer'	'incitar'
gafo	'tonto' (Ven.)	'leproso' (arc.)
dilatar	'tardar'	'aumentar el volumen de un cuerpo'

Lenguas en contacto

Cuando un grupo de personas comparten determinada actividad, profesión o sistema de vida, es normal que desarrollen un lenguaje informal, llamado *jerga* o *argot*, comprensible para los miembros del grupo pero no necesariamente para los demás. Las jergas incluyen un vocabulario especializado que describe los objetos de uso profesional, las actividades características del grupo, y así sucesivamente. Algunas, como las de los criminales, tienen la función específica de impedir que los demás entiendan lo que se dice. Pero con el tiempo, algunos elementos jergales pueden incorporarse al lenguaje de la comunidad lingüística más amplia.

Un ejemplo de ello es el *lunfardo* rioplatense, originado a mediados del siglo XIX. En un principio la palabra *lunfardo* (de origen impreciso) designaba al delincuente urbano, por lo que no sorprende que una buena parte de su vocabulario original se refiera a actividades delictivas.[32] Su uso se generalizó entre los grupos socioculturales menos privilegiados, entre los cuales se encontraban miles de inmigrantes italianos, cuyos dialectos contribuyeron a aumentar su vocabulario. Esta circunstancia ilustra el *préstamo lingüístico*, una de las principales consecuencias del contacto regular y prolongado entre las lenguas. Además, el lunfardo cambia el significado de voces españolas o de otros idiomas, ya sea por analogía o arbitrariamente, y modifica la forma de las palabras mediante un procedimiento llamado *vesre* (**revés** → **vesre**) que consiste en invertir el orden de las sílabas. El vesre funciona como un código que se usa para suavizar palabras y expresiones poco corteses, como **dogor** (**gordo**), **soque** (**queso** 'torpe'), pero su uso se extiende a muchas palabras del uso cotidiano, de modo que dos profesionales o universitarios que deciden ir a un café pueden decir: **Vamos a tomarnos un feca** (Figura 8.12).

Constituye un ejemplo de elevación social de una jerga subestándar la incorporación de elementos léxicos lunfardos, propagados por el teatro popular y por el tango, al lenguaje coloquial rioplatense. Para ciertos hablantes, hay también en ello un elemento sociopolítico: usando términos lunfardos se señala solidaridad con el pueblo. Por ejemplo, una frase como **Soy del rioba de Flores**, connota una actitud positiva hacia el barrio bonaerense de Flores, de clase media baja.

Si los hablantes de idiomas distintos se comunican mediante un idioma común, decimos que tienen una *lengua franca*, nombre que viene de la expresión *lingua franca*, que en la Edad Media designaba un habla (también llamada *sabir*, de **saber**) formada de elementos italianos, españoles, franceses, griegos y árabes, utilizada como medio de comunicación internacional en la región del Mediterráneo.[33] Es el papel del inglés hoy día como idioma de la comunidad científica internacional, en el cual ha reemplazado al francés, que ejercía esa función hasta hace menos de un siglo.

Una de las consecuencias del contacto prolongado de dos o más idiomas es la *transferencia* de rasgos, cuyo resultado puede ser un modesto préstamo lingüístico; en otros casos puede llegar al bilingüismo (o al multilingüismo) e incluso la creación de un nuevo idioma. Lo que se ha dicho hasta ahora deja claro que la lengua española se ha formado mediante la interacción con otros idiomas.

Imaginemos una situación en que una turista le pregunta a una hispanohablante: **"Por favor, dónde ser ferrocarril estación?"** Al darse cuenta de que la turista no comprendería una respuesta como **"siga usted por esta calle hasta el tercer farol, tuerza a la izquierda y siga derecho hasta llegar a una plaza,"** la otra opta por una simplificación: **"Usted — por esta calle — uno, dos, tres**

Figura 8.12

EJEMPLOS DE VOCABULARIO LUNFARDO

Préstamos del italiano: [*]

bacán	'rico, elegante'	←	genovés baccan 'patrón'
bagayo	'paquete, contrabando'	←	genovés bagaggi 'equipaje'
cachar	'agarrar sorpresivamente'	←	it. cacciare 'agarrar'
crepar	'morir'	←	genovés crepare 'morir'
chimento	'chisme'	←	dial. abrucés cementë 'cosa que suscita la curiosidad'
laburo	'trabajo'	←	it. meridional lavurarë 'trabajo'
minga	'nada'	←	milanés minga 'nada'

Préstamos de otras lenguas: [**]

esp. guita	'dinero'
fr. ragú (ragout)	'hambre'
guar. matete	'confusión'
ing. espiche	'discurso'

Cambios de significado: [**]

gayola	a 'cárcel'
estaño	'mostrador de bar'
berretín	'idea fija'
farra	'fiesta'
cráneo	'persona inteligente'
carburar	'pensar'

El "vesre" [**]

ajoba	←	abajo
dogor	←	gordo
feca	←	café
gotán	←	tango
jermu	←	mujer
loma	←	malo
lorca	←	calor
rati	←	tira 'policía'
rioba	←	barrio
tagui	←	guita 'dinero'
yobaca	←	caballo

---

[*] Ejemplos de De Pierris 1990.
[**] Ejemplos de Cammarota 1970, Teriggo 1978, Devicienti 1987 y Laura Carcagno (comunicación personal).

---

faroles — entonces, derecha — hasta plaza estación" —acompañándolo todo, por supuesto, de gestos explicativos.

Encuentros como éste son breves y sin continuidad, pero en el contacto prolongado de los mercaderes y colonizadores europeos con los nativos de las colonias de Africa y de Asia solía desarrollarse una versión simplificada del idioma europeo en cuestión, en la cual se llevaba a cabo la comunicación necesaria para los negocios. Dicha lengua simplificada tiene el nombre de *pidgin*, palabra que, según una hipótesis, deriva del vocablo inglés **business**. Mientras que algunos pidgins son efímeros, otros han quedado como linguas francas no sólo entre europeos y no europeos sino también entre comunidades nativas sin una lengua común.

Los pidgins se caracterizan por su simplicidad: vocabulario limitado, morfología casi inexistente, estructura gramatical simplificada. Al no ser lengua nativa de nadie, el pidgin varía según las necesidades expresivas de usuarios, pero con el uso prolongado, tiende a estabilizarse. Si las nuevas generaciones lo adquieren como su lengua materna, se convierte en un idioma *criollo*. Éste cumple las funciones comunicativas de una lengua normal y para ello desarrolla recursos propios que pueden ser bastante complejos.

Han sido identificados y estudiados pidgins y criollos basados en el inglés (Jamaica y otras antiguas colonias inglesas del Caribe), en el francés (Haití y Martinica), en el holandés, el ruso, el italiano, el portugués, el árabe y diversos idiomas del Africa subsahárica. Los pidgins jugaron un papel importante en el comercio colonial, particularmente en la trata de esclavos, como lengua franca no sólo entre los europeos y los nativos sino también entre los mismos esclavos. Para evitar que éstos se comunicaran, se acostumbraba a mezclar a los africanos de distintos grupos étnicos, que al no tener una lengua en común, recurrían al pidgin. Posteriormente, sus hijos crecían hablando el pidgin transformado en criollo e influido por la lengua de los señores.[34]

Palenquero y papiamento

El *palenquero* es un criollo de base española hablado por unas dos mil personas en Palenque de San Basilio (departamento de Bolivia, Colombia) pueblo fundado por esclavos escapados a principios del siglo XVII. Favoreció su desarrollo y preservación el aislamiento en que vivieron los descendientes de aquellos esclavos hasta principios del siglo XX, cuando empezaron a trabajar fuera del poblado, por lo que tuvieron que aprender el español. Hoy día, debido a la integración gradual a la sociedad hispanohablante, el palenquero se ha transformado en lo que se llama una *lengua post-criolla*, es decir que su vocabulario y estructura sintáctica tienden a asemejarse progresivamente a la lengua dominante de la región, en este caso el español.

Otro caso de influencia española en la formación de un criollo es el *papiamento*, hablado por unas doscientas mil personas en las Antillas Holandesas (islas de Aruba, Bonaire y Curaçao). La lengua oficial es el holandés, pero el papiamento tiene status de lengua nacional y sirve como medio de cultura no sólo popular sino también literaria. Los expertos coinciden en que su origen se remonta al pidgin portugués hablado por los africanos traídos a Curaçao, que durante el período colonial fue centro de repartimiento de esclavos para el resto de América.

Sobre la base pidgin-portuguesa original influyó el castellano, del que deriva el 85% del léxico actual; el holandés ha contribuido un 5%, y lo demás es de origen portugués, africano o inglés, debido a la creciente influencia de los Estados Unidos en la región.[35]

Al contrario del palenquero, que tiende a desaparecer a medida que las nuevas generaciones de hablantes aprenden el castellano, el papiamento es un idioma estable. Sin embargo, ambos presentan rasgos comunes típicamente criollos, como los que se ejemplifican a continuación.

El sustantivo es invariable en número: en papiamento hay un sufijo plural optativo, *-nan*, y en palenquero el plural se señala por el prefijo **ma-** (← más):

(10) a. *Pap.*   dos cigaria (o cigarianan) 'dos cigarrillos'
    b. *Pal.*   baka 'vaca' / ma baka 'vacas'

El adjetivo también es invariable:

(11) a. *Pap.*   un homber/muhe famoso 'un hombre famoso
                /una mujer famosa
    b. *Pal.*   ū forma 'una forma,' bwēn sopa 'buena sopa'

Los pronombres personales son los siguientes:

	palenquero	papiamento
P1	i	mi
P2	bo	bo
P3	[ę]le	e
P4	suto	nos
P5	bo	boso
P6	ané	nan

En ambos idiomas el orden normal de las palabras es sujeto — verbo — complemento:

(12)   **S**   **V**   **C**
   a. *Pap.*   mi   ta pidi   bo   'yo te pido'
             'yo   pido   te'
   b. *Pal.*   i   ta ablá   bo   'yo te hablo'
             'yo   hablo   te'

Al no haber flexión verbal, el tiempo y el aspecto verbal se señalan mediante los morfemas libres pal. *ata*, pap. *ta* (Figura 8.13).

Se usa un infinitivo precedido de la preposición *pa* 'para' donde el español emplea formas del subjuntivo:

(13) a. *Pal.* i ablá ele **pa ele da mi** dinero 'le dije que me diera dinero'

     b. *Pap.* Mi ta deseá, **pa bo bini** cerca mi awenochi 'yo deseo que vengas por mí por la noche'

Figura 8.13

ASPECTO VERBAL EN PALENQUERO Y PAPIAMENTO

---

palenquero

papiamento

ata
 'aspecto continuativo'
  i ata kumé 'como, estoy comiendo'
  bo ata miní 'vienes, estás viniendo'

a
 'aspecto perfectivo'
  i a kumé 'he comido'
  bo a kantá 'has cantado'

ba
  i kumé ba 'comí'
  bo ablá ba 'hablaste'

tán
  i tán, kumé 'comeré'
  bo tán, kantá 'cantarás'

ta
 'aspecto continuativo'
  mi ta come 'como, estoy comiendo'
  boi ta bini 'vienes, estás viniendo'

a
 'aspecto perfectivo'
  mi a come 'he comido'
  bo a canta 'has cantado'

tábata 'pasado'
  mi tábata come 'comí'
  bo tábata papia 'hablaste'

lo 'futuro'
  lo mi come 'voy a comer'
  lo bo canka 'cantarás'

Fronterizos

Entre los dos extremos —las jergas como el lunfardo y los pidgin y criollos— se hallan los dialectos mixtos, como el *fronterizo* hablado en diversas zonas de la frontera del Uruguay con el Brasil. Facilita el contacto diario entre hablantes de español y del portugués popular brasileño el hecho de que la frontera es abierta: en ciudades gemelas como Rivera (Uruguay) y Livramento (Brasil), por ejemplo, se cruza la calle para ir al trabajo o de compras al otro país.

Los fronterizos, también llamados "dialectos portugueses del Uruguay" o DPU,[36] tienen en común con los pidgins la tendencia a simplificar las estructuras morfosintácticas del idioma base (Figura 8.14). Como los criollos, son la lengua materna de los niños de la región. Ciertos expertos que prefieren clasificarlos como *dialectos bilingües*, es decir, sistemas intermedios entre dos lenguas que se hallan en una situación de contacto relativamente estable. La base de esos sistemas es el portugués popular de Brasil, fuertemente influido por el español popular uruguayo. Los DPU carecen de un estándar y presentan mucha variación, no solo de un área a otra sino incluso en el habla de una misma persona. Pero es posible reconocerles una estructura específica, caracterizada por una simplificación morfosintáctica que reduce las diferencias entre los dos idiomas, tomando vocablos de uno u otro según las necesidades comunicativas.

Bilingüismo y diglosia

Se entiende por bilingüismo la capacidad de entender y usar dos idiomas. (Si se trata de dialectos, decimos que el individuo es *bidialectal*.) Es una característica individual y no colectiva, de modo que sólo podemos hablar de pueblos, ciudades o regiones bilingües de un forma figurada.

Se trata de una condición gradativa y no absoluta. El bilingüe completo, capaz de usar ambos idiomas con igual proficiencia, es relativamente incomún, puesto que es difícil, aunque no imposible, tener una vivencia equivalente en ambos idiomas en todos los contextos en que se hablan. El extremo opuesto —el bilingüe rudimentario— es mucho más común: lo ejemplifica la ejecutiva que ha aprendido unas cuantas frases en español para quedar bien con sus clientes hispánicos, o el científico que chapurrea el inglés para comunicarse con sus colegas internacionales.

Entre esos extremos se sitúa la mayoría de los bilingües, para los que uno de los idiomas suele ser *dominante*, y el otro, *subordinado*. Algunos manejan ambos idiomas igualmente bien en ciertos contextos pero no en otros: pueden hablar de alta finanza o literatura en ambos, pero a la hora de charlar en el bar sólo les vale uno —o vice versa.

Figura 8.14

SIMPLIFICACIÓN MORFOSINTÁCTICA EN FRONTERIZO[*]

Omisión de palabras en complementos:

de lugar

nasí Ø Itaquí	*esp.* nací en Itaquí *ptg.* nascí em Itaquí
vo Ø Montevideo	*esp.* voy a Montevideo *ptg.* vou a Montevidéu
casa Ø mi ermã casada	*esp.* casa de mi hermana casada *ptg.* casa de minha irmã casada
una vida Ø si beve	*esp.* una vida en la que se bebe *ptg.* uma vida na qual se bebe

Empleo del indicativo en vez del subjuntivo:

falta muitu para que é	*esp.* falta mucho para que sea *ptg.* falta muito para que seja
pedem que nos asemo ayuda	*esp.* piden que hagamos ayuda (= ayudemos) *ptg.* pedem que façamos ajuda (= ajudemos)

Reducción de las formas verbales a P3:

eu tem qu'irme imbora	*esp.* yo tengo que irme *ptg.* tenho que ir-me embora (P3 = tem [tẽj])
us otro sai	*esp.* los otros salen *ptg.* os outros saem (P3 = sai)
nos trabaiaba shunto a quí	*esp.* nosotros trabajábamos cerca de aquí *ptg.* nós trabalhávamos junto daqui (P3 = trabalhava, pop. [trabajáva])

---

[*] Ejemplos de Elizaincín et al. 1987

El bilingüismo es *estable* cuando las condiciones permiten conservar la proficiencia en ambos idiomas, pero si ésta empieza a perderse, se crea poco a poco una situación de bilingüismo *inestable*. A medida que se pierde el dominio de uno de los idiomas, se pasa al bilingüismo *residual*, caracterizado por la conservación de sólo algunas formas sencillas del idioma subordinado —saludos, modismos y otras frases hechas, nombres de objetos específicos— que se utilizan dentro del marco del idioma dominante. Es común entre los inmigrantes que —voluntariamente o no— han dejado de usar su lengua materna al reemplazarla por la de su nuevo país. Desde luego, al ser el bilingüismo una condición personal, pueden coexistir en la misma comunidad personas bilingües que representen todas las categorías descritas.

Así como bilingüismo se refiere al individuo, *diglosia* se aplica a la relación entre las lenguas. Hay diglosia cuando en una comunidad lingüística coexisten (a) dos variantes de una lengua o (b) dos lenguas distintas que cumplen funciones comunicativas complementarias.[37] En otras palabras, hay una especialización funcional que delimita el ámbito de uso de cada código lingüístico. La Figura 8.15 da algunos casos de diglosia.

En una situación diglósica, la variante A (alta) se usa en la administración pública (parlamento, tribunales, oficinas del gobierno), en la correspondencia con las autoridades, en la educación, en la alta literatura y otras actividades culturales consideradas prestigiosas. La variante B (baja) se emplea en el ámbito privado y familiar, en la conversación informal, en la correspondencia privada, en alguna literatura popular o folclórica, y quizás en algún aspecto de la instrucción elemental, generalmente para facilitar el aprendizaje de la variedad A.

La diglosia no implica necesariamente una situación desventajosa para la variante B, siempre y cuando los ámbitos de actuación de cada variante estén bien definidos y B no conlleve ningún estigma social. Por ejemplo, en el Paraguay el guaraní es la lengua B, y el español, la lengua A. Ambos lenguas son oficiales, y además el guaraní juega un importante papel como símbolo del orgullo nacional y étnico, y su conocimiento es esencial a la integración en la sociedad paraguaya. En un contexto diglósico, el hablante bilingüe o bidialectal sabe cuándo y cómo utilizar cada variante, y mientras la situación social no cambie el equilibrio diglósico puede durar indefinidamente.

En otros países hispanoamericanos, en cambio, la situación es poco favorable a los idiomas indígenas. Existe una división de funciones: el español se utiliza en la administración pública, en la educación, en los medios de comunicación y en la literatura, pero además, se considera la lengua oficial de toda la nación. Una lengua indígena, en cambio, pertenece a un grupo étnico determinado, cuyo ámbito y funciones no suele trascender. Hay, por lo tanto, una relación desigual de poder: los hispanohablantes pueden ser monolingües porque hablan el idioma del poder; para los indígenas el precio del monolingüismo es la marginación social. Puede incluso que no sea de interés al sector socioeconómico dominante que la masa indígena aprenda muy bien el español, puesto que esto les facilitaría, por lo menos teóricamente, una participación más directa en la vida política de la nación.

Figura 8.15

CASOS DE DIGLOSIA

Variantes de la misma lengua

País o región	A	B
Países árabes	árabe clásico común a todos los países	árabe popular cada país tiene su propia modalidad (egipcio, libio, tunisino, etc.)
Grecia	katharevousa o griego literario	demótico o griego popular
Suiza	alemán estándar	hablas suizo-alemanas

Lenguas distintas

	A	B
Haiti	francés estándar	criollo haitiano (derivado de un francés pidgin)
Paraguay	español	guaraní

En una relación desigual de poder, los hablantes de un idioma o dialecto subordinado deben elegir entre el monolingüismo marginado y el bilingüismo marcado por el conflicto entre las dos lenguas/dialectos y las respectivas culturas/subculturas a las que sirven de vehículo, o de la propia lengua o dialecto por la lengua oficial.

Durante siglos ha sido ésta la relación entre el español y las demás lenguas de España, que hasta mediados de los años setenta, no tenían ningún rol oficial. Pese a la oficialización de algunas de aquéllas (el catalán, el gallego y el vasco), la situación en sus regiones sigue favorable al castellano, puesto que, según la Constitución Española, nadie tiene que aprender un idioma regional, mientras que todos los ciudadanos tienen el deber de entender y hablar el castellano.

En el caso de los dialectos muy divergentes de la norma oficial —como el andaluz en España, el lunfardo en la Argentina, o los fronterizos en el Uruguay— se intensifica el desequilibrio debido al secular prejuicio contra los dialectos, equivocadamente considerados "deturpaciones" de la lengua. En tales situaciones los hablantes de las variantes lingüísticas subordinadas se hallan presionados no sólo para aprender la variante dominante, sino también para abandonar de vez su habla nativa. Ésta, por su escaso prestigio, no suele emplearse en la instrucción, incluso cuando los niños no entienden la variante oficial. En los medios de comunicación su presencia puede limitarse a programas de carácter folclórico, bajo la excusa de que así se preserva la cultura que representa, o humorístico, con lo cual se transforma —y a sus hablantes— en objeto de burla. Pero al reservar para la variante oficial el prestigio de la programación "seria" —noticieros, programas de contenido trascendental— se refuerza para el hablante de la variante B el mensaje que ya tienen internalizado los hablantes de A, o sea que ésta es la lengua que cuenta. No sorprende que los hablantes monolingües de A no tengan interés ni en aprender B, ni en permitir que ésta comparta las funciones o el status social de A.

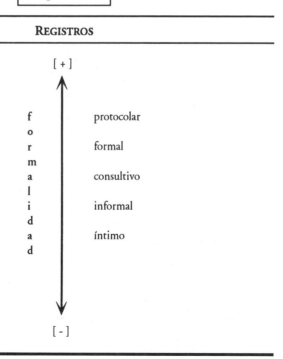

Figura 8.16

REGISTROS

[+]

f
o
r   protocolar
m
a   formal
l
i   consultivo
d
a   informal
d

    íntimo

[-]

Registros

Además de los factores geográficos y sociales, influyen en la variación lingüística ciertas características del contexto comunicativo. Una de éstas es la *formalidad*, que obliga al hablante a elegir, entre dos o más posibilidades, la más apropiada a la comunicación. Por ejemplo, la elección entre **tú** y **usted** depende no sólo de la relación entre los interlocutores sino también de la situación en que se encuentran: si una ejecutiva y su secretario tienen una relación romántica, podrán tutearse en privado, pero si quieren mantener las apariencias deben llamarse de **usted** en las reuniones de la compañía.

La variación lingüística relacionada con la formalidad del contexto comunicativo no es absoluta, sino que abarca una amplia gama de gradaciones no siempre fáciles de precisar.[38] Sin embargo, puede analizarse mediante un sistema de niveles llamados *registros* (Figura 8.16).

Figura 8.17

LENGUAJE PROTOCOLAR

Avisos:

Se ruega no fumar

No colgar carteles

Entre

Empujad/Empujen/Empujar

Prohibido el paso

Servicios

Reservado el derecho de admisión

No asomarse por la ventanilla

Se prohíbe fijar carteles

Instrucciones:

Introduzca una moneda en la ranura A, pulse el botón rojo y retire el billete en la ranura B.

En caso de emergencia, rómpase el cristal y tírese de la cadena.

La dimensión de formalidad depende estrictamente del consenso de la comunidad de habla. Cuanto más formal el contexto, tanto más rigurosamente se define lo que se puede decir y cómo se debe hacerlo. En un funeral o una boda, por ejemplo, hay muchas más fórmulas prescritas que en una excursión o una reunión de amigos, donde aumenta la posibilidad de expresión personal.

El registro más formal, el *protocolar*, debe su nombre a que se basa precisamente en el uso de *protocolos*, es decir, fórmulas hechas. La comunicación es impersonal y hay poca posibilidad de variación. Este registro se manifiesta en una variedad de contextos, como los avisos y anuncios públicos, o las instrucciones para usar un electrodoméstico o una máquina expendedora. (Figura 8.17).

En el registro formal los participantes actúan a menudo como representantes de categorías abstractas, sea a título propio ("contribuyente," "súbdito," "ciudadano" o "usuario"), sea representando instituciones ("funcionario," "abogado," "juez"). La comunicación en el registro formal debe ser explícita y ha de incluir información sobre el trasfondo del tema. Típicas de ello son las comunicaciones con las autoridades o las declaraciones en juzgado, que suelen incluir consideraciones preliminares que forman un marco en el cual se inserta la información principal. La norma lingüística es la estándar y se utilizan fórmulas consagradas por el uso.

El texto siguiente ("Convocatoria") es un ejemplo del registro formal.

Convocatoria

Se convoca a los señores accionistas a la Junta General ordinaria que se celebrará en el domicilio social de la Compañía Nombre Imaginario, S.A., a la Avenida Juárez, n.° 33, el día 26 de junio de 1992, a las 11,30 horas, en primera convocatoria y al día siguiente, en el mismo lugar y hora, en segunda convocatoria, si procede. Los accionistas podrán obtener de la Sociedad, de forma inmediata y gratuita, copia del Orden del Día y de los documentos que han de ser sometidos a su aprobación.

Madrid, 20 junio 1992
El Presidente, Fulano González.[39]

En el registro informal los individuos intercambian información a título propio y no en función de sus roles sociales. Se da por compartido un trasfondo común no sólo informativo sino también cultural. Puede haber una presunción de solidaridad o igualdad social, aunque transitoria y ficticia.

Imagínese una situación en que dos desconocidas dialogan brevemente en la playa mientras sacan a paseo a sus hijos. A lo mejor se darán mutuamente un trato informal (ciertos detalles, como la elección de **tú/vos/usted** dependerán de la región específica). La conversación es bilateral —es decir, ambas tienen derecho a hablar y a ser oídas— y podrá no ultrapasar el nivel fático (el tiempo, la edad y salud de los niños, lo bien que lo pasa una en la playa), pero podrá incluir algún intercambio de información personal, seguramente en lenguaje coloquial:

(14) Me da vergüenza ser la paliducha de la playa... Estoy hasta el moño que mi marido se vaya por aí con sus amiguetes y me deje aquí plantada con el niño.[40]

Días después, las dos mujeres vuelven a encontrarse en un juzgado, en donde una actúa de escribana y la otra de jueza en funciones. Se reconocerán y se saludarán, quizás agradablemente sorprendidas, pero asimismo se darán cuenta de que sus roles sociales han cambiado: mientras que en el contexto comunicativo anterior ambas eran madres en vacaciones, en el actual las rige una jerarquía funcional en la que una da órdenes y la otra las ejecuta. La informalidad queda excluida, el **usted** es mutuo, y (dependiendo de qué país se trate), la escribana trata a la jueza de **su señoría**. La información fática es posible, pero direccional: se podrá hacer un comentario sobre el tiempo, pero mientras que la persona subordinada *debe* contestarlo, la persona jerárquicamente superior lo contesta si quiere.

El registro *íntimo* se caracteriza por la interacción personal, un mínimo de fórmulas y una mayor espontaneidad. El nombre "lenguaje familiar" dado al habla usada a ese nivel subraya su llaneza y falta de ceremonia.

(15) Oye tío — ¿cómo es posible — americana y corbata — en un día como hoy? — que cosa más hortera — pues nada, hay que llevar ritmo de verano — ¿que no? — ya está bien con el calor que hace... [41]

Entre los extremos que van desde lo más formal a lo más informal, se encuentra el registro *consultivo*, un área amplia donde la interacción se hace sin intimidad pero también sin formalidad. Quedan igualmente excluidas las expresiones familiares y las fórmulas legales, los juegos de palabras y las expresiones demasiado técnicas, los chistes y el lenguaje poético. Es el registro de la conversación entre personas que apenas se conocen, entre colegas de profesión en una reunión de trabajo los miembros de un comité o de cualquier de los diversos pequeños grupos en los que se intercambian opiniones y se toman decisiones. Es también el registro de las conferencias, las clases, las ruedas de prensa y los noticieros:

(16) El día cinco han quedado restablecidas totalmente las comunicaciones entre España y la colonia de Gibraltar. Con ello se cumplía lo acordado en noviembre de mil novecientos y ochenta y cuatro entre los gobiernos del Reino Unido y España, para poner fin a las restricciones que afectaban a la colonia desde hacía dieciséis años.[42]

Los medios de comunicación masivos presentan ejemplos de cómo esos registros pueden usarse. En un *talk show*, en el que los oyentes tienen ocasión de conversar por teléfono con el locutor o los entrevistados, es posible mantener un registro informal o consultivo. En los noticieros, en cambio, suele mantenerse el registro consultivo mientras se dan las noticias serias, pero se puede adoptar un registro bastante informal a la hora de los deportes o del boletín meteorológico. La información es direccional, puesto que el televidente/radioyente no tiene ninguna posibilidad de interacción. Pero en algunos formatos típicos de la televisión norteamericana, se crea la ilusión de interacción mediante un diálogo entre dos o tres locutores, que intercambian comentarios sobre las noticias como si estuvieran charlando con los espectadores.

La capacidad de ajustar automáticamente el registro según el grado de formalidad del contexto comunicativo es una parte de nuestra competencia lingüística que sólo se adquiere mediante la práctica. Ello explica por qué encontramos dificultades en conversar informalmente con los hablantes nativos en situaciones reales, usando un idioma aprendido en un contexto escolar. En las clases de idiomas se aprende a pedir y a dar información, a contestar preguntas, a comentar textos, a explicar ideas y puntos de vista, pero generalmente mediante interacciones realizadas en el registro consultivo. Además, un ambiente académico no suele reproducir las circunstancias de espontaneidad que caracterizan una charla entre amigos. Una de las contribuciones más relevantes de la pragmática al aprendizaje de idiomas consiste en identificar las características de la comunicación oral para que puedan incorporarse a los materiales de enseñanza.

SUMARIO

La variación lingüística geográfica y social contribuye a la formación de dialectos o variantes identificables por rasgos específicos de pronunciación, morfología, sintaxis o vocabulario, que pueden ser valorados positiva o negativamente. Ciertas variables (*urbano* vs. *rural, culto* vs. *inculto, clase alta* vs. *clase baja, formal* vs. *familiar*) suelen tener relevancia sociolingüística. En español se reconocen, además de una norma internacional, normas regionales basadas en el habla de las personas cultas.

La expansión del castellano por la Península Ibérica y por el mundo dio origen a diversas modalidades, como el judeoespañol, el andaluz y las diversas modalidades del español en América. El judeoespañol, actualmente en recesión, tiene rasgos conservados de la lengua del siglo XVI, además de préstamos de otros idiomas, como el turco y el árabe. El andaluz, desarrollado a partir del castellano en el sur de la Península Ibérica, influyó en la formación del español en Hispanoamérica. En este conjunto de variantes se distinguen los dialectos conservadores, asociados a las antiguas capitales coloniales (México, La Paz, Bogotá), de los dialectos radicales, típicos especialmente de la región caribeña, donde la lengua, más popular y más abierta a la innovación, desarrolló un fuerte parecido con el español de Andalucía y Canarias.

Además de propiciar la influencia mutua (en la pronunciación, la morfosintaxis, la semántica y el léxicon), el contacto entre los idiomas contribuye a la formación de dialectos populares, como el *lunfardo*, los *pidgins* y sus derivados, los *criollos*, como el *palenquero* y el *papiamento*, y los dialectos híbridos, como los *fronterizos* de la frontera uruguayo-brasileña. El bilingüismo, la capacidad individual de entender y hablar dos idiomas, varía desde *completo* a *rudimentario*; en la mayoría de los casos, hay un idioma *dominante* y otro *subordinado*; la pérdida de aquella capacidad conduce al bilingüismo *residual*. La relación entre las lenguas en contacto puede definirse en términos de *diglosia*, cuando hay una división de los ámbitos de cada una (uso oficial y público vs. uso familiar y privado), pero una situación conflictiva entre las lenguas puede condicionar la *sustitución* de la lengua dominada por la dominante. Los *registros*, variantes contextuales de la misma lengua, pueden clasificarse a lo largo de una escala (*protocolar, formal, consultivo, informal* e *íntimo*).

Práctica

A. Haga una encuesta entre algunos hispanohablantes (de ser posible, originarios de distintos países) para determinar con quién y en qué circunstancias usan **tú** o **usted**. ¿Qué semejanzas o diferencias revelan sus respuestas?

B. En el pasaje siguiente, Ángel Rosenblat describe la situación de un turista hispanohablante que llega a México. Identifique las palabras que le causan problemas de comprensión. ¿Son palabras léxicas o gramaticales? A su parecer, ¿qué clase de palabras desconocidas tiene más probabilidad de causar problemas de comprensión, las léxicas o las gramaticales? ¿Por qué? ¿Cómo interpreta usted la expresión **la duda ofende**? ¿Qué otra manera se le ocurre para decir lo mismo?

> ...en el desayuno le ofrecen **bolillos**. ¿Será una especialidad mexicana? Son humildes panecillos, que no hay que confundir con las **teleras**, y aun debe uno saber que en Guadalajara los llaman **virotes** y en Veracruz **cojinillos**. Al salir a la calle tiene que decidir
> 5 si toma un **camión** (es el ómnibus, la **guagua** de Puerto Rico y Cuba), o si llama a un **ruletero** (el taxista). A no ser que le ofrezcan amistosamente un **aventoncito** (un empujoncito), que es una manera cordial de acercarlo al punto de destino (una **colita** en

Venezuela, un **pon** en Puerto Rico). ...Le dice al chofer que lo
10 lleve al hotel, y le contesta:

—Luego, señor.

—¡Cómo luego! Ahora mismo.

—Sí, luego luego.

Después comprenderá que **luego** significa 'al instante.' Le han
15 ponderado la exquisita cortesía mexicana y tiene ocasión de
comprobarlo:

—¿Le gusta la paella?

—¡Claro que sí! La duda ofende.

—Pos si no tiene inconveniente, comemos una en la casa de usted.

20 No podía tener inconveniente, pero le sorprendía que los demás se
convidaran tan sueltos de cuerpo. Encargó en su hotel una
soberbia paella, y se sentó a esperar. Pero en vano, porque también
los amigos lo esperaban **en la casa de usted**, que era la casa de
ellos. [Rosenblat 1962 (Adaptación).]

C. *Explique las diferencias (de vocabulario, sintaxis y registro) entre las dos
versiones de cada oración.*

1a. Le pegaron un botellazo en los morros y el tío espichó.
1b. El hombre murió por haber sido golpeado en la cara con una botella.

2a. Qué, guapa, ¿hace un cubatas?
2b. Me permite invitarla a una bebida?

3a. Usted que es tan amable, ¿podría hacer el favor de no fumar?
3b. Oye tío, no seas grosero, ¿no ves que aquí no fuma nadie?

4a. Este...me han dicho que se murió tu papá...cuánto lo siento...
4b. Supe que se murió tu papá. Te acompaño en el sentimiento.

5a. El precio fue relativamente alto.
5b. ¡Coño, si me costó un riñón!

6a. ¿A qué se dedica usted?
6b. ¿Trabajas o estudias?

D. *Se repite a continuación el fragmento del poema en judeoespañol usado como epígrafe, acompañado de la respectiva traducción al español estándar. Identifique y explique las diferencias entre ambas versiones.*

Muestros avuelos de la Espanya	Nuestros abuelos de España
kon krueltad fueron echados,	con crueldad fueron echados,
yevaron muncha sufriensa	llevaron mucho sufrimiento
y munchos fueron matados.	y muchos fueron matados.
5 Los ke yegaron a fuyir,	Los que llegaron a huir,
i kon suerte a bivir,	y con suerte a vivir,
un tresoro se yevaron	un tesoro se llevaron
a los payises Otomanos,	a los países otomanos,
kinyentos anyos lo guadraron	quinientos años lo guardaron
10 para dar en muestras manos.	para ponerlo en nuestras manos.
Esto es muestra kultura	Esto es nuestra cultura
ke no se deve depedrer,	que no se debe perder,
i muestra presyoza lengua	y nuestra preciosa lengua
ke la devemos mantener.	que la debemos mantener.
15	. . . .
Vidas largas al grupo Sefaradi,	Larga vida al grupo Sefardí,
kon alegria ke mos veygamos,	con alegría que nos veamos,
i a todos los ke estan oy aki:	y a todos los que están hoy aquí:
salud i fuersa ke tengamos	salud y fuerza que tengamos
20 i que bivamos munchos anyos.	y que vivamos muchos años.

E. *Obtenga uno o más periódicos o revistas en español y analice el lenguaje de una o más secciones (editorial, crónica policiaca, columna social, deportes, etc.). Haga una lista de las palabras de cada clase morfológica (sustantivos, adjetivos, verbos, etc.) y de las expresiones idiomáticas. ¿Puede usted identificar alguna característica (de vocabulario, estilo, etc.) típica de una sección pero no de las demás?*

F. *Se dan a continuación tres versiones de una conversación en un bar: La primera la escribió un peruano, la segunda una puertorriqueña y la tercera, en lunfardo, una porteña. Compare los distintos elementos que componen los diálogos: el vocabulario, las expresiones idiomáticas y la relación entre los participantes. ¿Qué semejanzas o contrastes encuentra usted?*

En un café en Lima[1]

Personajes: Mariano (el camarero), Eduardo, Graciela, Carolina (clientes)

Mariano   Buenas tardes, señores, ¿qué se sirven? Por si acaso, les recomiendo un helado. Es la especialidad de la casa.

Eduardo   ¿Qué tomas, Graciela, por favor? ¿Un helado?

Graciela   No... Un café con un poquito de leche y azúcar.

Eduardo   Mira, en Lima se estila el café sólo o con leche. ¿Quieres probar el café con leche?

Graciela   Bueno, gracias.

Eduardo   ¿Y tú, Carolina, ¿qué tomas?

Carolina   Gracias, pero yo prefiero no tomar nada. El café me quita el sueño.

Eduardo   Entonces, pide un helado. Los de aquí son riquísimos.

Carolina   Bueno, entonces voy a tomar un helado.

Mariano   ¿De chocolate o de vainilla, señorita?

Carolina   De chocolate, por favor.

Mariano   ¿Un pastel? ¿Algún dulce?

Eduardo   Gracias... Eso es todo por ahora.

---

[1]   Diálogo de Eduardo González Viaña.

En un café en San Juan[1]

Personajes: Mariano (el mesero), Eduardo, Graciela, Carolina (clientes)

Mariano   Buenas tardes. ¿Qué quieren ordenar? Nuestra especialidad son los helados. Son deliciosos.

Eduardo   ¿Qué quieres tú, Graciela? ¿Un helado?

Graciela   Yo quiero un café.

Eduardo   Como sabes, aquí en Puerto Rico tomamos café prieto o con leche. El prieto lo puedes pedir puya o sazonao, expreso o regular. Si le pides un café expreso con leche, es un cortao. ¿Cuál quieres? ¿El café con leche?

Graciela   Okey. Quiero también un vaso de agua.

Eduardo	Y tú, Carolina, ¿qué quieres?
Carolina	A mi no me traigan café ni té a estas horas porque después me desvelo.
Eduardo	Pues tómate un mantecao. Los de aquí son deliciosos.
Carolina	Bueno, entonces voy a tomar un mantecao.
Mariano	¿De chocolate o de vainilla, señorita?
Carolina	De chocolate, por favor.
Mariano	¿No quieren ordenar del carrito de postres?
Eduardo	Gracias... Eso es todo por por el momento.

---

[1]   Diálogo de Yolanda Martínez San Miguel.

En un café en Floresta[1]

Personajes:	Mariano (el camarero), Carlitos, Graciela, Carolina (clientes)
Carlitos	¿Qué hasé', Mariano, qué contá'?
Mariano	Pues... bien, hombre. ¿Qué cuentan?
Carlitos	Bien, bien, la 'stamo pasando debute.[2] Conosé' a Graciela? E' la prima de Carolina, recién žegada de Sisilia. Y habla casteža-no como si fuera argentina. Fue criada por su mamá argenti-na.
Mariano	Pue' encantao, señorita.
Graciela	Igualmente.
Mariano	¿Qué leh ofresco? Unoh cafesito?
Carlitos	¿Qué queré tomá, Graciela? Sabé que Mariano se sirve uno' cortao' fetén-fetén,[3] eh, Carolina? Cortao es un feca que se lo corta con un poco de leche, me entendé'?
Graciela	Bueno, dejáme probar un cortado.
Carlitos	¿Y vo, Carolina, queré' un feca?
Alícia	No, si sabés que el café me patea el hígado.
Carlitos	¿Queré, un helaíto? Mira que Mariano se manda unos helado de película.[4]
Carolina	Pues sí, un helado de vainiža.

Carlitos   Hermano, te traé do' cortadito, uno pa' la señorita y otro pa'
mi, y un helao de vainiža pa' Carolina.

---

¹ Floresta es un barrio de clase media porteña. El lenguaje del diálogo,
escrito por Laura Carcagno, sugiere que los protagonistas son adultos, de
35 años. Se ha modificado la ortografía para señalar algunos rasgos de la
pronunciación porteña.

² pasarla debute: pasar muy bien;

³ fetén-fetén: muy bueno. Son expresiones usadas en español porteño
popular por una generación de más de cuarenta años.

⁴ de película: especial, fuera de lo ordinario.

PRINCIPALES FUENTES CONSULTADAS

Además de Zamora Vicente 1970, se ha consultado principalmente las siguientes
obras: *Americanismos:* Bohórquez 1984; *Andaluz:* Vaz de Soto 1981, Narbona
Jiménez y Morillo-Velarde 1987; *Aragonés y asturiano:* Conte et al 1977, Neira,
1976, Institut de Ciències 1976, Vargas-Golarons 1987; *Bilingüismo en Hispanoamérica:* Hornberger et al. 1989; *Diglosia:* Ferguson 1959, Fishman 1967, 1971;
Español hispanoamericano: Canfield 1981, Bjarkmann 1989, Hammond 1989,
Guitart 1978, Lope Blanch 1987, Navarro Tomás 1966, Zamora Munné y Guitart
1982; *Fronterizo:* Hensey 1972, Elizaincín et al. 1987; *Indigenismos:* Zamora Munné
1976, 1982; *Italiano en la Argentina:* De Pierris 1990; *Lunfardo:* Cammarota 1970,
Chamberlain 1981, Fontanella de Weinberg 1987; *Palenquero:* Megenney 1984,
1986; *Papiamento:* Goilo 1972, 1974; *Pidgins y lenguas en contacto:* Reinecke et al.
1975, Silva-Corvalán 1989; *Registros:* Joos 1961; *Seseo y ceceo:* Dalbor 1980; *Voseo:*
Fontanella de Weinberg 1987, Siracusa 1977, Torrejón 1986.

SUGERENCIAS DE LECTURAS

Cotton y Sharp 1988; Rosenblat 1962, 1963; Lope Blanch 1987; Fishman 1971,
Trudgill 1974, Zamora Munné y Guitart 1982.

NOTAS

[1] Se agradece a la Sra. Rachel Amado Bortnick, nacida en Turquía, donde creció hablando judeoespañol, el permiso para transcribir versos del poema que escribió para celebrar la primera reunión del club judeoespañol —*Los Amigos Sefaradis*— que organizó en Oakland, California, en 1985.

[2] Otros términos encontrados en la literatura especializada son: variación diacrónica (temporal), diatópica (geográfica) y diastrática (social).

[3] Es útil distinguir entre *comunidad lingüística*, que es un grupo social que comparte la misma lengua (como todos los hablantes de español)y *comunidad de habla*, que es un grupo social que interactúa frecuentemente mediante una variante lingüística común. Véase Gumperz 1968 y Hymes 1967.

[4] La cuestión del nombre de la lengua no ha sido resuelta de modo a contentar a todos: mientras que unos consideran *castellano* demasiado limitado, otros rechazan *español* por creer que las otras lenguas de España (como el catalán, el vasco o el gallego) también son "lenguas españolas." Véase Berschin 1982.

[5] Sobre los nombres del judeoespañol, véase Gold 1977 y Harris 1982a.

[6] Bunis 1981:50.

[7] Malinowski 1982:19. Para una visión de conjunto de la decadencia del judeoespañol, véase Harris 1982b. Un indicio de que el idioma se pierde es la disminución de publicaciones. El periódico *Salom* (Istanbul) publicaba hasta 1984 dos páginas en turco y cuatro en judeoespañol; desde entonces, publica cinco páginas en turco y una en judeoespañol. En Jerusalén se publica trimestralmente *Aki Yerushalayim*, y hay una emisión radiofónica diaria de quince minutos (*Kol Israel* 'la Voz de Israel'). Se agradece esta información a la Sra. Rachel Amado Bortnick.

[8] "El djudeo-español ainda bivo?..." Por Moshe Shaul, *ABC Sábado cultural*. Madrid, 10/agosto/1985. pág. 10.

[9] Se recoge aquí el planteamiento de Narbona Jiménez y Morillo-Velarde Pérez 1987.

[10] Navarro Tomás 1946:133.

[11] Se ha señalado que la abertura de la vocal ante /s/ aspirada determina contrastes significativos como [a]:[ạ], [e]:[ẹ], y [o]:[ọ], y que por lo tanto pueden postularse en andaluz tres fonemas vocálicos más que en el castellano norteño. Sin embargo, esta solución parece superflua al ser dichos contrastes predecibles a partir de una representación subyacente *vocal + /s/*. Es decir, la /s/ implosiva aspirada condicionaría la realización de la vocal como [+tens], rasgo éste conservado incluso después de la caída de la /s/.

[12] Se agradece a Francisco García éstos y otros ejemplos del andaluz. De no atribuírselos a otra fuente, los ejemplos son del corpus compilado por el autor.

[13] Ambos ejemplos son de Narbona-Jiménez y Morillo-Velarde Pérez 1987:93.

[14] Guitart 1978, Bjarkman 1989.

[15] Los ejemplos de este apartado provienen de Canfield 1981.

[16] Fontanella de Weinberg 1979:146ff.

[17] Canfield 1981:5.

[18] Canfield 1981:7.

[19] Se trata de formas aprendidas y sólo utilizadas —aunque raramente— en estilos retóricos formales, como los discursos políticos o sermones religiosos. Fuera de esos contextos, el uso de **vosotros** resulta afectado. El posesivo **vuestro** aparece esporádicamente, como en el mensaje de un abogado cubano a una pareja amiga: "...que tengan una feliz Navidad y buena suerte en vuestro viaje."

[20] Las zonas voseantes "coinciden en general con las regiones que durante el período colonial...constituyeron áreas marginales desde el punto de vista administrativo y cultural" (Torrejón 1986:677).

[21] Ejemplos de Barrenechea 1987, tomo 1:18-20.

[22] Castro [1940] 1960:40, 73. Algunos sabios han sido más tolerantes: "el tratamiento de 'vos' debe ser absolutamente respetado...porque como ocurre en la Argentina y en América Central, también es el tratamiento de la amistad, de la familia y del amor" (Alonso 1980:66).

[23] Véase Siracusa 1972, Fontanella de Weinberg 1987.

[24] Sobre los conceptos de solidaridad y poder en sociolingüística, véase Brown y Gilman 1960.

[25] Stiehm 1982.

[26] Lope Blanch 1953:95.

[27] Ejemplos de una profesora universitaria de español boliviana. Kany (1951:109-112) da ejemplos de autores de catorce países hispanoamericanos. Véase también Contreras 1977:526-528.

[28] Ejemplos de Blake 1987:355.

[29] Zamora 1982.

[30] Ejemplos de Zamora Vicente 1970: 423-429. En rigor, un arcaísmo es una forma fuera de uso en la mayor parte del ámbito del idioma, como **maguer** 'a pesar,' **ogaño** 'este año,' **cabe** 'junto a.' No parece correcto considerar arcaísmos formas del uso corriente en América, aunque no se empleen en España.

[31] "[En] el castellano medio...la pérdida se generaliza y tolera en la terminación -ado, pero es considerada como vulgarismo hiriente en otros casos" (Zamora Vicente 1970:317).

[32] El primer estudio sobre el lunfardo (Dellepiane 1894) tiene el sugestivo título de *El idioma del delito*.

[33] *Lingua franca* significa 'lengua de los francos,' nombre éste que designaba cualquier europeo, fuese o no originario de Francia. Molière la utilizó para efectos humorísticos en su comedia *El burgués gentilhombre* (Acto 4, cena 8).

[34] Según la *teoría monogenética*, los criollos del Caribe tienen como origen común el pidgin de base portuguesa hablado por los esclavos africanos (véase Megenney 1984). Para una visión general de los idiomas pidgin y criollos, consúltese a Reinecke 1975.

[35] Explica la influencia de otros idiomas la historia de las Antillas Holandesas, que fueron posesión española (1499-1634, 135 años), holandesa (1634-1795, 161 años), francesa (1795-1800, 5 años), inglesa (1800-1802, 2 años) y otra vez holandesa desde 1802 (hay autogobierno desde 1954).

[36] Elizaincín et al. 1987.

[37] El concepto de diglosia fue propuesto originalmente por Ferguson (1959), que lo aplicó a dos variantes del mismo idioma, y extendido por Fishman (1967, 1971) a situaciones bilingües.

[38] La descripción de los registros se basa en Joos 1961.

[39] Adaptado de *El Mundo* (Madrid), 7/junio/90, p. 18.

[40] Oído en una playa en Sitges, España.

[41] Informante madrileño.

[42] Noticiero de una radio española, febrero de 1985.

9

El español en los Estados Unidos

Algunos creemos que los estudios lingüísticos del habla de un pueblo deberían contribuir no sólo a la mayor comprensión y aceptación de las formas verbales empleadas por el grupo, sino también a la mayor comprensión y aceptación del grupo.

Ana Celia Zentella[1]

En este capítulo examinaremos someramente algunas cuestiones relativas a la lengua española en los Estados Unidos y su coexistencia con el inglés. En primer lugar se plantea el tema de las características del español, particularmente las en que se nota la influencia del inglés. En segundo, se plantea el mantenimiento de la lengua: tradicionalmente en los Estados Unidos, las lenguas de inmigración han tendido a dejar de usarse, o a limitarse al ámbito familiar o intergrupal, en la tercera generación. La cuestión es si el español tendrá el mismo destino o se conservará como lengua de uno o más de los grupos hispánicos que viven en el país, y en este caso, en qué condiciones.

En tiempos históricos, fueron los españoles los primeros exploradores de lo que vino a ser el territorio estadounidense. Pero aunque estuvieron en el Nordeste antes que los británicos, sus esfuerzos prosperaron más en la Florida, que fue española hasta 1819, y en el Suroeste, donde el área de los actuales estados de California, Nevada, Arizona, Utah, Nuevo México, Texas y partes de Colorado y de Kansas, perteneció al Virreinato de Nueva España, con capital en la Ciudad de México, hasta 1821, a México hasta 1848, y desde entonces, a los Estados Unidos (Figura 9.1).

Datos generales

La población hispánica de Estados Unidos tiende a aumentar rápidamente. En 1982 había 15,8 millones de hispanos, y se calcula que podría a llegar a 31 millones en 2010 y a 60 millones en 2080.[2] Ya en 1980, 86,4% de los 14,68 millones de hispanos recenseados declararon que hablaban el español en casa, es decir, como su primera lengua.[3] Esto quiere decir no sólo que, después del inglés, el español es la lengua más hablada en Estados Unidos, sino que éste es el cuarto país del mundo (después de México, España y Argentina) en número de hispanohablantes.

Podemos clasificar el español hablado en los Estados Unidos en cuatro grupos, a saber (1) el chicano, (2) el cubano, (3) el puertorriqueño y (4) las hablas residuales como el judeoespañol, el isleño (Luisiana) y el español de la región del río Sabine (Luisiana y Tejas). Además de estos grupos, hay personas originarias de otros países de Centro y Sudamérica, que llegan a formar comunidades hispanohablantes demográficamente significativas, como en Washington, D.C.[4] La Figura 9.2 da los números de la población hispana en los estados en donde se encuentra más concentrada.

Aunque se encuentran en todos los estados de la Unión, los hispanos se concentran en tres regiones. Los mexicoamericanos y chicanos[5] o se encuentran principalmente en el Suroeste, donde más del 80% viven en áreas metropolitanas como Los Angeles, San Diego, San Francisco, San Antonio, El Paso, Phoenix, Denver y Albuquerque. Los cubanos se concentran en la Florida, donde ya en 1978 formaban la mitad de la población de Miami y la tercera parte de la de su zona metropolitana (Condado de Dade). Los puertorriqueños se concentran en áreas urbanas del Nordeste, sobre todo en la ciudad de Nueva York y alrededores.

Datos de la Oficina del Censo revelan que en 1989, en un total de 243.685.000 habitantes, había 20.076.000 hispanos (8,24% del total), de los cuales 12.565.000 eran de origen mexicano.

| Figura 9.1 |

FECHAS DE LA PRESENCIA ESPAÑOLA EN NORTEAMÉRICA*

1512	Juan Ponce de León descubre la Florida.
1517	primer desembarco español en México (Yucatán).
1519	Los españoles exploran el sur de Texas, las Carolinas, la Bahía de Chesapeake, y fundan una colonia en Peñiscola (hoy Pensacola, Florida).
1528-1536	Una expedición de trescientos hombres desembarca en la Florida; ocho años después, los cuatro supervivientes llegan a Nueva España, liderados por Alvar Núñez Cabeza de Vaca, que narró la travesía del Suroeste en *Naufragios y comentarios*.
1570	Fundación de la Misión de Axacán (cerca de Jamestown, Virginia), destruida por los indígenas en 1571. Cesan los esfuerzos españoles en la región.
1587	Primera colonia británica en la isla de Roanoke.
1598	Juan de Oñate funda la Misión de San Gabriel (Nuevo México).
1602	Sebastián Vizcaíno explora la costa de la Alta California.
1620	El *Mayflower* llega a Plymouth.
1691	El Padre Eusebio Kino funda la Misión de San Javier (Arizona).
1769-76	Gaspar de Portolá y Fray Junípero Serra llegan por tierra a la Bahía de San Francisco; empieza la colonización de la Alta California.
1803	Los Estados Unidos compran de Francia el territorio desde el río San Lorenzo hasta el Golfo de México (la *Louisiana Purchase*).
1819	España cede la Florida a Estados Unidos.
1822	Independencia de México.
1836	Creación de la República de Texas (incorporada a Estados Unidos en 1845).
1846	Guerra entre Estados Unidos y México: por el Tratado de Guadalupe-Hidalgo, México cede a Estados Unidos, por quince millones de dólares, el territorio desde Nuevo México hasta California (unas 530.000 millas cuadradas).
1853	La *Gadsden Purchase*. México cede a Estados Unidos, por diez millones de dólares, unas 29.640 millas cuadradas a lo largo de la frontera de Nuevo México y Arizona.
1898	Guerra de Cuba. Estados Unidos toma posesión de Puerto Rico.
1917	Se otorga la ciudadanía norteamericana a los puertorriqueños.
1952	Puerto Rico pasa a Estado Libre Asociado.
1959	Toma del poder en Cuba por Fidel Castro. Exiliados cubanos empiezan a llegar a los Estados Unidos.

* Datos de "España en Norteamérica," por Augustina Apodaca de García, *Gráfica* (Los Angeles), abril de 1976, y de otras fuentes.

Figura 9.2

POBLACIÓN HISPANA EN ALGUNOS ESTADOS*

	población hispana	porcentaje de hispanos en la población del país	porcentaje de hispanos en la población del estado
Total EUA	20.076.000	8,24	
California	6.762.000	33,7	24,3
Texas	4.313.000	21,5	25,8
Nueva York	1,982.000	9,9	11,2
Florida	1,586.000	7,9	12,7
Illinois	855.000	4,3	7,5
Arizona	725.000	3,6	20,8
Nueva Jersey	638.000	3,2	8,4
Nuevo México	549.000	2,7	36,7
Colorado	421.000	2,1	13,0
Massachusetts	287.349	1,4	5,0

* Fuente: *The Hispanic Population in the United States: March 1989.* By Jorge H. del Pinal y Carmen DeNavas. Washington, D.C.: U.S. Department of Commerce, Bureau of the Census.

Más de la mitad de los hispanohablantes de los Estados Unidos son naturales del país,[6] y constituyen una población más joven que el promedio de la población total: 38,6% de los hispanos tenían menos de 20 años y 48% tenían menos de 25 años (en comparación, 36,7% de la población total tenían menos de 25 años. Puesto que el mantenimiento de una lengua minoritaria o su sustitución por el idioma mayoritario depende sobre todo de las nuevas generaciones, la relativa juventud de la población hispana podrá influir en el futuro del español en el país.

Figura 9.3

POBLACIÓN HISPANA EN ALGUNAS GRANDES
CIUDADES DE ESTADOS UNIDOS*

	total	porcentaje de hispánicos
Nueva York	7.262.750	19.88
Miami	373.940	55,94
Condado de Dade	1.769.500	20,95
Los Angeles	3.259.340	27,51
Chicago	3.009.530	14,05
San Francisco	749.000	12,28
San Diego	1.015.190	14,92
Austin	466.450	18,75
Tucson	358.850	24,87
Albuquerque	366.750	33,78
El Paso	491.800	62,51
San Antonio	914.350	53,69
Boston	574.283	10,78
Santa Fe	55.980	54,95

* Fuente: *County and City Data Book 1988*. Washington, D.C.: U. S. Department of Commerce, Bureau of the Census.

El español chicano

Usado hasta hace unas tres décadas para designar peyorativamente a los mexicanoamericanos de condición social humilde, el término *chicano* se ha transformado en un indicador de orgullo étnico.[7] La mayoría de la población chicana es de origen relativamente reciente. En 1848 había entre 75.000 y 100.000 hispanos en todo el Suroeste; en 1900 su número había ascendido sólo a 103.199; y entre 1900 y la década de los veinte, llegaron alrededor de 700.000 inmigrantes mexicanos.[8]

Aunque la actual comunidad hispana se compone principalmente de inmigrantes que llegaron después de 1920 y de sus descendientes, la presencia hispánica no ha sufrido solución de continuidad desde los tiempos coloniales, lo cual implica, por supuesto, el uso ininterrumpido del español. La tradición hispánica del Suroeste se refleja en muchos topónimos españoles y en el léxico de la cultura rural (Figura 9.4).

Figura 9.4

ASPECTOS LÉXICOS DE LA TRADICIÓN HISPÁNICA DEL SUROESTE

Topónimos

Estados	*Ciudades*	*Ríos*	*Montes*
Arizona	San Francisco	Colorado	Sierra Nevada
California	Santa Fe	Grande	Diablo
Colorado	Alamogordo	Sacramento	Sangre de Cristo
Nevada	Los Gatos	San Gabriel	Gallinas
Nuevo México	Monterey	Arroyo del Pino	Los Padres
Texas	Socorro	Agua Dulce	Sierra Madre
Florida	Los Angeles	Los Olmos	Sacramento

Cultura rural*

Geografía	*Alimentación*	*Construcción*	*Vestido*
arroyo	chile	adobe	camisa
barranca	frijol	pueblo	chaps (← chaparreras)
canyon	tortilla	ranch(o)	sombrero
mesa	taco	corral	lasso
sierra	tequila	hacienda	serape

Plantas	*Animales*	*Tipos humanos*
alamo	coyote	peon
mesquite	mustang	buckaroo (← vaquero)
manzanilla	pinto	vigilante
roble	palomino	desperado

---

* Adaptado en parte de Marckwardt 1958:41.

Se ha definido el español chicano esencialmente como una variante del español mexicano con préstamos léxicos del inglés.[9] Como es natural, esta variante comprende un continuo de modalidades, estilos y registros. Una distinción fundamental se basa en la oposición estándar/popular,[10] que contrasta las variantes más cercanas al español estándar (particularmente el del Norte de México) con las variantes rurales. Éstas incluyen el español de Nuevo México,[11] históricamente relacionado con el habla de los colonizadores españoles del siglo XVI, y el "español general del Suroeste,"[12] también de origen rural, pero caracterizado por un fuerte componente bilingüe, debido a la influencia del inglés.

Desde la época de los primeros estudios del español del Suroeste[13] hasta después de la Segunda Guerra Mundial, la población hispana de esta región tenía un fuerte arraigo rural. El aumento de la mobilidad geográfica y de la urbanización de la población chicana ha contribuido a un proceso de homogeneización del habla chicana que justifica caracterizarla como "macrodialecto binacional."[14]

Muchas de las características fonológicas y morfosintácticas del español del Suroeste reproducen fenómenos encontrados en el habla popular de otras regiones del mundo hispánico. Por ejemplo, la articulación relajada, común en el andaluz y en el canario, condiciona la pérdida de las vocales átonas. Se encuentran también ejemplos de alzamiento de las vocales medias, de rebajamiento de vocales altas y de la diptongación de los hiatos (Figura 9.5).

En lo que atañe a las consonantes, se trata de una variante yeísta en la que la /j/ consonántica puede elidirse, como en **cabello** [kaβéjo] o [kaβéo]. Como las demás variantes del español en América, es también seseante, con pronunciada aspiración de la /s/ no sólo implosiva (**este** [éhte]) sino también intervocálica y hasta inicial (**nosotros** [nohótroh], **sí, señor** [híheñór]). Se oye, además, la aspiración arcaica derivada de la /f/ latina: [hwé] por **fue**, [hújmoh] por **fuimos**. Las fricativas sonoras [β], [đ] y [ǥ] se pierden en posición intervocálica y final (**abuelo** [awélo], **hablado** [aβláw], **agua** [áwa]).

Son comunes las formas populares resultantes de metátesis (**pared** → **pader**, **magullado** → [mayuǥáo]), de la inserción de consonantes paragógicas (**nadie** → **naiden**) y epentéticas (**mucho** → **muncho**) y de la alternancia de bilabiales y velares sonoras (**abuja** [aβúha] por **aguja** o **guey** [gwéj] por **buey**).

En morfología se nota una tendencia a la simplificación, sea mediante la reducción del número de formas, sea por analogía a las formas regulares. Es común, por ejemplo, el desplazamiento del acento en la primera persona de plural del presente de subjuntivo, siguiendo el modelo de las demás personas (Figura 9.6).

Figura 9.5

PROCESOS VOCÁLICOS EN ESPAÑOL CHICANO*

Pérdida de vocales átonas		Alzamiento de vocales medias	
acabar	→ cabar	entender	→ intender
ahora	→ ora	manejar	→ manijar
arrodillar	→ rodillar	morir	→ murir

Descenso de vocales altas		Diptongación de hiatos	
minoría	→ menoría	golpear	→ golpiar
injusticia	→ enjusticia	cohete	→ cuete
sepultura	→ sepoltura	peor	→ pior

---

* Ejemplos principalmente de Sánchez 1982.

Se notan también la supervivencia de formas dialectales, como **asina** 'así,' **cuasi** 'casi,' **anque** 'aunque,' **semos** 'somos,' **truje** 'traje,' o **haiga** 'haya,' y asimismo la alternancia de formas estándares con otras no estándares, como las terminaciones **-tes/-stes** de la segunda persona singular del pretérito:

estándar	no estándar
contaste	contates/contastes
pusiste	pusites/pusistes
viniste	venites/venistes

Caló

El *caló* es una jerga urbana, al parecer originaria de la región de El Paso, Texas, donde adquirió el nombre de **pachuco** (el nombre **El Pachuco** es la versión en caló de **El Paso**).[15] En la década de los cuarenta, el término pasó a designar a sus hablantes, muchos de los cuales se habían trasladado a Los Angeles, donde captaron la atención nacional por su participación en motines callejeros (los *zoot suit riots*, así llamados por los trajes típicos de los pachucos). El caló fue originalmente una jerga delictiva como el lunfardo, y como tal lo usan las bandas juveniles de los barrios de las grandes ciudades del Suroeste. Pero también es empleado por los chicanos jóvenes en general —sobre todo los varones— como un código intragrupal que funciona como símbolo de solidaridad y orgullo étnicos.

Figura 9.6

REGULARIZACIÓN MORFOLÓGICA[*]

Desplazamiento del acento

hable	ponga	pida
hables	pongas	pidas
hable	ponga	pida
háblemos	**póngamos**	**pídamos**
hablen	póngan	pídan

Verbos en -ir conjugados como los verbos en -er	**Regularización analógica de formas con vocal temática diptongada**
salemos (por salimos)	pienso/**piensamos** (por pensamos)
pidemos (por pedimos)	puedo/**puedemos** (por podemos)
vistemos (por vestimos)	pueda/**puédamos** (por podamos)

Regularización de los participios irregulares	**Creación de participios basados en un cambio del radical**
abrir → abrido	niego → niegado
morir → morido	puedo → puedido
volver → volvido	supe → supido
decir → decido	tener → tuvido

---

[*] Ejemplos adaptados de Sánchez 1982.

Como todas las jergas, el caló es muy variable. La sintaxis es básicamente la del español mexicano popular, pero empleada con mucha flexibilidad, y el léxico combina elementos del español estándar y popular, además de préstamos y calcos del inglés y muchas creaciones propias. Se reproduce a continuación un breve diálogo en caló, acompañado de la versión en español estándar.

Diálogo en caló de El Paso	Versión en español estándar
Guacha, ¿por qué no me	Mira, ¿por qué no me
alivianas con un aventón y	llevas en tu coche y
me dejas en el chante?	me dejas en casa?
Y mientras que vas por el	Y mientras que vas por
Chente, yo tiro claváo,	Chente, yo me baño,
me rastío la greña y	me peino y
me entacucho. Te trais	me visto bien. Te traes
al Chente a mi cantón y le digo	a Chente a mi casa y le digo
a la jefa que	a mi mujer que
nos aliviane con un calmante	nos prepare una merienda
porque	porque
a mí ya me trai la jaspia	ya tengo hambre
y quiero refinar.	y quiero comer.

(Sánchez 1983:129-130)

Como las demás variedades del español en los Estados Unidos, el español chicano se caracteriza por la interferencia del inglés, sobre todo al nivel léxico y morfosintáctico, la cual se analizará más en adelante.

El español caribeño

El español hablado por los cubanos y los puertorriqueños en los Estados Unidos no difiere fundamentalmente, a no ser por la influencia del inglés, de la variante caribeña original. Se trata de dialectos seseantes y yeístas del tipo radical,[16] cuyos rasgos más salientes son los siguientes.

(a) Frecuente elisión de consonantes intervocálicas, particularmente /d/ (**comprado** [kompráo]).

(b) Frecuente aspiración o elisión de /s/ implosiva, en proporciones variables según el nivel sociocultural del hablante;[17] esos dos fenómenos —la aspiración y la elisión de la /s/— impiden la realización regular de una [z] sonora, alófono de [s] en otras variantes. Puede ocurrir también aspiración de /s/ en posición inicial de sílaba (**dice** [díhe], **cesto** [héhto]).[18]

(c) En vez de la /x/ del castellano norteño, ocurre una fricativa faríngea, representada /h/: **jíbaro** [híƀaro].

(d) La /č/ tiende a realizarse como una fricativa [š]: muchacho [mušášo]. La variante puertorriqueña admite una realización africada prepalatal [tj]: **muchacho** [mutjátjo], **leche** [létje].[19]

(e) Se dan lambdacismo y rotacismo debido a la subdiferenciación de /l/ y /r/ implosivas: **contar con él** [kontálkonél], **dulce** [dúrse].

(f) En puertorriqueño, la /r̄/, suele realizarse como una fricativa velar, sonora [R] o sorda [R̥]: **carreta** [kaRéta], **rato** [R̥áto]. En cubano, la /r̄/ es alveolar, pero tiende a ensordecerse: **perro** [pér̥o]. Asimismo, la /r/ implosiva no final puede realizarse como una consonante geminada **carne** [kán:e] o como una deslizada palatal [kájne].

(g) La nasal /n/ implosiva tiende a velarizarse (/n/ → [ŋ]) tanto en posición final como medial: **un avión** [uŋaƀjóŋ]. También ocurre nasalización de la vocal anterior a nasal implosiva, y es frecuente la elisión de la nasal: **son dos** [sõdos].

La comunidad puertorriqueña

Colonia española desde 1493 hasta 1898, cuando fue anexada por Estados Unidos, Puerto Rico asumió en 1952 su actual status de Estado Libre Asociado. Debido a esa especial relación, el inglés y el español son lenguas oficiales.[20] Después de varias décadas de una política lingüística orientada hacia la implantación del inglés, desde 1952 se usa el español como medio de instrucción en las escuelas públicas. El inglés es asignatura obligatoria, y en muchas escuelas privadas la enseñanza se hace en este idioma.

La Isla tiene unos tres millones de habitantes, y más de dos millones de puertorriqueños viven en el continente, principalmente en la ciudad de Nueva York y alrededores. Los frecuentes desplazamientos de varios miles de puertorriqueños y *nuyoricans* (es decir, los hijos de puertorriqueños nacidos en el continente) entre el continente y la Isla, y la necesidad de saber inglés para avanzar económicamente contribuyen a desarrollar el bilingüismo en una gama variable de dominio de cada uno de los idiomas. La situación de la comunidad en general es bastante desfavorable: su renta per cápita media de $8.181 en 1990 es la más baja entre los grupos hispánicos,[21] a lo que se añade la escasa escolaridad, la limitada movilidad social y geográfica, y unas condiciones de vivienda reconocidamente segregadas.[22]

La comunidad cubana

Por su parte, la comunidad cubano-norteamericana se halla formada principalmente por los refugiados (y sus descendientes) que salieron de Cuba después de la toma de poder por Fidel Castro en 1959. La mayor concentración se encuentra en la ciudad de Miami y en su área metropolitana, el Condado de Dade. El hecho de que la mayoría de los refugiados de los años sesenta y setenta eran personas de clase media, con educación técnica o universitaria, contribuyó a que lograran superar, en un tiempo relativamente rápido las dificultades creadas por el exilio y alcanzar una buena condición socioeconómica.[23] Es posible que la llegada a Miami, en 1980, de miles de refugiados de un nivel sociocultural más bajo, tenga un impacto adverso en aquella situación.

Las actitudes hacia el inglés y el grado de dominio de este idioma dependen, entre otros factores, de la edad del inmigrante a su llegada[24] y del tiempo de estancia en el país. Hay un grado elevado de bilingüismo, y se ha notado entre los más jóvenes una tendencia a usar el español menos que sus mayores.[25] De confirmarse esa tendencia, es posible que, aunque manteniendo el uso del español, las nuevas generaciones de cubano-americanos tengan el inglés como idioma dominante. Sin embargo, debe contribuir el mantenimiento del español el hecho de que en la región de Miami/Dade County se puede usar el español en una gran variedad de contextos comunicativos fuera del ámbito familiar, lo que contribuye a impartir al español un prestigio que no tiene en el Suroeste o en las grandes ciudades del Este.

Hablas residuales

Judeoespañol. En 1654 los primeros judíos sefardíes llegaron a la futura Nueva York, entonces Nueva Amsterdam, en donde fundaron la primera congregación judía de Norteamérica, a la que se debe la Sinagoga Portuguesa-Española de aquella ciudad. Pero la mayor parte de los inmigrantes sefardíes llegaron más tarde, a principios del siglo XX, procedentes de los Balcanes y de Asia Menor. Se establecieron principalmente en Nueva York, con comunidades menores en ciudades como Rochester (Nueva York), Atlanta (Georgia), Cincinnati, Toledo y Columbus (Ohio), Montgomery (Alabama), San Francisco (California) y Seattle (Washington). El número de hablantes, estimado en unos quince mil en la década de los sesenta,[26] tiende a disminuir, puesto que el judeoespañol no se ha conservado ni como lengua materna de las nuevas generaciones, ni como lengua litúrgica en la mayoría de las comunidades, que han adoptado el inglés. Aunque se conservan algunas tradiciones étnicas, la lengua está claramente en recesión.[27]

Isleño. El dialecto español de la parroquia[28] de Saint Bernard (Luisiana) es hablado por un pequeño número de descendientes de colonos venidos de Canarias, a lo que se debe el apodo de *isleños*.[29]

Los rasgos más característicos del isleño reflejan los del español rural de Canarias o del sur de España. Se oyen formas con metátesis, como **naide** o **naiden** (nadie), **marde** (madre), **parde** (padre), **drumí** (dormir), además de **haiga, truje** o **trujo, entoavía, endenantes, ansina.** En la sintaxis, se observan interrogativas sin inversión, semejantes a las del español caribeño (**¿Cómo tú dices?, ¿Por qué tú no viniste?**) y la sustitución del indicativo por el subjuntivo (**No faltó nada que no morimo** por **faltó poco para que nos muriéramos**).

Aunque ha subsistido por más de dos siglos, el isleño se halla a punto de desaparecer. El aislamiento de la comunidad hasta principios del siglo XX, dedicándose a la pesca y a la caza, permitió mantener el español como lengua comunitaria, pero su sustitución por el inglés adquirió un ímpetu definitivo después de la Segunda Guerra Mundial. De los cinco mil hablantes que se estimaba en aquellas fechas,[30] quedaban en 1990 menos de quinientos, la mayoría de los cuales hablan también el inglés.

No muy lejos, en las parroquias de Sabine y Natchitoches (Luisiana) y en el vecino condado tejano de Nacogdoches, se encuentra el llamado *español del río Sabine* (Sabine River Spanish). Parece igualmente destinado a desaparecer, puesto que a fines de los años ochenta no quedaban más de unos cincuenta hablantes, todos mayores de sesenta años. Pese a la proximidad geográfica del área del isleño, el habla de la región del río Sabine tiene otro origen: desciende del español rural de México, y conserva un buen número de mexicanismos, como **mero** 'mismo' (**aquí mero** 'aquí mismo'), **no más** 'solamente' (**no más quiero hablar contigo** 'sólo quiero hablar contigo'), o **qué tanto** 'cuánto' (**¿Qué tanto ganas?** '¿Cuánto ganas?').

El español y el inglés en contacto

En la historia de los idiomas minoritarios en los Estados Unidos, aquellas hablas hispánicas residuales reflejan el resultado de su sustitución por el inglés. Dicha sustitución puede ser espontánea, en la medida en que las nuevas generaciones optan por hablar inglés no sólo con los angloparlantes sino también con otros miembros de la comunidad hispánica. Como ocurre en muchas situaciones bilingües, los adultos también pueden contribuir a la sustitución si deciden hablar español sólo entre ellos, a la vez que usan el inglés con los hijos, para que éstos se acostumbren a hablarlo. Sin embargo, se ha sugerido que el español en el Suroeste y en la comunidad puertorriqueña de Nueva York pudieran constituir una excepción, puesto que hay hablantes de cuarta generación que lo conservan, aunque dentro de un marco bilingüe.[31]

Hubo intentos, después de la incorporación del Suroeste, de proteger los derechos lingüísticos de los hispanohablantes. Por ejemplo, la primera constitución de California (1849) se redactó en ambos idiomas, pero a fines del siglo (1894) se introdujo la exigencia legal del conocimiento del inglés para poder votar en las elecciones. La constitución de Nuevo México define el español como lengua cooficial, pero esto no impide que el inglés domine en la vida político-administrativa, en los medios de comunicación y en la educación. Tanto la ley como la costumbre han oscilado entre posiciones favorables al inglés y cierta ambigüedad que posiblemente haya contribuido a limitar el español al uso familiar e intracomunitario. Tampoco está claro que los programas de educación bilingüe, actualmente en retroceso,[32] sean eficaces, a largo plazo, en contribuir al mantenimiento del idioma.

Desde los años setenta ha aumentado el empleo del español en los medios de comunicación, siendo que en 1980 la prensa en español representaba el 39% de las publicaciones en otras lenguas que no el inglés; sin embargo, dicho aumento queda proporcionalmente inferior al aumento de la población hispánica.[33] También la legislación regional o local ha oscilado en su reconocimiento de los derechos de las minorías lingüísticas. Por ejemplo, en 1967 el gobierno municipal de Miami declaró a la ciudad oficialmente bilingüe, y en 1973 se aprobó una ley que hacía el español cooficial con el inglés en el Condado de Dade. Pero al lado de tales manifestaciones pro-español, algunas más simbólicas que prácticas, hay movimientos que actúan en contra de su uso público o educativo, como las organizaciones *US English, English First* o *English Only:* en noviembre de 1980, un referéndum derrogó el status oficial del español en el Condado de Dade y prohibió el uso de fondos públicos en lenguas otras que el inglés.[34] Más recientemente, en California, una universidad trató de prohibir que sus funcionarios hablaran español durante horas de trabajo, y en ciertas ciudades se han tramitado ordenanzas que limitan el uso de lenguas otras que el inglés en los letreros comerciales.[35]

En el mejor de los casos, el español en los Estados Unidos se mantiene como lengua subordinada: mientras que los hispanohablantes tienden a aprender el inglés, utilizándolo no sólo en la comunicación extragrupal, sino también (aunque juntamente con el español) en la intragrupal, los angloparlantes que aprenden el español lo utilizan virtualmente sólo en la comunicación con los hispanohablantes, pero no con otros angloparlantes.

Es notable la asimetría de la influencia de una lengua sobre la otra. La contribución del español se limita a un número modesto de préstamos léxicos, por lo general palabras de la cultura hispánica tradicional (Figura 9.4), hoy incorporadas y adaptadas fonética y morfológicamente al inglés. Por ejemplo, **mesa** es [méjsə], no [mésa]; **mesquite** es [məskíjtej], no [meskíte], **coyote** es [kajówti] no [koyóte], un **canyon** es [kǽnjən], no [kañón], un **burrito con carne** es [bərítow kəŋ kárnej], no [buří̃tokoŋ kárne]. La incorporación se nota también en la adaptación morfológica: el plural de **corral** es [kəɹǽlz], no [koɾáles], el de **canyon** es [kǽnjənz], no [kañóries].

Al contrario, la masiva influencia del inglés ha impartido al español en los Estados Unidos una impronta específica que lo hace contrastar de manera única con el español de otros países.[36] Esta influencia es evidente sobre todo en el léxico, mediante los mismos procesos —pero mucho más intensos— de préstamo lingüístico que contribuyen a la incorporación de anglicismos al español de aquellos países.

Explica ese proceso, por lo menos en parte, el papel del inglés como vehículo de una cultura tecnológicamente más desarrollada,[37] cuya expansión en el Suroeste y en el Caribe conllevó no sólo la implantación una enorme cantidad de objetos, maquinaria y técnicas de producción, sino también nuevas formas de comportamiento —personal, social, o mercantil— para las cuales no existía el vocabulario apropiado en el español hablado por una población hispánica esencialmente rural.

En tales circunstancias, es irrelevante que la terminología española correspondiente existiera o no en la lengua, considerada como una abstracción, o en diccionarios fuera del abasto de los hablantes en cuestión. Al que no sabe el nombre español de un nuevo aparato, le parece normal llamarlo **breca** (*break*), **clocha** (*clutch*), o **troca** (*truck*), al igual que los anglohablantes que, aprendiendo de los hispanos el oficio de vaquero, añadieron a su vocabulario voces como *lariat* (**la reata**), *lasso* (**lazo**) o *stampede* (**estampido**). Unos y otros no hicieron más que adoptar el *signo* (es decir, la palabra) junto con su *referente* (el objeto, institución, o actividad). Se trata de un proceso de aculturación, de un esfuerzo adaptativo normal en una situación de lenguas en contacto, y por lo tanto no sorprende que sean comunes los préstamos léxicos ingleses incorporados al español de los Estados Unidos (Figura 9.7).

También abundan los *calcos*, o traducciones literales de construcciones idiomáticas, como **casa corte** (*court house*), que a veces utilizan falsos cognados, como **yardas de ferrocarril** (*railway yards*) 'estación de maniobras' (Figura 9.8).

Finalmente, hay muchos casos de extensión semántica, en los que se atribuye a una palabra existente en español el significado de una palabra inglesa parecida (Figura 9.9).

Sintaxis

La investigación de las últimas dos décadas todavía no permite sacar conclusiones muy amplias sobre la sintaxis del español de los Estados Unidos, aunque sí se notan ciertas tendencias. Por ejemplo, los estudios sobre el habla de varias generaciones sugieren que el habla de los hispanohablantes más jóvenes tiende

Figura 9.7

PRÉSTAMOS INGLESES DEL ESPAÑOL DE LOS ESTADOS UNIDOS

préstamos	significado	voz inglesa
tecnología		
boila	'caldera'	boiler
breca	'freno'	brake
eslipa	'coche cama'	sleeper
guasa	'arandela'	washer
suicha	'interruptor'	switch
troca	'camión'	truck
negocios		
bil	'factura'	bill
buquipa	'contador'	book keeper
chara	'estatutos de una sociedad'	charter
estraique	'huelga'	strike
fil	'campo donde trabajan los braceros'	field
lis	'alquiler'	lease
seivin	'caja de ahorros'	savings (bank)
(e)spécial	'rebajas'	special (sale)
alimentación		
aiscrím	'helado'	ice cream
birria	'cerveza'	beer
bísquete	'galleta'	biscuit
lonche	'comida del medio día'	lunch
otemil	'harina de avena'	oat meal
verbos		
chainear	'lustrar [los zapatos]'	to shine
corre(c)tar	'corregir'	to correct
deliverar	'repartir'	to deliver
descharchar	'descargar'	to discharge
formatear	'preparar [un disco de ordenador]'	to format
guachar	'mirar, vigilar'	to watch
güeldear	'soldar'	to weld
lonchar	'comer [al mediodía]'	to lunch
parquear	'estacionar'	to park
setear	'asentar el pelo'	to set (hair)
taipear	'escribir a máquina'	to type

Figura 9.8

CALCOS DEL INGLÉS EN EL ESPAÑOL DE LOS ESTADOS UNIDOS

calco	significado	expresión inglesa
verbos		
llamar pa'trás	'llamar (por teléfono)'	to call back
ir pa'trás	'volver, regresar'	to go back
dar pa'trás	'devolver'	to give back
tomar ventaja de	'aprovecharse de'	to take advantage of
devolver la llamada	'llamar (por teléfono)'	to return the call
retornar [algo]	'devolver'	to return
estar supuesto de	'deber'	to be supposed to
ser familiar con	'conocer, estar al tanto de'	to be familiar with
cruzar el mensaje	'entenderse'	to get the message across
hacerla	'tener éxito'	to make it
correr por oficina	'concorrer a una elección'	to run for office
hacer una decisión	'tomar una decisión'	to make a decision
tomar un examen	'hacer un examen'	to take an exam
sustantivos		
mariscal de la ciudad	'jefe de policía'	town marshal
escuela alta	'escuela secundaria'	high school
viaje redondo	'viaje de ida y vuelta'	round trip
tienda de grocerías	'tienda de comestibles'	grocery store
casa corte	'tribunal'	court house
cuerda de la luz	'cable eléctrico'	electric cord
sete de platos	'juego de platos'	set of dishes
harina de flor	'harina'	flour

a la simplificación sintáctica. Cítese una investigación sobre el tipo y frecuencia de oraciones subordinadas[38] entre hispanohablantes de la zona Este de Los Angeles, que muestra que los informantes de tercera generación emplearon menos de la mitad de las oraciones subordinadas que la primera generación.

<table>
<tr><td>Figura 9.9</td></tr>
</table>

EXTENSIÓN SEMÁNTICA

voz española	significado extendido	voz inglesa
sustantivos		
aplicación	'formulario, solicitud'	application
argumento	'discusión'	argument
bloque	'manzana, cuadra'	block
carpeta	'alfombra'	carpet
complexión	'cutis'	complexion
copa	'taza'	cup
discusión	'debate'	discussion
librería	'biblioteca'	library
mayor	'alcalde'	mayor
papel	'diario'	(news)paper
papel	'trabajo académico'	paper
permite	'licencia de conductor'	permit
verbos		
aplicar	'solicitar'	to apply
copar (con)	'aguantar'	to cope (with)
atender (la escuela)	'asistir'	to attend
realizar	'darse cuenta (de)'	to realize
llevar	'salir'	to leave
asumir	'presumir'	to assume

Otro estudio sobre la misma comunidad[39] sugiere que el uso del subjuntivo en el habla de tres generaciones de informantes chicanos disminuye más acentuadamente en contextos variables, donde la elección entre el subjuntivo y el indicativo corresponde a una diferencia semántica, que en contextos en los que el subjuntivo es obligatorio según la norma estándar. Diversos investigadores[40] han señalado divergencias entre la norma estándar y la elección entre el indicativo o en subjuntivo. Las oraciones siguientes ejemplifican dicha divergencia en hablantes de segunda generación, estudiantes en la Universidad de California, Berkeley:[41]

(1) a. Bueno, espero que todo sale [est. salga] bien. (Cb)

    b. ...todos queremos que mi mamá va [est. vaya] con nosotros. (Cb)

    c. ...entonces yo dije, ojalá mi hermano me lo trae mañana. (Ch)

    d. ...podía pagar el **fee** antes que su papá le mandaba [est. mandara/mandase] el dinero. (Ch)

    e. Dice que duda que él gana la **waiver**. (Pr)

Refuerzo y ampliación

La interferencia lingüística se da no sólo al nivel estructural, sino también al de la frecuencia de uso de estructuras o formas específicas. Además, es posible que el contacto entre dos lenguas contribuya a *reforzar* las estructuras sintácticas comunes a ambos idiomas, y asimismo a *ampliar* el ámbito de su empleo, reduciendo así el uso de las estructuras que sólo existen en uno u otro idioma. Por ejemplo, tanto el español como el inglés permiten construcciones en que un posesivo modifica un sustantivo referente a una parte del cuerpo (2a-2b):

(2) a. He touched my head with his hand.

    b. She was drying her hair.

En español suele haber una preferencia por construcciones semánticamente equivalentes en las que se usa un artículo en vez del posesivo, y un pronombre átono como complemento indirecto (3a-3b):

(3) a. **Me** tocó **el** brazo con la mano.

    b. Ella **se** estaba secando **el** pelo.

Sin embargo, las oraciones (4a-4b) no son agramaticales, y es plausible que su uso continuado se haga en detrimento de la construcción del tipo (3a-3b):

(4) a. Tocó mi brazo con su mano.

    b. Ella estaba secando su pelo.

Como ejemplo de extensión sintáctica, podemos mencionar la construcción pasiva. Aunque menos usada en español que en inglés, la pasiva permite crear oraciones sintácticamente correctas, como por ejemplo, (5a), semánticamente equivalente a (5b):

(5) a. Todos fueron invitados.

    b. Se invitó a todos.

En cambio, el español estándar no permite construcciones pasivas del tipo (6a-6b), en las que el sujeto es el beneficiario semántico, es decir el sintagma nominal que sería el complemento indirecto de la construcción activa correspondiente. Sin embargo, oraciones como (7a-7d), que discrepan de aquella regla, son frecuentes entre los hispanos de los Estados Unidos:

(6) a. I was given a watch for my retirement.
    b. I was denied that privilege.

(7) a. Yo fui negado mi derecho. (Cb)
    b. Él fue puesto libre nomás. (Ch)
    c. Fue pedido de no venir. (Ch)
    d. Fueron pedidos que no lo hicieran. (Ch)

Alternancia de lenguas

Una de las características más señaladas del español hablado en los Estados Unidos es la llamada *alternancia de idiomas*, que consiste en el empleo de ambos idiomas por el mismo hablante en el mismo acto de habla o conversación (ejemplos 8a-8k).

(8) a. *If you want me to*, yo lo llamo mañana. [Cb]
    b. Pues va a tener un niño — *she's going to have a baby* — el mes que viene. [Ch]
    c. Sí, hay uno en San Francisco — *it's really good* — *you know* — nosotros comimos allí hace unos días [Pr]
    d. [P.: ¿Adónde vas?] Voy a Sproul Hall — *to file my study list.* [Ch]
    e. Quería preguntarle si usted — *if you're going to be in your office* — si tiene horas de oficina hoy. [Cb]
    f. Mi primo está allí — *in the thick of it* — no kidding. [Cb]
    g. Hay que esperar a que se seque — y mañana — *we paint it* — *another coat* — y ya está. [Ch]
    h. Todavía no lo he comprado — *it's very expensive, you know* — cuarenta dólares — *forty dollars* — *that's a lot of money.* [Cb]
    i. estoy instalando una *ham radio set that I bought from my brother.* [Cb]
    j. Eso yo no lo hago — *no way* — es *unfair* — y después la gente se faja. [Cb]
    k. *No way* que me deja hablar, *man, no way.* [Ch]

Por tratarse de un modo de comunicación que hasta hace poco tiempo no se había estudiado metódicamente, perdura todavía cierta impresión, no sólo entre el público en general sino también entre ciertos educadores, de que se trata de una mezcla errática de idiomas —el llamado *Spanglish*—. En realidad, es un proceso que no sólo tiene reglas estructurales propias como además juega un papel único en la comunicación entre los hispanos bilingües, precisamente como alternativa a la comunicación en un solo idioma.

Entre los factores personales que influyen en el proceso, se cuenta el grado de dominio de cada idioma, que condiciona la fluidez con que los hablantes alternan las dos lenguas. Tiene también que ver el tema de la conversación: de una manera general, tiende a usarse el español con los temas que tienen que ver con la vida personal o familiar, relacionados con la comunidad hispánica, mientras que con temas más impersonales tiende a usarse más el inglés. Algunos ejemplos sugieren que el vocablo inglés tiene una connotación cultural que —desde el punto de vista del hablante bilingüe— se capta mejor que la palabra española correspondiente:

(9) No me gusta ir por el campus sola — no es *safe* — hace unas semanas hubo un *rape* en un *dorm*. [Pr]

Más que otras palabra léxicas —como los sustantivos y los verbos— los adjetivos suelen expresar valores culturales o matices expresivos que no siempre encuentran un equivalente exacto en otro idioma. Por ejemplo, un diccionario[42] da las siguientes traducciones para el adjetivo inglés ***nice:***

(10) fino, sutil, delicado; primoroso, pulido, refinado; dengoso, melindroso; atento, cortés, culto; escrupuloso, esmerado; simpático, agradable; complaciente; decoroso, conveniente; preciso, satisfactorio; bien, bueno.

Lo primero que se nota es que esos vocablos no son todos sinónimos, sino que algunos son incompatibles: por ejemplo, una persona **delicada** no es necesariamente **dengosa**; **refinado** y **complaciente** son características que pueden o no coexistir; y **bien** y **bueno** son rasgos muy generales, pero no necesariamente sinónimos de **preciso**. Por supuesto, el significado de un adjetivo depende en parte del sustantivo que modifica. Parte del contenido semántico del adjetivo *nice*, además, es su connotación aprobatoria: en el lenguaje normal (excluyéndose la intención irónica), al decir ***that was a nice movie***, expreso una opinión favorable, por vaga y general que sea. En cambio, ***that's not nice*** es una frase desaprobatoria —casi un modismo como **eso no se dice** cuyo objeto **hace** puede ser una cuestión de estética, una actitud, o algo concreto como unos graffiti en la pared del lavabo o una broma de mal gusto. La cuestión es que se trata de un concepto aprendido directamente a través del inglés, y que cuesta a verter a otro idioma con todos los matices que coge en cada contexto específico.

No sorprende, por lo tanto, encontrarlo expresado en ese idioma en una oración como (11):

(11) Me parece que no está bien hacer eso — yo qué sé — no — no es — *nice*. [Ch]

Otros adjetivos muy frecuentes, sobre todo entre los jóvenes, son *neat, fancy, cool, terrific*:

(12) a. Quiero enseñarte *my new bike* — es muy *fancy*. [Ch]
b. Yo dije — pues — eso es *terrific* — ¿cómo lo hicistes? [Ch]

Parece fuera de duda que la alternancia de lenguas, como parte íntegra del repertorio lingüístico de los bilingües, no es el resultado de una supuesta incapacidad de hablar bien los dos idiomas; al contrario, se ha argumentado que los hablantes que la utilizan con más fluidez son precisamente los que tienen más desarrollado el dominio de ambos idiomas. Por lo tanto, la alternancia de idiomas no se debe necesariamente a una dificultad expresiva, sino a motivación ideológica. En una sociedad en la que la cultura hispánica se halla subordinada a la anglosajona —en términos económicos, de prestigio social y de poder político— el uso del español llena la función simbólica de representar la autoafirmación étnico-cultural de cara a la cultura dominante. A su vez, el uso del inglés puede representar una manera de pasar simbólicamente de una situación subordinada a otra dominante.[43]

¿Mantenimiento o sustitución lingüística?

No está clara la dirección en que tiende a evolucionar la situación de la lengua española en los Estados Unidos, donde tradicionalmente el mantenimiento de los idiomas minoritarios ha sido condicionado por el relativo aislamiento de las comunidades de habla. El caso del judeoespañol, del isleño y del español de Sabine River demuestran que a medida que las nuevas generaciones se integran en la comunidad angloparlante, los idiomas minoritarios se utilizan cada vez menos.

Un dato fundamental es que hay un número creciente de bilingües. Incluso cuando la generación de inmigrantes no logra alcanzar más que un dominio elemental del inglés, sus descendientes, educados con el inglés como lengua de instrucción, suelen ser bilingües (aunque haya bastante variación respecto a cuál sea su lengua dominante).

La alternancia de idiomas es común entre todos los grupos hispánicos de los Estados Unidos, y aunque algunos individuos —sobre todo entre los más instruidos— la rechacen,[44] hay suficiente evidencia de su importante función como código comunicativo intragrupal. Pero al favorecer el uso parcial del inglés y del español, la alternancia de idiomas podría ser, a la larga, un factor de sustitución lingüística, a medida en que propicie el uso del español más como símbolo fático de lealtad étnica que como medio de comunicación cognitiva.

El aumento de la población hispánica, sea vegetativo, sea debido a la inmigración, por si solo no garantiza el mantenimiento del español. Para que éste pueda mantenerse haría falta corregir su situación subordinada (que refleja la posición subordinada de la cultura hispánica en el país) e incrementar sus ámbitos de uso, haciéndolo rellenar roles comunicativos hasta ahora reservados al inglés. De otro modo, su influencia podrá ser neutralizada en la medida en que los mismos hispanos se sientan estimulados a utilizar sólo el inglés para ascender socioeconómicamente.

Desde luego, la adopción del idioma dominante no garantiza necesariamente el ascenso socioeconómico; paradójicamente, si éste no se logra, la sustitución lingüística puede funcionar como un mecanismo psicológico compensatorio. Incluso los sociolingüistas personalmente identificados con la causa del español reconocen que uno de los factores más eficaces del mantenimiento de la lengua es el aislamiento condicionado por la falta de éxito socioeconómico:

" ...la marginación mantiene el español...se ha probado que la comunidad hispana de El Barrio de Nueva York es más segregada que cualquier otra en el país, y que nuestra tercera generación todavía no participa de la buena vida lograda por otros... Debido a estos factores, el modelo de pérdida del idioma a través del tiempo no funciona para esa comunidad."[45]

¿Un nuevo español?

Suponiendo que el español se mantenga en los Estados Unidos, ¿qué fisonomía tendrá en el futuro? De todo lo que se ha dicho sobre variación lingüística, se concluye que no se puede hablar del español en los Estados Unidos como si fuera una modalidad lingüística homogénea. Al contrario, este país será quizá el único lugar en donde se dan cita e interactúan a diario hispanohablantes de todas las procedencias, sin estar sometidos a la presión de una variante estándar oficial. Las comunidades hispánicas concentradas en las grandes ciudades como Nueva York, Miami o Los Angeles, son unos mosaicos étnicos y dialectales en donde se oye desde la pronunciación más castiza hasta la alternancia de lenguas más (r)evolucionaria.

Se desarrolla actualmente en los Estados Unidos una cultura hispánica de características únicas, marcada por el contacto con el inglés y la cultura anglosajona, y que ya ha dado muestras de su vitalidad literaria (véase las **Sugerencias de lectura**). Si el español llegara a jugar un papel institucional como uno de los medios de la cultura nacional (y no sólo de la cultura hispánica minoritaria) es posible que a la larga se forjara un "español estadounidense," a manera de las variantes del inglés que se han desarrollado en otras partes del mundo, como por ejemplo en India o Singapur.

La influencia del inglés en el español es un elemento conflictivo, pero inevitable. Aceptándose la premisa de que ocurren en el español en los Estados Unidos unos procesos de cambio lingüístico como los que condicionaron la transformación del latín hablado en las lenguas románicas,[46] aquel —por ahora hipotético— "nuevo español" podría llegar a ser bastante distinto del español estándar actual. Quizá eso no acabe de gustarles a unos y otros, pero a lo mejor es una cuestión de tiempo: como advirtió el viejo Nebrija, "en las palabras no hay cosa tan dura que usándola mucho no se pueda hacer blanda."[47]

SUMARIO

La presencia de la lengua española en el territorio estadounidense se remonta a los tiempos anteriores a la colonización inglesa. Actualmente son tres los grupos principales de hispanohablantes: los mexicoamericanos o chicanos (principalmente en el Suroeste), los cubanos (Florida y Nueva York metropolitana) y puertorriqueños (sobre todo en la Nueva York metropolitana). Además de éstos hay pequeños grupos de hablantes de variantes del español que están a punto de desaparecer (judeoespañol, isleño y el español de la región de Sabine River).

Aunque cada uno de los tres grupos principales tiene sus características lingüísticas específicas, todos incluyen a un alto número de bilingües cuyo dominio relativo de los dos idiomas presenta mucha variación. En todos estos grupos de bilingües hispanos ocurre la alternancia de lenguas, que consiste en usar ambos idiomas a la misma vez. No se trata de una mezcla agramatical de las lenguas (el llamado *Spanglish*), sino de un comportamiento lingüístico típico de los bilingües, que llena diversas funciones, entre éstas la de alternativa a la comunicación en un solo idioma y como símbolo de autoafirmación étnica.

Diversos factores contribuyen al mantenimiento del español, como el aumento de la población hispánica, su papel como medio de expresión cultural, y la concentración de hispánicos en ciertas áreas del país; por otra parte, contribuyen a su sustitución por el inglés el hecho de que el español juega un escaso papel institucional, además de que el dominio del inglés ha sido tradicionalmente un factor esencial (aunque no suficiente) para el ascenso socioeconómico. El mantenimiento del español se halla en parte condicionado a que se cambie su situación subordinada de modo a permitir que llene roles comunicativos hasta ahora reservados al inglés, sin lo cual la necesidad de aprender este idioma para subir socioeconómicamente seguirá estimulando la sustitución lingüística. Por otra parte, como la presencia de un gran número de hispanos en los Estados Unidos condiciona el desarrollo de una cultura hispánica de características propias, marcada por el contacto con el inglés y la cultura anglosajona, y que ya ha dado muestras de su vitalidad literaria, es posible, aunque no necesariamente seguro, que a la larga se forjara un "español estadounidense," a manera de las variantes del inglés que se han desarrollado en otras partes del mundo, como por ejemplo en India o Singapur.

Práctica

A. *Busque en un diccionario de inglés (como el The American Heritage Dictionary of the English Language) el origen de las siguientes palabras:*

1. mustang
2. chaps
3. buckaroo
4. pinto
5. vigilante
6. desperado
7. barranca
8. hoosegow

B. *Las oraciones siguientes provienen de un corpus de ejemplos de interferencia del inglés en el español de hispanos residentes en los Estados Unidos. Identifique y explique las palabras y construcciones que puedan deberse a dicha interferencia.*

1. Atendí la escuela en Salinas.
2. No soy familiar con revistas extranjeras.
3. Es que asumimos que usted no iba a venir.
4. Yo era supuesto de hablar con usted.
5. Bueno, no quería empezar un argumento con ella.
6. No señor, esos periódicos yo no los manejo.
7. La mayor parte del militar son minorías.
8. Bueno, chequéelo nomás.
9. Se lo traigo pa'trás el lunes.
10. Pues, tenía que hacer una decisión.

C. *En el texto siguiente se representa la pronunciación cubano-americana popular mediante una ortografía no estándar. ¿Qué rasgos fonológicos puede identificar usted?*

Fígurate tú quehtaba media ida pelando papa, y de pronto beo argo sobrel frigidaire, como no tenía lo jepejueloh puehto pue namá que beía un bulto y me figuré quera el cehto de pan, seguí pelando papa y cuando boyabril la puelta del frigidaire pa' sacal la mantequilla pasel suhto de la vida. Abía unombre tranparente con un guanajo bajoel braso sentado sobrel frigidaire. Me recobré un poco y le dije alaparecio: "Gua du yu guan?" El me rehpondió: "Soy San Given." Entonceh yo le dije: "San Given el de la novela?" Y el me dijo: "Yes, el mihmitico." (Roberto G. Fernández, 1981. "Noticiero Miler," *La Vida es un Special.* Miami: Ediciones Universal, 77.)

PRINCIPALES FUENTES CONSULTADAS

Anglicismos: Cerda et al. 1953, Varela 1983; *Bilingüismo y alternancia de idiomas:* Poplack 1982, Sawyer 1970, Valdés 1982, Zentella 1982a, 1982b, 1987, 1990; *Cronología de España en Norteamérica:* Beardsley 1982, Apodaca de García 1976; *Español del Suroeste:* Craddock 1976, Espinosa 1917, 1930, 1946; Ornstein y Valdés-Fallis 1979, Sánchez 1982, 1983; *Pachuco:* Barker 1950 [1970], Coltharp 1970; *Español isleño y español del río Sabine:* Lipski 1990a, 1990b; *Español cubano y puertorriqueño:* Terrell 1982; Navarro Tomás 1966, Canfield 1981; *Hispanismos en inglés:* Marckwardt 1958, Zentella 1982b; *Historia del español en EU:* Barnach Calbó 1980, Lozano 1983; *Judeoespañol:* Malinowski 1983, Harris 1982b.

SUGERENCIAS DE LECTURA

Milán 1982, Guitart 1982, Zentella 1982b y 1990, Fernández 1990, Wherrit y García 1989. *Literatura chicana:* Tatum 1982 (o 1986), Candelaria 1986; *Literatura puertorriqueño-estadounidense:* Algarin y Pinero 1975, Mohr 1982; *Literatura cubano-estadounidense:* Clarke 1975 (incluye a autores puertorriqueños y chicanos).

NOTAS

[1] Zentella 1990:152.

[2] *Current Population Reports. Projections of the Hispanic Population: 1993 to 2080.* By Gregory Spencer. Washington, D.C.: U.S. Department of Commerce, Bureau of the Census, 1-2.

[3] Solé 1985:283.

[4] Hart-González sugiere que la presencia de subcomunidades de hispanohablantes de diversos países puede contribuir a la existencia de una comunidad hispánica en Washington, D.C. (1985:85).

[5] Estrictamente hablando, el término *chicano* se aplica a la persona de ascendencia mexicana nacida en los Estados Unidos; en cambio, *mexicoamericano* designa tanto a la primera generación (inmigrantes) como a sus descendientes. Sobre las diferencias culturales y lingüísticas intergeneracionales, véase Gómez Quiñones 1977 y Sánchez 1983.

[6] Beardsley 1982:15.

[7] Elias-Olivares y Valdés 1982:163.

[8] Barnach Calbó 1980:32, Sánchez 1983:8.

[9] Sánchez 1983:99.

[10] La presentación se basa en Ornstein y Valdés-Fallis 1979 y Sánchez 1983, Cap. 4, "The Spanish of Chicanos."

[11] Se trata del dialecto analizado en el trabajo pionero de Espinoza 1930, 1946 [1909-1914].

[12] Ornstein y Valdés-Fallis 1979:144.

[13] Espinosa 1909-1914; véase también Lozano 1983.

[14] Lozano 1974:147.

[15] Originalmente, *caló* es el nombre de la jerga de los gitanos en España. Según Webb (1982:129-131), hay una relación genética entre el caló del Suroeste y el de los gitanos, a través del español mexicano.

[16] Guitart 1982, Bjarkman 1990.

[17] Guitart 1978, 1980.

[18] Navarro Tomás 1948, Jiménez Sabater 1975, Hammond 1980.

[19] Canfield 1981:78.

[20] En marzo de 1990 el Senado de Puerto Rico aprobó un proyecto de ley que hacía el español la única lengua oficial.

[21] Zentella 1990:156.

[22] Mann y Salvo 1985.

[23] Solé 1982:257.

[24] Investigaciones llevadas a cabo en otras comunidades hispanohablantes corroboran la importancia de este factor. Véase González y Wherritt 1990:74-75.

[25] Solé 1982.

[26] Teschner et al., 1975:20.

[27] Malinowski 1983 da un resumen de la presencia judeoespañola en los Estados Unidos.

[28] En la Luisiana la división territorial de *parish* (parroquia) corresponde al *county* (condado) en los demás estados de la Unión.

[29] Sobre el *isleño* y el dialecto de Sabine River, se sigue Lipski 1990a, 1990b; véase bibliografía suplementaria en Teschner et al. 1975.

[30] Teschner et al. 1975:xx.

[31] Zentella 1990, pero véanse también Bills 1989.

[32] Torres 1990:142.

[33] Sobre el español en la radio, véase Lipski 1985, y sobre la prensa en español, véase García, Fishman et al. 1985.

[34] Se agradece a los profesores Isabel Castellanos y John Jensen, de la Florida International University, las informaciones sobre la situación del español en la región de Miami.

[35] *San Francisco Examiner*, 4/abril/1991, A-10.

[36] Amastae y Elías-Olivares 1982:7.

[37] Sobre la ciencia en España e Hispanoamérica, véase Roche 1972.

[38] Gutiérrez 1990.

[39] Ocampo 1990.

[40] Entre ellos Hensey 1976, Solé 1976, Sánchez 1982, Floyd 1983.

[41] La iniciales indican la nacionalidad de los informantes (Cb = cubano; Ch = chicano; Pr = puertorriqueño.)

[42] Williams 1963.

[43] Según Poplack (1982:255), hay una estrecha relación entre el intercambio de lenguas y la capacidad bilingüe. Véase Poplack 1982:259 sobre el empleo emblemático del español y Fernández 1990 sobre actitudes hacia la alternancia de lenguas.

[44] Véase Fernández 1990 y Otheguy et al. 1989.

[45] Zentella 1990:158.

[46] Milán 1982, Silva-Corvalán 1989.

[47] Nebrija 1926:81.

Bibliografía

Abercrombie, David. 1967. *Elements of general phonetics.* Edimburgo: Edimburgh University Press.

Agard, Frederick B. 1984. *A course in Romance linguistics.* Volume 2: *A diachronic view.* Washington, D.C.: Georgetown University Press.

Akmajian, Adrian, Richard A. Demers, Ann K. Farmer, Robert M. Harnish. 1990. *Linguistics. An Introduction to language and communication.* 3a. edición. Cambridge, MA: MIT Press.

Alarcos Llorach, Emilio. 1950. *Fonología española.* Madrid: Editorial Gredos.

Alba, Orlando. 1982a. Función del acento en el proceso de elisión de la /s/ en la República Dominicana. En Alba, 17-26.

Alba, Orlando, org. 1982b. *El español del Caribe. Ponencias del VI Simposio de Dialectología.* Santiago, R.D.: Universidad Católica Madre y Maestra.

Alfaro, Ricardo J. 1964. *Diccionario de anglicismos.* Madrid: Editorial Gredos.

Algarin, Miguel y Miguel Pinero, orgs. 1975. Nuyorican poetry: an anthology of Puerto Rican words and feelings. Nueva York: Morrow.

Allen, J. H., J. B. Greenough et al. 1903. *New Latin grammar.* Boston: Ginn & Company.

Alonso, Dámaso. 1980. Unidad y variedad de la lengua española. En Cambours Ocampo 1983, 66-75.

Alonso, Martín. 1962. *Evolución sintáctica del español.* Madrid: Aguilar.

Alonso, Martín. 1979. *Diccionario del español moderno.* Madrid: Aguilar.

Amastae, Jon y Lucía Elías-Olivares. 1982. Varieties and variations of Spanish in the United States. En Amastae y Elías-Olivares, 7-8.

Amastae, Jon y Lucía Elías-Olivares, (orgs.). 1982. *Spanish in the United States. Sociolinguistic aspects.* Cambridge, Inglaterra: Cambridge University Press.

Asín Palacios, Miguel. 1943. *Glosario de voces romances registradas por un botánico anónimo hispano-musulmán (siglos XI-XII).* Madrid: Imprenta de la Viuda de Estanislao Maestre.

Báez San José, Valerio. 1975. Introducción crítica a la gramática generativa. Barcelona: Editorial Planeta.

Barnach Calbó, Ernesto. 1980. *La lengua española en los Estados Unidos.* Madrid: Oficina de Educación Iberoamericana.

Barrenechea, Ana María (org.). 1987. *El habla culta de la ciudad de Buenos Aires. Materiales para su estudio.* 2 tomos. Buenos Aires: Universidad Nacional.

Barrutia, Richard y Tracy Terrell. 1982. *Fonética y fonología españolas.* Nueva York: John Wiley & Sons.

Beardsley, Theodore S., Jr. 1982. Spanish in the United States. *Word* 33:1-2, 15-28.

Bell, Anthony. 1980. Mood in Spanish: a discussion of some recent proposals. *Hispania* 63:2 377-389.

Bergen, John J. y Garland D. Bills, orgs. 1983. *Spanish and Portuguese in social context.* Washington, D.C.: Georgetown University Press.

Bergen, John J., org. 1990. *Spanish in the United States: sociolinguistic issues.* Washington, D.C.: Georgetown University Press.

Bergen, John. 1978. One rule for the Spanish subjunctive. *Hispania* 61:2, 218-234.

Bernal Leongómez, Jaime. 1982. *Elementos de gramática generativa.* Bogotá: Instituto Caro y Cuervo.

Berschin, Helmut. 1982. Dos problemas de denominación: ¿Español o castellano? ¿Hispanoamérica o Latinoamérica? *Estudios sobre el léxico del español en América.* Org. por Matthias Perl. Leipzig: VEB Verlag Enzyklopädie.

Bills, Garland D. 1989. The US Census of 1980 and Spanish in the Southwest. En Wherritt y García 11-28.

Bjarkmann, Peter C. y Robert M. Hammond, orgs. 1989. *American Spanish pronunciation. Theoretical and applied perspectives.* Washington, D.C.: Georgetown University Press.

Bjarkmann, Peter C. 1989. Radical and conservative Hispanic dialects: theoretical accounts and pedagogical implications. En Bjarkman y Hammond, 237-262.

Blake, Robert. 1987. El uso del subjuntivo con cláusulas nominales: regla obligatoria o variable. En López Moralez y María Vaquero, 331-360.

Bohórquez C., Jesús Gútemberg. 1984. *Concepto de 'americanismo' en la historia del español.* Bogotá: Instituto Caro y Cuervo.

Bolinger, Dwight. 1974. One subjunctive or two? *Hispania* 57: 462-471.

Bolinger, Dwight. 1975. *Aspects of language,* 2ª edición. Nueva York: Harcourt Brace Jovanovich.

Bolinger, Dwight. 1976. Again—one subjunctive or two? *Hispania* 59:1, 41-49.

Bowen, J. Donald y Jacob Ornstein, orgs. 1976. *Studies in Southwest Spanish.* Rowley, MA: Newbury House.

Brown, R. y A. Gilman. 1960. The pronouns of power and solidarity. En *Style in language,* T. A. Sebeok (org.). Cambridge, MA: MIT Press, 253-276. Republicado en Giglioli 1972, 252-282.

Bunis, Davis M. 1981. A comparative linguistic analysis of Judezmo and Yiddish. *International Journal of the Sociology of Language* 30, 49-70.

Cambours Ocampo, Arturo. 1983. *Lenguaje y nación.* Buenos Aires: Ediciones Marymar.

Candau de Cevallos, María del C. 1985. *Historia de la lengua española.* Potomac, MD: Scripta Humanistica.

Candelaria, Cordelia. 1986. *Chicano poetry: a critical introduction.* Westport, CT: Greenwood Press.

Canfield, Lincoln D. 1981. *Spanish pronunciation in the Americas.* Chicago: The University of Chicago Press.

Cano Aguilar, Rafael. 1988. *El español a través de los tiempos.* Madrid: Arco/Libro.

Carroll, Lewis. 1946. Alice's adventures in Wonderland and Through the looking glass. Nueva York: The MacMillan Co.

Castro, Américo de. 1960. *La peculidaridad lingüística rioplatenses y su sentido histórico.* 2ª edición. Madrid: Taurus.

Catalán Menéndez-Pidal, Diego. 1955. *La escuela lingüística española y su concepción del lenguaje.* Madrid: Editorial Gredos.

Cerda, Gilberto, Berta Cabaza y Julieta Farias. 1953. *Vocabulario español de Texas.* Austin: University of Texas Press.

Chafe, Wallace L. 1970. *Meaning and the structure of language.* Chicago: The University of Chicago Press. (*Significado y estructura de la lengua.* Trad. por Joaquín A. Domínguez Martínez. 1976. Barcelona: Editorial Planeta.)

Chamberlain, Bobby J. 1981. Lexical similarities of *lunfardo* and *gíria. Hispania* 64:3, 417-415.

Chomsky, Noam. 1965. *Aspects of the theory of syntax.* Cambridge, MA: MIT Press. (*Aspectos de la teoría de la sintaxis.* Introducción, versión, notas y apéndice de Carlos Pelegrín. Otero. 1970. Madrid: Editorial Aguilar.)

Chomsky, Noam. 1966. *Cartesian linguistics: a chapter in the history of rationalist thought.* Nueva York: Harper and Row. (*Lingüística cartesiana: un capítulo de la historia del pensamiento racionalista.* Trad. por Enrique Wulff. 1969. Madrid: Editorial Gredos.)

Clarke, Gerard R. 1975. *Contemporary Puerto Rican, Cuban-in-exile, and Mexican-American literature in a pluralistic society.* Pittsburgh: Pennsylvania State Modern Language Association.

Coltharp, Lurline H. 1970. Invitation to the dance: Spanish in the El Paso underworld. En Gilbert, 7-17.

Connor, J. D. 1973. *Phonetics.* Harmondsworth, Middlesex: Penguin Books.

Conte, Anchel, Chorche Cortes, A. Martínez, F. Nagore y Chesus Vázquez. 1977. *El Aragonés: identidad y problemática de una lengua.* Zaragoza: Librería General.

Contreras, Heles y Conxita Lleó. 1982. *Aproximación a la fonología generativa.* Barcelona: Editorial Anagrama.

Contreras, Heles. 1985. Spanish exocentric compounds. *Current Issues in Hispanic Phonology and Morphology,* org. por Frank H. Nuessel, Jr. Bloomington, Indiana: Indiana University Linguistics Club, págs. 14-27.

Contreras, Lidia. 1977. Usos pronominales no-canónicos en el español de Chile. En Lope Blanch, 523-537.

Cotton, Eleanor Greet y John M. Sharp. 1988. *Spanish in the Americas.* Washington, D.C.: Georgetown University Press.

Craddock, Jerry R. 1976. Lexical Analysis of Southwest Spanish. En Bowen y Ornstein, 45-70.

Craddock, Jerry R. 1984. Reseña de Harris 1983. *Romance Philology* 38:2, 238-247.

Criado de Val, Manuel. 1961. *Síntesis de morfología española.* Madrid: Consejo Superior de Investigaciones Científicas.

Crystal, David y Randolph Quirk. 1964. *Systems of prosodic and paralinguistic features in English.* La Haya: Mouton Publishers.

Crystal, David. 1969. *Prosodic systems and intonation in English.* Cambridge, Inglaterra: Cambridge University Press.

D'Introno, Francesco, Jorge Guitart y Juan Zamora. 1988. *Fundamentos de lingüística hispánica.* Madrid: Editorial Playor.

D'Introno, Francesco. 1979. *Sintaxis transformacional del español.* Madrid: Ediciones Cátedra.

Dalbor, John, 1980. *Spanish pronunciation: theory and practice.* 2ª edición, Nueva York: Holt, Rinehart & Winston.

Dalbor, John B. 1980. Observations on present-day *seseo* and *ceceo* in Southern Spain. *Hispania* 63:1, 5-19

Daneš, František. 1967. Order or elements and sentence intonation. *To honor Roman Jakobson.* Janua Linguarum (Series Maior) 31. La Haya: Mouton Publishers.

Daneš, František, 1968. Some thoughts on the semantic structure of the sentence. *Lingua* 21, 55-69.

Daneš, František, y Josef Vachek. 1966. Prague studies in structural grammar today. *Travaux Linguistiques de Prague* 1, 21-31.

De Pierris, Marta S. 1990. *El habla rioplatense: algunos elementos italianizantes como caracterizadores.* Tesis doctoral. Berkeley. University of California Press.

del Pinal, Jorge H. y Carmen De Navas. 1989. *The Hispanic population in the United States: March 1989.* Current Population Reports, Population Characteristics, Series P-20, No. 444. Washington, D.C.: U.S. Department of Commerce.

Dellepiane, Antonio. 1894. *El idioma del delito. Contribución al estudio de la psicología criminal.* Buenos Aires: Arnoldo Moen, Editor.

DeMello, George. 1990. Denotation of female sex in Spanish occupational nouns: the DRAE revisited. *Hispania* 73:2, 392-400.

Devicienti, Livio A. C. 1987. *Lingüística general para hablantes inquietos (aplicada al castellano rioplatense).* Buenos Aires: Edición del Autor.

Didion, Joan. 1987. *Miami.* Nueva York: Simon and Schuster.

Durán, Richard P., org. 1981. *Latino language and communicative behavior.* Norwood, NJ: ABLEX Publishing Corporation.

Elcock, W. D. 1960. *The Romance Languages.* Londres: Faber & Faber Ltd.

Elerick, Charles. 1983. Italic bilingualism and the history of Spanish. En Bergen y Bills, 1-11.

Elgin, Suzette Haden. 1979. *What is linguistics?* Englewood Cliffs, NJ: Prentice Hall, Inc.

Elías-Olivares, Lucía, Elizabeth A. Leone, René Cisneros y John R. Gutiérrez. 1985. *Spanish language use and public life in the United State.* La Haya: Mouton Publishers.

Elizaincín, Adolfo, Luis Behares y Graciela Barrios. 1987. *Nos falemo brasilero. Dialectos portugueses en Uruguay.* Montevideo: Editorial Amesur.

Entwistle, William. 1938. *The Spanish language together with Portuguese, Catalan and Basque.* Nueva York: The Macmillan Company.

Espinosa, Aurelio M. 1909-1914. Studies in New Mexican Spanish. *Revue de dialectologie romane.* Republicación parcial, Espinosa 1930, 1946; descripción detallada en Espinosa 1930:8, Nota 1.

Espinosa, Aurelio M. 1917. Speech mixture in New Mexico: the influence of the English language on New Mexican Spanish. En Hernández-Chavez, 1975.

Espinosa, Aurelio M. 1930. *Estudios sobre el español de Nuevo Méjico.* Traducción y reelaboración con notas por Amado Alonso y Angel Rosenblat. Parte I: Fonética. Buenos Aires: Facultad de Filosofía y Letras de la Universidad de Buenos Aires.

Espinosa, Aurelio M. 1946. *Estudios sobre el español de Nuevo Méjico.* Traducción y reelaboración con notas de Angel Rosenblat. Parte II: Morfología. Buenos Aires: Facultad de Filosofía y Letras de la Universidad de Buenos Aires.

Espinosa, Aurelio M., Jr. y John P. Wonder. 1976. *Gramática analítica.* Lexington, MA: D.C. Heath and Company.

Falk, Julia S. 1978. *Linguistics and language. a survey of basic concepts and implications.* Nueva York: John Wiley & Sons.

Ferguson, Charles A. 1959. Diglossia. *Word* 15, 325-340. Republicado en Giglioli 1972, 232-251.

Fernández García, Antonio. 1972. *Anglicismos en el español (1891-1936).* Oviedo: Gráficas Lux.

Fernández, Rosa. 1990. Actitudes hacia los cambios de códigos en Nuevo México: Reacciones de un sujeto a ejemplos de su habla. En Bergen, 49-58.

Finegan, Edward y Niko Besnier. 1979. *Language. Its structure and use.* San Diego: Harcourt Brace Jovanovich.

Firbas, Jan. 1966a. On defining the theme in functional sentence analysis. *Travaux Linguistiques de Prague* 1, 267-280.

Firbas, Jan. 1966b. Non-thematic subjects in contemporary English. *Travaux Linguistiques de Prague* 2, 239-256.

Fishman, Joshua A. 1967. Bilingualism with and without diglossia; diglossia with and without bilingualism. *The Journal of Social Issues* 23:2, 29-38.

Fishman, Joshua A. 1971. *Sociolinguistics: a brief introduction.* Rowley, MA: Newbury House.

Fishman, Joshua A. et al. (orgs.). 1985. *The rise and fall of the ethnic revival.* Berlín: Mouton Publishers.

Floyd, Mary Beth. 1983. Language acquisition and use of the subjunctive in Southwest Spanish. En Bergen y Bills, 31-41.

Fontanella de Weinberg, María Beatriz. 1987. *El español bonaerense. Cuatro siglos de evolución lingüística (1580-1980).* Buenos Aires: Librería Hachette.

Frank, Francine W. 1985. El género gramatical y los cambios sociales. *Español actual* 43, 27-50.

Fromkin, Victoria y Robert Rodman. 1988. *An introduction to language.* 4ª edición. Nueva York: Holt, Rinehart and Winston.

Galmés de Fuentes, Alvaro. 1983. *Dialectología mozárabe.* Madrid: Editorial Gredos.

García, Ofelia, Joshua A. Fishman, Silvia Burunat y Michael H. Gertner. *The Hispanic press in the United States: content and prospects.* En Fishman et al. (orgs.) 1985, 343-362.

Gardner, R.A. y B.T. Gardner. 1969. Teaching sign language to a chimpanzee. *Science* 165, 664-672.

Gedeones Internacionales. 1977. *El nuevo testamento.* Filadelfia: National Publishing Company.

Giglioli, Pier Paolo. 1972. *Language and social context.* Harmondsworth, Middlesex: Penguin Books.

Gilbert, Glenn G. 1970. *Texas studies in bilingualism. Spanish, French, German, Czech, Polish, Sorbian, and Norwegian in the Southwest.* Berlín: Walter de Gruyter & Co.

Gili Gaya, Samuel. 1972. *Curso superior de sintaxis española.* 10ª edición. Barcelona: Biblograph, S.A.

Gili Gaya, Samuel. 1971. *Elementos de fonética general.* 5ª edición corregida y ampliada. Madrid: Editorial Gredos.

Goilo, E.R. 1972. *Papiamentu textbook.* Aruba: De Wit Stores.

Goilo, E.R. 1974. *Hablemos papiamento.* Aruba: De Wit Stores.

Gold, David D. 1977. Dzhudezmo. *Language Sciences* 47, 14-16.

Lope Blanch, Juan M. 1953. *Observaciones sobre la sintaxis del español hablado en México.* México: Instituto Hispano-Mexicano de Investigaciones Científicas.

Gómez Quiñones, Juan. 1977. On culture. *Revista Chicano-Riqueña* 5:2, 29-47.

González, Nora e Irene Wherritt. 1990. Spanish language use in West Liberty, Iowa. En Bergen, 67-78.

Greenfield, Patricia M. y E. Sue Savage Rumbaugh. 1990. *Language and intelligence in monkeys and apes: comparative developmental perspectives.* Nueva York: Cambridge University Press.

Grimes, Larry M. 1978. *El tabú lingüístico en México: El lenguaje erótico de los mexicanos.* Nueva York: Bilingual Press.

Guitart, Jorge M. 1980. Aspectos del consonantismo habanero. En Scavnicky, 32-47.

Guitart, Jorge M. y Joaquín Roy, orgs. 1980. *La estructura fónica de la lengua castellana.* Barcelona: Editorial Anagrama.

Guitart, Jorge M. 1982. Conservative versus radical dialects in Spanish: implications for language instruction. En Fishman y Keller, 167-177.

Gumperz, John. 1968. The speech community. *International Encyclopedia of the Social Sciences.* Nueva York: MacMillan, 381-386. Republicado en Giglioli 1972, 219-231.

Gutiérrez Araus. 1978. *Las estructuras sintácticas del español actual.* Madrid: Sociedad General Española de Librería, S.A.

Gutiérrez, Manuel. 1990. Sobre el mantenimiento de las cláusulas subordinadas en el español de Los Angeles. En Bergen, 31-38.

Gutiérrez Marrone, Nila. 1980. Estudio preliminar de la influencia del quechua en el español estándar de Cochabamba, Bolivia. En Scavnicky, 58-93.

Hadlich, Roger. 1971. *A transformational grammar of Spanish.* Nueva York: Prentice-Hall, Inc. (*Gramática transformativa del español.* Trad. por Julio Bombin. 1973. Madrid: Editorial Gredos.)

Hammond, Robert [M.] 1982. El fonema /s/ en el español jíbaro. Cuestiones teóricas. En Alba 1982b. 157-169.

Hammond, Robert M. 1979. The velar nasal in rapid Cuban Spanish. En Lantolf et al., 19-36.

Hammond, Robert M. 1989. American Spanish dialectology and phonology from current theoretical perspectives. En Bjarkman y Hammond, 137-150.

Harmer, L.C. y F.J. Norton, *A manual of modern Spanish.* 2ª edición. Londres: University Tutorial Press, Ltd. 1969.

Harris, James H. 1969. *Spanish phonology.* Cambridge, MA: MIT Press.

Harris, James H. 1983. *Syllable structure and stress in spanish.* Cambridge, MA: MIT Press.

Harris, James H. 1990. Our present understanding of Spanish syllable structure. En Bjarkman y Hammond, 151-169.

Harris, James W. 1985. Spanish word markers. *Current issues in hispanic phonology and morphology.* Org. por Frank H. Nuessel, Jr. Bloomington, IN: Indiana University Linguistics Club, 34-54.

Harris, Tracy K. 1982a. Editor's note: the name of the language of the Eastern Sephardim. *International Journal of the Sociology of Language* 37, 5.

Harris, Tracy K. 1982b. Reasons for the decline of Judeo-Spanish. *International Journal of the Sociology of Language* 37, 71-97.

Hart-González, Lucinda. 1985. Pan-hispanism and subcommunity in Washington D.C. En Elías-Olivares et al., 73-88.

Haugen Einar. 1973. Bilingualism, language contact and immigrant languages in the United States: a research report, 1956-1970. *Current trends in linguistics,* vol. 10, org. por Thomas Sebeok, 505-591. La Haya: Mouton Publishers.

Hensey, Frederick G. 1972. *The Sociolinguistics of the Brazilian-Uruguayan Border.* La Haya: Mouton Publishers.

Hensey, Fritz G. 1976. Toward a grammatical analysis of Southwest Spanish. En Bowen y Ornstein, 29-44.

Hernández-Chavez, Eduardo, Andrew D. Cohen y Anthony F. Beltramo. 1975. *El lenguaje de los chicanos.* Arlington, VA: Center for Applied Linguistics.

Hymes, Del. 1967. Models of the interaction of language and social settings. *Journal of Social Issues* 23:2, 8-28.

Institut de Ciències de l'Educació de la Universtiat Autònoma de Barcelona. 1976. *Jornades Pedagògiques de Planificació Lingüística a l'Estat Espanyol.* Informe so la normativizacion de la llingua asturiana, 12-22; Conclusiones del grupu asturianu, 133-134; Informe sobre a fabla aragonesa, 7-9; Conclusiones d'o grupo aragones, 129-130. Barcelona: Institut de Ciències de l'Educació, Universitat Autònoma de Barcelona.

Jensen, John B. 1982. Coming and going in English and Spanish. 37-65. *Readings in Spanish-English contrastive linguistics,* Vol. 3, Org. por Rose Nash y Domitila Belaval. San Juan, P.R.: Inter American University Press.

Jiménez Sabater, Max A. 1975. *Más datos sobre el español de la República Dominicana.* Santo Domingo: Instituto Tecnológico de Santo Domingo.

Jones, Daniel. 1956. *An outline of English phonetics.* 8ª edición [1ª ed. 1918.] Cambridge, Inglaterra: Heffer.

Joos, Martin. 1961. *The five clocks. A linguistic excursion into the five styles of English usage.* Nueva York: Harcourt, Brace & World.

Kany, Charles E. 1951. *American-Spanish syntax.* 2ª edición. Chicago: The University of Chicago Press.

Kany, Charles. 1960. *American-Spanish euphemisms.* Berkeley: University of California Press.

Kany, Charles E. 1960. *American-Spanish semantics.* Berkeley: University of California Press. (*Semántica hispanoamericana.* Trad. por L. Escolar Bareno. 1962. Madrid: Aguilar.)

King, Larry D. 1984. The semantics of direct object *a* in Spanish. *Hispania* 67:3, 397-409.

Lamíquiz, Vidal. 1973. *Lingüística española.* Sevilla: Publicaciones de la Universidad de Sevilla.

Lantolf, James P., Francine Wattman Frank y Jorge M. Guitart, orgs. 1979. *Colloquium on Spanish and Luso-Brazilian linguistics.* Washington, D.C.: Georgetown University Press.

Lapesa, Rafael. 1950. *Historia de la lengua española.* 2ª edición. Madrid: Escelicer.

Leech, Geoffrey. 1974. *Semantics.* Harmondsworth, Middlesex: Penguin Books.

Levinson, Stephen. 1983. *Pragmatics.* Cambridge, Inglaterra: Cambridge University Press.

Liles, Bruce L. 1975. *An introduction to linguistics.* Englewood Cliffs, NJ: Prentice-Hall, Inc.

Lipski, John M. 1985. Spanish in United States broadcasting. En Elías-Olivares et al., 217-233.

Lipski, John M. 1990a. *The Language of the Isleños. Vestigial Spanish in Louisiana.* Baton Rouge: Louisiana State University Press.

Lipski, John M. 1990b. Sabine River Spanish: a neglected chapter in Mexican-American dialectology. En Bergen 1990 1-13.

Lloyd, Paul M. 1987. *From Latin to Spanish.* Vol. I: *Historical phonology and morphology of the Spanish language.* Filadelfia: American Philosophical Society.

Lope Blanch y Juan M., 1987. Fisonomía del español en América: unidad y diversidad. En López Morales y Vaquero, 59-78.

Lope Blanch y Juan Lope (orgs.). 1977. *Estudios sobre el español hablado en las principales ciudades de América.* México: Universidad Nacional Autónoma de México.

López-Morales, Humberto y María Vaquero, editores. 1987. *Actas del I Congreso Internacional sobre el español de América.* San Juan, Puerto Rico: Academia Puertorriqueña de la Lengua Española.

Lozano, Anthony G. 1970. Non-reflexivity of the indefinite 'se' in Spanish. *Hispania* 53:3, 452-457.

Lozano, Anthony G. 1983. Oversights in the history of United States Spanish. En Bergen et al., 12-21.

Lozano, Anthony. 1972. Subjunctives, transformations, and features in Spanish. *Hispania* 55:1, 76-90.

Lozano, Anthony. 1975. In defense of two subjunctives. *Hispania* 58:1, 277-283.

Lyons, John. 1968. *Introduction to theoretical linguistics.* Cambridge, Inglaterra: Cambridge University Press.

Lyons, John. 1977. *Semantics.* Nueva York: Cambridge University Press. (*Semántica.* Trad. por Ramón Cerdá. 1980. Barcelona: Editorial Teide.)

Malinowski, Arlene. 1982. A report on the status of Judeo-Spanish in Turkey. *International Journal of the Sociology of Language* 37, 7-23.

Malinowski, Arlene. 1983. Judeo-Spanish language-maintenance efforts in the United States. *International Journal of the Sociology of Language* 44, 137-151.

Mann, E. y J. Salvo. 1985. Characteristics of new hispanic immigrants to New York City: a comparison of Puerto Rican and non-Puerto Rican hispanics. *Research Bulletin of the Hispanic Research Center* 8:1-2, 1-8.

Marckwardt, Albert H. 1959. *American English.* Nueva York: Oxford University Press.

Marcos Marín, Francisco. 1984. *Comentarios de lengua española.* 2ª edición corregida. Madrid: Editorial Alhambra

McManis, Carolyn, Deborah Stollenwerk, y Zhang Zheng-Sheng. 1987. *Language files. Materials for an introduction to language.* 4ª edición. Reynoldsburg, OH: Advocate Publishing Group.

Megenney, William W. 1984. Traces of Portuguese in three Caribbean creoles: evidence in support of the monogenetic theory. *Hispanic Linguistics* 1:2, 177-189.

Megenney, William M. 1986. El palenquero. Un lenguaje post-criollo de Colombia. Bogotá: Instituto Caro y Cuervo.

Mendes Chumaceiro, Rita. 1982. Language maintenance and shift among Jerusalem Sephardim. *International Journal of the Sociology of Language* 37, 25-39.

Menéndez Pidal, Ramón. 1971. *Crestomatía del español medieval.* Tomo I. Acabada y revisada por Rafael Lapesa y María Soledad de Andrés. 2ª edición. Madrid: Editorial Gredos, S.A.

Menéndez Pidal, Ramón. 1973. *Manual de gramática histórica española.* 14ª edición. Madrid: Espasa-Calpe, S.A.

Milán, William G. 1982. *Spanish in the inner city: Puerto Rican speech in New York.* En Fishman y Keller 1982, 191-206.

Mohr, Eugene. 1982. *The Nuyorican experience: literature of the Puerto Rican minority.* Westport, CT: Greenwood Press.

Moliner, María. 1983. *Diccionario de uso del español.* 2 volúmenes. Madrid: Editorial Gredos.

Narbona Jiménez, Antonio y Ramón Morillo-Velarde Pérez. 1987. *Las hablas andaluzas.* Córdoba, España: Publicaciones del Monte de Piedad y Caja de Ahorros de Córdoba.

Narváez, Ricardo A. 1970. *An outline of Spanish morphology.* St. Paul, MN: EMC Corporation.

Navarro Tomás, Tomás. 1974. *Manual de pronunciación española.* 18ª edición. Madrid: Consejo Superior de Investigaciones Científicas.

Navarro Tomás, Tomás. 1966. *El español en Puerto Rico.* Río Piedras, PR: Editora Universitaria, Universidad de Puerto Rico.

Nebrija, Antonio de. 1926. *Gramática de la lengua castellana.* Edición de Ignacio González-Llubera. Londres: Oxford University Press.

Neira, Jesús. 1976. *El bable, estructura e historia.* Gijón: Ayalga Ediciones.

O'Grady, William, Michael Dobrovolsky y Mark Aronoff. 1989. *Contemporary linguistics. An introduction.* Nueva York: St. Martin's Press.

Ocampo, Francisco. 1990. El subjuntivo en tres generaciones de hablantes bilingües. En Bergen, 39-48.

Ornstein, Jacob y Guadalupe Valdés-Fallis. 1976. Spanish language in the United States. En Lantolf et al., 141-159.

Ornstein, Jacob y Guadalupe Valdés-Fallis. 1979. On defining and describing United States varieties of Spanish: Implications of dialect contact. En Lantolf et al., 141-159.

Otheguy, Ricardo, Ofelia García y Mariela Fernández. 1989. Transferring, switching, and modeling in West New York Spanish: an intergenerational study. En Wherritt y García, 41-52.

Polo Figueroa, Nicolás. 1981. Estructuras semántico-sintácticas en español. Bogotá: Universidad Santo Tomás.

Poplack, Shana. 1982a. Sometimes I'll start a sentence in Spanish *y termino en español:* toward a typology of code-switching. En Amastae y Elías-Olivares, 1982, 230-263.

Poulter, Virgil L. 1990. *An introduction to old Spanish.* Nueva York: Peter Lang.

Prado, Marcial. 1989. Aspectos semánticos de la pluralización. *Hispanic Linguistics* 3:1-2, 163-181.

Pratt, Chris. 1980. *El anglicismo en el español peninsular contemporáneo.* Madrid: Editorial Gredos.

Quilis, Antonio y José Fernández 1975. *Curso de fonética y fonología españolas para estudiantes angloamericanos,* Collectanea Phonetica 2. 8ª ed. Madrid: Consejo Superior de Investigaciones Científicas.

Reider, Michael. 1990. Neg-transportation, neg-trace, and the choice of mood in Spanish. *Hispania* 73:1, 212-222.

Reinecke, John E. et al. 1975. *A bibliography of Pidgin and Creole languages.* Honololu: The University Press of Hawaii.

Resnick, Melvyn C. 1981. *Introducción a la historia de la lengua española.* Washington, D.C.: Georgetown University Press.

Revista de Filología Española. 1915. Alfabeto Fonético. 2:15, 374-376.

Robinson, Kimball L. 1979. On the voicing of intervocalic S in the Ecuadorian highlands. *Romance Philology* 33:1, 137-143

Roche, Marcel. 1972. Science in Spanish and Spanish American civilization. *Symposium on Civilization and Science: in Conflict or Collaboration?.* Proceedings of a Ciba Foundation Symposium (Londres, 1971). Amsterdam: Elsevier, 143-160.

Rosenblat, Angel. 1962. *El castellano de España y el castellano de América. Unidad y diferenciación.* Caracas: Universidad Central de Venezuela.

Rosenblat, Angel. 1963. *Fetichismo de la letra.* Caracas: Universidad Central de Venezuela.

Rosenblat, Angel. 1987. *Estudios sobre el habla de Venezuela. Buenas y malas palabras.* 2 tomos. Caracas: Monte-Avila Editores.

Sacks, Norman P. 1984. Antonio de Nebrija: Founder of Spanish Linguistics. *Hispanic Linguistics,* Part 1, 1:1, 1-33; Part 2, 1:2, 149-176.

Sánchez, Rosaura. 1974. *A generative study of two Spanish dialects.* Tesis doctoral. Austin: the University of Texas.

Sánchez, Rosaura. 1982. *Our linguistic and social context.* En Amastae y Elías-Olivares, 9-46.

Sánchez, Rosaura. 1983. *Chicano Discourse: Socio-historic Perspectives.* Rowley, MA: Newbury House Publishers.

Saussure, Ferdinand de. 1916. *Cours de linguistique générale.* Paris: Payot. (*Curso de lingüística general.* Trad. por Amado Alonso. 1987. Madrid: Editorial Alianza.)

Sausurre, Ferdinand de. 1968 [1915]. *Cours de linguistique générale.* Paris: Payot.

Sawyer, Janet B. 1970. Spanish-English bilingualism in San Antonio, Texas. En Gilbert, 18-41.

Scavnicky, Gary E., org. 1980. *Dialectología hispanoamericana. Estudios actuales.* Washington, D.C.: Georgetown University Press.

Silva-Corvalán, Carmen. 1989. *Sociolingüística. Teoría y análisis.* Madrid: Editorial Alhambra.

Silva-Corvalán, Carmen. 1989. Past and present perspectives on language changes in US Spanish. En Wherritt y García, 53-66.

Siracusa, María Isabel. 1972. Morfología verbal del voseo en el habla culta de Buenos Aires. *Filología* 16, 201-213.

Siracusa, María Isabel. 1977. Morfología verbal del voseo. En Lope Blanch, 383-393.

Sloat, Clarence, Sharon Henderson Taylor y James E. Hoard. 1978. *Introduction to Phonology.* Englewood Cliffs, NJ: Prentice Hall, Inc.

Solé, Yolanda R. de. 1976. Continuidad/descontinuidad idiomática en el español tejano. *The Bilingual Review/La revista bilingüe* 4:3, 188-199.

Solé, Yolanda R. de. 1978. El mejicano-americano ante el español: uso lingüístico y actitudes. *Lingüística y Educación. Actas del IV Congreso Internacional de la ALFAL.* Lima: Universidad Nacional Mayor de San Marcos, 608-618.

Solé, Yolanda R. de. 1985. Spanish/English mother-tongue claiming: the 1980 Census Data, a subsample, and their sociodemographic correlates. *Hispania* 68:2, 283-297.

Solé, Yolanda y Carlos Solé. 1977. *Modern Spanish syntax. A study in contrast.* Lexington, MA: D.C. Heath.

Spaulding, Robert K. 1934. *How Spanish grew.* Berkeley: University of California Press.

Spinelli, Emily. 1990. *English grammar for students of Spanish. The student guide for those learning Spanish.* 2ª edición. Ann Arbor, MI: The Olivia and Hill Press.

Stahl, Fred A. y Gary E. A. Scavnicky. 1973. *A reverse dictionary of the Spanish language.* Chicago: University of Illinois Press.

Stiehm, Bruce. 1987. Sintaxis histórica, dialectos de América y sintaxis natural. En López Morales y Vaquero, 441-447.

Stockwell, Robert P. y J.D. Bowen. 1965. *The sounds of English and Spanish.* Contrastive Series. Chicago: University of Chicago Press.

Stockwell, Robert P., J. Donald Bowen y John W. Martin. 1965. *The grammatical structures of English and Spanish.* Chicago: University of Chicago Press.

Sugano, Marian S. 1981. The idiom in Spanish language teaching. *Modern Language Journal* 65:1, 58-6.

Suñer, Margarita. 1982. *Syntax and semantics of Spanish presentational sentence-types.* Washington, D.C.: Georgetown University Press.

Takagaki, Toshihiro. 1984. Subjunctive as the marker of subordination. *Hispania* 67:1, 248-256.

Tatum, Charles M. 1982. *Chicano literature.* Boston: Twayne Publishers. (*La literatura chicana.* Traducción de Víctor Manuel Velarde. 1986. México: Secretaría de Educación Pública.)

Terrace, Herbert. 1981. How Nim Chimpsky changed my mind. En McManis et al. 1987, 23-28.

Terrell, Tracy D. 1982. Current trends in the investigation of Cuban and Puerto Rican phonology. En Amastae y Elías-Olivares, 47-70.

Terrell, Tracy y Joan Hooper. 1974. A semantically based analysis of mood in Spanish. *Hispania* 57:3, 484-494.

Teruggi, Mario E. 1978. *Panorama del lunfardo.* Buenos Aires: Editorial Sudamericana.

Teschner, Richard V., Garland D. Bills, y Jerry R. Craddock, orgs. 1975. *Spanish and English of United States hispanos: a critical, annotated, linguistic bibliography.* Washington, D.C.: Center for Applied Linguistics.

Teschner, Richard V. y William M. Russell. 1984. The gender patterns of Spanish nouns: an inverse dictionary-based analysis. *Hispanic Linguistics* 1:1, 115-132.

Torrejón, Alfredo. 1986. Acerca del *voseo* culto de Chile. *Hispania* 69:3, 677-683.

Torres, Lourdes. 1990. Spanish in the United States: the struggle for legitimacy. En Bergen, 142-151.

Traugott, Elizabeth C. y Mary Louise Pratt. 1980. *Linguistics for students of literature.* San Diego: Harcourt Brace Jovanovich.

Trudgill, Peter. 1974. *Sociolinguistics. An introduction.* Harmondsworth, Middlesex: Penguin Books.

Trujillo, Ramón. 1978. *El silbo gomero: Análisis lingüístico.* Santa Cruz de Tenerife.

Trujillo, Ramón. 1988. *Introducción a la semántica española.* Madrid: Editorial Arco/Libros.

Valdés, Guadalupe. 1982. Social interaction and code-switching patterns: a case study of Spanish/English alternation. En Amastae y Elías-Olivares, 209-229.

Varela, Beatriz. 1983. Contact phenomena in Miami, Florida. En Bergen y Bills, 61-66.

Vargas-Golarons, Ricard de. 1987. La desconeguda literatura en asturià. *Avui*, sección *Cultura* (Barcelona), 13 de septiembre, 3.

Vaz de Soto, José María. 1981. *Defensa del habla andaluza.* Sevilla: EdiSur.

Vigara Tauste, Ana María. 1980. *Aspectos del español hablado. Aportaciones al estudio del español coloquial.* Madrid: Sociedad General Española de Librerías.

Webb, John T. 1982. Mexican-American caló and standard Mexican Spanish. En Amastae y Elías-Olivares, 121-134.

Whitley, M. Stanley. 1986. *Spanish/English contrasts. A course in Spanish linguistics.* Washington, D.C.: Georgetown University Press.

Wherritt, Irene y Ofelia García (orgs.). 1989. *US Spanish: The language of latinos. International Journal of the Sociology of Language,* 79.

Williams, Edwin B. 1963. *Diccionario inglés y español.* Edición Aumentada. Nueva York: Holt.

Zamora [Munné], Juan Clemente. 1982. Amerindian loanwords in general and local varieties of American Spanish. *Word* 33:1-2, 159-171.

Zamora Munné, Juan C. y Jorge M. Guitart. 1982. *Dialectología hispanoamericana.* Salamanca: Ediciones Almar, S.A.

Zamora Munné, Juan Clemente. 1976. *Indigenismos en la lengua de los conquistadores.* Río Piedras, P.R.: Universidad de Puerto Rico.

Zentella, Ana Celia. 1982a. Code-switching and interactions among Puerto Rican children. En Amastae y Elías-Olivares, 354-385.

Zentella, Ana Celia. 1982b. Spanish and English in contact in the United States: The Puerto Rican experience. *Word* 33:1-2, 41-57.

Zentella, Ana Celia. 1987. El habla de los niños bilingües del barrio de Nueva York. En López-Morales y Vaquero, 877-886.

Zentella, Ana Celia. 1990. El impacto de la realidad socio-económica en las comunidades hispanoparlantes de los Estados Unidos: reto a la teoría y metodología lingüística. En Bergen, 152-166.

Indice temático